中華書局

哪吒、龍涎香與坦博拉

全球史的九炷香

楊斌 著

圖 1 柿山哪吒古廟

圖 2 大三巴哪吒廟

圖 3 忿怒相的哪吒降龍 [1]

1　此木雕出土於遼寧朝陽北塔天宮裏的遼代寶函，刻畫了尚未轉變為兒童的佛教護法神哪吒的形象。參見 https://www.weibo.com/ttarticle/p/show?id=2309404259951861170488。

圖 4 敦煌毗沙門天王和哪吒像[2]

圖 5 越南的蓮化童子佛（十四至十五世紀）[3]

2 此圖是法國吉美博物館所藏《釋迦如來與毗沙門天等護法像》（伯希和敦煌遺書，E1162）局部。參見 http://blog.sina.com.cn/s/blog_e34964c70102xs7i.html

3 木胎鎏金，河內，越南歷史國家博物館（National Museum of Vietnamese History）。圖片來源：https://commons.wikimedia.org/wiki/File: National_Museum_Vietnamese_History_35_（cropped）.jpg

圖 6 恭迎釋迦牟尼佛聖誕：乘象入胎圖 [4]

圖 7 蓮座上的毗濕奴（或黑天）

4 圖片來源：https://depts.washington.edu/silkroad/museums/bm/bmdunhuang.html，唐代絹本彩繪，60 厘米 ×16.5 厘米，藏於大英博物館。此圖雖然強調乘象入胎，但讀者切莫忽略騎着白象的嬰兒跪坐在蓮座上這個重要的細節。http://blog.sina.cn/dpool/blog/s/blog_769fb5f30102wgnq.html?md=gd

圖 8 埃及的蓮神 [5]

5 http://www.getty.edu/art/collection/objects/6492/unknown - maker - statue - of - nefertum - egyptian - about - 600 - bc/, The J. Paul Getty Museum.

圖 9 蓮上的荷魯斯四子

圖 10 蓮上兒童 —— 圖坦卡蒙

圖 11 伊拉克印記：蓮上男童

圖 12 印度封泥：吉祥天灌頂

圖 13 莫高窟第 220 窟蓮花童子

圖 14 大秦景教流行中國碑

圖 15 卜彌格繪製的大秦景教流行中國碑

圖 16 洛陽經幢第二面上的蓮花十字架[6]

6　葛承雍：《景教遺珍 —— 洛陽新出土唐代景教經幢研究》（北京：文物出版社，2009），彩圖七。

圖 17 霍城景教徒墓石[7]

7 筆者攝於「千山共色 —— 絲綢之路文明特展」，北京大學賽克勒考古與藝術博物館，2019 年 11 月 1 日至 2020 年 2 月 28 日。

圖 18 瓷質景教墓志 [8]

8 筆者攝於「千山共色 —— 絲綢之路文明特展」。

圖 19 澳門耶穌會標識 [9]

9 筆者攝於 2021 年 1 月 14 日。

圖 20 蓮花十字印章 [10]

圖 21 蓮花十字吊墜 [11]

圖 22 蓮花十字牌 [12]

圖 23 帶蓮花的聖甲蟲印

10 https://library.artstor.org/#/asset/SS37328_37328_40995479;prevRouteTS=1609154190615.
11 https://library.artstor.org/#/asset/SS37328_37328_40609376;prevRouteTS=1609154533405.
12 https://library.artstor.org/#/asset/SS37328_37328_39809747;prevRouteTS=1609154817262.

圖 24 帶持蓮男子圖案的封泥，埃德富

圖 25 帶象吉祥天封泥

圖 26 持蓮莖之帶象吉祥天

圖 27 八臂女神

圖 28 元代玉印

圖 29 羅布林卡寺藏噶瑪巴玉印

圖 30 布達拉宮藏噶瑪巴玉印

圖 31 布達拉宮藏噶瑪巴木印

圖 32 德木活佛署名印

圖 33 羅布林卡藏鐵製肖形印

圖 34 德國波恩大學藏姓名印

圖 35 蓮花手觀音

圖 36 持蓮觀音

圖 37 亢鼎 [13]

圖 38 亢鼎銘文

13 陳佩芬編著：《中國青銅器辭典》（上海：上海辭書出版社，2013），第二冊，第 398 頁。

圖 39 裘衛盉[14]

14 陳佩芬編著：《中國青銅器辭典》，第五冊，第 1147 頁。

圖 40 裘衛盉銘文[15]

15　陳佩芬編著：《中國青銅器辭典》，第一冊，第 206 頁。

圖 41 1846 年的八丹「土塔」（沃爾特· 埃利奧特的素描）[16]

16 Elliot, 1878, 224-5.

目錄

第六章 宋代中國的海洋突破：「泉州一號」航線新考

第七章 來或不來：中國宮廷中的龍涎香

香港繁體版序

哪吒爲什麼這麼可愛？

若干年後大家回憶2025年，恐怕會不約而同地想起電影《哪吒2》的走紅。可以說，從明代開始，每一個時代湧現出的新媒體都對哪吒的流行做了最大努力的推送。從《封神演義》、《西遊記》這兩部十六世紀最通俗的章回體小說開始，到二十世紀以來的小人書、動畫片和電視連續劇，小小的哪吒在大眾中生了根，成為人們最喜歡的神靈之一。

人之常情：青少年的叛逆

那麼，哪吒為什麼這麼可愛？我們不妨以哪吒故事基本成型的《西遊記》和《封神演義》為藍本加以分析。

首先，哪吒是一個粉嘟嘟胖乎乎的男孩。請問，誰不喜歡孩童呢？更不要說傳統社會對男童的偏愛！因此，以男孩為原型的童神天然地受到大眾潛意識裏的歡迎。

但最重要的還是第二點，那就是哪吒的反叛精神。哪吒的形象，最初和傳統中國的禮教是不相容的，因為他不服從父親，不遵循孝道，而孝是傳統倫理的核心，是家庭和社會運行的關鍵。宋代的蘇轍在其〈那吒〉詩中就說：「北方天王有狂子，只知拜佛不拜父」，這說明哪吒非孝之叛逆形象一千多年前就深入人心。照理說，這樣的哪吒是不會得到中國人的喜歡的。可是，我們知道，每個人在成長過程中都有青春叛逆的階段；每個人在青春期都會對父母的嘮叨感到厭煩，從童年對父母的崇拜和依賴迅速地轉到對父母的反抗，恨不得馬上就展翅而飛逃離父母和家庭的管束。同理，作為社會成員的每一個成年人，也時不時地會對戒備森嚴的等級觀念和制度產生不同程度的厭倦和反感，尤其當在以孝為符號的父權制度到了僵化不合情理乃至滅絕人性的地步，自然而然地激起了抵抗與反叛的心理乃至行動。因此，無論就生理、心理還是文化而言，無論就個人的成長經歷還是從社會的發展而言，挑戰「先天」的束縛（無論是生物的、家庭的亦或社會的），這是人類的天性。

帶着「兒童（青少年）」符號的哪吒就是這樣。他在父親的威逼之下，毅然決然地割骨還父、析肉還母，斷絕了家庭關係，打破了孝的束縛，並以此重獲新生。因此，哪吒和父母斷絕血肉聯繫，可以看作是青春期的叛逆，可以看作大眾反抗僵化制度的寄託與願景。這既符合每一個具體的人的成長經歷與經驗，也契合大眾的潛意識 / 無意識的文化心理。人們對此是可以容忍和接受的，就像我們小時候幹了「蠢事」，乃至闖了大禍，父母雖然惱怒，也會在外人面前包庇我們，輕描淡寫地說「小孩子不懂事」來為我們開脫;或者有時候還會會心一笑，也許想起了他們年輕時的「衝動」。

當然，第三，和第二點密切聯繫的是哪吒最後回歸了家庭，「孝」終究戰勝了「逆」。哪吒的關鍵性格是反叛；可是，反叛並重生之後哪吒又回歸家庭，回歸朝廷，與禮教觀念與制度和解，成為建制派的一員。這讓大家大大地鬆了口氣，因為這是人們的期待，是人們的希望：中國人怎麼能不孝呢？哪吒最後必定是遵循孝道的，但這也讓人們心底有三分失望，三分遺憾，三分感歎：少年的我終究活成了自己厭惡的樣子。無論在《西遊記》還是《封神演義》中，哪吒最後都成功地「考公」上岸了，有了正式的編制，與其父托塔李天王以及兄長一起或在玉皇大帝的旨意下鎮壓反叛的孫悟空，或者在姜太公的運籌帷幄下討伐失去民心的商紂王。也就是說，哪吒成長了，喪失了青春期的叛逆，回歸了，被收編了，回歸體制了，成為忠孝的化身，成為他「過去自己」的敵人。特別是在這幾年躺平的浪潮中，反叛並且成功的哪吒，引起廣大年輕人的共鳴是可以想像的。從這點看，哪吒和齊天大聖孫悟空是非常相像的。他們都曾與家庭決裂（孫悟空甚至無父無母，是從石頭縫裏蹦出來的，天然地沒有家庭）；他們都曾挑戰天庭，挑戰現有秩序，而且挑戰非常成功，讓一堆有頭有臉、道貌岸然的大神大出其醜，實在痛快；當然，令人遺憾的是，無論是哪吒還是孫大聖，他們最後都回歸體制。而一旦他們回歸體制位列仙班，他們此後的經歷也就不再精彩。

分析哪吒故事的脈絡，我們不得不聯想到中國傳統戲劇的特色——大團圓的結構。大團圓的基本情節便是：忠臣被冤、公子受難、途中獲救、私定終身、讀書中舉、乘龍快婿以及平冤昭雪。波折與苦難之後的成功，這符合大眾對正義和秩序的嚮往。哪吒的身份與故事恰恰符合以悲劇始以喜劇終、先苦後甜大團圓的結局，完美地回應了大眾的心理期待，自然受到大眾的喜愛。當然，和齊天大聖孫悟空一下，哪吒一旦「上岸」，以夏變夷位列仙班，成為處級幹部，就失去了可愛的元素，變得一本正經，沒有之前那麼可愛了。

以夏變夷：哪吒的中國化

中國文化的一大特色便是其包容性，最能展現這種包容性的便是佛教入華的中國化過程。我們知道，佛教最初不是中國本土的宗教，是從印度經中亞而到達中國的。佛教在東漢進入中國便遭到了本土的道教和儒家文化的排斥、攻擊，但佛教最終成功地在地化，成為中國的佛教而聞名於世，這實在是一個文化傳播最好的案例。荷蘭漢學家許理和（E. Zürcher）1959 年出版了《佛教征服中國》（*The Buddhist Conquest of China: the Spread and Adaptation of Buddhism in Early Medieval China*）一書，就詳細討論佛教最初傳入中國靈活調適的過程。因此，從另一方面看，佛教傳入並適應中國也是「中國征服佛教」的過程。「佛教征服中國」和「中國征服佛教」，就是一個硬幣的兩面，彰顯了中國佛教的形成——也就是外來宗教嫁接到中國文化而開花結果的過程。我們當然可以說，這就是我們老祖宗的「以夏變夷」。哪吒形象之演變，大致可以看作佛教中國化的過程，也是一個「以夏變夷」活生生的例子。

哪吒是隨着佛教從印度傳入中國而加入中華文化之萬神殿的，也就是說，他是個「移民（神）」。哪吒最初的面目可不是粉嘟嘟的男童，而是面目猙獰的佛教護法神，並沒有一絲一毫可愛的地方。在最初的記錄中，哪吒或是毗沙門天王之子（或孫子），或是毗沙門天王手下夜叉的統領。作為佛教的護法神，哪吒和四大金剛、哼哈二將乃至大家都恐懼的夜叉形象一致，也就是所謂的「現忿怒相」。所謂佛教的護法神，就是擁有高強法術的神祇，他們可以鎮妖伏魔，從而佑護佛法及修行者。在藝術的表現上，護法神往往通過高大的身材（如丈二金剛）和猙獰的面目（即「忿怒相」）來凸顯他們法力無邊。因此，哪吒最初的形象便如其他金剛一樣，身材不可思議得高大，面目不可描述得猙獰。不過，由於出身是太子，哪吒後來就以兒童或青少年的形象出現，其藝術形象也就從面目猙獰的外國大漢變成了面白無須的青少年，最後就以中國人最喜歡的粉嘟嘟的兒童面貌定型。

不但相貌如此，哪吒的故事和人物性格也逐漸豐滿。到了唐宋時期，哪吒的記錄漸多，天王之三太子的出身也漸漸固定下來。隨着神話傳播中的互相附會，民間又把毗沙門天王與托塔天王李靖混為一談，於是哪吒又變為托塔天王之子。如此這般，人們給他加了不少戲，哪吒原來簡略、模糊的故事逐漸生動圓滿起來。哪吒鬧海、拜師學藝、三頭六（八）臂、析骨還父析肉還母等情節，逐漸被安排到哪吒身上，形成了完整的故事鏈，這當然是哪吒中國化的結果。與此同時，佛教的護法神哪吒也被中國土生土長的道教吸收，在民間信仰中頗受歡迎。因此，在明代之前，哪吒的形象，可以是外國人，可以是中國人，可以是成年，可以是兒童，有多種呈現。

從異域到中國，從胡人到華人，從大漢到兒童，從猙獰到可愛，從佛教到本土信仰，這便是哪吒從印度傳入中國形象之流變。

蓮上兒童：亞非歐大陸文化交流的典範

哪吒故事中最獨特最關鍵的情節，便是借蓮花復活，或者說哪吒是蓮（花）化（身）。《西遊記》第八十三回記載：哪吒死後叫救命，「佛慧眼一看，知是哪吒之魂，即將碧藕為骨，荷葉為衣，念動起死回生真言。哪吒遂得了性命」。這樣哪吒就有蓮花化身之說。然而，蓮花化身之情節，在佛教文獻中並不局限於哪吒，也並非只是佛教的觀念，古印度的婆羅門教等宗教中也有蓮化的觀念。

根據印度的創世紀神話，蓮花盛開便生下了創造者梵天，而梵天隨即從混沌中創造了一個有序的宇宙。假如我們繼續追蹤的話，蓮化的觀念可以推到古埃及。1922 年，英國的埃及學家霍德華· 卡特發現了古埃及的少年「天子（法老）」圖坦卡蒙的陵墓。圖坦卡蒙是古埃及新王國時期第十八代法老，距今 3,300 多年，去世時約 19 歲。在圖坦卡蒙的木乃伊四處，散落着古埃及的藍蓮。墓中還有一尊木質的圖坦卡蒙半身像：底座是盛開的蓮花，花瓣中湧出兒童模樣的圖坦卡蒙頭像（本書圖 10）。也有人說，這尊頭像是古埃及的蓮神涅斐爾圖姆（Nefertum），他是一個頭戴蓮冠的青少年。可是，假如我們仔細看的話，這個兒童頭像太寫實了，實在太栩栩如生了，用中國傳統的語言來形容，那便是天庭飽滿、地閣方圓、濃眉大眼，活脫脫一個東方兒童的形象。他甚至還帶有所謂「佛像」：耳大垂肩。我以為，這尊頭像的含義就是少年法老圖坦卡蒙從蓮花中復活，彷彿哪吒。圖坦卡蒙和哪吒，一個在古印度，一個在中國，一個是人，一個是神，雖然時隔兩三千年，空間相差十萬八千里，可是他們有許多共同點：他們出身都是「太子」，都是天潢貴胄；他們都是兒童（青少年）；他們都（企圖）通過蓮花復活。因此，無論從蓮化而復活這個觀念，還是蓮上兒童這個藝術形象而言，中國的哪吒的確有古埃及的文化因素。從這點說，哪吒的確可以看作是亞非歐大陸之間各文明之間文化交流的典範。

因此，哪吒這個童神之所以能夠在中國社會尤其華南地區流行，不僅在於他有着許多全球化的因素，還在於他的在地性——也就是能夠及時調適自身以適應各地社會的不同需求。比如說，在潮汕地區，人們崇祀哪吒，不僅僅是因為他能夠鎮妖驅魔，更因為這位太子爺在生育與求雨這兩個方面格外靈驗。哪吒能夠求雨這點讀者自然完全可以理解，因為哪吒鬧海將掌管雨水的龍王打得服服帖帖；可是，「未成年人」哪吒怎麼能夠成為生育之神呢？其實也不難理解，哪吒是童神，而且兄弟三人，自然能夠保佑生育，多子多福。其實，澳門最初的哪吒信仰也是源自其能夠佑護兒童而開始的。

三月的一天，我從九龍塘乘地鐵到了深水埗，出地鐵口不久拐角就看到了藏身於市場的哪吒廟，香火很旺。隱身於熙熙攘攘的市井之間，哪吒就是這麼接地氣。

緒論

如是我聞：全球史的知與行

難以捉摸的全球史

全球史（global history）是什麼？全球史研究怎麼做？這便是全球史的知與行問題。

近一二十年來，「全球史」是一個熱門術語。一方面，雖然很少有人直接聲稱自己的研究屬於全球史或就是全球史，但是「全球視覺」、「全球視野」、「全球語境」等類似的詞語頻繁出現。另一方面，對於什麼是全球史或者全球視覺，學界幾乎沒有公認的界定，全球史仍然是一個令人難以捉摸的概念。因此，有必要先對全球史下一個簡單的定義，並對其淵源略加回顧。

全球史實際上是從所謂的世界史（world history）演化而來，而世界史有新舊之分。舊的世界史，便是在許多國家和地區仍然佔主流的外國史。以中國為例，它指的是世界史和中國史的二元對立：世界史是中國之外的外國史，中國史是獨立於世界其他地區的本國史。因此，舊的世界史本質上就是國別史。

新的世界史批評國別史模式，重新定義世界史，強調人類社會的整體聯繫（或者說整體性）。二十世紀六七十年代的歐美湧現出一股反思傳統的潮流，新世界史的書寫從此開始。新世界史自二十世紀九十年代以來的努力，至少在美國還是卓有成效的，特別是在大學教學上。多數美國大學在通識教育中，或用世界史代替了以往的西方文明史或者歐洲文明史，或使世界史和西方文明史並行，這是了不起的進步。與此同時，美國的世界史學者和中學教師密切合作，把世界史推向高中，也取得了令人耳目一新的進展。很多學生可以在高中階段選修世界史，所得學分也得到大學承認，學生進入大學後可免修這門課。

儘管似乎每個人都在談論世界史，但新世界史到了新世紀依然沒有形成一個有力的團體，也沒有獲得一個有相當影響力的學院或機構的鼎力支持。世界史學者批判、突破、構建，相互間也爭論不休，這種爭論表現在他們對新世界史的界定上，或曰世界史，或曰全球史，其定義和宗旨各有側重。《世界史雜誌》（*Journal of World History*）和《全球史雜誌》（*Journal of Global History*）就是兩者競爭的產物。《世界史雜誌》是傳統的、以北美為基地的世界史學會（World History Association）的會刊，創刊於 1990 年，由夏威夷大學出版社出版，是最早且最權威的世界史期刊。別樹一幟的《全球史雜誌》創辦於 2006 年，由劍橋大學出版社出版，雖然面世才十幾年，但已經聲名鵲起，獲得了廣泛的好評。這兩本刊物的出現，可以看作世界史 / 全球史從教學向研究前進的里程碑。此處不妨具體參看一下這兩本刊物對世界史和全球史的定義。

在《世界史雜誌》發表的文章考察的是「全球的、比較的、跨文化的或者跨國尺度的」歷史問題。它「專注於超越某個國家、地區或文化的現象，如大規模的人口流動、長途貿易、跨文化的技術轉移，以及跨國的觀念傳播」。[1]《全球史雜誌》倡導「比較的和聯繫的，具有世界史意義的研究」，既歡迎研究關於「全球變遷、不平等和穩定之結構、過程和理論」的文章，也歡迎研究「尺度相對較小卻平行或超越歷史上的政權或環境之邊界」的文章，它尤其注重那些在全球史研究方法上有創新和獨創性意義的

1 https://uhpress.hawaii.edu/title/jwh/.

研究，以及「對重大歷史敘述的理論、方法和證據的討論」。[2]

兩者的定義看起來大同小異，重心卻有細微卻緊要的差別。雖然它們都提到了「全球的」，但《世界史雜誌》主要倡導跨文化的互動，其列舉的主題，如人類遷徙、長途貿易、科技和思想的傳播，無一不是這個主題的體現。《全球史雜誌》則直接主張研究全球性的現象，如全球的變遷、全球的不平等以及全球的穩定，倡導去研究這些現象背後的結構、過程以及理論分析；當然，它也接受跨文化跨邊界的研究。《全球史雜誌》還特意強調全球史的學科建設，重視全球史研究的創新，以及對人類重大歷史敘述之理論、方法和材料的重新思考。

總的來說，這兩本期刊和其他的歷史學期刊都強調尺度較大的跨文化、跨地區的研究，只是《世界史雜誌》所倡導的研究在尺度上比全球性研究要小一些，而《全球史雜誌》的期望更大一些。但是，這兩本權威刊物都沒有分享對世界史或全球史的定義，只是從「怎麼做」這個角度來表述它們各自的理解。從這個意義上說，世界史或全球史的「知」是難以用語言來表達的，這也是學者們爭論不休的原因；而其「行」是可以用具體的研究來呈現的，其研究與區域史、國別史的差異確實一望而知。

美國著名的世界史學家派翠克・曼寧（Patrick Manning）曾對世界史下過定義。他認為：「世界史就是在全球人類共同體內聯繫的故事。」[3] 可是，什麼是聯繫呢？或者說，什麼是世界史定義的聯繫呢？筆者於 1998 年 9 月初到波士頓不久，導師柯臨清（Christina Gilmartin）教授便邀請筆者參與了一次家宴，還特意邀請了筆者的師姐威特妮，目的就是希望她能夠和筆者說說學習世界史的體會。威特妮是個熱情、善良、樂於助人的白人姑娘，她講了很多，但筆者那時聽不懂，只聽到一個單詞不斷重複，那就

2 https://www.cambridge.org/core/journals/journal-of-global-history.

3 Patrick Manning, *Navigating World History: Historians Create a Global Past* (Palgrave Macmillan, 2003), 3. 此書已有中譯本：[美] 派翠克・曼寧著，田婧、毛佳鵬譯：《世界史導航》（北京：商務印書館，2016）。

是“connection”（聯繫）。然而，聯繫普遍存在，千變萬化，世界史當然有其甄選的標準，所以派翠克・曼寧解釋說：「世界史學者的工作就是描繪出人類歷史上邊界的超越和體系的聯結」。正因如此，世界史需要對什麼是聯繫、什麼是文化、什麼是人類共同體，以及研究有怎樣的深度和廣度都做出自己的界定。曼寧還進一步介紹了世界史研究的材料，小到某個人的家庭故事，大到人類遷徙等，可以說無所不包。不過，他也提醒說，世界史遠非各種歷史的總和。[4]

美國歷史學教授柯嬌燕（Pamela Kyle Crossley）在其著作《什麼是全球史》（*What is Global History?*）中以「分流」（divergence）、「合流」（convergences）、「傳染」（contagion）和「體系」（system）四個主題來闡述全球史研究的主題、切入點和方法，[5] 大致就是曼寧所說的「超越」和「聯結」。她指出，全球史倡導的研究方法不同於國別史或區域史的方法。「正是他們的研究方法，而不是他們甄別的事實，使得全球史學家區別於區域史或國別史學家。」[6] 這是一針見血的卓見。以名稱而言，全球史（以及世界史）的命名就彰顯了特殊性。區域史、國別史和文明史因其研究對象而得名；和區域史、國別史、文明史不同，全球史並非以研究整個世界為出發點（目前而言，將來再論），因而不是以其研究的地理空間命名，而是和比較史學、計量史學一樣，以研究方法為本質特徵的。但是，全球史與比較史學、計量史學等單純以研究方法命名的研究又有重大區別，那就是：

---

4 Manning, *Navigating World History*, 3. 以世界史研究的深度和廣度而言，和世界史交叉平行乃至密不可分的便是以大衛・克利斯蒂安（David Gilbert Christian）為首的歷史學家提倡的「大歷史」（big history），或稱為「長時段歷史」。他們不僅考察了上萬年的人類文明史，研究人類的歷史，還考察地球、太陽乃至銀河系和宇宙的歷史。這些長時段的歷史研究，同樣需要對科技有相當的掌握，這與世界史的提倡者是不謀而合的。或者說，長時段歷史也是世界史的分支和衍生。筆者的博士論文便考察了雲南兩千多年的歷史。在論文答辯之後，派翠克・曼寧非常高興，自豪地對另一位世界史學家說，恐怕沒有哪一篇博士論文的時間跨度有這麼長。筆者對長時段也有偏愛，認為這個尺度更容易辨識某個文明或社會的主要變化。

5 Pamela Kyle Crossley, *What is Global History?* (Cambridge, UK: Polity Press, 2008). 此書已有中譯本：[美] 柯嬌燕著，劉文明譯：《什麼是全球史》（北京：北京大學出版社，2009）。

6 Crossley, *What is Global History*, 3.

全球史雖然沒有特定的地理空間的界定，可是它必然需要討論兩個以上的地理空間（社會、文化），因為全球史的基石就是跨地區、跨文化。因此，全球史因其跨地區、跨疆界、跨文化的研究對象和研究方法而區別於其他歷史研究。全球史和其他歷史研究有時有衝突、有爭辯，可是，它們之間是共生關係（symbiotic relationship）：全球史可以補區域史和國別史之不足，反之亦然。[7] 它們相輔相成，而不是相互取代。

當然，「世界史」和「全球史」的定義是有一定區別的。以筆者的粗淺理解，所謂世界史，就是人類諸多社會互動形成當今世界的過程，亦即人類走向一個文明體的進程。這個回答雖然模糊，卻也因此得到大多數學者的認可，包括指責其含義模糊的批評者。全球史又如何定義呢？一般而言，全球史學家認為它指的是人類社會真正在全球化進程中形成一個共同體的歷史，簡單地說，就是全球化的歷史進程。那麼，什麼是全球化？何時開始全球化？這些又變成一個個難題。有些學者主張全球化始於對新大陸的「發現」。這種提法雖然也以 1500 年為標誌，表面上看和以歐洲為中心的世界史敘述沒有區別，但其邏輯是不一樣的。歐洲中心論的敘事是以哥倫布為象徵的世界文明「中心」發現和利用「邊緣」的進程；全球史則強調新大陸和舊大陸之間的互動推動了世界走向一體化的進程。也有學者以十三世紀為開端，因為他們認為蒙古帝國的建立是空前的事件，大大推動了亞非歐舊大陸的互動。即使如此，筆者不由得發問，造成全球化的前全球化時代的力量、因素和運動是否屬於全球史的研究範圍呢？如果是，則無論以十三世紀還是 1500 年為開端，都不那麼有意義了。

以上種種讓我們發現，世界史或全球史都是針對國別史和區域史而來的；二者雖然旨趣略有差別，主張略有分歧，但都提倡跨地區、跨文化的研究。因此，除非特別表明，本書中均以「全球史」泛指。尤其需要注意

7　同上。

的是，中國學者直接將歐美的新世界史翻譯為全球史，以區別於仍然掙扎在國別史之中的「世界史」研究。

二十世紀九十年代以來，全球史緩慢而逐步地被愈來愈多的學者接受，開始在學術界扎根。「全球」這個詞實際上和「跨地區」、「跨國」、「跨文化」，以及其他類似的標籤是同義詞。第一眼看來，「全球」這個詞似乎只強調了全球化這一個方面，也就是某個事物向全球擴展或者捲入全球化的過程；相應地，或許（被迫）迎接全球化過程的特定地域是從屬的、被動的，因而似乎是次要的和邊緣的，沒有得到應有或者足夠的審視和解讀。此外，如果某個事物具有全球性，那麼它在全球化的過程中是一成不變的嗎？它在全球化之後和此前也是一成不變的嗎？回答當然是否定的。因此，全球史和全球視覺（global perspective）的倡議者非常謹慎，強調地方性（local）和全球性（global）同樣都是參與、塑造全球化的力量、因素、過程，從而避免上述那種對全球化的片面理解。畢竟，全球史的誕生，其意圖並不是壓制地方的、地區的或者國家的主題、角度和敘事；恰恰相反，全球史從它們當中產生並脫穎而出，和它們一道為理解人類歷史互相補充、相得益彰。以東南亞為例，著名學者安東尼・瑞德（Anthony Reid）充滿哲理地評論道：「我相信東南亞歷史的脈動同樣可以解讀為全球化（globalization）和地方化（localization）的互動。」[8] 維克多・利伯曼（Victor Lieberman）也同樣試圖把東南亞置於全球的範疇內，「在地方的結構當中尋找把蕪雜的變化連接起來的全球模式」。[9] 這些都是對全球性與地方性之關係頗有見地的解讀。

---

8 Anthony Reid, "Global and Local in Southeast Asian History", *International Journal of Asian Studies*, vol.1, Issue 1（January 2004）: 6.

9 Victor Lieberman, *Strange Parallels: Southeast Asia in Global Context, c.800–1830, Volume 1: Integration on the Mainland*（Cambridge: Cambridge University Press, 2003）, 21.

全球史的歷史背景

全球史的定義是比較令人頭疼的問題，不太容易達成共識，回顧全球史產生的歷史背景或許有益於讀者理解。全球史發軔於二十世紀六七十年代，有着深刻的社會背景和學術背景。

二十世紀六七十年代是冷戰的巔峰。基於冷戰的需要，二戰以來，美國率先建立了地區研究的框架和模式，它們遂成為大學和研究機構的範式。地區研究的取向和主旨反映和滿足了冷戰的需要，然而，學術研究有其內在的理路和邏輯。一些學者發現，把世界按照冷戰的框架劃分成若干區域，割裂了區域間的聯繫、跨地區的紐帶和力量，甚至破壞了全球性的因素和動力。這些研究自然而然地挑戰、衝擊了地區研究的框架和預設，激發學者提倡跨地區、跨國界的研究主題和方法。正因為全球史考察跨地區的聯繫、互動，在很多時候挑戰乃至解構了地緣政治的界限或地理空間的劃分，全球史和區域史（以國別史作為其最耀眼的代表）之間產生了某種緊張。實際上，全球史從來沒有宣稱它可以替代地方史、區域史；相反，全球史渴望、需要並召喚地區研究；更何況，全球史不但以區域研究為堅實的平台，而且其本身就是從區域研究中破囊而出的。

以上便是一個大的學術背景，對激發全球史研究有着直接或間接的推動作用。其實，一般的歷史研究，無論是基於文明、地區還是國家，都面臨類似的困境和困惑。不然，為什麼湯因比（Arnold Joseph Toynbee）在其巨著《歷史研究》（*A Study of History*）中一開始就問：歷史研究的基本單位是什麼？以非洲歷史研究為例，一旦涉及黑奴貿易，必然要採用跨地區的方法和角度，必須考察非洲、歐洲和新世界的三角關係，甚至還需要包括南亞次大陸和東南亞、東亞。這樣的研究就成為跨大西洋研究，成了一門顯學。好幾位元非洲歷史學家就是這樣從區域史學家轉為世界史學家的，比如菲力浦．柯丁（Philip Curtin）和他的弟子派翠克．曼寧（筆者的導師）。派翠克．曼寧是波士頓東北大學世界史中心的創辦人，後來又到匹茲堡大學歷史系創辦了世界史中心。這兩位都是從非洲歷史尤其是黑奴貿易的研究中認識到地區歷史的局限和困境，理解到跨地區研究是學術的內在邏輯和要求，繼而投身和提倡全球史的。

二十世紀六七十年代的世界面臨巨大的衝擊、震盪和重組。人權運動、女權運動、綠色環保運動、新科技（電子產品和基因研究等），對社會和學術界造成了即時的、巨大的和長遠的衝擊。在人文社會科學方面，社會性別史、科技史（醫療史、疾病史）、系統論、計量統計等，都給傳統的史學研究帶來了衝擊和挑戰。這些衝擊和共振構成了孕育全球史的學術平台。威廉·麥克尼爾（William McNeill）的《瘟疫與人》（*Plagues and Peoples*）就是在這個背景下出版的，[10] 這本書第一次把疾病引入人類歷史和全球史研究。這也是全球史的一個鮮明的特點，就是特別強調借用、採用和融合新興學科與新的方法、角度。醫療史、環境史、性別史，以及海洋、氣候、離散人群、貿易等主題和角度，因為不拘泥於某個族群、國家或地區而與全球史的旨趣不謀而合，成為全球史研究和發展的表述。

全球史在西方特別是在北美出現，也不是偶然的。其內在學術邏輯就在於學術界對西方文明史和對以西方為中心的世界史書寫的反思，對西方／歐洲中心論的批判，對忽視非西方人群、社會和文明的反省。在西方中心論的歷史書寫中，非西方不是作為異類就是作為反面或附庸出現，屬於沒有歷史的人群。這種反省既得益於人權運動和女權運動，也得益於學術界自身的覺醒，是非常難能可貴的。

北美學界對西方中心論的激烈批判和糾正，是全球史在西方出現的一個根本原因，也是全球史發軔以來一個經久不衰的切入點和主題。對中國學者而言，既要繼承這個傳統，批判過去承襲的歐洲中心論，也要警惕和批判中國中心論和漢人中心論。明白了全球史興起的背景，我們自然而

10 William H. McNeill, *Plagues and Peoples* (Garden City, New York: Doubleday/Anchor, 1976). 他的兒子小麥克尼爾也是著名的環境史學家和世界史學家，在喬治城大學任教。

然就能理解在實際的學術研究中，全球史基本在批判和糾正區域史、國別史和文明史，從而構建一個聯繫的、互動的人類共同經歷；全球史側重跨地區、跨國界、跨文化的研究主題和研究方法，因而是可以把握的。比如說，中外交通史作為中國歷史研究的一個傳統，是很容易轉型為全球史的。

全球史修正區域史和國別史，但並不取代後兩者。既然全球史的研究是跨地區的，那麼至少要掌握兩個地區。因此對全球史研究者而言，他們不僅要和其他歷史學者一樣有自己的領域，也要有第二個甚至第三個領域。只有在掌握兩個地區的基礎上，才能發現跨地區的事件、線索、聯繫、網路和動力。因此，全球史常常採用比較的方法。除了比較，全球史還採用網路（network）、鏈式（chain）、聯繫（connection）、互動（interaction）、移民和離散人群（diaspora）、邊疆（frontier）等方法和主題，其目的都是為了突破傳統的國家、地區研究的束縛，利用跨地區、跨文化的角度來揭示區域史和民族國家史所忽視的因素、主題和過程。

誰做了全球史研究

以上大致介紹了對全球史的理解，也就是全球史的「知」；那麼，哪些歷史學者做了全球史的研究，也就是筆者所說的全球史的「行」呢？

雖然學者在溯源時往往將全球史研究推到古希臘、古羅馬的作品和西漢司馬遷的著作，或者至少到十八世紀、十九世紀「普遍歷史」（universal history）的書寫，但真正的研究突破出現在湯因比《歷史研究》面世之後的二十世紀中葉。

怎麼做全球史研究？或曰，全球史如何「行」？這的確是一個難度很高的問題。柯嬌燕指出，全球史獨有的難度在於，和普通的國別史或區域史相比，人類社會並沒有遺留下一眼便可以辨析出所謂「全球史」的檔案、文獻或其他材料。一般的全球史學者傾向於根據其他歷史學者所做的研究進行比較，發現大的模式，提出有益於理解整個人類社會變遷的方法。[11] 這當然是對的，不過，全球史學者不是天生的，沒有一個歷史學者從一開始受訓就自稱全球史學者。相反，目前所有自稱或者被稱為全球史學者、研究者的（包括謙虛地說在做一些全球史研究的），最初都是國別史或區域史學者，無一例外。過去如此，現在如此，將來也必然如此。

無論是威廉．麥克尼爾，還是菲力浦．柯丁，抑或傑里．本特利（Jerry Bentley），乃至英年早逝的亞當．麥克恩（Adam Mckeown），這老中青三代著名世界史或全球史學家都起步於傳統的史學領域，但在時代的推動和個人的努力下，都由區域研究走向了全球史研究。

威廉．麥克尼爾於 1947 年在美國康奈爾大學的博士論文是《土豆在愛爾蘭歷史上的影響》（"The Influence of the Potato on Irish History"），這大概要歸類於歐洲近代史吧？他的第一部極具影響力也是最具影響力的著作是 1963 年出版的《西方的興起：人類共同體史》（*The Rise of the West: A History of the Human Community*），[12] 該書旗幟鮮明地提出不同社會（文明）之間的互動是歷史變遷的原動力。在這個前提和主題的指導下，麥克尼爾探討了亞非歐舊大陸不同文明之間的交流和融合，強調了其他文明對西方文明的深遠影響。該書可以說是首次把西方文明的崛起置於世界之中，力圖突破過去西方中心論的框架和籠罩 —— 實際上直接挑戰了西方中心論，對世界史的書寫有開拓性的貢獻。正因如此，這本書獲得了 1964 年美國國家圖書獎的歷史和傳記類最佳作品的殊榮，也被世界史學界視為第一部世界史，成為世界史的經典之作。當然，麥克尼爾對此書有許多反思，他後來特別遺憾自己在書中對東亞社會尤其是宋代中國估計不足。這並沒有什麼可大驚小怪的。二十世紀五六十年代，西方對中國歷史的研究才起步不久，對宋代了解很少，更何況麥克尼爾本人並不研究中國歷史。麥克尼爾

11 Crossley, *What is Global History*, 3.

12 William H. McNeill, *The Rise of the West: A History of the Human Community* (Chicago: University of Chicago Press, 1963).

還擔任過美國歷史學會主席、美國世界史學會主席，是北美世界史研究的創始人和奠基人之一。2010 年，他榮獲美國國家人文獎章。

菲力浦・柯丁於 1953 年在美國哈佛大學獲得博士學位，其論文為《1830–1865 年牙買加的革命與衰退》（*Revolution and Decline in Jamaica, 1830–1865*），研究的是十九世紀牙買加的革命與經濟，屬於拉美史。1956–1975 年，他在美國威斯康辛大學麥迪森分校任教，和同事簡・范西納（Jan Vansina）一起創建了非洲語言和文學系，這是美國大學中最早成立的非洲研究機構之一。1975 年後，菲力浦・柯丁到約翰斯・霍普金斯大學任教。此後數十年間，菲力浦成為非洲史和大西洋奴隸貿易史的權威，並最終走向了世界史。他先研究的是黑奴貿易的數量，亦即到底有多少黑人被販賣到新大陸，具體涉及多少黑人被擄掠，他們從哪裏來，在跨越大西洋的中途有多少人死亡，最終有多少黑人到達新大陸，並被指派到哪裏工作等問題。1969 年，他的著作《大西洋黑奴貿易：一個統計》（*The Atlantic Slave Trade: A Census*）成為這個領域最重要的著作。[13] 該書首次比較全面地估算了從十六世紀到 1870 年的奴隸貿易總量，提出有 9,566,000 名黑人被販賣到美洲新大陸。雖然此後學者們對這個估計有不同意見，但菲力浦・柯丁開創性的工作得到了學術界的一致重視。此後，菲力浦・柯丁的研究視角更加寬廣。1984 年由劍橋大學出版社出版的他的《世界歷史上的跨文化貿易》（*Cross-Cultural Trade in World History*）成為大學世界史課程常用的教材，很受歡迎。[14] 1989 年由劍橋大學出版社出版的他的《遷徙而死：十九世紀歐洲的熱帶移民》（*Death by Migration: Europe's Encounter with the Tropical World in the Nineteenth Century*）綜合了醫療史和人口史，探討了非洲熱帶地區疾病對歐洲移民的影響，對現代醫學發展出熱帶病治療手段之前的

13 Philip D. Curtin, *The Atlantic Slave Trade: A Census* (Madison: University of Wisconsin Press, 1969).

14 Philip D. Curtin, *Cross-Cultural Trade in World History* (Cambridge & New York: Cambridge University Press, 1984).

人類防疫方法及其原理進行了前沿性的考察，《美國歷史評論》（*American Historical Review*）稱之為「有突破性」的著作。[15] 這本書也同樣反映了環境史、科技醫療史對世界史先驅學者的影響。筆者在研究中國歷史上的瘴氣時，從中受益匪淺。柯丁因其在史學上的傑出成就，於 1983 年成為麥克亞瑟基金會當年的獲獎人才，私下大家稱此為「天才獎」。

傑里・本特利於 1976 年在美國明尼蘇達大學獲得博士學位，此後一直在夏威夷大學任教。他起初研究歐洲文藝復興初期的文化史，二十世紀八十年代在普林斯頓大學出版社出版了兩本關於歐洲文藝復興的專著，[16] 可謂成就斐然。可是，就在這樣的輝煌之中，他意識到了文藝復興研究的瓶頸，好像路子愈來愈窄。正是這個時候，他受到世界史的啟發，於是從頭開始，踏進了以文化交融為主題和切入點的世界史研究，可以說，「跨文化互動」自此成為本特利世界史研究的主題。1993 年，牛津大學出版社出版了他的第一本世界史著作《舊世界的相遇：近代以前的跨文化接觸和交流》（*Old World Encounters: Cross-Cultural Contacts and Exchanges in Pre-Modern Times*），該書全面勾勒了亞非歐舊大陸在近代之前的文化交融，可以說是 1,500 年前的世界史。[17] 此外，傑里・本特利對美國大學推動世界史教育的貢獻極大。他和《世界史雜誌》的另一位編輯赫伯特・齊格勒（Herbert F. Ziegler）合著的《新全球史》（*Traditions & Encounters: A Global Perspective on the Past, from the Beginning to 1000*）自 2000 年付梓以來已經出版五六版，銷量據說超過一百萬冊，成為全美最暢銷的大學和高中世界史教材。[18]

15 Philip D. Curtin, *Death by Migration: Europe's Encounter with the Tropical World in the Nineteenth Century*（Cambridge & New York: Cambridge University Press, 1989）.

16 Jerry H. Bentley, *Humanists and Holy Writ: New Testament Scholarship in the Renaissance*（Princeton: Princeton University Press, 1983）; *Politics and Culture in Renaissance Naples*（Princeton: Princeton University Press, 1987）.

17 Jerry H. Bentley, *Old World Encounters: Cross-Cultural Contacts and Exchanges in Pre-Modern Times*（New York & Oxford: Oxford University Press, 1993）.

18 Jerry H. Bentley & Herbert F. Ziegler, *Traditions & Encounters: A Global Perspective on the Past, Volume A: from the Beginning to 1000*（Boston: McGraw-Hill, 2000）.

鑒於他的傑出貢獻，在傑里・本特利逝世後，北美世界史學會和美國歷史學會分別在 2012 年和 2014 年設立了以他名字命名的世界史著作獎，以表達對他的敬意。

亞當・麥克恩是筆者的導師。他於 1997 年畢業於美國芝加哥大學，1998 年起任教於波士頓東北大學，2000–2013 年任教於哥倫比亞大學。其博士論文研究海外華僑，2001 年由芝加哥大學出版社出版，名為《華僑的網路和文化變遷：秘魯、芝加哥和夏威夷，1900–1936 年》（*Chinese Migrant Networks and Cultural Change: Peru, Chicago, and Hawaii, 1900–1936*）。[19] 亞當・麥克恩和大家分享說，他的論文研究了二十世紀初從中國南方到秘魯、美國芝加哥和夏威夷的移民，其中有一些全球的視覺和亮點，但整篇論文還是屬於比較研究，因此，在將論文修訂為專著出版時，他花了很多精力，並採用「網路」這個概念來凸顯移民的全球模式。派翠克・曼寧就此總結出一些博士研究生普遍面臨的「麥克恩難題」：究竟是先寫一篇比較研究的博士論文而後有機會再闡述其中的全球聯繫，還是花更多的時間調整結構來彰顯全球模式。這當然是兩難的選擇。

麥克恩此後便以全球史的方法來研究中國的海外移民。筆者在 1998–2000 年作為他的研究助手，把哈佛燕京圖書館所藏《華人華僑歷史研究》所有的文章都看了一遍，為他作了摘要，以便他挑選其中有用的文章進一步閱讀。2004 年，麥克恩在《世界史雜誌》發表了全球移民史研究的重要文章〈1846–1940 年的全球移民〉（Global Migration, 1846–1940）。[20] 他指出，這一階段亞洲的海外移民在規模上可以與從歐洲跨越大西洋的移民相提並論，從而批駁了近代移民史上的歐洲中心論。2008 年，麥克恩在哥倫比亞大學出版社出版了《憂鬱的秩序：亞洲移民與邊境管控的全球化》

19 Adam McKeown, *Chinese Migrant Networks and Cultural Change: Peru, Chicago, and Hawaii, 1900–1936*（Chicago: University of Chicago Press, 2001）.

20 Adam McKeown, "Global Migration, 1846–1940", *Journal of World History*, Vol. 15, Iss. 2,（Jun 2004）: 155–89.

（*Melancholy Order*：*Asian Migration and the Globalization of Borders*）。[21] 此書進一步闡明了亞洲移民的全球意義，論證了現代邊界是十九世紀八十年代以來對亞洲移民（特別是中國移民）的防控和歧視的結果。該書出版後，他訪問了新加坡國立大學，並在筆者當時任職的歷史系作了講座。正如筆者在提問時估計的那樣，該書斬獲大獎：北美世界史學會 2009 年授予其年度圖書獎。憑藉卓越的研究，麥克恩在世界史領域（以及華人華僑史領域）聲名鵲起，成為中生代的代表人物，迅速在哥倫比亞大學歷史系晉升為副教授（終身教職）、教授。可是，出於一個純粹的學者對雞零狗碎、爭吵不休的學術政治的極端厭惡，或許還有對學術界的失望，出乎所有人的意料，2013 年，他辭去哥倫比亞大學歷史系教授這個歷史學者夢寐以求的職位，成為自由職業者。這並不是說他放棄了學術，事實上，此後他在和筆者的郵件中說，他在雲南大理大學的短期任教經歷非常愉快。而令人傷心的是，天不假年，2017 年，亞當・麥克恩在紐約意外去世。這是世界史學界的重大損失。

和前面三位世界史先驅相比，亞當・麥克恩還是個年輕人。三位前輩學者不僅學識淵博、才華超群，而且行政管理能力極強。威廉・麥克尼爾於 1961–1967 年擔任芝加哥大學歷史系主任，對於該系成為全美歷史研究重鎮貢獻巨大。何炳棣當時是其同事，一向「目中無人」、「捨我其誰」的他在回憶錄中對麥克尼爾頗有讚詞。他在回憶說服芝加哥大學校領導從哈佛「挖角」楊蓮生（楊聯陞）時說：「學校領導既已下決心，歷史系主任麥克尼爾胸襟又是海闊天空，所以在系中推動聘楊所遇阻力不大。」[22] 美國世界史研究的另一位先驅者菲力浦・柯丁則是美國非洲研究的創始人和奠基人之一。而本特利長期任教於夏威夷大學，從 1990 年直至去世一直擔任北

21 Adam McKeown, *Melancholy Order: Asian Migration and the Globalization of Borders*（New York: Columbia University Press, 2008）. 中文版見潘一寧譯，上海書店，2025 年 3 月出版。
22 何炳棣：《讀史閱世六十年》（桂林：廣西師範大學出版社，2005），第 334 頁。

美《世界史雜誌》的編輯，二十多年來兢兢業業，殊為不易。筆者的第一篇期刊論文便是在他手中發表，此後和他還有過幾次短暫但非常愉快的接觸，感覺他是一位彬彬君子。值得一提的是，本特利生前和首都師範大學的全球史研究中心建立了良好的互動關係，對中國的世界史研究的推廣和前進也有獨特的貢獻。這一點，首師大的同人想必感觸更深。

以上幾位都是史學界乃至人文學界的巨匠，他們的淵博和睿智非一般的歷史學者可及；他們提出的問題、使用的材料、採取的方法、取得的成果、花費的時間、經歷和資源，也是普通學者難以企及的。就目前的全球史研究而言，新生代選取了不同的研究對象，這些研究對象相對微小，容易把握，同時又穿越或游離於傳統時空的劃定之外，因而同樣可以完成世界史或全球史的書寫。他們有的選取邊疆（因為邊疆天然地既聯繫又跨越疆域），有的選取移民（這些人同樣跨越疆界、文化和制度），有的選取海洋（性質和邊疆一樣），有的選取某種物質（如白銀、鱈魚、海貝、棉花、瓷器、茶葉等），有的關注制度和觀念（如社會性別、婚姻），有的繼續研究各種疾病尤其是傳染病，有的側重於資訊（如現代科技的流傳和接受，當然還有宗教和藝術的研究）。總的來看，全球史研究幾乎無所不包。區域史和國別史研究的，全球史同樣研究，只是提出了不同的問題或採取了不同的研究方法，同時並不囿於某種地理空間而畫地為牢；不過，全球史經常研究的問題、倡導的方式往往涉及跨文化、跨疆界、跨學科，或者探討跨地區意義上的互動、聯繫、網路、鏈式，等等。

「西方的崛起」

在全球史的研究和形成過程中，「西方的崛起」這個問題的提出和解答，讓人們至今爭論不休，它對全球史的概念化、理論化和具體進展影響深遠。這或許解釋了為什麼麥克尼爾的書以「西方的興起」為名，以及為什麼這本書被視為全球史的第一部著作。其實，圍繞這個問題，全球史學者做了數十年的努力。任何歷史研究都必須有研究對象——歷史研究的單位，這是湯因比在其巨作中最先提出並着力解決的問題。[23] 全球史當然也不例外。可是，全球史的研究對象並非如很多人誤解的那樣，是整個地球或整個人類社會。過去有極個別人這樣嘗試過，現在和將來也會如此。或許有一天，人類的智慧極大地豐富了，學者們真的把全球或者整個人類作為一個研究對象而寫出了一部全球史。不過，這種理想的情況恐怕在已知的未來不會發生。從這點看，全球史學者和科學研究者一樣，無限接近但永遠不能達到真理；也和一般的歷史學者一樣，無限趨向於事實，但永遠不可能還原全部事實。只不過，和其他歷史學者相比，全球史學者要實現無限接近的目標看起來如此困難，如此遙遠渺茫，令人愈發失望，有些人不免嘲諷全球史學者看起來無力乃至無謂的掙扎與努力。嗚呼，這就是內外交困的全球史。全球史當然也有其研究對象和方法。過去的世界史學家以湯因比為代表，提出了將空間比民族國家大的文明作為歷史分析的單位。他列舉了大大小小、數目不少的文明，多數已經消亡。因為是文明，所以它跨越了國家（無論是民族國家、王國還是帝國）的疆界，超越了族群的分界，也超越了文化的界限。這就是跨地區、跨邊界的研究角度和方法。麥克尼爾正是深受湯因比的影響，從而開始了他在文明交流的框架和基礎上探索西方文明崛起的歷程。本特利則是以跨文化互動這個切入點來書寫世界史。跨文化互動，簡而言之，就是文明間的衝擊、交融。因此，我們可以說，文明互動是世界史／全球史書寫的一個主要的方式。隨之而來的一個難題便是，為什麼西方文明在 1,500 年以後突然崛起了？社會學家伊曼紐爾·沃勒斯坦（Immanuel Wallerstein，1930–2019 年）對此首先做出了回答。

23　筆者 1998 年秋天修讀派翠克·曼寧的「全球史學史」（Global Historiography）課程時，首先閱讀討論的便是湯因比的《歷史研究》。湯因比一開始就分析為什麼他把人類文明而不是國家作為歷史研究的單位，對國別史考察跨國現象和制度的無能為力做了精彩的分析。

沃勒斯坦對世界史的貢獻不亞於其他任何世界史學家。他關於現代世界體系（modern world-system）的四卷本巨作闡述了現代歐洲體系的形成和霸權，實際上是以世界體系來取代文明作為世界史研究的分析單位。他的世界體系以中心——半邊緣——邊緣的結構（core, semi-periphery, and periphery）為內在特徵，以勞動分工為基礎。由於中心通過不平等的經濟交換實現了對邊緣的控制，整個世界都處於一個世界體系當中，也就是以歐洲（後來被美國取代）為中心的現代世界體系。沃勒斯坦是西方左派的代表人物之一，他的世界體系理論自二十世紀七十年代以來產生了很大的影響。許多學者或接受了他的觀點，或採用了他的分析框架，或對其加以修正。珍妮特・阿布—盧格霍德（Janet Abu-Lughod）的「十三世紀世界體系」便是其中之一。[24]

沃勒斯坦的現代歐洲世界體系始於 1450 年。他認為，在此之前，人類社會只有世界帝國（world empire）而沒有世界體系。珍妮特・阿布—盧格霍德的《歐洲霸權之前》（*Before European Hegemony*：*The World System A.D. 1250–1350*）一書則審視了十二世紀末到十五世紀初的二百多年，提出了「十三世紀世界體系」理論。這一理論挑戰、修正了沃勒斯坦的近代以歐洲為中心的世界體系。她指出，在沃勒斯坦的近代世界體系產生於漫長的十六世紀之前，亞歐大陸已經出現了一個世界體系。這個體系包含了位於歐洲、中東和亞洲的三個互相聯繫的亞體系，從組織結構上看，這個體系比過去任何貿易圈都複雜，貿易量更龐大，運行更精密，和十六世紀的世界相比也不遜色。當然，珍妮特・阿布—盧格霍德的「十三世紀世界體系」的定義沒有沃勒斯坦那樣嚴格，更像一個跨地區的貿易網路。

貢德・弗蘭克（Andre Gunder Frank）是沃勒斯坦同時代的一位激進的左派學者，他是依附理論（Dependency Theory）的創始人，也積極參

24 Janet Abu-Lughod, *Before European Hegemony: The World System A.D. 1250–1350*（Oxford: Oxford University Press, 1991）.

與世界體系理論的研究與討論。他甚至將沃勒斯坦 500 年的世界體系推到了 5,000 年，提出 5,000 年前人類社會就開始形成一個具有等級結構的共同體。在《白銀資本》（*ReOrient*：*Global Economy in the Asian Age*）一書中，弗蘭克就「西方的崛起」這個世界史的永久話題闡述了他的觀點。簡單來講，他認為，歐洲人利用新大陸的白銀買了一張東亞（中國）的特快列車車票。弗蘭克是一位獨特的天才學者，對世界史的成長有着重大的貢獻。本書附錄也記載了筆者和他的一些交往。

當然，最近二三十年對「西方的崛起」這個問題，學界重新下了定義。以彭慕蘭（Kenneth Pomeranz）和王國斌（R. Bin Wong）為代表的加州學派採取了比較的方法，對中國和西歐進行了比較研究，其結論修正了當年提出「西方的崛起」這一問題的本意。值得注意的是，和此前的世界史學者相比，這兩位是中國歷史專業出身，對中國非常熟悉，因而在批評以歐洲為中心或者以歐洲為樣板時都格外敏銳。至於他們得出的一些結論，學界仍然見仁見智。在老一輩中國學者當中，李伯重和葛兆光在倡導和實踐全球史方面處於突出地位。李伯重先生以研究江南經濟史見長，在國際經濟史領域大名鼎鼎，他的研究成果本身就被加州學派接受吸收，成為加州學派立論的靈感與基石之一。葛兆光先生從東北亞出發，提倡從周邊看中國，對天然為全球史的海洋史也有許多思考，產生很大影響。

跨學科

跨學科是近一二十年來幾乎每個學科都提倡的方法。新的世界史或者全球史不是在一般意義上跨地區和跨學科；相對於一般的跨地區而言，全球史跨地區的地理空間更寬廣，往往涉及兩個世界區域如東亞和中亞的跨界或越界；相對於一般的跨學科而言，全球史的跨學科要求更高，它不僅跨越了傳統的人文學科或學界提倡的人文和社科的結合，而且身體力行地實踐了人文、社會科學和自然科學全面和綜合的結合。這就是沃勒斯坦晚年提出的多學科／跨學科研究的本意，跨學科就在於破除學科的界限，放棄所謂學科及其方法的界定和區別。沒有一個社會歷史問題只存在於某一個學科領域。

全球史的研究方法，似乎就在這個方向。以麥克尼爾和柯丁而論，他們都中途進入了醫療史領域，這難道是巧合嗎？派翠克．曼寧年屆八十，還在孜孜不倦地從科學史的角度利用 DNA（去氧核糖核酸）來研究早期人類的遷徙，這算是另一個旁證吧。筆者的師兄程映虹教授本以冷戰史研究見長，居然一度潛心追蹤人類基因的研究，撰寫了關於「北京人」的論文，而且該文自在《亞洲研究雜誌》（*Journal of Asian Studies*）發表以來，長期佔據該刊最受歡迎文章榜首，這或可說明全球史的訓練的確以跨學科為旨趣、導向和要求。不妨藉此機會介紹一下全球史的兩本必讀書目，那就是科技醫療史和環境史的開山鼻祖艾爾弗雷德．克羅斯比（Alfred W. Crosby Jr.）在二十世紀七八十年代的經典著作。

艾爾弗雷德．克羅斯比 1972 年出版的《哥倫布大交換：1492 年以後的生物影響和文化衝擊》（*The Columbian Exchange*：*Biological and Cultural Consequences of 1492*）以及 1986 年出版的《生態帝國主義：歐洲的生物擴張，900–1900》（*Ecological Imperialism*：*The Biological Expansion of Europe*，*900–1900*）奠定了環境史、醫療史和世界史的基礎，也是跨學科研究方法在世界史的應用和典範。[25] 他敏銳地觀察到為什麼歐洲相對輕鬆地征服了新大陸和澳大利亞（他稱之為「新歐洲」），而目前人類的財富主要集中於歐洲和新歐洲，之後他探討了這個兩極化現狀的歷史淵源，尤其是歐洲征服成功後的生物因素，其中的關鍵一點便是疾病如何影響了人類社會。早在二十世紀七十年代，他就已經意識到疾病在人類歷史上的作用，

25 Alfred W. Crosby, *The Columbian Exchange: Biological and Cultural Consequences of 1492*（Connecticut: Greenwood Press, 1972）; *Ecological Imperialism: The Biological Expansion of Europe, 900–1900*（New York & Cambridge: Cambridge University Press, 1986）.

如埃爾南·科爾特斯（Hernán Cortés）對位於今天墨西哥的阿茲特克文明的征服和法蘭西斯科·皮薩羅（Francisco Pizarro）對南美印加帝國的征服，並研究了 1918 年的大流感，[26] 堪稱疾病醫療史的先知先覺者。

他首創的「哥倫布大交換」和「生態帝國主義」成為學界廣為接受和沿用的概念和問題。值得一提的是，當年《哥倫布大交換》的書稿完成後，沒有一家大出版社感興趣，幸虧被位於康涅狄格州韋斯特波特的一家默默無聞的小型學術出版社格林伍德出版社慧眼看中，得以付梓。這也說明了全球史和全球史學家篳路藍縷的艱辛。1997 年 3 月，柯臨清教授在北京外國語大學西院伊莎白·柯魯克（Isabel Crook）的公寓裏面試筆者之後，便以《生態帝國主義》一書相贈，囑咐筆者好好閱讀。[27] 可惜，筆者當時的英文太差，竟將「生態帝國主義」（ecological imperialism）看成了「經濟帝國主義」（economic imperialism）。不過，這本書筆者還是認真閱讀了，用現在的話說，受到了驚人的頭腦風暴衝擊。筆者當時不能想像，居然有如此博學之人！《生態帝國主義》的第一句話「歐洲移民及其後裔遍佈各地，這個現象需要解釋」。原文不過短短十三個單詞，卻如泰山壓頂，讓人喘不過氣來，給筆者留下極其深刻的印象。筆者在寫《海貝與貝幣：鮮為人知的全球史》時，首句便套用了這個句式。[28]

克羅斯比的研究融合了歷史、地理、生物和醫學，炫目多姿，令人目不暇接。他是二十世紀下半葉最偉大的（歷史）學者。他的研究和著作突破性地擴展了歷史研究的對象和範疇，直接提出了歷史研究的許多關鍵且

26 Alfred W. Crosby, *Epidemic and Peace, 1918*（Greenwood Press 1976）.

27 柯臨清生前是美國麻塞諸塞州東北大學歷史系教授，曾在北京長期居住和工作，專長是中國婦女史。她是最先將「社會性別」（gender）引入中國研究的先驅學者之一；伊莎白·柯魯克出生於成都，是加拿大一對傳教士夫婦的女兒，曾在重慶璧山生活，對璧山感情很深。筆者曾幫助她長期聯繫和資助璧山的學生，直至她年老體弱，實在沒有精力顧及為止。她的丈夫大衛·柯魯克（David Crook）是英國的國際共產主義戰士。

28 Bin Yang, *Cowrie Shells and Cowrie Money: A Global History*（Routledge, 2019）；中譯本為《海貝與貝幣：鮮為人知的全球史》（北京：社會科學文獻出版社，2021）。其實，賈雷德·戴蒙德在其名著《槍炮、病菌與鋼鐵：人類社會的命運》開頭也模仿了克羅斯比的提問模式。對此書，柯嬌燕進行了中肯到位的評價，有興趣的讀者可參見 Crossley, 2008, 77–81。

經久不息的問題，刷新了世界史的許多認知，樹立了跨學科研究方法的典範，影響巨大，而且在很遠的將來仍然會被廣泛閱讀。大家熟悉的暢銷著作《槍炮、病菌與鋼鐵：人類社會的命運》（*Guns, Germs, and Steel: The Fates of Human Societies*）的作者賈雷德·戴蒙德（Jared Diamond）就深受克羅斯比影響，甚至上述書名都模仿自後者的另一本書，即《病菌、種子和動物：生態史研究》（*Germs, Seeds, and Animals: Studies in Ecological History*）。[29]

跨文化互動

全球史的另一個本質屬性便是跨文化。本特利就以跨文化互動作為其全球史研究的主題，一以貫之。1996 年 6 月，《美國歷史評論》發表了本特利和曼寧兩人關於全球史的兩篇對談文章，組成了一個論壇。[30] 他們對「什麼是跨文化的互動」以及「世界史的分期」進行了針鋒相對的討論。他們提出的問題，至今仍然是理解世界史 / 全球史最好的航標，值得細細琢磨，中國國內也鮮有人知，故筆者介紹如下。

世界史強調跨地區，修正民族國家這一分析框架，這不僅表現在地域空間上，也表現在分期上。世界史在斷代上和區域史與國別史有所不同，甚至是大有不同的，因為它要考慮的不是某個地區，而是跨地區的重要趨勢、事件、運動或模式。但是，任何分期都必須定標準，那麼，世界史的分期應該採取什麼標準呢？本特利首先反思了過去歐洲中心論影響下的世界史的劃分，高屋建瓴地指出在人類歷史上，跨文化的互動對所有的人類

29 Alfred W. Crosby, *Germs, Seeds, and Animals: Studies in Ecological History* (M. E. Sharpe, 1994) .

30 Jerry H. Bentley, "Cross-Cultural Interaction and Periodization in World History", *The American Historical Review*, vol. 101, No. 3 (Jun., 1996) : 749–70; Patrick Manning, "The Problem of Interactions in World History", *The American Historical Review*, vol. 101, No. 3 (Jun., 1996) , 771–82. 以下簡述兩者的討論，不再一一標注相應頁數。

社會都產生了重大的政治、社會、經濟和文化影響，僅此而言，跨文化互動對於全球歷史進程的分期也有相當價值。同時，如果採用了跨文化互動的標準，那麼，歷史學家可以較好地避免各種族群中心主義框架之限制。更何況，學者們都逐漸認識到歷史是各地區人類互動的結果。因此，跨文化互動這一標準有利於辨識出那些變化或持續的模式，而不是局限於某個社會或族群的經驗。

當然，跨文化互動這一標準也有其缺陷。其一，它不是在任何時候都能囊括所有的人類社會。本特利指出，亞非歐大陸、新大陸和大洋洲地區三者之間在多數時候（指大航海時代之前）都只有零星的交往，儘管其內部的跨文化互動頻繁，並且塑造了相關人類社會的共同經歷。在十六世紀之後，跨文化互動就真的在全球的維度上展開了。其二，本特利提醒說，全球史的分期並不是唯一有意義的斷代法。國家構建、社會結構和文化傳統這些「內部」因素對於某個地區而言，意義同樣重大。此外，參與跨文化互動的各個社會，其參與的程度不盡相同。因此，全球史的分期也只能大略而言，不能採取精準的方式。同理，全球史的分期對各個社會或地區也不能千篇一律。

對於近代以來的跨文化互動，學者們考察了長途貿易、動植物和疾病的交流、科技的傳播、帝國和殖民的征服、傳教士的運動、跨大西洋黑奴貿易，以及全球資本主義的產生。那麼，此前的人類社會有哪些跨文化互動呢？本特利枚舉了跨越人類社會和文化區域的三種跨文化互動：移民、帝國的擴張和長途貿易。他指出，首先，移民所到之處，會促進社會、經濟和文化各個方面的變遷。如歷史上史前印歐人、班圖人、日耳曼人、突厥人、斯拉夫人以及蒙古人的遷徙，結果就是他們幾乎遍及亞非歐大陸的每一個角落。西伯利亞人和南島語系人群的遷徙則促成了人類社會在西半球和太平洋諸島的建立。其次，歷史上的帝國影響了跨社會文化的歷史進程，雖然龐大的帝國並不見得對各地都施行了直接有效的中央集權式的控制。

最後，便是傳統時代的長途貿易。過去往往認為，傳統時代的長途貿易側重於奢侈品交易，因此影響有限。這樣的觀點並不全面。第一，雖然奢侈品的貿易只惠及極少數人，但他們是傳統社會的統治階層或精英，影響力極大，甚至涉及政權的合法性。因此，奢侈品貿易的衝擊力遠非僅囿於少數人的經濟領域。第二，長途奢侈品貿易也有可能發展成大宗商品貿易，從而觸及普通民眾，其影響也會從經濟領域擴展到政治和文化領域，比如經絲綢之路東傳的佛教就是如此。第三，傳統時代的長途貿易如果規模足夠大，就會使得周圍的地區在經濟上融合，從而形塑跨地區、跨文化的經濟和社會結構。印度洋世界便是這樣一個例子。從七世紀開始，先是阿拉伯商人，緊隨其後的是波斯商人，他們征服了從東非到印度的海浪，並抵達東南亞和中國。到了十世紀，印度洋世界的各個港口通過海洋貿易獲利頗豐。更重要的是，海上的長途貿易不再局限於奢侈品，大量乃至份量沉重的商品，包括椰棗、蔗糖、建築材料、珊瑚、木材、鐵器等，都通過海洋交易。再往後，中國、東南亞、南亞、西亞和中亞地區的商品都在印度洋上航運，對印度洋世界經濟結構的形成產生了重要作用。此外，長途貿易還帶來了一些意想不到的跨文化交流，如生物的交換、科技和宗教的傳播，等等。

綜上所述，本特利便以這三種跨文化互動（移民、帝國的擴張和長途貿易）作為世界史分期的標準和基礎，並依此將世界史分為以下六個階段：早期複雜社會時期（西元前 3500– 前 2000 年）、古代文明時期（西元前 2000– 前 500 年）、古典文明時期（西元前 500– 西元 500 年）、後古典時期（500–1000 年）、跨地區草原帝國時期（1000–1500 年）以及現代（1500 年至今）。而後，本特利一一解釋了跨文化互動的三個標準在這六個階段的呈現，以闡述這種分期方法的合理性。

筆者以為，即使是中國史的研究者，對這六個階段的分期也不會覺得陌生。從中國史的角度看，第一階段早期複雜社會時期就是文明的雛形，第二階段古代文明時期相當於商周時期，第三階段古典文明時期相當於秦漢，第四階段後古典時期相當於隋唐，第五階段跨地區草原帝國時期相當於宋、遼、西夏、金和蒙古並列爭雄時期，第六階段就是中西開始直接交流的時期。因此，本特利的這個分期大致適用於中國歷史。或許有人會問，本特利自稱批判修正了歐洲中心論，但他為什麼還選取「傳統」的 1500 年，即哥倫布「發現」新大陸的時間作為「現代」的開端呢？我們不妨看看本特利選取 1500 年為開端的原因。

本特利分析說，跨文化互動到了十五世紀初，西歐已經借用、發明、積累以及改善了技術體系，這使得他們在世界舞台上更加突出。對此，學者們有着不同的解釋。有的採用了新韋伯主義的說法，認為這是西歐內部的發展動力；有的採取了新馬克思主義的立場，認為這是西歐剝削其他地區的結果。無論如何，部分由於西歐科技的領先，部分由於疾病摧毀了新大陸和太平洋諸島原住民人口，西歐在全世界展開了迅速擴張。在這樣的情形下，1500 年開始了第六個階段。在這個現代階段，全世界各個地區和人群不可避免地進入了互碰的狀態，一個全球化的時代開始了。

從以上的論述可知，本特利選取 1500 年為現代的開端並不是因為所謂新大陸的「發現」，而是側重於整個世界各個地區互動的新局勢，那就是蒙古帝國的衰亡，以及隨後歐洲在世界舞台上日益突出的地位。對於歐洲的突起，本特利也平衡了不同角度的研究，指出西歐內部和外部的不同因素促成了它的優勢。而後，他強調這一階段的本質是全世界所有地區和人類社會都捲入了互動的進程，進入了一個真正的全球化時代。因此，在世界史的分析和分期上，以本特利為代表的世界史學者的回答有時和區域史 / 國別史是一樣的或相近的，但他們採取的標準和判定的原因與區域史 / 國別史是大相徑庭的。

對於本特利採用跨文化互動對世界史進行分析和分期的做法，派翠克・曼寧認為「優雅無缺」，他本人也傾向於同意跨文化互動是世界史分期的一個合適的標準。然而，曼寧又嚴肅地指出，如果我們接受跨文化互動作為世界史分期的標準，那麼我們必然同時認為這些跨文化互動是世界史的主題。他認為，從「標準」到「主題」，這一步不小，需要細細斟酌。

曼寧先指出，本特利的切入點與過去以擴張—收縮這樣的演化階段為標準的分期大不一樣。除了文明的起落沉浮這一世界史書寫的流行模式，長時段歷史的敘述還有一些同樣重要但並不處於中心位置的標準，如技術的傳播、特定人群的經歷、大國的霸權及其互動、文化區域的發展、進步的必然性，以及人類自由的進步。這些標準多少都帶有互動的特點，然而本特利選取了互動本身作為世界史的一個獨特話題。

曼寧接着指出，本特利直接明確地以互動為標準，導致他在分析過程中忽略了其他值得討論的議題。本特利的分期主要基於最新研究成果，雖然引述豐富多樣，令人不得不佩服其淵博，但是分期工作不但要基於新證據，也同樣依賴於證據搜集的分析框架。以現代時期而論，本特利的分析非常簡短，似乎認為互動在這個階段不證自明。曼寧還指出，另外一些學者認為全球的聯繫莫不在擴散與支配之間，無須採用互動這個模式。因此，他對本特利文章的評論側重於世界史之分析框架的演變過程，提出了三個問題，前兩個是關於框架本身的意思，第三個是關於框架的應用：第一，什麼是互動？第二，什麼是跨文化？第三，這個分析框架會給世界史的詮釋帶來什麼變化？

關於第一個問題，曼寧先解釋了約定俗成的「擴散」和「支配」都含有新事物取代或支配舊事物的含義，而「互動」並非如此，這也是為什麼互動成了世界史學者偏愛的概念。不過，互動有很多種，有物理學的，有化學的，有生物學的，還有社會學的，從兩個枱球的撞擊到精子、卵子孕育出新生命等不一而足。因此，擴散和支配模式在千變萬化的互動面前無能為力。曼寧繼而指出，本特利的跨文化互動標準得益於最近幾十年的研究，尤其是貿易對早期社會的影響。這些研究的成就非凡，不過，隨着進一步分析這些研究採用的分析框架，曼寧指出了「互動」這個概念本身的問題，因為它的意思和內容本身就隨着時間而有所不同。那麼，歷史上存在過多少種跨文化互動呢？在多大程度上擴散、傳播和支配了跨文化互動的音域？歷史學者和社會科學學者（如社會學家、人類學家、考古學家和語言學家）對互動的界定又有哪些異同呢？

曼寧隨後回顧了從文藝復興時期到二十世紀中期的學者們尤其是歷史學家對互動的不同理解。吉本（Edward Gibbon）和孔多塞侯爵（Marquis de Condorcet）雖然假設了跨文化互動的存在，但他們沒有對其加以界定。馬克思和赫伯特·斯賓塞（Herbert Spencer）分析社會變化的因果關係時，採用了機械運動的擴散模式。奧斯維德·斯賓格勒（Oswald Spengler）視文明為一個個生命體，互動發生在每個文明內部；湯因比則審視了每個文明的組織和軍事能力，分析了有的文明擴散並取得支配地位而其他文明則不能的原因。麥克尼爾通過強調文明間的互動來敘述文明的盛衰，其敘事比湯因比精密而平衡，但本質上還是基於擴散模式。曼寧繼續說，從二十世紀中期到現在，關於什麼是互動，湧現了四種新的或修正過的分析框架：韋伯的社會學、新馬克思主義、系統分析，以及後現代主義。韋伯一派注重政府、官僚體系和經濟關係；二十世紀六十年代以來興起的新馬克思主義強調對政治經濟學的跨學科分析；系統分析雖然依舊持決定論，但重視許多變數的複雜互動和回饋，而不是簡單的因果關係，因而與擴散等模式有鮮明的差別。曼寧指出，以上三種框架雖然界限分明，可也時常交叉。沃勒斯坦的現代世界體系就建立在韋伯官僚體系的分析、馬克思主義的階級分析、布羅代爾長時段的關注，以及世界體系的概念之上。此外，世界史的一個亞領域專門關注生態和環境的變遷，這也依賴於系統理論的真知卓識。

後現代主義的哲學對文化互動的擴散模式提出了另一種挑戰，對學者們的分析旨趣造成了顛覆性的打擊。後現代主義採用了系統邏輯，廢棄了因果關係；它關注各種不同的互動，卻拒絕將這些不同分成獨立的和依賴性的；它強調變化的關聯性，卻淡化決定論。當然，就目前來看，後現代主義主要應用於國別史和區域史的研究，在世界史中相對少見。

在介紹了關於互動的不同框架後，曼寧指出，世界史在處理互動方面有其先進性，也有不足之處。首先，世界史將不同國家、文明、文化和地區視為一個整體，這就糾正了其他歷史敘述中長期存在的一種偏見。然而，世界史繼續採用簡單化的互動概念，如以文明的盛衰為世界史的主要範式，不能不令人感到遺憾。曼寧總結說，本特利以跨文化互動為標準的世界史分期提供了一種以跨文化互動為基礎的範式的可能性，從而把文明史的書寫提到了更普遍的場景，故而值得重視與反思。但是，世界史單單提互動還遠遠不夠，我們必須明確互動的種類和特點才行。因此，世界史學家需要明確關於世界史發展歷程的討論，以及各種分析框架的相互關係，以便準確把握歷史上的各種互動。

在分析了「互動」這個概念後，曼寧將目光投向了「跨文化（的）互動」這個詞中的「文化的」。他說，「文化的」這個概念和「互動」一樣問題重重。他先指出，本特利使用形容詞「文化的」，而不是名詞「文化」，值得讚許。假如是名詞的話，就會落入最近討論的問題：「在某個特定範圍內的主體，存在某個文化嗎？」如果我們說世界史研究的是其他文化，這難道不是表明在「我們」與「他們」之間存在一條明顯的分界線嗎？此外，超越文化界限的互動和某個文化內部的互動是不同的嗎？

曼寧轉而回顧了人類學從十九世紀末至冷戰期間的研究歷程，指出形容詞「文化的」出現頻率愈來愈高，逐漸替代了名詞「文化」。這是因為學者更強調文化是一個過程而非一個簡單的結果，注重文化的形成和變遷而非所謂的傳統和特點；此外，學者對所謂文化存在的邊界也提出了嚴苛的批評。曼寧指出，歷史學家當然也使用名詞「文化」，以區別兩個不同的文化概念，這時它一般就相當於大眾所談的「社會」。個體與群體之間的互動所促成的「文化的生產」，使得「文化的變化」是常態而不是特例。因此，當歷史學家使用「文化（的）互動」時，必須對這個概念加以界定。在此基礎上，曼寧提出三點以改善本特利的「跨文化（的）互動」模式。

第一，需要包容更多的互動，而不僅僅是本特利的移民、帝國的擴張和長途貿易三者。曼寧提出，正如本特利本人所建議，如果以糧食作物、動物和科技的交換作為互動的主題，我們或許可以得到一個新的世界史分期，又或許能夠證實原有的分期。以高粱、香蕉、芋頭、駱駝為例，它們可以幫助我們發現原來不曾知道的歷史活力，或者可以幫助增強現有的分期。同理，音樂和服飾以及其他物質文化都可以有異曲同工之妙。此外，還可以考察政治制度和家庭結構中的跨文化互動。以班圖語言史研究為例，簡·范西納就藉此勾勒出了這個赤道森林中四千年的政治變遷，包括母系制度、父系制度的發明、交換和變化等。

第二，對跨文化互動的標準和媒介要做更多的辨識。如果貿易居於跨文化互動的中心，那麼貿易的哪一個維度是焦點？是目的地市場的商人，還是陸地和海洋上的運輸工人，抑或是礦產和手工作坊的工匠？也許大馬士革和撒馬爾罕是某種新紋樣的傳播中心，但這個紋樣可能是一個與世隔絕的村莊裏的紡織工人的主意。總之，不同社會間存在各種不同的聯繫，不同聯繫又依賴不同的媒介。一些互動的標準強調了帝國首都或文明中心的發現，另一些則照亮了草原、森林和島嶼上的村莊。

第三，需要考慮到跨文化互動隨着時間變化而變化這個事實。曼寧指出，我們需要分析在某一時期內是什麼促成了跨文化互動的持續和變動，正是這些變動結束了這個時期並開啟了新的時期。此外，我們也要分清互動本身的變化和互動結果的變化。最後，對於不同標準（無論是跨文化互動還是文明興衰，或者其他）得出的分期，我們需要進行比較，這樣才可以看到它們各自的優劣。

在文章結尾，曼寧再次指出，跨文化互動是世界史的一個賞心悅目的模式，然而，它仍然是一個漫長歷程的開端。繼本特利之後的世界史研究既要理論化又要實證化，二者並行不悖。

北美全球史研究的兩位先驅本特利和曼寧在將近 1/4 個世紀之前關於全球史分期的這場討論，不但涉及分期問題，更重要的是談到了如何理解全球史、如何分析全球史，以及如何實踐全球史的書寫。筆者當年在曼寧的課上閱讀這兩篇文章時，和其他同學一樣，對本特利的論述非常欽服；

而對曼寧的評論、問題和建議，則覺得有些吹毛求疵，過於嚴苛，且佶屈聱牙。十幾年來，經過幾次閱讀思考之後，筆者才逐漸明白其中的一些微妙之處。的確，如果不對全球史的性質、特點、分析框架和研究方法有相當的把握（也就是筆者所說的「全球史的知」），那麼對於如何開展全球史研究（也就是筆者所說的「全球史的行」）確實有無從下手之感。

以上是筆者從 1998 年 9 月接觸到北美的世界史研究之後的所見、所聞、所想，也可以說是筆者對全球史的粗淺認識。或許只能以其昏昏使人昭昭，難免有盲人摸象的嫌疑。筆者全球史之「知」雖然淺陋，但也有意識地朝這個方向努力。筆者的博士論文採用了全球視覺來審視雲南這個中國邊疆省份的形成過程，自然有生搬硬套的痕跡。此後，筆者的第二部英文專著討論了新石器時期以來全世界使用海貝和貝幣的歷史進程，自我感覺在全球史的方向上有了些許進步，尚不致貽笑大方。本書集中了筆者關於跨文化、跨地區問題的九篇論文和隨筆，希望讀者不至於太過嫌棄。

九炷香

除了緒論，本書共分九章。第一章「蓮生埃及：哪吒的前生後世」追溯的是哪吒代表的蓮生／蓮化概念的由來及其在亞歐大陸的傳播與衍變。筆者 2017 年夏天從新加坡國立大學到澳門大學任教後，注意到小小的澳門半島居然有兩座哪吒廟，其歷史可以追溯到明末清初，因而產生了興趣，並藉此討論了「蓮生」這個概念從埃及經西亞和印度傳到中國的歷程。考古、文獻和圖像表明，「蓮生／蓮化」觀念不僅存在於以哪吒為代表的佛教和道教之中，而且存在於印度教、基督教以及其他宗教和文化之中。這是一個全球性的現象，它揭示了我們自以為特有的許多文化觀念實際上可能是幾百年文化交流在地化的結果。筆者也想藉此提出全球藝術史研究的必要性和迫切性。藝術史與科技醫療一樣，是一個區別於傳統史學的學科，一般的歷史學者對其所知不多。然而，藝術作為文化傳播和互動的媒介與表象，對於全球史實在意義非凡。澳門大學的李軍教授在這方面做出了卓越的努力，成果豐碩。

第二章「愛蓮說：中國為什麼缺少蓮印」是因第一章而提出的疑問。自從佛教傳入中國後，蓮花的形象深入中國文化，從晉人陶淵明的愛菊到宋人周敦頤的愛蓮，這種審美和文化的轉變便表明蓮花在中國文化中顯著而普遍的影響。在古代的文學創作、藝術創作和日常生活中，蓮花時時可見，處處可見，已經完全成為中國社會和文化習以為常的本土元素。可是，上溯商周、下彰明清的獨具特色的中國印章卻很少有以蓮花為主題的蓮印；相反，在古埃及、印度乃至佛教群體使用的各種印章上，蓮印司空見慣。那麼，中國為什麼缺少蓮印呢？這一章便從回答這個問題入手，以闡述全球化的另一面，也就是全球現象在地化的表達。蓮花形象在中國的普遍且深入與蓮印在中國的不表述（稀少），體現了地方因素對全球化的制約，揭示了全球化在地表達的複雜性。

第三章和第四章回到了筆者研究二十年之久的海貝問題。第三章「印度洋來的『寶貝』：商周時期中原的海貝」與筆者在《海貝與貝幣：鮮為人知的全球史》中的相關研究大致相同，但做了一些修訂和增補，藉此向熟悉這個話題的讀者表示歉意。在中國西北和北部的廣大墓葬中，出土了從新石器時代到商周時期的大量天然海貝和各種材料製成的仿貝。同時，商周時期的甲骨文和金文也保留了關於海貝的大量文獻，記錄了早期中國社會使用海貝的事實。傳統觀點認為這些海貝是從南方來的，是中國最早的貨幣。這種觀點混淆了經濟學中的幾個基本概念，把貨幣等同於財富或價值，因而造成了長期的誤解。本章根據考古發現和金文文獻，綜合國內外一些學者的研究，分析指出：第一，商周時期的海貝並非從南方來，而是從馬爾代夫經印度自西傳入中國西北和北方；第二，商周時期的海貝雖然曾經承擔貨幣的某些職能，但它們並不是貨幣。

第四章「囤積江南：琉球進貢的馬爾代夫海貝」考察了江南囤積的海貝的來源。元明時代，江南的官倉裏存有大量海貝，官府一度運送江南的海貝到雲南使用。那麼，這些江南海貝的來源是哪裏呢？筆者通過查閱《明實錄》和琉球王國的《歷代寶案》，認為元明時期江南的海貝除了少部分是由馬爾代夫或者東南亞諸國進貢的，絕大多數是從琉球而來，而其最終來源還是印度洋上的馬爾代夫群島。洪武年間才與中國建立朝貢關係的琉球王國，雖然和中國隔着大海，與東南亞更是海天相望，但是充分利用鄭和下西洋活動停止後的空白，與明朝、東南亞和東北亞（朝鮮和日本）建立了密切的政治和貿易關係，將產於馬爾代夫的海貝以朝貢的名義從東南亞港口轉運至明王朝的東南沿海。在鄭和之後的一百多年內，琉球這個小小的島國，利用大國放棄海洋亞洲的機會，敏捷地滑進廣闊的海洋亞洲，發揮着聯繫東亞、東北亞、東南亞乃至南亞的樞紐職能，令人讚歎。

第五章和第六章轉到了亞洲海洋貿易的載體——海舶。1998 年在印尼海域發現的「黑石號」阿拉伯式沉船，是在南海發現的時代最早的遠洋沉船，也是最早往返於西亞和中國的海舶。第五章「『不朽』的『黑石號』：考古和文獻中的『無釘之船』」先介紹了海洋考古發現的阿拉伯式沉船，而後結合中西方文獻，分析了阿拉伯式船隻建造的特點：不用鐵釘而是以椰索捆綁船板。文章之後根據古希臘、波斯、阿拉伯和歐洲文獻，進一步分析了圍繞阿拉伯「無釘之船」在海洋亞洲衍生流傳的海底磁山傳說，指出這個傳說幾乎從一開始就落地於馬爾代夫，原因在於馬爾代夫既是東西方航海的樞紐之地，又以季風、海流和礁石的危險而遠近聞名。本章隨後鈎稽了從晉代到明末的中國文獻，指出海底磁山的傳說早就傳到了中國。到了元明時期，中國人又將中國文化中「弱水」的概念加於馬爾代夫。特別是以鄭和下西洋為藍本的明末章回體小說《西洋記》中關於「吸鐵嶺」的內容，可以視為海底磁山詳盡的中國版本。海洋考古和中西文獻中的「無釘之船」這一歷史事實和衍生的海底磁山之傳說，彰顯了海上絲綢之路承載的中國和印度洋（阿拉伯）世界的海上貿易，以及長期產生的密切文化交流。

在海洋亞洲的遠洋航行中，取代阿拉伯「無釘之船」的便是宋代中國的海舶，這也是鄭和下西洋的前提和基礎。第六章「宋代中國的海洋突破：『泉州一號』航線新考」便重新考察了 51 年前在泉州灣發現的宋代海舶。1974 年 8 月，泉州後渚港出土了一條宋代海船。由於這艘船在中國海洋史研究上的開拓性意義，筆者將它命名為「泉州一號」。自發掘後的二十世紀七八十年代開始，學者們對「泉州一號」進行了全面深入的研究，指出這是一條建造於宋代的中國遠洋木帆船，它有可能是從三佛齊返航泉州，正好碰上宋元交替的戰亂被棄而損毀沉沒。筆者覺得這個結論謹慎穩妥，但似乎排除了它到過印度洋甚至是從印度洋返航的可能性，低估了這艘宋代海船承載的歷史資訊。筆者結合目前的考古和國內外文獻，重新解讀有關的考古分析，從宋代海船發現的香料、貨貝和環紋貨貝、船體附着物的地理分佈、宋元兩代中國海舶航行印度洋的文獻，以及最近在南海發現的另外兩艘宋代海船五個方面加以論述，認為泉州灣宋代海船應當自印度洋返航。

第七章「來或不來：中國宮廷中的龍涎香」着眼於中國與印度洋世界的聯繫。本章以印度洋的龍涎香為切入點，梳理了中國對印度洋認知的形成，並着重分析了龍涎香到達中國之後的消費情況。從唐代開始，尤其在宋代，龍涎香作為香料被使用；到了明代，中國開始開發龍涎香的醫藥功能，將其作為修煉金丹（長生不老藥和春藥的結合）的關鍵成分。這既有中世紀以來阿拉伯文化的影響，更與中國本土文化特別是道教對龍涎香的想像和解讀直接相關。在這樣的歷史場景下，開始了十六世紀中期嘉靖皇帝二三十年間不斷求購龍涎香的故事。可是，由於鄭和下西洋之後的海禁政策，中國和印度洋世界自十五世紀中期就已斷絕直接往來，印度洋的龍涎香也不再輸入中國。這讓嘉靖朝從皇帝到大臣乃至東南省份的地方官員異常焦慮。此時，正進入東亞尋求立足點的葡萄牙人利用了他們掌握的龍涎香，與廣東地方官員達成妥協，用龍涎香交換了入居澳門的准許。誰曾想到，區區龍涎香改變了中西方交流的歷程，成為西方進入古代中國的「敲門磚」。

第八章「人鼠之爭：復活節島之謎的新探索」是一篇寫於十多年前的綜述文章，介紹了二十一世紀以來考古、古環境和人類學研究對太平洋東部復活節島文明瀕臨崩潰的再探索。以賈雷德．戴蒙德為代表的一派認為，在歐洲殖民者「發現」並登臨復活節島之前，島上的拉帕努伊人已經造成了環境和社會的危機，歐洲人帶來的疾病、剝削和掠奴不過是加劇了這個社會的崩潰。最新研究發現，事情似乎並不是這樣簡單。拉帕努伊人並非愚蠢的原住民，他們曾經乘坐獨木舟漂泊數百里乃至上千里來到這個海島，而後在與世隔絕的情況下塑造了一個個生機勃勃的社會。島上森林的消失與其說是人為的惡果，不如說是老鼠氾濫的結果。關於復活節島的爭論，不僅涉及人類和環境這一永恆的緊張關係，也觸及了對殖民主義的評價，同時還有學者對科學研究和發現的解讀。

第九章「1815 年的坦博拉：火山爆發、全球氣候變遷與道光蕭條」回顧了人類文明史上最大規模的火山爆發對全球特別是對十九世紀中國的影響。坦博拉火山位於南半球的松巴哇島，它在 1815 年 4 月噴發，導致 1816 年成了「沒有夏天的一年」。它也許沒有維蘇威火山那樣有名，但對人類社會的影響其實遠遠大於後者。本章先以坦博拉為例，介紹火山爆發與全球氣候異常（常常被簡化為全球變冷）也就是火山氣候之間的科學原理及其形成機制，而後一一介紹了中國學者關於坦博拉火山因素和十九世紀初期中國歷史的相關研究，從而進一步證實或修訂了中國歷史的有關論述。這些中國學者的研究在時間上雖然集中於十九世紀，但他們關注的地理空間大不相同，或江南，或雲南，或膠東半島，乃至黃渤海地區，而且涉及廣泛的主題，如水災、饑荒、經濟蕭條、新大陸作物的播種模式，以及鯡魚的捕撈等。而後筆者試圖將氣候這個永恆的因素置於清朝某些特定的轉折時刻略加討論，並指出國內繼續研究坦博拉（以及火山氣候）的某些方向。筆者最後提出了氣候和清朝衰落的問題。十九世紀初開始的寒冷時段不僅見證了清朝的蕭條與衰落，也迎來了西方列強的堅船利炮。這或許僅僅是時間上的巧合，又或許不止於此。無論答案如何，十九世紀初寒冷多雨的氣候都是導致清朝衰落的許多因素相互交織、綜合作用的一個環節。

在本書附錄中，筆者回憶了過早去世的兩位導師 —— 柯臨清和麥克恩，以及另一位全球史的傑出學者貢德．弗蘭克，以此表達對他們的敬意和思念。

讀者可以發現，全書的內容大致是物質史、貿易史和海洋史，而歷史的最核心載體 —— 人 —— 似乎消失了。難道說，全球史可以不談人嗎？當然不是這樣的。首先，物質史、貿易史和海洋史都是人類活動產生的痕跡，沒有人類的活動和交往，多數物體特別是商品自身是無法流動的；物質本身也需要人類去開發、生產和消費；貿易和通過海洋產生的各種互動，當然也需要人的參與。物質史的研究，本質上就是對人類社會的研究，只不過不是對某個具體的人或人群的研究。原因很簡單：很少有某個具體的人主導、參與了這些跨地區的互動，留下了歷史文獻或考古遺跡且被記錄和發現。畢竟，像馬可·波羅、伊本·白圖泰、法顯、玄奘和義淨這樣遊歷諸國，本身知書能文，或者因緣際會被旁人記錄下來的例子太少了。因此，對奉跨地區、跨文化為圭臬的全球史而言，物質的流動、資訊包括宗教文化和技術的傳播，天然就受青睞。

其次，全球史當然也研究人。全球史一個永恆的主題便是移民，因為伴隨着移民，必然產生跨地區、跨文化的交流和碰撞，所以幾乎沒有比移民更合適的全球史研究對象了。不過，如上所述，移民在全球史中往往也是以群體而不是單個的、具體的個人的面目出現。從全球史本身的歷程而言，黑奴貿易本質上就是強制移民，把人當作一種商品來買賣而流動的過程，這也就是為什麼如柯丁、曼寧等多位非洲史學者最先擁抱了全球史。麥克恩是以中國移民（離散族群）研究著稱的全球史學家，也是最早把離散族群這個概念應用於明清以來中國海外移民的先驅者之一。

當然，這些只是本人對世界史和全球史一些零碎的不成體系的理解，書中收錄的研究參差不齊，有的學術性強一些，有的趣味性強一些，體例也不盡相同。或許有人批評這些研究並非所謂的世界史或全球史，那也完全是言之成理的鞭策。本書以「全球史的九炷香」為書名，就是希望能夠焚香恭迎全球史「真人」的降臨。至於這「九炷香」，是不是全球史的香，是沉香、金顏香、薔薇水，還是龍涎香，其實並不重要。

第一章

蓮生埃及：

哪吒的前生後世

「求醫者起死回生」：澳門的哪吒三太子

由於《西遊記》和《封神演義》的傳播，哪吒三太子成了中國民間極受歡迎的神靈，在華南地區尤其受青睞。在中國閩粵、台灣地區，以及東南亞華人居處，哪吒三太子香火旺盛，聲名赫赫。小小的澳門半島就有兩座哪吒廟：2005 年作為澳門歷史城區的組成部分被聯合國教科文組織列入《世界遺產名錄》的大三巴哪吒廟，以及歷史更悠久的柿山哪吒古廟。[1]

我們不妨回顧一下澳門的哪吒信仰。在澳門，信眾最廣泛的神靈當然非天后和觀音莫屬，這兩位在大中華民間信仰中也屬於等級最高的神祇，地位至高無上。影響力緊隨其後的，似乎就是哪吒三太子了。

澳門的哪吒信仰源自大炮台下的柿山哪吒古廟。柿山哪吒古廟位於老饕巷的半坡上，華人稱其為柿山，廟旁即有因廟得名的小巷 —— 哪吒廟斜巷。柿山哪吒古廟其實只是一座四方亭，實無廟宇。不過，亭內設有神龕、神台、香爐等，均由原石雕刻而成。柿山哪吒古廟的來源眾說不一。

1　大三巴哪吒廟，可參見 http://www.wh.mo/gb/site/detail/19。有關澳門的哪吒信仰，參見 Christina Miu Bing Cheng, *In Search of Folk Humour: The Rebellious Cult of Nezha*（香港：大山文化出版社有限公司，2009），第 196–216 頁；陳煒恒：《澳門廟宇叢考》下卷（澳門：澳門傳媒工作者協會，2009），第 264–279 頁；鄧思平：《澳門世界遺產》[三聯書店（香港）有限公司、澳門基金會，2012]，第 139–141 頁；胡國年：《澳門哪吒信仰》[三聯書店（香港）有限公司、澳門基金會，2013]。

相傳曾有一個丫髻兜肚打扮的童子常在此與孩童嬉戲，並予保護。一日，村民目睹此童子踏風火輪而去，故認定是哪吒顯靈，遂建廟以祀。清光緒二十四年（1898 年），古廟重建為現在的規模（圖 1）。唯柿山哪吒古廟始建於何年，已不可考。根據《澳門編年史》，1898 年「6 月 19 日，柿山圍的當年值事楊兆英等人將柿山哪吒古廟司祝一職開投。據稱柿山哪吒古廟二百餘年，一坊香火，闔澳拜參，地傑神靈。因年中神誕費用多金，難以籌措。經闔坊公議將本廟司祝開投，每年價銀 200 元為底，連投三年為期，價高者得」。[2] 如果「二百餘年」之說可靠，則古廟建於清初（大致為順治到康熙年間）。故古廟石柱有一聯：「二百餘年赫聲濯靈澤敷蓮島，數千萬眾報功崇德亭建柿山」，大概是基於此說。廟內一後立的匾額也直接稱此廟建於康熙十八年（1679 年）。

又，《澳門編年史》記載，道光三十年（1850 年），「在大炮台下老饕巷興建哪吒廟。該廟實際上是一座每邊由三根石柱支撐的木式亭台，祭台上有一座供奉着哪吒的小神龕。據稱，哪吒是澳門城區的保護神」。[3] 由此可見，柿山哪吒古廟的興建有一漫長過程。起初不過是一座亭台，甚至難以遮蔽風雨，後逐漸擴建成小屋，有了負責管理廟宇的值事、司祝等職位。根據柿山哪吒古廟值理會遞交的非物質文化遺產申報資料，最早在「其所立石上建廟供奉，當時在古城牆水潭旁有麻石數塊，遂於水潭上一塊方圓數尺的麻石上構築建廟，形如一座小屋，實為一座神龕，神龕內祀奉『哪吒太子龍牌』，而哪吒太子顯聖所站立之麻石則以『顯靈石』紀念」。[4] 這與《澳門編年史》摘引之外文記載相符。

據柿山哪吒古廟的碑文記載：「柿山古廟，倡自清初，建立以來，威靈日顯。所以者熙來攘往，求醫者起死回生，由是老幼沾恩，因而遐邇景

2 吳志良、湯開建、金國平主編：《澳門編年史》（廣州：廣東人民出版社，2009），第四卷，第 2071 頁。

3 同上，第 1664 頁。

4 《澳門哪吒信仰》，第 23 頁。

仰。」[5] 因為年久失修，所以於光緒二十四年重建。根據此碑記，我們可以得知，澳門的哪吒信仰大致興起於清代初年，原因是當地民眾相傳哪吒顯靈，化身為丫髻兜肚童子，保佑兒童，遂建其廟崇祀。後來大家相信哪吒能祛除病魔，所以來求醫者熙來攘往；由於有求必應，所以香火很旺。據此，哪吒的關鍵功能就是庇護兒童，祛除病魔。

因此，每當出現瘟疫時，當地民眾便會向柿山哪吒古廟求助，這便有了 1898 年再次擴建的因由。這年「4 月，澳門開始流行鼠疫，拱北關關閘分卡三廠卡哨沿海一帶，為埋葬患鼠疫去世的屍體之場地。拱北關為防止傳染，在三廠卡哨周圍一帶挖壕隔離」。[6] 澳門一地「僅柿山一帶未被波及，善信認為是哪吒太子顯靈，得到值事楊臣五、黃浩泉、黃雨村、羅成絢等動員勸捐，於光緒二十四年重修古廟及擴建風雨亭，當時用去白銀六百五十八元零四毫，正名為『哪吒古廟』」。[7] 正是由於重建費用不菲，經費短缺，「經闔坊公議將本廟司祝開投」，以解決經費問題。

瘟疫流行不僅促成柿山哪吒古廟重建，以及司祝投標這樣重大的管理改革，也成為大三巴哪吒廟興建的關鍵因素。大三巴哪吒廟（圖 2）坐落於大三巴牌坊後右側，和柿山哪吒古廟其實分處於同一座小山的兩側，距離很近。大三巴哪吒廟創建於光緒十四年（1888 年），改建於 1901 年，其興建之來源也頗為模糊。目前認為，1888 年從莫桑比克來的葡萄牙軍艦「印度」號帶來的霍亂是茨林圍居民在大三巴建立哪吒廟的直接原因。瘟疫期間，大三巴地區的居民向柿山哪吒廟商請哪吒神像分身到大三巴，「建廟奉祀，但遭反對，屢洽不果，於是自行建廟」。[8]

也有其他傳說。一說瘟疫流行時，有民眾夢到一孩童腳踏風火輪，向大炮台山上的溪水施法。腳踏風火輪的當然就是哪吒，於是大家都去取溪

5 《澳門廟宇叢考》，第 272 頁。
6 《澳門編年史》，第四卷，第 2071 頁。
7 《澳門哪吒信仰》，第 23–24 頁。
8 同上，第 21 頁。

水飲用，果然疫病消除，遂在大三巴附近建廟崇祀哪吒三太子。[9] 這個傳說是柿山哪吒古廟來源的翻版，只是突出了哪吒祛除病魔的法力。另有一說也提到了「靈泉治病」。同樣是哪吒托夢，讓大家到大三巴聖保祿寺的一處泉眼取水，再加入草藥熬製飲用，藥到病除。民眾照此辦理，果然安然度過瘟疫期，遂在靈泉旁仿照柿山建立哪吒廟。[10] 這兩則傳說類似，主題一是哪吒，二是水。無論溪水還是泉水，都顯示出當時澳門淡水資源的寶貴，體現了人們對乾淨水源的渴望，反映了當時樸素的衛生認識：乾淨的水可以防止瘟疫，骯髒的水可導致疾病。而把水和祛禳聯繫在一起的便是哪吒。可見，大三巴哪吒廟的興建，是因為哪吒祛除病魔之說廣為傳頌。

到了鼠疫流行的 1898 年，哪吒依舊「大顯神通」。大三巴哪吒廟的兩副對聯「廟貌宏開新氣象，神靈庇護福無疆」和「厚澤宏施長流鏡海，神恩慶播永被蓮峰」，下署日期都是光緒二十四年（1898 年）。可見，澳門的哪吒，無論在柿山還是大三巴，都在鼠疫暴發期間給了民眾無限的信心。大三巴哪吒廟內又有「保民是賴」、「神恩廣大」、「同沾惠澤」、「賴及同人」、「求則得之」等匾額，表明哪吒已經成為一方保護神。到了二十一世紀初傳染性非典型肺炎來襲之際，柿山哪吒古廟又於 2003 年 2 月 9 日舉辦了「癸未年祈福法會」，祈求澳門免受「非典」侵襲；6 月 15 日，鑒於鄰近地區受該肺炎困擾，澳門亦出現一宗病例，大三巴哪吒廟遂舉辦「辟瘟鎮炎保平安建醮祈福法會」，祈求哪吒三太子庇護。

綜上，澳門哪吒信仰的興起最初是因為民眾相信哪吒庇護兒童，隨其辟瘟除病的說法日盛，哪吒影響漸廣，後來成為一方的保護神，其中的關鍵因素仍在辟瘟除病。哪吒辟瘟除病的信仰，在中國香港和台灣地區地區同樣非常突出。1894 年香港發生瘟疫，在深水埗聚居的客家人便從惠陽迎

9　吳炳志、王忠人：《澳門道教科儀音樂》（澳門：澳門道教協會，2009），第 35 頁；《澳門哪吒信仰》，第 26 頁。

10　《澳門哪吒信仰》，第 25–26 頁。

來哪吒三太子神像，其後瘟疫告止，因而人們於 1898 年集資建三太子宮。深水埗的三太子宮大門有一副對聯「驅除癘疫何神也，功德生民則祀之」，當中上書「至聖至靈」，同樣體現了哪吒信仰的本質是祛除癘疫。由此可見，香港的哪吒廟和澳門的大三巴哪吒廟都是在十九世紀末瘟疫流行的背景下興建的。

哪吒三太子的信仰在台灣地區最為流行。建於清同治元年（1862 年）的雲林縣南天宮就崇祀哪吒太子（也稱「中壇元帥」）。同治初期，大陸遷台善士李尾者，「因斯時台島尚荒蕪人稀，篳路藍縷以處草莽，又多瘟疫疾病，凡事惟神是賴，為求能沐神恩庇護計，隨迎奉渡台」。可見，哪吒從大陸移到台灣地區，也是為了庇護遷居者免遭「瘟疫疾病」。此後，「朝夕虔奉香火」，「光陰荏苒，轉瞬數代，其間神靈顯赫事蹟與日俱增，尤其伏魔降妖驅邪治病實跡，不勝枚舉」。同樣，雲林哪吒的關鍵功能也是「驅邪治病」。[11]

這樣看來，港澳台地區的哪吒三太子似乎專職防疫祛病，那麼，中華文化中的哪吒，其本來面目如何呢？

從佛教到道教：中華文化中的護法神[12]

哪吒（那吒），是梵文 Nalakūvara 或 Nalakūbala 的音譯簡稱，全稱為那羅鳩婆、那羅鳩缽羅、那吒俱伐羅等。哪吒早在北涼時代（397–439 年）就在中國出現了。曇無讖在 420 年翻譯的佛教經典《佛所行贊》（即《佛本行經》）首先記載：「毗沙門天王，生那羅鳩婆。」[13] 到了唐宋時期，有關哪吒的記錄漸多，大致可以說哪吒信仰此時開始在民間流傳。鄭綮所撰唐代

11 http://crgis.rchss.sinica.edu.tw/temples/YunlinCounty/gukeng/0907009-NTG.

12 關於哪吒信仰及其流變的研究，中文著作實多，而轉抄者不少，筆者無法枚舉。以筆者所見，以陳曉怡和二階堂善弘（日本）所著最為周詳。陳曉怡：《哪吒人物及故事之研究》（逢甲大學碩士論文，1994）；[日] 二階堂善弘著，劉雄峰譯：《元帥神研究》（山東：齊魯書社，2014），第 318–363 頁。

13 《澳門哪吒信仰》，第 9 頁。

筆記小說《開天傳信記》云，哪吒是「毗沙門天王子也」。毗沙門是北方天王，世俗稱為托塔天王，所以後來民間指哪吒為托塔天王之子。毗沙門天王有五個兒子，哪吒排行第三，所以民間稱其為三太子。而《北方毗沙門天王隨軍護法儀軌》則稱哪吒是毗沙門天王第三王子的第二個兒子，也就是天王的孫子。不管是兒子還是孫子，哪吒出身貴胄，是天王的後代，這是沒有爭議的。宋代記錄哪吒的佛教著作就更多了，如《宋高僧傳．道宣傳》、《碧岩錄》、《五燈會元》、《圓悟佛果禪師語錄》、《佛說最上秘密那拏天經》等，不一而足，可見哪吒形象逐漸深入民間。

既然哪吒在佛經中有記載，他當然就是佛教神靈；天王之子，則屬於佛教護法神。佛教的護法神從印度傳來時往往面目猙獰，現忿怒相，以鎮妖魔，哪吒起初也是如此（圖 3）。不過，由於他是太子，後來就開始以童子形象出現。在敦煌《毗沙門天王赴哪吒會》圖中，哪吒均作童子形象。[14]如敦煌毗沙門天王和哪吒像（圖 4）所示，天王左側白淨粉紅持寶花之童子，筆者以為即是兒童化的哪吒。一般來說，天王旁邊為二夜叉，但仔細觀察此圖，我們就會發現，此二人中一人為兒童，粉色白淨，相對高大，面容呈現明顯的華夏特徵，幾乎和後來哪吒「粉嘟嘟」的形象一致；而另一人已成年，矮黑，面貌奇特，則兩者之對比可知非為一類。據此可判斷前者便是華化後的哪吒三太子，明清小說中哪吒童子的形象即可追溯至此。

哪吒形象在民間的流播當然要感謝明代形成的兩部小說——《西遊記》和《封神演義》。在前一本書中，哪吒是佛教神祇；在後一本中，哪吒則搖身一變，成了道教護法。雖然教派不同，但關於哪吒的故事情節大致相同。讓我們先看《西遊記》的記載。

《西遊記》第八十三回記載了哪吒的出身，說他是托塔天王李靖之子，[15]

14 郭俊葉：〈托塔天王與哪吒——兼談敦煌毗沙門天王赴哪吒會圖〉，《敦煌研究》2008 年第 3 期，第 32–42 頁。

15 至晚到元代，李靖和毗沙門天王合為一人，所以哪吒成為李靖之子；到了明清，李靖又和毗沙門天王分開，與四大天王並立，但哪吒並未被重新定為毗沙門天王。

被逼自殺。書中寫道：「哪叱奮怒，將刀在手，割肉還母，剔骨還父，還了父精母血，一點靈魂，徑到西方極樂世界告佛。佛正與眾菩薩講經，只聞得幢幡寶蓋有人叫道『救命！』佛慧眼一看，知是哪叱之魂，即將碧藕為骨，荷葉為衣，念動起死回生真言。哪叱遂得了性命，運用神力，法降九十六洞妖魔，神通廣大。」這裏，幫助哪吒起死回生的是佛祖。佛祖「將碧藕為骨，荷葉為衣」，哪吒遂重得性命，所以哪吒有蓮花化身之說。

《封神演義》中哪吒的故事與《西遊記》的如出一轍，只是前者用了更多筆墨展開。第十四回「哪吒現蓮花化身」寫道，哪吒死後，建立了哪吒行宮，被其父李靖看到，李靖一鞭把「哪吒金身打得粉碎」，還放火燒了廟宇。哪吒魂魄無處可去，找到了師父太乙真人。

> 太乙真人曰：「你不在行宮接受香火，你又來這裏做什麼？」哪吒跪訴前情：「被父親將泥身打碎，燒毀行宮。弟子無所依倚，只得來見師父，望祈憐救。」真人曰：「這就是李靖的不是。他既還了父母骨肉，他在翠屏山上與你無干；今使他不受香火，如何成得身體！況姜子牙下山已快。也罷，既為你，就與你做件好事。」叫金霞童兒：「把五蓮池中蓮花摘二枝，荷葉摘三個來。」童子忙忙取了荷葉、蓮花，放於地下。真人將花勒下瓣兒，鋪成三才，又將荷葉梗兒折成三百骨節，三個荷葉，按上、中、下，按天、地、人。真人將一粒金丹放於居中，法用先天，氣運九轉，分離龍、坎虎，綽住哪吒魂魄，望荷、蓮裏一推，喝聲：「哪吒不成人形，更待何時！」只聽得響一聲，跳起一個人來，面如傅粉，唇似塗朱，眼運精光，身長一丈六尺，此乃哪吒蓮花化身。

以上可知，讓哪吒起死回生的是道教神靈太乙真人，而非佛祖。關於蓮花化身，《封神演義》也寫得更為詳細，分別用了荷葉、蓮花、蓮梗，且有具體步驟（勒下花瓣，鋪置蓮花，荷葉梗折成三百骨節，鋪置荷葉等），同時有金丹，施法力，念咒語，使得哪吒乃蓮花化身的情節令人難忘。[16] 順

16 李亦輝：〈哪吒形象的初步確立 ——《三教源流搜神大全》與《封神演義》〉，《明清文學與文獻》2000 年第 4 輯，第 310–338 頁。

便插一句，文史大家楊聯陞先生，原名蓮生，後以蓮生為字，深得蓮花化生這一中華文化的旨趣。

道教把哪吒從佛教中借來，雖然以《封神演義》較為完備，但此書基本抄襲了明代的《三教源流搜神大全》一書。《三教源流搜神大全》卷七記載：「哪吒本是玉皇大帝駕下大羅仙，身長六丈，首帶金輪，三頭九眼八臂」：

> ……割肉刻骨還父，而抱真靈求全於世尊之側。世尊亦以其能降魔故，遂折荷菱為骨、藕為肉、系為脛、葉為衣而生之。授以法輪密旨，親受木長子三字，遂能大能小，透河入海，移星轉鬥；嚇一聲，天頹地塌；呵一氣，金光罩世；錦一響，龍順虎從;槍一撥，乾旋坤轉;繡毬丟起，山崩海裂。
>
> 故諸魔若牛魔王、獅子魔王、大象魔王、馬頭魔王、吞世界魔王、鬼子母魔王、九頭魔王、多利魔王、番天魔王、五百夜叉、七十二火鴉，盡為所降。以至於擊赤猴、降孽龍，蓋魔有盡而帥之靈通廣大、變化無窮。故靈山會上以為通天太師、威靈顯赫大將軍。玉帝即封為三十六員第一總領使，天帥之領袖，永鎮天門也。

這裏，道教給哪吒安了一個高貴的出身，即玉皇大帝駕下大羅仙，企圖以此與佛教爭奪哪吒的法統。不過，哪吒蓮花復活還得靠世尊（佛祖），這體現了釋、道還在糅合之中，與《西遊記》中的情形大略相同。

當然，《三教源流搜神大全》中哪吒蓮花化身的情節並非憑空而來。宋代佛教文獻《五燈會元》卷二云：「那吒太子析肉還母，析骨還父，然後現本身。」卷十云：「於蓮華上為父母說法。」《禪林僧寶傳》云：「化生於蓮花之上。」這裏已經出現了「析肉還母，析骨還父」，「現本身」，以及「蓮華（蓮花）」等關鍵要素和情節。

那麼，哪吒當時的本領如何呢？我們知道，四大天王是佛教護法神，哪吒作為毗沙門天王的兒子同樣擔負降魔除妖的職責，因此《三教源流搜神大全》說「世尊亦以其能降魔故」。為了起到威嚇的作用，哪吒經常被描述成忿怒相，故《景德傳燈錄．善昭禪師》云：「三頭六臂擎天地，忿怒那吒撲帝鐘」。讀者不免疑問，哪吒是護法神，降魔除妖是其本分，為什麼高強的武藝和對父母的孝沒有在中國華南地區的大眾信仰中體現出來，反而是《封神演義》沒有提到的治病本領在民間（如在澳門）信仰中廣受歡迎呢？或者說，護法神哪吒何以會有祛疫除病的本領呢？通俗而言，這是因為古代科學不昌明，人們認為疾病和瘟疫是惡鬼作祟，病魔作惡，所以降魔除妖的哪吒自然而然被請來鎮病魔、除惡鬼，從而祛除瘟疫，防治疾病。進一步分析，蓮能夠使哪吒起死回生，那麼它當然能夠降伏病魔，祛除病祟。作為蓮花化身的哪吒理所當然地就成了祛疫治病的神靈。清代的地方志可以為證。

雍正年間的《江油縣志・雜記》記載了哪吒治病的本領：「邑有供太子神者，不知何神也？凡人戶有疑難症，咸往請之。供神家先卜筮，以問神允否，否則不敢強。允則抬至病者家，席地設乩，焚香禱祝……病者往往有驗。若言此係何草，便不用而復往覓矣。此豈一方之習俗使然歟？」[17] 這樣，民間從其需要出發，為哪吒增加了治病救人的神通，使哪吒更加「接地氣」，信眾更為普遍。這也是中國港澳台地區哪吒信仰傳播的關鍵因素。

既然哪吒最初是佛教護法神，我們自然要追溯到佛教的發源地——印度。

三太子自印度來

以色列漢學家夏維明（Meir Shahar）專門研究了中國哪吒的前生後世。[18] 他一方面着眼於哪吒的戀母情結，即兒子戀母仇父的複合情結；另一

17 轉引自景盛泉、吳進、蔣瓊元：〈民間信仰發生機制的符號學解讀〉，《西昌學院學報》（社會科學版）2013 年 12 月，第 49 頁。

18 有關哪吒在印度原型的研究，參見 Meir Shahar, "Indian Mythology and the Chinese Imagination: Nezha, Nalakūbala, and Kṛṣṇa", in John Kieschnick and Meir Shahar eds. *India in the Chinese Imagination: Myth, Religion, and Thought* (Philadelphia: University of Pennsylvania Press, 2014), 21–45; *Oedipal God: The Chinese Nezha and His Indian Origins* (Honolulu: University of Hawaii Press, 2015).

方面強調哪吒在佛教中夜叉／護法神的角色，也就是哪吒在印度的起源。他明確指出：中國的哪吒是印度神話中兩位神的合體，其一是《羅摩衍那》中的夜叉（yakṣa），哪吒俱伐羅；另一個原型是克利什那（Kṛṣṇa）。克利什那與哪吒俱伐羅都是力量強大的以兒童形象呈現的神，都有打敗巨蛇的事蹟。[19] 打敗巨蛇便成了哪吒馴龍這一情節的原型。中國的哪吒起初是父子相殺，而後佛祖或太乙真人成為替代的父親，並調和父子矛盾；而哪吒的析骨剔肉則體現了中國文化對印度原型的改造，彰顯了孝道，調和了哪吒的叛逆精神，符合儒家的價值觀念。

哪吒在佛教中是毗沙門天王的第三個兒子，密教說他是毗沙門天王手下夜叉的統領（大夜叉將或夜叉大將），法力無邊，前文已述及，不再贅論。而克利什那又譯為奎師那，即「黑天神」，其名字的字面意思是黑色、黑暗或深藍色。他最早出現於印度史詩《摩訶婆羅多》，是婆羅門教和印度教最重要的神祇之一，被很多印度教派別奉為至高無上的神。按印度教的說法，他是主神毗濕奴或那羅延（毗濕奴的一個化身）的化身。奎師那往往以兒童的形象出現，常常是一個穿黃色布褲、頭戴孔雀羽毛、吹着笛子的牧童。他的皮膚呈黑色或藍色，消滅了許多兇殘的怪物，如那伽（大蛇）之王迦梨耶等。

夏維明到印度追溯哪吒的來源，提出了哪吒是二神合一的說法，值得稱許。可惜的是，他居然忽視了蓮花和哪吒蓮化的關鍵情節。哪吒的原型當然是佛教的護法神，哪吒傳說中引人注目的幾個情節在佛經中就能找到原始出處。比如最驚心動魄的剔骨剜肉一節，《雜寶藏經》中也可見到類似記載。[20] 至於蓮花化身之情節，在漢譯佛經中更為常見。以釋迦牟尼誕生為例，其中就隱含着蓮花化身的情節。《佛本行集經》卷十有描述：「童子初生，無人扶持，住立於地，各行七步，凡所履處，皆生蓮花。顧視四方，

---

19 Shahar, "Indian Mythology", 42 & 45；*Oedipal God*, 181.

20 《雜寶藏經》，卷一「王子以肉濟父母緣」。參見 https://cbetaonline.dila.edu.tw/zh/T0203.

目不曾瞬，不畏不驚。」[21] 如流傳的釋迦牟尼誕生佛形象所示，釋迦牟尼顯童子像，指天立地，但實際是在蓮座上，彷佛自蓮花中來。蓮的信仰在古印度是非常普遍且深入的，故被佛教廣泛吸收。[22] 佛與蓮，以及佛教與蓮花從一開始就密不可分。在藝術化的釋迦牟尼誕生佛中，作為童子的釋迦牟尼直接站在蓮台（蓮座）上，形成他是從蓮花中誕生的視覺效果，傳遞了佛自蓮生、佛自蓮化的信息。圖 5 是藏於越南國家歷史博物館的蓮化童子佛像。童子佛不但坐於蓮台之上，而且整個身體除了頭部，都包裹於一朵盛開的蓮花之中，形象地體現了自蓮花而生的概念和過程，可以將其看作越南的哪吒，可見佛教把蓮生／蓮化這個形象帶到了東亞各個地區。在佛本生故事中，佛就有乘象入胎的傳奇。在藝術化的情節裏，乘象入胎的佛祖往往坐在蓮座上（圖 6）。可以將其看作哪吒蓮花化身的先導。佛教傳到中國落地生根後，原來在中國文化中並不見好的蓮花，自宋代取代了陶淵明的菊，成為士大夫的象徵。澳門本島就有「蓮島」、「蓮鏡」之稱，島上又有蓮峰、蓮溪，實則因唐宋以來佛教當地語系化。

釋迦牟尼和蓮伴生的情節，其實可以從古印度的主神梵天（Brahmā）找到源泉。梵天是西元前七世紀左右形成的婆羅門教的主神之一，是宇宙間的造物主，人類及萬物皆由他而生。梵天自身的來歷也很神奇。據《提婆菩薩釋楞伽經中外道小乘涅槃論》：「從那羅延天臍中生大蓮華，從蓮華生梵天祖公。」[23] 這是從印度的創世神話衍生出的。在宇宙將要從最初的宇宙水體中創造出來時，一朵蓮花從盤坐在大蟒阿南塔（Ananta）上的毗濕奴的肚臍中伸出，蓮花盛開便生下了創造者梵天，梵天隨即從混沌中創造

21 《佛本行集經》，卷十，https://cbetaonline.dila.edu.tw/zh/T0190_010

22 有關古印度的蓮，參見李祥林：〈哪吒神話和蓮花母題〉，《民族藝術》2008 年第 1 期，第 70–77 頁；[新加坡] 楊斌：〈出埃及記：跨文明視覺中的蓮印和蓮紋封泥〉，2018 年西泠印社「世界圖紋與印記國際學術研討會」徵文，《世界圖紋與印記國際學術研討會論文集》（杭州：西泠印社出版社，2018）上冊，第 72–91 頁。

23 《提婆菩薩釋楞伽經中外道小乘涅槃論》，https://cbetaonline.dila.edu.tw/zh/T1640.

了一個有序的宇宙。[24] 蓮花與梵天的聯繫在印度文化和生活中扮演了相當重要的角色。梵天之蓮被稱作「世界的最高形式和內容」。[25] 蓮在印度也是太陽的符號，代表印度教萬神殿的太陽神蘇利耶（Surya）。「蘇利耶」是梵語的「太陽」，這位太陽神也被稱作「蓮之主、父、王」，而印度教的另一主神毗濕奴（Visnu）則被視為太陽的人格化身；或者反過來說，太陽是毗濕奴的化身。[26] 圖 7 蓮座上的毗濕奴（或黑天）則可謂蓮座上的佛的前身，體現了蓮生、蓮化的概念。

蓮在古印度的崇高地位及其象徵意義，幾乎是古埃及的翻版。上述印度宇宙起源或創世的神話，除了所提及的神祇名字，情節與古埃及的幾乎相同。

蓮生埃及

埃及本地出產兩個蓮花物種，白蓮（即齒葉睡蓮）與藍蓮。白蓮與藍蓮被古埃及人統稱為「蓮」，但事實上它們並非蓮，而是屬於睡蓮科，是白睡蓮和藍睡蓮。藍睡蓮在較早期的埃及最常使用。白睡蓮在夜晚開放，因此與月亮聯繫起來；藍睡蓮在夜晚閉合並沉入水面以下，早晨從水底升起，向着太陽盛開，很自然地，藍睡蓮被理解為太陽的符號，與創世以及生命的延續關聯起來。古王國時期，在位於上下埃及界線附近的主要城市赫裏俄波里斯，有人認為一朵巨大的蓮花是生命形式從努恩之水（Nun）中誕生的原初表達。[27] 正是從這朵蓮花中，太陽神拉（Ra）誕生了。

---

24 William E. Ward, "The Lotus Symbol: Its Meaning in Buddhist Art and Philosophy", *The Journal of Aesthetics and Art Criticism*, Vol. 11, No. 2, Special Issue on Oriental Art and Aesthetics（Dec., 1952）: 136–7.

25 Ward, "The Lotus Symbol", 136.

26 Ibid, 136.

27 「努恩」（Nun）［或「努」（Nu）］是古埃及最古老的神祇，太陽神「拉」（Ra）的父親。「努恩」意為「原初之水」。

蓮在古埃及人的生活中也有它自己的神——涅斐爾圖姆（Nefertum，與藍睡蓮聯繫尤其緊密）。他的名字被譯作「完美性」、「美麗的生物」「小泰姆」、「美麗的開端」等，表明他是泰姆或阿圖姆的首次化身。[28] 涅斐爾圖姆一般被展示為一朵盛開的蓮花形成的王冠，或戴着蓮冠的青少年（圖8）。如前所述，涅斐爾圖姆展示的蓮與青少年（兒童）的結合在亞洲相當流行，兒童可以是王子、毗濕奴、釋迦牟尼或者哪吒。與哪吒信仰聯繫更緊密的是，古埃及人相信蓮花可以治病，而置於金字塔內木乃伊旁的蓮可以幫助死去的法老（木乃伊）復活。也就是說，蓮有起死回生（復活）的功效，因此，蓮也是埃及的「治癒之神」。

作為誕生與復活的象徵，蓮和奧西里斯（Osiris，埃及關於往生、地下世界與死者的神）崇拜有着密切關聯。荷魯斯[29] 的四個兒子經常被描繪為站在奧西里斯面前的一朵蓮花上（圖9），[30] 古埃及的《亡靈書》中記載了「將自己轉變為一朵蓮花」以實現復活的咒語，這個咒語的背後就是蓮花可以使人復活的觀念。這種復活的觀念後來也傳入印度和東亞，有了「重生可以通過蓮花達成」（如同中國的哪吒）的說法。這就是為什麼蓮花被用在死者佩戴的花卉項圈上，因為人們相信嗅聞蓮花可以幫助病人恢復健康，幫助死人復活。丹達臘古墓文獻中記載：「太陽，源自初始，如鷹一般從蓮蕾中升起。當蓮葉之門在藍寶石般的光芒中開啟時，它就分開了日與夜。」荷魯斯也有從蓮花中現身（誕生）的情景：「他睜開眼睛照亮世界。諸神自他眼中、人類由他口中，萬物都通過他（出現），當他從蓮花中光輝地升起

---

28 阿圖姆（Atum）被視為古埃及的第一個神，他坐在一個土丘上（或與土丘一體），從「原初之水」中創造了他自己。

29 荷魯斯（Horus）是古埃及最重要的一位神祇。他掌管諸多職能，主要是王權與天空之神。

30 http://nile-flood.tumblr.com/post/108032319922/%E6%80%9D%E3%82%8F%E3%81%9A%E4%BA%8C%E5%BA%A6%E8%A6%8B%E3%81%97%E3%81%9F%E7%A5%9E%E6%A7%98%E9%81%94%E3%81%AE%E7%AB%8B%E3%81%A1%E4%BD%8D%E7%BD%AE-akalle-the-four-sons-of-horus. The House of Eternity of the Royal Prince KhaemUaset, son of King Ramses III, QV44, West Uaset（Thebes）.

的時候。」[31]

古埃及法老圖坦卡蒙墓在二十世紀的發現進一步證明了蓮的重要性。人們發現，藍蓮散置於圖坦卡蒙的屍體上，與墓中其他形式的蓮花構成非常引人注目的畫面。其中之一是一尊作為孩童（或神祇）從蓮花中出現的兒童時期的圖坦卡蒙半身像（圖 10）。[32] 在這裏，我們發現了蓮的三個重要的象徵意義：王權、復活、兒童。筆者正是看到蓮上的兒童圖坦卡蒙才意識到，這與哪吒蓮花化身驚人地相似。

總之，在古埃及蓮印與蓮紋封泥中的蓮花圖案有三個主要樣式：持蓮男子、蓮上兒童，以及與第二種樣式有關的蓮座、蓮台。第一個樣式傳遞了治病的資訊，第二個傳遞了出生與重生的概念，而第三個則象徵王權和王室（但也表達了誕生或復活之意）。這些藝術形式和附身的觀念從古埃及傳到了印度。

蓮上男童：出埃及記

蓮花符號從古埃及擴散到近東、地中海世界、美索不達米亞和印度。[33] 自然，亞洲普遍存在的蓮文化最引人注意。學者們早已注意到亞洲的蓮花同埃及的關聯。早在二十世紀五十年代，威廉．E．沃德（William E. Ward）便指出，蓮花作為太陽、生命、永生與復活的符號多半起源於古埃及。[34] 在兩河流域美索不達米亞發現的蓮紋印章與封泥說明了這種文化擴散和聯繫。

人們在伊拉克的尼姆魯德發現了一枚極具趣味的橢圓印記（大約在西

31 引自 Ward, "The Lotus Symbol", 135.

32 *Tutankhamun: The Metropolitan Museum of Art Bulletin*, Vol. 34, No. 3（Winter, 1976–1977）, p. 4. 圖坦卡蒙是古埃及的法老，在位時間大致是西元前 1361– 前 1352 年。

33 穆宏燕指出，蓮花崇拜不只是印度的文化傳統，其淵源來自伊朗，後者則源自美索不達米亞平原和上埃及的古老文明。這個觀點與筆者看法相同，但主題、切入點、材料與研究方法各異。穆宏燕：〈印度—伊朗「蓮花崇拜」文化源流探析〉，《世界宗教文化》2017 年第 6 期，第 61–70 頁。

34 Ward, "The Lotus Symbol", 135.

元前七世紀末前）。印記是一名裸體兒童蹲踞在一朵蓮花上，也可看成兒童從蓮花裏雀躍而出（圖 11）。[35] 學者們注意到這個形象的古埃及來源，認為「最有可能來源於在敘利亞象牙製品中常見的荷魯斯誕生的意象」。[36] 這個圖案似乎與在尼尼微發現的一塊泥版文書上的蓮上男童圖案相同。但在尼尼微發現亞述人崇拜的版本，說明「嬰兒荷魯斯已被納入刻印者的知識範疇，這無疑受到了敘利亞元素的影響」。[37] 而這些敘利亞元素，毫無疑問源自古埃及。前述蓮上的荷魯斯四子和蓮上的兒童圖坦卡蒙就是兩個原型，它們從形式到內涵都被各地的後來者模仿。因此，蓮上男童描述了蓮文化在宗教領域的影響，源自古埃及，傳至敘利亞，然後到達伊拉克。

蓮上男童一路蹦蹦跳跳，從兩河流域走到了印度。佛教興起前的梵天、黑天和毗濕奴，都有蓮座上的形象。蓮座上的佛陀形象則始見於二世紀以後，最早在阿瑪拉瓦蒂和犍陀羅出現。在前佛陀時代位於中亞和北印度的貴霜帝國，其統治者的坐像早在西元前 100 年就開始在錢幣上出現，到了一世紀和二世紀，已經出現蓮上佛陀替換男子（國王）的趨勢。[38] 事實上，蓮花在早期佛教藝術中無處不在，或作為裝飾，或在崇拜場景中作為祭品，或置於祭壇式的佛座上，或直接被視為佛祖的化身。[39] 常見的坐在蓮花寶座上的佛陀，或者佛陀登基於蓮座，這類圖案都表明了蓮花、王權、神權之間的內在聯繫，因而同樣體現了埃及的影響。

---

35 Raphael Giveon, *The Impact of Egypt on Canaan: Iconographical and Related Studies*（Freiburg, Switzerland & Göttingen, Germany: Universitätsverlag & Vandenhoeck Ruprecht, 1978）, 33. 有關敘利亞地區蓮花的埃及起源，見 Leonard W. King, "Some New Examples of Egyptian Influence at Nineveh（Continued）", *The Journal of Egyptian Archaeology*, Vol. 1, No. 4（Oct., 1914）, 237–40。尼姆魯德是亞述王朝最重要的軍事和商貿重鎮。

36 Barbara Parker, "Seals and Seal Impressions from the Nimrud Excavations, 1955–58", *IRAQ*, Volume 24, Issue 1（Spring 1962）, 39.

37 Parker, "Seals and Seal Impressions", 39. 尼尼微是繼尼姆魯德後亞述王朝最重要的重鎮，西元前十一世紀以後為亞述首都。

38 Dietrich Seckel and Andreas Leisinger, "*Before and Beyond the Image: Aniconic Symbolism in Buddhist Art*", *Artibus Asiae*, Supplementum 45（2004）: 3–107.

39 Seckel and Leisinger, *Before and Beyond the Image*,18.

印度封泥上的蓮花也見於菩薩誕生的圖案（吉祥天灌頂）。[40] 在這種圖案（圖 12）[41] 中，一個站立或端坐的女性（通常認為是吉祥天女），被兩頭象按照灌頂儀式澆沃。灌頂是一種洗禮、啟蒙和儀式性的沐浴，經常在國王登基時舉行，《佛本生經》常有記載。因此，灌頂本身就有象徵王室和王權之意。吉祥天灌頂的圖案所刻畫的女性身旁有一頭或兩頭象，這代表了釋迦牟尼的誕生。這種表現常輔以一個盛水器和一枝蓮花，或僅限於容器中的一枝蓮花。需要澄清的是，這類圖案是否確切代表菩薩誕生尚存爭議，但印度代表生育和好運的古代符號 —— 女性神祇、母神、象、蓮花、容器、聖水 —— 很有可能代表一種神聖的誕生儀式。[42]

因此，蓮花在隨之而來的重要場景「佛陀的誕生」中，以一種飛躍形式進入母親的子宮，這並不令人吃驚。佛本生故事就有釋迦牟尼前生投胎為王子，成為蓮花王子，登基後稱蓮花王的情節；對可愛的嬰兒則有「蓮花瓣一樣的兒子」這樣的讚美。[43]「蓮花瓣一樣的兒子」既可形容出生時的釋迦牟尼，又預言了未來的哪吒。在這種情形下，哪吒蓮花化身的故事也就噴薄欲出，萬事俱備，只欠中國的土壤了。

蓮生童子在中國

如哪吒所示，蓮生／蓮化童子的概念和形象隨着佛教傳到了中國。關於佛教中蓮花化生的概念和形象在中國的傳播，揚之水在討論摩睺羅時有

40 Seckel and Leisinger, *Before and Beyond the Image*, 41. 灌頂（Abhiseka）原來的意思是以四大海之水灌在頭頂上表示祝福，原為古印度國王冊立太子的儀式；吉祥天女（Laksmī 或 Lakshmi）的形象通常是一位有四條手臂（有時兩條）、兩手持紅色蓮花（象徵吉祥）的美麗女郎。她兩手拋撒金錢（象徵財富），身邊有數頭白象（通常為一對），又被稱為「功德天女」「財寶天女」「寶藏天女」等，是婆羅門教—印度教的幸福與財富女神，傳統上被認為是毗濕奴的妻子，又稱「大吉祥天」「吉祥蓮華天女」「蓮華眼天女」，甚至直接被稱為「蓮花」（Padmā）。

41 National Portal & Digital Repository，編號：9476/A11552，藏於 Indian Museum, Kolkata。

42 Seckel and Leisinger, *Before and Beyond the Image*, 17–8.

43 郭良鋆、黃寶生譯：《佛本生故事選》（北京：人民文學出版社，1985），第 10、第 111、第 113 頁。

過討論。[44] 她引用《無量壽經》和《法華經》，指出「化生」這個概念出自佛典。《無量壽經》下卷中說：「若有眾生，明信佛智，乃至勝智，作諸功德，信心回向。此諸眾生，於七寶華中，自然化生，跏趺而坐，須臾之頃，身相光明，智慧功德，如諸菩薩具足成就」，「他方諸大菩薩，發心欲見無量壽佛，恭敬供養，及諸菩薩聲聞聖眾。彼菩薩等，命終得生無量壽國，於七寶華中，自然化生」。「寶華」就是蓮花。《法華經‧提婆達多品》中說，善男子善女子，如果常聽《法華經‧提婆達多品》，「若在佛前，蓮華化生」。此外，《阿彌陀經》第一卷中也說在阿彌陀佛國：「生彼土者，以蓮花為父母」，在那個「極樂世界」、「人皆生於蓮花中也」。這些都直接提到了蓮花化生的概念。

揚之水又以《報恩經》中鹿母夫人的故事來強調蓮花和童子的一體關係。古印度波羅奈國有一座山，山谷中有一股清泉，在泉水北岸住着北窟仙人，南岸住着南窟仙人。一日，一隻母鹿到泉邊飲水，碰巧喝下了正在河邊小解的南窟仙人的尿液，母鹿遂懷孕生下一女嬰，交由南窟仙人撫養。這位鹿女每走一步，地上便出現一朵鮮豔的蓮花，足跡所至，步步生蓮。波羅奈國國王見到步步生蓮的鹿女，心生憐愛，遂娶至宮中，人稱鹿母夫人。以後鹿母夫人懷孕，分娩之日，卻產下一朵（一說五百朵）蓮花。夫人因此遭貶，蓮花也被棄置在後園池中。某日，國王在池畔宴樂，震動蓮花池，「其華池邊有大珊瑚，於珊瑚下有一蓮華進墮水中。其華紅赤有妙光明」，「其華具足有五百葉，於一葉下有一童男，面首端正形狀妙好」。國王此時才知道這是鹿母夫人所生，此後便是萬般歡喜。這一蓮生童子的形象十分生動，敦煌莫高窟第 85 窟的壁畫便繪有「鹿母夫人生蓮花」的故事。

揚之水指出，自佛教將化生概念傳入中國後，中國的工匠便用各種材質和形象，通過繪畫、雕刻、陶瓷器等多種形式來表現它。如在新疆和田

44　揚之水：〈摩睺羅與化生〉，《古詩文名物新證合編》（天津：天津教育出版社，2012），第 188–195 頁，尤見第 191–195 頁。

發現的約五世紀的陶製蓮花化生像、河南洛陽漢魏故城遺址出土的時屬北魏（386–557 年）的蓮花化生瓦當、開鑿於孝明帝正光二年（521 年）之前的龍門石窟蓮花洞中的蓮花童子、東魏天平三年（536 年）一座七尊佛龕上雕刻的蓮花捧出的一對女童，等等。最生動形象的莫過於莫高窟第 220 窟南壁初唐的「阿彌陀經變」中七寶池裏的蓮花童子（圖 13）：三片透明的荷花瓣合抱為花苞，上著紅衫、下著條紋褲的童子合掌立在花心，彷彿從蓮花中冉冉升起。這完全就是唐人元稹「紅蕖（紅色的荷花）捧化生」一句的藝術呈現。可見，蓮花化生的形象在唐代已經深入人心。

揚之水還認為，化生在中國逐漸世俗化，出現了「世間相」，如長沙窯出土的釉下彩童持蓮花紋壺中的形象，「『化生』則定型為持花或攀枝的童子，成為一種運用極普遍的藝妝飾」；她引用北宋李誡《營造法式》卷十二「雕作制度」，說「雕混作之制，有八品」；其三「化生」注云：「以上並手執樂器或芝草、華果、瓶盤、器物之屬」，附圖就是「蓮花上的舞蹈童子」。[45] 不過，如上所述，持蓮的形象起源於埃及，在印度頗為常見，不見得就是中國化的結果。只不過人們很少知道持蓮或持荷童子的形象其實由蓮生／蓮化概念演變而來，更不知道其來源是萬里之外、數千年前的古埃及。這或許就是「不知有漢，無論魏晉」吧。

日本學者吉村憐早在二十世紀五六十年代便對雲岡石窟的蓮化圖案進行了全面而仔細的研究。他比較不同的蓮花和蓮化圖像後指出，從蓮花、蓮花化生、蓮上菩薩或天人的形象依次觀察，我們彷彿看到了一部從蓮花到蓮花化生出來的菩薩和天人的動畫片。[46] 以雲岡石窟第 5 窟南壁上的圖像為例，他生動地說：「從蓮華的華中露出面顏的蓮華化生形象，露出幼兒般的天真爛漫的表情，很快會成長為手執蓮蕾、彈奏琵琶的天人。」[47] 筆者以

45 同上，第 193–194 頁。

46 ［日］吉村憐著，卞自強譯：〈雲岡石窟中蓮華化生的表現〉，《天人誕生圖研究 —— 東亞佛教美術史論文集》（上海：上海古籍出版社，2009）。

47 同上，第 23 頁。

為，這或許有助於理解中國工匠塑造這些形象時的創作模式。遺憾的是，吉村憐雖然知道在印度佛教中就有蓮化的起源，但不知道古埃及的蓮生蓮化概念。

其實，筆者的家鄉位於舊時浙西嚴州府建德縣，可能早在宋元時代就已經有了蓮花化生的概念。光緒時期《嚴州府志》記載唐代高僧少康大師（736–805 年），說：

> 少康俗姓周，縉雲人。母羅氏夢至鼎湖峰，見玉女手持青蓮花授之，曰：「此花吉祥，寄汝。」已而有娠。迨生，清光滿室，香如芙蕖。七歲未言，母抱入靈山寺瞻佛像，康忽語曰：「釋迦佛。」聞者異之。十五歲出家，從學諸方。貞元中至長安，遇一僧，謂曰：「汝緣在睦州。」康因至睦，乞食得錢，誘小兒誦佛一聲，遺一錢。卓錫高峰山，建淨土道場。集眾念佛，康聲獨高，眾見佛從康口出，連誦數過，佛出如貫珠。坐逝之夕，有光燭烏龍山，山皆為白色。宋元符三年，賜號廣導大師。[48]

由此可見，蓮花化生的概念唐宋時期就已經在江南南部落地生根，並移植到本土的和尚身上來勸導感化信徒。在結束本章之前，我們也必須對景教中的蓮花十字架做大略的討論。

景教碑刻中的蓮花十字架

所謂景教，指唐代正式傳入中國的基督教聶斯脫利派，它被視為最早進入中國的基督教教派。景教起源於今天的敘利亞，由敘利亞教士、君士坦丁堡大主教聶斯脫利（Nestorius，約 380– 約 451 年）於 428–431 年創立，在波斯逐漸壯大，並向東傳播。景教被當時的基督教教會視為異端，原因在於聶斯脫利提出的教義。聶斯脫利根據耶穌基督的「神人兩性結合」觀

48 政協建德市委員會、建德市檔案館編，曹劍波點校，[清] 吳世榮主修：《光緒嚴州府志》（下）（杭州：浙江古籍出版社，2017），卷 22，第 723 頁。少康為中國佛教淨土宗第五代祖師，在嚴州（睦州）烏龍山建淨土道場。

念，認為耶穌是神性與人性的結合，並進一步提出聖母馬利亞只生育耶穌的肉體，反對將其稱為「聖母」或「天主之母」。唐太宗時期，聶斯脫利派教士阿羅本到中國傳教，在長安興建了第一所景教寺院，該教派被稱為「大秦景教」。唐高宗時，下詔於諸州建景寺，景教廣為流傳。到了唐武宗會昌年間，唐武宗滅佛，景教也遭到打擊，此後在中原地區少見，但仍在西北地方流傳，且部分回鶻人開始信奉景教。還有一部分教徒進入漠北，在蒙古草原的突厥諸部傳教，元朝時期的克烈、汪古和乃蠻部均信奉景教。元朝時期，色目人東來，中國的景教徒數量大增，景教一度在北方和東南地區重新繁盛，當時被稱為「也里可溫教」，馬可・波羅也曾提及。

現存最早且最重要的景教碑刻是明代天啟年間發現的《大秦景教流行中國碑》。此碑於唐代建中二年（781 年）由一個波斯傳教士景淨篆刻，立於長安大秦寺。碑文為敘利亞語和中文雙語，頌文記述了景教在唐代的流傳情況。此碑高 279 厘米，上寬 92.5 厘米，下寬 102 厘米，正面寫着「大秦景教流行中國碑」，上有楷書三十二行，共 1,780 個漢字和幾十個敘利亞文；碑額上部刻有祥雲環繞的蓮花十字架圖案（圖 14）。略顯遺憾的是，由於碑體異常高大，「大秦景教流行中國碑」九個字堂堂正正，引人注目；相比之下，蓮花十字架線條纖細，常人難以注意，尤其是作為底座的蓮花，需要近看才能發現。

非常有意思的是，雖然大秦景教流行中國碑的碑額上的蓮花十字架和「大秦景教流行中國碑」九個漢字相比很不起眼，但在耶穌會教士後來的繪圖中，兩者的形象對比恰恰相反。[49] 明末清初的天主教耶穌會教士卜彌格就

49 Michael Boym, *Flora Sinensis*（Viennae Austriae: Typis Matthaei Rictij, 1656），原圖無頁碼。卜彌格原名彌額爾・伯多祿・博伊姆（Michal Piotr Boym），其經歷頗為傳奇。1651 年，初到中國不久的卜彌格受天主教徒南明永曆王太后之托，攜王太后上羅馬教皇書、耶穌會總長書及永曆朝廷秉筆太監龐天壽上羅馬教皇書，出使羅馬，以求得到羅馬教廷和歐洲天主教勢力對永曆朝廷的援助。次年，卜彌格抵達羅馬。可是，羅馬教廷疑慮重重，先後召開了三次會議，直到 1655 年教皇亞歷山大七世才簽發了答永曆王太后和龐天壽書。卜彌格得複書後，在返華途中遭到已經拋棄南明的葡萄牙人的種種阻截。他輾轉於 1658 年抵達暹羅，希望轉道交趾奔赴中國雲南。1659 年 8 月，卜彌格病逝於交趾與中國的邊境。

在其《中國植物志》中描繪了大秦景教流行中國碑（圖 15）。圖中的蓮花十字架異常宏偉，加上底座，佔據了全碑的三分之二，而摹寫的「大秦景教流行中國碑」九個漢字和實物相比則大大縮小，不到全圖的三分之一。卜彌格本人應該沒有見過大秦景教流行中國碑原物，但他一定見過拓片或耶穌會最初在西安所制的摹圖。他之所以放大蓮花十字架這個形象而縮小代表異域文化的九個漢字，原因就在於蓮花十字架對耶穌會和梵蒂岡教廷而言異常熟悉。教皇本人一看便知，大秦景教流行中國碑是天主教在中國的遺緒。卜彌格也將他繪製的這幅大秦景教流行中國碑圖置於他所繪的中國地圖右下角，以示中國早已是上帝之地。

大秦景教流行中國碑上的蓮花十字架並非唐代孤例。2006 年洛陽新出土了一件景教石經幢，上刻兩個蓮花十字架。此經幢殘高 84 厘米，每面寬 14–16 厘米，共八面，外接圓直徑為 40 厘米。[50] 根據經幢上的文字，此幢建於唐憲宗元和九年（814 年），最初豎立在安國安氏太夫人神道上；安氏是中亞移居洛陽人的後裔，葬於洛陽，後於唐文宗大和三年（829 年）遷葬他處。[51] 經幢的第一至第三面以及第五至第七面雕刻了兩組圖像，均以蓮花十字架（分別位於第二面和第六面）為中心。兩個十字架均處於蓮花上端，形態基本一致，惟第二面的十字架（圖 16）較為纖細，蓮花綻放更為生動，整體佈局相對精細；第六面的十字架較為粗拙，整體佈局略為擁擠；第七面上的天使手捧一枝蓮花，清晰可見。

大秦景教流行中國碑額上刻的十字架、蓮座、祥雲和花朵雖然精緻，但整幅圖案較小；而洛陽經幢的圖像不僅雕刻精緻，而且場面宏大，形象豐富。它的形制明顯受到佛教的濃厚影響。[52] 這個八面棱柱的景教經幢直接

---

50 張乃翥：〈跋洛陽新出土的一件唐代景教石刻〉，葛承雍主編：《景教遺珍 —— 洛陽新出唐代景教經幢研究》（北京：文物出版社，2009），第 5 頁；羅炤：〈洛陽新出土《大秦景教宣元至本經及幢記》石幢的幾個問題〉，《景教遺珍 —— 洛陽新出唐代景教經幢研究》，第 34 頁。

51 〈洛陽新出土《大秦景教宣元至本經及幢記》石幢的幾個問題〉，第 37 頁。

52 〈跋洛陽新出土的一件唐代景教石刻〉，第 13 頁。

仿照了唐代佛教陀羅尼經幢的外形；同時，十字架兩側對稱的天使均束高髻，上身赤裸，腰繫短裙，數根披帛在身體上方飄舞，彷彿飛天。其中兩尊天使神態婀娜，裙帶飄逸，與龍門石窟盛唐時期的佛教飛天幾乎完全相同。[53]

元代時，景教在中國相當興盛，蓮花十字架圖案亦在碑刻中頻繁出現。在新疆、內蒙古、北京、揚州、泉州等地都出土了元代景教石碑，其中不少刻有蓮花十字架。[54] 在揚州出土了元延祐四年（1317 年）下葬的也里世八墓。墓主人是位女性，漢語名字是也里世八（英文為 Elisabeth，突厥語為 Älishbä）。也里世八是一位貴婦人，丈夫名叫忻都，在大都（今北京）居住。墓碑為半圓形，中間線刻放射狀十字架，下以蓮花為座，兩側呈對稱佈局，分別刻一個四翼天使。[55] 需要注意的是，這座墓碑中的蓮花體型相對較大，比大秦景教流行中國碑的蓮花十字架醒目得多。

圖 17 為新疆伊犁哈薩克自治州霍城縣阿力麻里古城出土的景教徒墓石，收藏於霍城縣博物館。墓石中間上刻十字架，十字架下為六瓣或八瓣蓮花，中有蓮蕊，旁邊為敘利亞文銘文「基督徒喬治於 1677 年（或 1674 年）逝世」，為元代景教徒墓石。

內蒙古赤峰市出土了一塊瓷質的景教墓志，高 47.2 厘米，寬 39.5 厘米，厚 6 厘米，重約 14 千克（圖 18）。[56] 該墓志由赤峰本地缸瓦窯燒製，質地堅硬，呈灰褐色，表面施了化妝土後再上透明釉；墓志中間為十字架，十字架上方兩側均有一行古敘利亞文，下方兩側各為四行回鶻文；十字架下繪有帶蒂的九瓣蓮花，呈盛放狀。這是一件多元文化融合而成的藝術品。

此外，泉州也出土了不少元代的墓石、墓碑，碑石上有相當多的蓮花

53 〈洛陽新出土《大秦景教宣元至本經及幢記》石幢的幾個問題〉，第 36 頁。

54 朱謙之：《中國景教：中國古代基督教研究》（上海：東方出版社，1993）；牛汝極：《十字蓮花：中國元代敘利亞文景教碑銘文獻研究》（上海：上海古籍出版社，2008）。

55 耿世民：〈古代突厥語揚州景教碑研究〉，《民族語文》2003 年第 3 期，第 40–45 頁。

56 《十字蓮花：中國元代敘利亞文景教碑銘文獻研究》，第 24 頁。

十字架圖案，前人論述頗多，不再贅述。需要注意的是，大致位於今哈薩克和吉爾吉斯斯坦境內的七河流域也發現了六百多件景教墓石，有的刻有蓮花十字架圖案，時間約為九世紀，相當於晚唐。[57]

需要着重指出的是，蓮花十字架幾乎都在墓碑、墓石、墓磚上出現（除非常隆重正式的大秦景教流行中國碑外），說明這個圖案彰顯了死亡和進入天堂的重要意義。十字當然代表着十字架，表明了死者的信仰；十字架又是上帝奉獻其唯一之子耶穌基督及耶穌死亡的象徵。更需注意的是，耶穌死後不久便復活了，而復活是蓮花的本質屬性。在這個背景下，死亡與復活，在墓石所繪十字架和蓮花的呈現下，呼之欲出。究竟這個圖案是簡單地模仿了蓮座上的佛／菩薩形式，以基督教的十字架取代佛教的佛和菩薩，還是古埃及的蓮花信仰已經滲透到基督教中，蓮花已經成為基督教復活的象徵和表現？這個議題需要進一步研究討論。從目前的材料看，景教是在東傳的過程中汲取了佛教的元素，從而產生了蓮花十字架的圖案形式。因此，中外學者幾乎都認為蓮花十字架是基督教和佛教的互動，是景教東傳到佛教地區吸收佛教元素的體現。可是，七河流域九世紀的蓮花十字架又提醒我們，歷史的進程可能比上述結論複雜得多。

首先，景教從近東傳到波斯，再從波斯向東傳到佛教世界的中亞國家和中國，途中出現了蓮花十字架的圖像。可是，我們不知道這個圖像是在進入佛教世界之前還是進入佛教世界之後產生的。也就是說，景教進入佛教世界、吸收了佛教的蓮花，從而出現蓮花十字架，這非常容易理解；與此同時，我們也不能排除景教在近東、中東地區就已開始吸收蓮花這一文化觀念和形象，如此，則蓮花十字架的出現是在景教進入佛教世界之前。筆者相信，很多讀者還記得在伊拉克出土的那個蓮上兒童雀躍的形象。薛

---

57 ［德］克林凱特：〈絲綢之路上的基督教藝術〉，《十字蓮花：中國元代敘利亞文景教碑銘文獻研究》「附錄三」，第 223–224 頁。七河流域指流向巴爾喀什湖的七條河流（伊黎河、卡拉塔爾河、哈薩克阿克蘇河、列普瑟河、阿亞古茲河以及已經消失的巴斯坎河與薩爾坎德河）所在流域，大致包含了今哈薩克阿拉木圖州、江布林州，吉爾吉斯斯坦東部地區，中國新疆伊犁一帶。

愛華描述過唐代長安城流行的柘枝舞，其中就有蓮生的場景。

柘枝舞因起源於西域石國（今烏茲別克斯坦塔什干附近地區）而得名。柘枝舞者是兩名女子，身著五色羅衫，窄袖纏腕，腰帶銀蔓垂花，頭戴繡花卷簷虛帽，帽子上裝飾着金鈴，腳著紅色軟錦靴。演出開場時，台上有兩朵人工製作的蓮花，蓮花綻開，兩名舞伎在花瓣中緩緩地呈現在觀眾面前，然後隨着急促的鼓點翩翩起舞。這支舞蹈含情脈脈，舞伎頻頻向觀眾「暗送秋波」，舞至曲終，嬌媚的舞伎則脫去羅衫，露出圓潤豐腴的酥肩。前人有詩讚曰：「平鋪一合錦筵開，連擊三聲畫鼓催。紅蠟燭移桃葉起，紫羅衫動柘枝來。帶垂鈿胯花腰重，帽轉金鈴雪面回。看即曲終留不住，雲飄雨送向陽台。」[58]

根據向達的考證，柘枝是波斯語"Chaj"的譯音；漢學家沙畹（édouard Chavannes）則認為它是"Châkar"的譯音，指西域康國和安國一帶的精銳部隊。[59] 西域的舞蹈也很有可能來自波斯，或者吸收了波斯元素，受到了波斯舞蹈的影響。無論如何，柘枝舞的異域風情是十分顯著的。因此，柘枝舞中的蓮生和七河流域的蓮花十字架似乎都指向了非佛教的因素。

無獨有偶，穆宏燕指出，蓮花在西亞是宗教聖花，源自西亞的宗教，如祆教、摩尼教、景教和伊斯蘭教等都有蓮花情結，無不視蓮花為聖花。[60] 如前所述，西亞的蓮花情結其實可能源自古埃及，因此，蓮花十字架中的蓮花未必就是佛教元素或是受了佛教影響。

其次，除了景教，天主教中是否也存在蓮花十字架圖案呢？如果天主教的其他教派也有類似的蓮花十字架圖案，那麼，天主教中的蓮花十字架

58 ［美］薛愛華著，吳玉貴譯：《撒馬爾罕的金桃：唐代舶來品研究》（北京：社會科學文獻出版社，2016），第 162–163 頁。

59 《撒馬爾罕的金桃：唐代舶來品研究》，第 162 頁，注解 1。薛愛華所引用的白居易的詩就強調了舞者的衣著打扮乃至舞者本人的伊朗／阿拉伯特色。花腰、雪面、紫衫和金鈴讓筆者聯想到錢鍾書在《圍城》中所引用的《天方夜譚》中的阿拉伯詩句「身圍瘦，後部重，站立的時候沉得腰肢酸痛」，以及金庸《倚天屠龍記》波斯明教的紫衫龍王。可見，伊朗／阿拉伯的概念從唐代以來在中國文學中也有承襲。

60 穆宏燕：〈景教「十字蓮花」圖案再認識〉，《世界宗教文化》2019 年第 6 期，第 51–57 頁。

就不能簡單地解釋為天主教與佛教的融合了。穆宏燕追溯了蓮花的演變，指出《希伯來聖經》中的「蘇珊花」和《聖經》七十子譯本中的「克里儂花」皆指蓮花，後來由於某種原因，「百合花」在基督教《聖經》中取代了蘇珊花和克里儂花。隨着時間的流逝，蘇珊花和克里儂花反而被後來者認為是百合花。[61] 這是非常重要的發現。如此，晚近基督教中的百合花其實源自蓮花。

無巧不成書，筆者徜徉於澳門世界遺產，也發現了十六世紀末耶穌會的標記，其中似乎包含蓮花十字架圖案。耶穌會由依納爵・羅耀拉（Ignacio de Loyola）和方濟各・沙勿略（Francisco Xavier）等人於 1534 年成立，其重要成就就是向東傳教。澳門是耶穌會進入東亞的第一站，今天崗頂斜巷聖奧斯定教堂一側便是耶穌會會院。牆上嵌有一塊石碑（圖 19），雖不知具體雕刻年代，但從其狀況看，應該是舊物，當是耶穌會在此處建立了耶穌會會院而製。如此，則大約在明末清初，也就是十六世紀末十七世紀初。石碑呈長方形，中間從左到右為"I"、"H"、"S"三個字母，即基督聖名，是「耶穌」希臘文寫法的前三個字母，也是拉丁文「耶穌是人類救主」的縮寫，一語雙關。在"H"中間一橫的上端，是一個五瓣蓮花，蓮花上矗立着一個十字架。因此，在耶穌會標識最顯眼的中心，實際上是一個蓮花十字架。

那麼，問題來了：澳門耶穌會的這個蓮花十字架是哪裏來的？是耶穌會來到澳門之前就有了，還是到了澳門之後才創造出的？我們雖然知道利瑪竇在中國傳教時曾經假扮僧侶，但在葡萄牙人掌控的澳門，耶穌會應該沒有必要將佛教的蓮花刻入其標識。因此，筆者傾向於認為，這個蓮花十字架的形象在傳入澳門之前就已存在。穆宏燕曾指出，在亞美尼亞也發現

---

61 穆宏燕：〈景教「十字蓮花」圖案再認識〉，第 53–56 頁。梁元生認為《大秦景教流行中國碑》上的蓮花座與十字架是基督教與中國文化最早相遇和碰撞的見證之一。梁元生：《十字蓮花：基督教與中國歷史文化論集》（香港：基督教中國宗教文化研究社，2004），第 1–18 頁。

了相當多的十二世紀、十三世紀的蓮花十字墓碑，造型與西安、洛陽、泉州等地的頗為相似，因此「中國境內發現的十字蓮花圖案的物品未必全是景教物品，也有可能是亞美尼亞傳教士及其教徒的遺物」。[62] 這個觀點，與筆者關於澳門耶穌會蓮花十字架的推測頗為契合。

當然，也許有人說這不是蓮花，而是百合或其他花朵。在目前缺乏其他材料的情況下，各種解讀都有其合理性，不妨暫時存而不論。假如耶穌會的標識的確是蓮花十字架的話，我們似乎也可以說，蓮花在這個組合與場景中出現，其本源是古埃及元素在不同宗教和文化中的呈現。

景教銅牌中的蓮花十字架

元代遺存有大量景教銅飾牌（銅十字架），一些銅飾牌上也有蓮花十字架的形象，值得我們關注。[63] 位於美國新澤西州的德魯大學擁有數量居世界第二的元代景教銅飾牌收藏。這些銅飾牌是馬克・W・布朗（Mark W. Brown）於二十世紀三十年代在北京收購的，筆者研究發現其中有一些屬於蓮花十字架圖案（或其變形），特選取數枚簡介於下。

圖 20 的十字銅牌長 3.2 厘米，高 3.5 厘米。這是將蓮花和十字融合為一體的造型，以蓮花為十字的一豎；十字的一橫鑄有中文三字「王厺回」，其中「厺」為「去」的異體字，當為主人的名字。如此，這個銅蓮花十字當是印章。主人名字的「王厺回」頗有「禪意」，「去」是指告別人間，亦即死亡；「回」則為回到世間，亦即復活。這與蓮花（復活）和十字架（耶穌「先去後回」而復活）的含義完全吻合。又，「去回」對應「如來」，其

62 〈景教「十字蓮花」圖案再認識〉，第 56 頁。

63 景教銅飾牌以香港大學美術博物館收藏最為豐富，共 966 件。這批景教十字銅牌由英國人聶克遜（F. A. Nixon）於二十世紀三四十年代就任英國郵政駐北京理事時從內蒙古鄂爾多斯購得，後來由利希慎基金會收藏，並於 1961 年捐贈給香港大學。銅飾牌融合基督教和佛教的圖案，高約 3–8 厘米，有背鈕以便佩繫，有的可能作為私人印章使用。鄂爾多斯市博物館也有類似收藏。

梵文和巴利文均為 Tath āgata，意思是「去者」（one who has thus gone，梵文為 tathā-gata）和「來者」（one who has thus come，梵文為 tathā-āgata），或「不曾去者」（one who has thus not gone，梵文為 tathā-agata），正如《金剛經》中說：「如來者，無所從來，亦無所去，故名如來。」[64]「去回」一詞直接對應了如來佛祖。以此論之，此印章的形制和內容結合了基督教、佛教和中國文字及印章等多種元素和多重層次，烘托了死生（復活）這一主題在跨文化和跨族群中的呈現，非常值得琢磨。當然，這或許不過是筆者的過度發揮而已。果然，2025 年 4 月 2 日，江蘇張克全先生來信告知：這一時期的景教印押時有「合文」形式，如「合同」「大吉」合文。它們也與姓名印押具有不同性質，其上符文多與信仰對象有關。如可見一些景教印押的中心有一個「王」字，當與基督教信仰裏以耶穌基督為君王有關。同一時期的私人印押，也多用姓名＋印／章或姓＋押的形式，但很少見到僅有姓名文字的現代印式。上文的印押當屬「合文」景教印押，「王」字之下是「大」與「合」「同」的合體。這四個字有兩種可能的組合，一是「王」+「大」+「合同」，二是「大王」+「合同」。張先生還特意指出：「大王」當有所特指；「合同」一詞本也是具有一定宗教意義的「新詞」。筆者收到來信，三分慚愧，三分自豪，三分感激。慚愧自己學藝不精，自豪拙作能入讀者法眼，感激張先生不吝賜教。

「去回」一詞不由得讓筆者想起《西遊記》中唐僧師徒到朱紫國的故事。在朱紫國，孫悟空在鎮妖伏魔的路上碰上了小妖有來有去。有來有去是麒麟山獬豸洞賽太歲手下的心腹小校，「五短身材，扢撻臉，無須。長川懸掛，無牌即假」。而賽太歲原是觀世音菩薩座下的金毛犼，偷逃下界並搶走了朱紫國金聖宮皇后，因後者有五彩仙衣保護，令其不能近身，便每年向國王索要兩名侍女。沒想到第三年索要侍女的先鋒被孫悟空所殺，賽太

64 以上承蒙好友朱天舒教授告知。

歲便派有來有去到朱紫國下戰書。有來有去一路上擔着黃旗，背着文書，敲着金鑼，疾走如飛，最後被孫悟空一棒打死，成了有來無去。《西遊記》講的是佛教故事，其中內容、情節乃至命名等諸多細節都有佛教元素。「悟空」、「八戒」、「悟淨」莫不如此，和「去回」對應的「有來有去」恐怕也有此種宗教含義。

圖 21 的黃銅圓牌的直徑是 5.4 厘米，頂上鑄有繫扣，所以應是吊墜。此吊墜鑄有內外兩圈，內圈有五孔，彷彿蓮蕊 / 蓮實，而後有十二個瓣狀連接內圈和外圈，彷彿對綻放蓮花的抽象。

圖 22 的花形銅牌的直徑是 3.5 厘米，中間為「田」字，形成內十字，而後向外延伸出八瓣；其中四瓣略寬，由裏到外有兩個馬鞍形，彷彿仰蓮綻放，另外四瓣略窄，中有豎芯，彷彿蓮蕊；兩組花瓣交錯，略窄的四瓣又形成了一個大十字，可以說是蓮花與十字兩個符號的完美融合。

和墓石、墓碑上的蓮花十字相比，以上元代景教銅飾牌中的蓮花十字造型更具藝術創作力，蓮花和十字的組合幾乎融為一體，不再是簡單的「蓮花上的十字架」圖案。這一方面體現了藝術的昇華，另一方面似乎表明蓮花十字逐漸脫離了墓地這個場域，而用於配飾和印章等日常生活物件。與此相伴的是，或許使用者對蓮花十字這一組合的本來含義（死亡與復活）越發陌生了。

解題

綜上所述，我們發現哪吒信仰帶有非常明顯的古埃及文化中蓮信仰的根本性特徵。第一，王室和王權。哪吒是李靖的三太子，李靖生前是陳塘關總兵，死後是托塔李天王，因此，哪吒的貴族 / 王室身份是顯而易見的，他不是一般的武藝出眾、法術高強但出身卑微的神，如孫悟空；他有顯貴的出身。

第二，創始、誕生和復活。這幾個特點雖然有些差別，但它們是密切相關的，其中隱含的關鍵因素便是古埃及的蓮所代表的原始生命力。古埃及的蓮在創世神話和亡靈書中都代表誕生和復活，如荷魯斯的四個兒子就站在蓮花上；而在圖坦卡蒙墓中發現的蓮上圖坦卡蒙，簡直就是古埃及的哪吒。哪吒的復活，便是佛祖（或太乙真人）用蓮花、蓮葉做成他肉體的替代品，在法術的魔力下，蓮的各部分成為哪吒起死回生的肉身。從這點看，蓮可以幫助復活的觀念在哪吒的故事中得到了充分體現。或者說，蓮花乃是最原始的生命力的象徵，可以延綿不斷。

第三，和復活密切聯繫的便是蓮的另一個功能 —— 治病。埃及的蓮，本身就被古埃及人用來治病，而蓮神就是治癒之神。澳門的哪吒三太子信仰之普遍，關鍵來源於其治病的功效；哪吒能治病防疫的信仰，與其作為蓮花化身是密不可分的。

第四，兒童（童神）的形象。蓮神涅斐爾圖姆、荷魯斯的兒子、圖坦卡蒙、尼尼微的蓮上兒童、黑天、釋迦牟尼的誕生等，都有兒童形象；哪吒也是如此。特別是作為佛教護法神的哪吒，經歷了從面目猙獰的大漢到活潑可愛的兒童形象的轉變。相傳，藏傳佛教的創始人之一蓮華生（Padmasaṃbhava，活躍於八世紀後期）就是以蓮花池內坐在蓮花之上的八歲兒童形象出現，被國王發現並認為王子。這是另外一個蓮花與童神以及王室三合一的故事，可以說是密宗版的佛祖或哪吒。事實上，後世稱蓮華生為「第二佛陀」。

回顧這幾個特徵，我們可以發現，古埃及的蓮信仰和中國明清以來的哪吒信仰有着內在的高度相似性，其演變也有內在邏輯的支撐。因此，筆者認為，中國哪吒的信仰有古埃及文化的元素。以此而論，中國文化和中國歷史的研究，很多時候或者說從開始到現在，都需要放在世界歷史和文化的場景中加以考察。

當然，本章追溯哪吒的埃及來源，並不是說「哪吒」這個形象是從古埃及傳到中國的，而是強調哪吒攜帶、象徵的幾個關鍵元素如復活、治病、蓮化（蓮生）在古埃及和古印度皆有發現，而且它們在時空上又有傳遞性和承續性。當然，古埃及人相信的蓮花可以治病，和中國港澳台地區哪吒三太子祛疫除病的信仰，不宜混為一談。我們談到古埃及文化之於哪吒信仰在中華地區的流行，並不是否認中華文化的獨創性，相反，在吸收古埃及和古印度的文化元素時，中華文化在創造哪吒的形象的過程中，充分顯示了其主體性、包容性和開放性，正如「孝」這一核心在哪吒形象中的貫徹。

第二章

愛蓮說：

中國爲什麼缺少蓮印*

* 本章前半段關注的是中國的儒家文化區，而對於經常發現蓮印和蓮紋封泥的中國西藏地區，本章後半段有一小節專論該現象。

愛蓮而缺蓮印

水陸草木之花，可愛者甚蕃。晉陶淵明獨愛菊。自李唐來，世人甚愛牡丹。予獨愛蓮之出淤泥而不染，濯清漣而不妖，中通外直，不蔓不枝，香遠益清，亭亭淨植，可遠觀而不可褻玩焉。

予謂菊，花之隱逸者也；牡丹，花之富貴者也；蓮，花之君子者也。噫！菊之愛，陶後鮮有聞。蓮之愛，同予者何人？牡丹之愛，宜乎眾矣。

宋代著名學者周敦頤（1017–1073 年）在嘉祐八年（1063 年）所作的這篇膾炙人口的短文〈愛蓮說〉，描述了蓮花「出淤泥而不染，濯清漣而不妖」的品格，蓮花也因此被周敦頤譽為「花之君子」。周敦頤對蓮花的讚賞，不但與晉代陶淵明（約 365–427 年）的愛菊形成了對比，揭示了古之君子在將近六百年間從愛菊到愛蓮的轉變，也顯示出俗人愛牡丹與君子愛蓮的區別，表明了周敦頤在塵世中潔身自好的追求。的確，到了宋代，蓮花形象已經完全滲透到中國文化的幾乎各個方面，如文學、書畫、瓷器、建築等，成為中國文化的象徵之一。令人驚奇的是，中國自商周以來的印璽文化在世界上自成一體，明清時期蔚然成風，被視為中國文化獨特的現象，但是，中國的印章很少以蓮花為主題，與文學、書畫乃至瓷器大相徑庭。愛蓮而缺蓮印，緣何？

本章提到的「蓮印」及「蓮紋封泥」，指的是帶有蓮（整體或部分如花、葉、莖或蕾）圖案的印章和封泥。本章首先通過討論埃及的考古發現和幾所大型博物館的部分館藏來檢視古埃及的蓮印和蓮紋封泥，而後着重介紹印度和中國西藏的蓮印和封泥，從而揭示蓮印和蓮紋封泥從埃及向外的文化傳播和變遷歷程。印度因婆羅門教與佛教採用蓮花意象，其作為中繼站的地位尤其重要。亞洲，特別是印度與中國西藏地區的蓮印和蓮紋封泥，大部分是佛教興起與傳播的結果。在歐亞非大陸各地發現的印章與封泥上，蓮花意象享有某些共同主題、圖案與概念。不過，蓮花符號的跨地區擴散必須置於一些地方性場景中去理解。特別引人注目也令人迷惑的是，明清時期中國正處在篆刻文化的高峰期，卻鮮見蓮印和蓮紋封泥。筆者將愛蓮卻缺蓮印這一現象置於中國本身的儒家文化傳統中加以考察和理解。因此，蓮印和蓮紋封泥不僅象徵着全球的文化擴散和交流，而且體現了地方性的理解和實踐，顯示了人類跨地區、跨文明文化交流的多樣性和複雜性。正是這種全球共用的地區旨趣讓人類的生活如此豐富多彩。

目前的考古發現揭示，埃及是蓮印和蓮紋封泥的發源地。蓮花在古埃及的文化、宗教與社會中擁有極其突出的地位。孫慰祖先生曾經比較封泥在埃及、美索不達米亞、印度、波斯灣地區與中國的功能。[1] 他指出，雖然封泥的用途充滿了地域色彩，但它們的主要功能基本一致。封泥被用來封印材料、貨物與檔，用來標誌所有權，用來阻止可能發生的錯用、濫用、偷竊、盜竊或私吞，也被用來保護秘密檔。它們如同印章一樣，是政治與經濟權力的符號，更是社會地位的標誌。本章撇開蓮印和蓮紋封泥的功能問題不論，着重審視各種形式的蓮花意象在印章和封泥中從埃及到亞洲其餘各地的流播與變遷。

1　孫慰祖：《封泥發現與研究》（上海：上海書店，2002），第 9–10 頁。

埃及：印章與封泥中的蓮紋

聖甲蟲印（即金龜子印）在早期埃及是流行的護身符與圖像。[2] 它們被大量發現，為考古學家和歷史學家提供了無價的原始資料。與此同時，這些聖甲蟲印也是古埃及出色的藝術成就。特別引人注目的是，在某些聖甲蟲印上，蓮花符號相當常見，並且長期持續出現。下面分別介紹世界各地一些著名博物館收藏的以及從埃及發掘的蓮印和蓮紋封泥。

美國紐約的布魯克林博物館擁有十餘枚刻有蓮花或蓮株的聖甲蟲印。其中六枚含有帶翅的圓盤和蓮花。它們由彩陶或皂石製成，時間大約在西元前 1539– 前 1292 年（古埃及新王國第十八王朝）。[3] 這些印章尺寸相似，長不超過 1.6 厘米，寬約 1.1 厘米，高不超過 1 厘米，有些刻有生動的蓮花圖案。其中一枚刻有蓮紋的玻璃制聖甲蟲印（圖 23），年代約在西元前 1630– 前 1539 年，大小為 0.8 厘米 ×1.2 厘米 ×1.8 厘米。[4] 其他三枚尺寸相似的玻璃聖甲蟲印也刻有蓮紋圖案。[5] 可惜的是，它們的紋樣已嚴重磨蝕，難以清楚觀察。在某些情況下，蓮花會被刻在聖甲蟲印的背面。例如，在蒂明斯上尉收集的 500 枚聖甲蟲印章中，有一枚背面具有「浮雕的斯芬克斯裝飾，其背部長出一朵蓮花和一朵紙莎草花」。[6]

加拿大的皇家安大略博物館藏有 17 枚與蓮花有關的封泥。這組封泥均發掘於埃及的一座重要古城埃德富，年代約在西元前四世紀到西元前一世

2 關於古埃及的金龜子印，參見拙作〈金龜子印中的古埃及〉，《篆物銘形 —— 圖形印與非漢字系統印章國際學術研討會論文集》（杭州：西泠印社出版社，2017），第 76–94 頁。

3 在其官網搜索“scarab”可以得到詳細內容。https://www.brooklynmuseum.org/opencollection/search?keyword=Scarab, Brooklyn Museum, New York, USA. https://www.brooklynmuseum.org/opencollection/objects/8620. 古埃及朝代紀年大致框架基本確定，王朝確切時代仍有爭論，特別是古王國之開端有三四百年差別之爭。本文分期參見 Ian Shaw, *The Oxford History of Ancient Egypt*（Oxford: Oxford University Press, 2003）, pp. 479–83。

4 “Scarab with Lotus Flower”, Brooklyn Museum, https://www.brooklynmuseum.org/opencollection/objects/3216.

5 “Scarab with Lotus Plant”, Brooklyn Museum, https://www.brooklynmuseum.org/opencollection/objects/117152.

6 Percy E. Newberry, “Introductory Note”, *Ancient Egyptian Scarabs and Cylinder Seals*, Routledge, 2005, 9.

紀中期，這些封泥印於未燒制的黏土上，風格幾乎全部一致：小巧玲瓏，寬僅約 0.3 厘米，長不超 2 厘米，印面大致為一名戴王冠的男性半身像，王冠中有一朵蓮花（有時為蓮瓣裝飾王冠）。其中一枚封泥刻有一戴蓮花王冠的男性胸像，年代約為西元前 182– 前 88 年，長寬分別為 1.8 厘米和 1.7 厘米。[7] 這組封泥的一些特點值得我們關注。首先，它們尺寸小巧，與聖甲蟲印的尺寸接近，因此和聖甲蟲的實際大小差不多。它們形狀橢圓，因而多半是採取了聖甲蟲印的形狀。可見這些黏土封泥展示了埃及強大的早期傳統，它們的功能與聖甲蟲印無甚差別，只不過用途應當更加廣泛。

其次，戴蓮花王冠的男性半身像是封泥的一個普遍主題，此圖案應當被理解為權力與王室的象徵。在館藏的同一組封泥中，有些帶有一男性或女性的半身像，並附有國王或女王的名字，比如「與姐姐戀愛者」[8] 托勒密二世、「篤愛父親者」[9] 托勒密四世、克婁巴特拉七世、托勒密十二世等。眾所周知，印章和封泥的一大功能便是展示君主的權力與所有權。因此，在這種語境下，蓮花便成為王室的象徵，蓮花與王冠的聯繫則揭示了古埃及的政教結盟，亦即世俗權力（王權）與宗教權力（神權）的結合。

最後，在這批黏土印章的發掘地埃德富開展的一項考古項目有一些關於蓮印和蓮紋封泥的迷人發現。

埃德富位於尼羅河西岸，在伊斯納與阿斯旺之間。埃德富的古代定居點遺址位於托勒密神廟以西約 50 米處——在更古老的那座神廟立柱的左方。儘管有相當一部分遺址在歷史上由於各種原因受到了損壞，但它仍保存了古埃及在 4,000 年前的豐富資訊，事實上比那座著名的托勒密神廟更具有歷史與考古價值。這個城鎮似乎在第一中間期（西元前 2181– 前 2055 年）逐漸

---

7 http://collections.rom.on.ca/objects/345663/seal-impression-of-male-bust-wearing-diadem-with-lotus?ctx=e9c65801-63a5-47a4-95f1-b61c434eaf29&idx=5.

8 即 Ptolemy II Philadelphus（西元前 308– 前 246 年）。此稱號得自他和姐姐阿西諾亞二世結婚（兄弟姐妹通婚是古埃及的傳統）。

9 即 Ptolemy IV Philopator（西元前 221– 前 204 年在位）。此稱號得自他大肆屠殺家人，卻沒有弒父篡位。

繁盛並向西大舉擴張。當北埃及尤其是三角洲地區衰敗，埃德富是南埃及少數幾所繁盛的城市之一。

從 2001 年開始，由美國芝加哥大學東方學院娜丁．穆勒指導的埃德富遺址項目對埃德富進行了探索。正在進行的挖掘為中王國末期與早期第二中間期之間過渡期（約西元前 1786– 前 1770 年）的城鎮管理提供了新證據。埃德富古城在那段時間裏承擔了上埃及第二省首府的功能，並在該區域內扮演了重要的角色。[10] 埃德富專案中最有意義的重大發現便是數量龐大的黏土封泥。[11]

考古學家在埃德富遺址發現了超過 1,400 個與該中王國晚期管理建築群有關的黏土封泥，其中許多與蓮花有關。[12] 此處的蓮紋和封泥可以被劃分為兩種。第一種在大量封泥上發現的圖案是呈對稱、鏡像排列的"*nefer*"成對排列於頂端帶環的十字架（*ankh*）上。[13] 中王國晚期最普遍的印章上多有此圖案。[14] *nefer* 符號表示「美」或「完美」，它與蓮花意象有着本質關聯。

這批考古發現中第二種最常見的封泥圖案與蓮花直接相關，即手持一朵碩大蓮花的直立男子（持蓮男子）。[15] 這種圖案在埃德富遺址的行政大廈建築群中所發現的封泥上最常見，共發現有 123 枚帶有該圖案的封泥。這類圖案描繪的男子或女子手持蓮花，似乎在嗅聞花朵的香氣（圖 24）。根據埃及宗教信仰，聞嗅蓮花能夠幫助病人恢復健康。這個蓮花圖案（持蓮男子）在亞洲影響深遠，特別是被佛教吸收以後，在東亞廣泛傳播。[16]

耶路撒冷以色列博物館埃及考古學分部主任達凡娜．本—托爾對埃及中王國（西元前 2040– 前 1786 年）晚期聖甲蟲印的設計與特點有出色的研

10 Nadine Moeller, "Unsealing Tell Edfu: Who Was a Local Official and Who Was Not ?" *Near Eastern Archaeology,* Vol. 75, no. 2 (June 2012) : 116–25.

11 http://treasuresofegypttours.com/egyptian-history/map-of-egypt/.

12 Moeller, "Unsealing Tell Edfu", 118.

13 *ankh* 是古埃及神秘符號之一，呈上部為圓環的十字架形，象徵生命之永恒。

14 Moeller, "Unsealing Tell Edfu", 118.

15 Ibid., 121.

16 Ibid.

究。根據她的研究，第一中間期、中王國早期以及晚期系列的花朵圖案多數由紙莎草構成，少數由蓮花作為補充。[17] 在這些封泥中，幾乎所有主要圖案和模式都展示了蓮花在古埃及的角色。一個包括中央垂直幾何圖形的式樣，兩個末端通常都是花卉圖案 —— 蓮花或紙莎草芽。[18] 在中王國晚期，由花瓣構成的花環狀交叉圖案構成了最常見的十字花紋形式，輔之以各種蓮花紋樣。[19] 在對人類和神話人物的研究中，學者們發現了一個相當流行的模式：某人（或者神）要麼在聞嗅一朵蓮花，要麼手持一朵蓮花。[20] 這種圖案不僅出現在墓葬中，也在其他時期的印章和封泥中被大量發現。讀者切莫忘記，持蓮男子也是埃德富封泥中最流行的主題。在聖甲蟲私印上也有蓮花圖案。一枚帶有一位公主姓名的聖甲蟲印上，展示着「一對由四個圓形卷軸構成的邊框，以及一段帶蓮花的居中分隔號形」。[21] 但出於未知的原因，蓮花圖案在第二中間期（西元前 1786－前 1567 年）極其稀少，僅有個例出現。

總之，在埃及蓮印和蓮紋封泥中的蓮花圖案有三個主要樣式：持蓮男子、蓮上兒童，以及與第二樣式有關的蓮座、蓮台或王座。第一個樣式主要與復活和治癒的概念有關，第二個與出生、重生有關，第三個則象徵王權和王室。讀者從第一章可知，蓮花在埃及印章和封泥中如此流行的原因就在於古埃及文明中的蓮花信仰，此處不再贅述。

印度的蓮紋封泥

蓮花符號和蓮印從埃及擴散到了近東、地中海世界、美索不達米亞和印度。在美索不達米亞發現的蓮紋印章和封泥說明了這種文化傳播和聯

---

17 Daphna Ben-Tor, *Scarabs, Chronology, and Interconnections: Egypt and Palestine in the Second Intermediate Period* (Fribourg & Göttingen: Academic Press & Vandenhoeck Ruprecht, 2007) , 10.

18 Ben-Tor, *Scarabs*, 12.

19 Ibid., 23.

20 Ibid., 34.

21 Ibid., 40.

繫。牛津的阿什莫林博物館藏有一枚鐵製印章，印章刻有「一頭奔跑的羚羊轉頭回顧追逐者，其前方有一蓮花形物體，下方有一根枝條」。[22] 學者指出，這個圖案表明，源自埃及的蓮花已經「同其他眾多被西亞藝術汲取的埃及宗教符號一樣，其內涵有所改變」。[23] 如前所述，在伊拉克尼姆魯德發現的橢圓印記（年代大約在西元前七世紀末前）上，有一名蹲踞在一朵蓮花上的裸體兒童（圖 11）。[24] 這個圖案似乎與在尼尼微發現的一塊泥版文書上的蓮上男童相同。[25] 這些主題與畫面的源頭在埃及。

使用蓮印最廣泛的莫過於印度了。帶有埃及特點的蓮花進入了印度日常生活和宗教活動，直至今天。蓮被婆羅門教的眾多神祇收納，並通過婆羅門教進入了耆那教和佛教。在印度，印章和封泥中與蓮花有關的三大主題（大約跟其他藝術形式的蓮花符號類似）——蓮座佛陀、佛陀誕生和持蓮男子，時常可見。

以佛教為例，蓮座上的佛陀形象始見於偶像崇拜出現的早期，即二世紀以後，最早出現於阿瑪拉瓦蒂和犍陀羅。在前佛陀時代位於中亞和北印度的貴霜帝國，樹木、車輪、日輪和蓮花都出現在錢幣上。常見的坐在蓮花寶座上的佛陀，或者佛陀登基於蓮座，這類圖案彰顯了蓮花與王權之間的內在聯繫，因而同樣表現了埃及的影響。此外，在許多印章與封泥上，佛陀誕生這一事件經常被描繪為一個站立或端坐的女性（通常被認為是吉祥天女），被兩頭象按照灌頂儀式澆沃。所刻畫的女性身旁則有一兩頭象，代表了釋迦牟尼的誕生。

手持蓮花在印度也是一種常見的圖案（持蓮者、觀世音，*padmahasta*，*padmapāni*），並且是印度女神的一種典型儀態，也被多羅菩薩（度母）——

22 Giveon, *The Impact of Egypt*, 92.
23 Ibid., 33.
24 Ibid., 33. 有關埃及對位於北部美索不達米亞的尼尼微的影響，參見 Leonard W. King, "Some New Examples of Egyptian Influence at Nineveh (Continued)", *The Journal of Egyptian Archaeology,* Vol. 1, no. 4 (Oct., 1914), 237–40。
25 Parker, "Seals and Seal Impressions", 39.

大乘佛教中最偉大的施救者——取用為其標誌。在印度，持蓮者可以是濕婆、因陀羅、毗濕奴或吉祥天（財富和生育女神）。在毗濕奴手中，蓮花代表水；在吉祥天手中，代表財富；在雪山神女手中，代表冷漠；在因陀羅手中，代表繁榮。[26] 在早期的佛教文獻中，蓮花被用作對本質的一種隱喻，從而作為信仰本身的象徵，而在後來的文獻中，則作為其他象徵的支撐，如「霹靂」或「經書」。

位於加爾各答的印度博物館藏有 82 件與蓮花有關的封泥（包括一些還願寫字板）。筆者通過谷歌搜索得以一一欣賞研究。[27] 帶象吉祥天圖案有財富和生育的隱喻，在這組封泥中佔了約 43 件。

吉祥天是印度教的財富、幸運和繁榮女神，她是毗濕奴的妻子和能量（shakti）。毗濕奴是印度教的主神之一，也是毗濕奴派傳統中至高無上的存在。吉祥天在耆那教中也是重要神祇，在佛教中則是豐收和幸運女神，我們可以在印度最古老的一些佛塔和佛教洞穴神廟中看到她的身影。吉祥天經常被描繪為坐在一朵蓮花上、兩側各有一頭象的形象。她的另一個典型形象是如瑜伽修行者一般站或坐在蓮花瓣上，手持一朵蓮花，象徵着好運、自知和精神自由。帶象吉祥天是這位印度教女神最重要的呈現形式。現存最早的吉祥天形象，見於在憍賞彌國遺跡中發現的第三世紀錢幣。

發現於比哈爾邦邦的一枚圓形封泥（直徑約 4.8–4.9 厘米），就描繪了一位雙手握持自腳邊長出的蓮莖的帶象吉祥天。[28] 在這個圖案中，兩頭象用鼻子向女神頭部兩側澆沃（灌頂）。封泥底部有一些幾乎無法辨認的銘文。室利或摩呵室利吉祥天（「毗濕奴鍾愛的配偶」）十分重要，因為她是「蓮花女神」，且在文獻中與蓮花有各種聯繫。她被稱為「蓮花所生」、「立於

26 Pratapaditya Pal, *Indian Sculpture Volume 1: Circa 500 B.C.-A.D. 700,*（University of California Press, 1986）, 41.

27 搜索"lotus"後選取"seals and sealing", https://www.museumsofindia.gov.in/repository/search/basic?searchterm=lotus&museumId=all, Museums of India.

28 http://www.museumsofindia.gov.in/repository/record/im_kol-6152-A18561-19873, National Portal & Digital Repository, Museums of India.

蓮上」、「蓮色的」、「蓮眼的」等。除了同王后及眾多妃嬪結婚，印度國王也同室利吉祥天結婚，因為她是王室財富的守護人和幸運的化身。[29]

圖 25 是在北方邦發現的橢圓封泥（5.5 厘米 ×4.7 厘米），上有帶象吉祥天的圖案。[30] 吉祥天站立在頂部，兩側各有一朵蓮花，正領受大象的塗油禮。封泥底側刻有兩行銘文。

圖 12 是一枚管理用的封泥（直徑約 5 厘米），發現於那爛陀遺跡，大約屬於笈多王朝時期（約 320–540 年）。它展示了作為女性神祇的帶象吉祥天立像，手握蓮莖，受兩位象頭神行塗油禮。神祇兩側擺有水罐（也是財富的象徵），底側刻有"nagarabuktau kumaramatyadhi karanasya"的銘文。[31]

還有一枚類似的圓形封泥，也發現於比哈爾邦邦，直徑為 6.1–6.2 厘米，圖案輕微漫漶。它描繪了以一種傳統姿態站立的帶象吉祥天：她左手持一朵蓮花，有兩名侍者站立兩側，倒持水罐，兩頭象分立兩側並用鼻子對女神頭部噴水。封泥底部刻有一些銘文。[32] 許多封泥都有相同的圖案式樣，僅細節稍有不同。[33] 這種圖案在所藏蓮紋封泥中最為流行，應該與佛教，特別是佛陀的誕生有關。

圖 26 同樣發現於比哈爾邦邦，本為圓形，現存尺寸為 4.3 厘米 ×3.3 厘米。它顯示了一位元帶象吉祥天，左手持一根蓮莖，右手從一個陶水罐中倒出財富。[34] 還有一枚在那爛陀遺跡發現的圓形封泥，雕琢精細，鈐印完

29 Ward, "The Lotus Symbol", 138.

30 http://www.museumsofindia.gov.in/repository/record/im_kol-N-S-1475-A11246-23344, National Portal & Digital Repository, Museums of India.

31 http://www.museumsofindia.gov.in/repository/record/im_kol-9476-A11552-25813, National Portal & Digital Repository, Museums of India.

32 http://www.museumsofindia.gov.in/repository/record/im_kol-A11310-6153-20212, National Portal & Digital Repository, Museums of India.

33 http://www.museumsofindia.gov.in/repository/record/im_kol-6169-A18637-19851; http://www.museumsofindia.gov.in/repository/record/im_kol-6153-A18717-19866, National Portal & Digital Repository, Museums of India.

34 http://www.museumsofindia.gov.in/repository/record/im_kol-A18715-6153-19865, National Portal & Digital Repository, Museums of India.

好。其印痕是一枚法輪，兩側各有一隻鹿。儘管法輪是印度多種宗教，如耆那教、佛教和印度教的八寶[35]法物之一，但這個封泥應該是一個典型的波羅王朝（750–1161 年）封泥。波羅王朝是八至十二世紀印度東北部的一個強大王國，佛教在此繁榮發展，並向東南亞和中國西藏傳播。在笈多銘文的下方是裝飾性的蓮花和枝葉圖樣。毫無疑問，這枚封泥為一座佛寺所使用，因為鹿、蓮花和法輪都是佛陀的象徵。[36]

在該組 82 枚封泥中，某些還願泥版共用了另一個重要主題：一位坐在一朵蓮花上的八臂女神（無論是否為佛教神祇）。蓮花神，「愛蓮者」，一般站或坐在一朵蓮花上。圖 27 是一枚橢圓形封泥，來自中世紀早期孟加拉的帕哈普爾，[37]尺寸為 5 厘米 ×4.4 厘米，描繪了一名八臂女神自如地坐在一朵蓮花上，右手持劍，頭戴王冠並有背光。這枚封泥帶有明顯的佛教元素。總計有 9 枚圖案風格類似的還願泥版。這位八臂女神可能是度母，又稱「提毗」（女神之意）。

總之，在早期及中世紀的印度，無論在婆羅門教、耆那教還是佛教中，蓮花經常用作許多神祇的座台。到了中世紀，佛教成為蓮座／寶座最大的採用者，從而為「蓮座（蓮台）上的佛陀」這一最流行的圖案傳播至東亞奠定了基礎。

中國為什麼缺少蓮印

雖然佛教自二世紀起就在中國散播、繁盛並中國化，但極少發現與蓮花相關的印章和封泥，儘管蓮花在中國社會的其他領域非常流行，如文

---

35 八寶（Ashtamangala）是一套由八種吉祥符號組成的神聖標誌，流行於印度教、耆那教和佛教等宗教中。

36 http://www.museumsofindia.gov.in/repository/record/im_kol-S-9-R-15-25992, National Portal & Digital Repository, Museums of India.

37 http://www.museumsofindia.gov.in/repository/record/im_kol-P-S-63-SL-40-D-D-3-29453, National Portal & Digital Repository, Museums of India.

學、建築、服飾、繪畫、瓷器等。考慮到印章與篆刻文化在明清時代文化精英中顯著且巨大的影響（這種影響甚至延續至今），這種稀缺就顯得尤為奇特。人們也許會問，為什麼中國沒有採用或發展出自己的蓮紋印章、封泥？

筆者分析如下。首先，中國人自從秦漢時代起就有了完善的印章 / 封泥傳統。從商代晚期開始，印章與封泥（官印或私印）就大量出現，其材質、外形、圖案、文字、雕刻等都充滿中國文化特色。部落、宗族、君王、官僚、平民和軍職的名稱與頭銜，動物、鳥類、花卉與傳奇生物的圖像都被雕刻或模鑄在印章上。在西漢滅亡之前，或大約在佛教傳入中國之前，印章或封泥的傳統已經形成。在這個傳統中，蓮花並沒有出現，其原因在於蓮花在當時中國人的日常生活和文化信仰中微不足道。

北京故宮博物院藏有 303 件肖形印，其中少數製造於春秋（西元前 770– 前 476 年）之前，主要來自漢代（西元前 206–西元 220 年）。令人詫異的是，這 303 件肖形印沒有一件與蓮花有關。[38] 作為清代宮廷收藏，這個收藏或許有其特別的旨趣，因而無法代表早期中國的所有肖形印。無論如何，沒有一件印章與蓮花有關的事實還是讓人吃驚。這可能說明在漢末之前，蓮花對中國人來說並不重要。

在南陽（漢朝的一個重要中心）出土的漢代墓碑圖案，以及在汝南郡（漢朝中心之一）發現的秦漢黏土封泥中，蓮花同樣缺席。[39] 這或許仍然可以解釋為樣本太少，無法代表整體。這種解釋確有其道理，已有學者指出這些藏品無法代表中國肖形印的演化，而僅能代表當時的世俗的特徵，[40] 為了得到可靠的答案，我們需要對類似圖案進行更全面和縝密的搜集與研究。可是在前漢時期，龍、鳳等虛構生物與虎、鹿、鳥、魚等重要動物

---

38 葉其峰主編：《故宮博物院藏肖形印選》（北京：人民美術出版社，1984）。

39 閃修山、陳繼海、王儒林編：《南陽漢代畫像石刻》（上海：上海人民美術出版社，1981）；王玉清、傅春喜編著：《新出汝南郡秦漢封泥集》（上海：上海書店，2009）。

40 〈故宮博物院藏肖形印述略〉，《故宮博物院藏肖形印選》，第 305–318 頁。

都經常被雕刻，獵虎、捕魚、騎馬、乘龍、鬥虎、鬥雞、蹴鞠等社交活動都在上述肖形印、封泥和畫像磚中有一席之地。因此，蓮花的缺席似乎說明，在大眾開始接受佛教與佛教藝術之前，蓮花在中國人中並不流行。這種觀點還是相當有說服力的。

蓮花在先秦（漢）中國的無關緊要也可以通過先秦文學經典，如《詩經》來輔證。《詩經》的三百餘首詩歌中，只有兩首將蓮花視為女性的符號並將它同愛聯繫起來。相比於《詩經》，來自南方的詩歌《楚辭》更多地提及蓮花，將其作為純潔與愛的代表，可次數依然稀少。更需要指出的是，蓮花的文化形象在早期中國文學中被邊緣化，極其少見，而在藝術（雕刻、畫像等）中幾乎完全缺席。因此，讀者對蓮花在早期中國印章和封泥中的缺席無須大驚小怪。畢竟，秦漢之前的中國文化中心在北方，而蓮花作為亞熱帶和熱帶植物在黃河流域相當少見。總之，蓮花在早期中國社會和生活中處於邊緣，其呈現微乎其微，其影響微不足道，因此在早期的印章和封泥文化中幾乎未見。正是因為佛教的傳入和本土化，蓮花才在中國文化中有了重要意義。

隨着佛教在中國的繁盛和當地語系化，蓮花也吸引了學者的注意。到了宋朝，蓮花在延續佛教意味的同時，與儒學相結合，已然成為君子的象徵。然而，從漢朝到唐宋再到明代早期，中國的印章與印文化雖然延續但並不繁盛。印章主要作為政府的憑信功能，因其與文人文化和民間文化脫離，故而文人欣賞的蓮花也未能進入作為官方憑信的印章系統。從明代中期開始，文彭、何震等篆刻家率先開啟了一場印章與篆刻文化的根本性變革。他們一方面拋開了曾經流行的九疊文形式，引入了秦漢印章和封泥的特點；另一方面，他們把篆刻和印文化變成了文人重要的表達途徑。與此同時，隨着中國畫的採用，以及秦漢書法的風格受到重視，篆刻和印文化開始成為明清時代文人圈子的主要文化領域之一。簡言之（或有過度簡化之嫌），印章與印文化從明代中期、清朝、民國以至於今日，很大程度上得益於復古（或曰「摹古」），尤其是對秦漢風格的借鑒。如前所述，蓮花在秦漢時期並不重要，但在其後佛教繁盛的幾個世紀中變得相當重要。後來，研究印章與封泥的學者將秦漢風格進一步追溯至春秋戰國時期，那時的蓮花在中國文化中也幾乎無跡可尋。就這樣，明清以來直追先秦的印章文化便不可能採用蓮花的元素。

準確地說，蓮花的形象，無論是花朵、葉子、花苞還是莖稈，都很少被雕刻在中國的印章上。蓮花最常見的表現是蓮花寶座，伴有佛陀圖像。在其他地方，蓮花圖像似乎非常罕見。蓮花印章／封泥的缺失，與漢代以後中國社會和文化中其他蓮花形象的流行形成了鮮明對比。自南北朝以來，中國的建築、繪畫、陶瓷、詩文與刺繡經常包括、提到、描繪、討論甚至專門研究各種形式的蓮花，在佛教繁盛且當地語系化的唐宋、元、明時期也是如此。[41] 因此，蓮花在印章與篆刻文化中的缺失，是後人在模仿佛教來到中國之前的秦漢時代時，繞過了中國的佛教時期，也就是蓮花文化繁榮時期的結果。

儘管如此，與蓮花有關的印章與封泥的確出現在某些佛教篆刻作品（比如《心經》篆刻），以及某些佛僧或虔誠學者（比如趙之謙、弘一法師）的作品中。「佛陀（有時是觀音）坐在蓮花寶座上」仍然是一個重要的圖案。這也來自佛教對中國及東亞其他國家和地區的影響。因此，雖然古代中國大部分地區缺少蓮印，但中國西藏地區由於受到佛教的深刻影響，反而產生了相當多的蓮印。下文中有關西藏地區的所見印章便揭示了中國非漢文印章中的蓮花形象。

41 有關蓮花形象傳入中國的過程，參見 Jessica Rawson, *Chinese Ornament: The Lotus and the Dragon*, British Museum Publications Limited, 1984; Cheng Te-K'un, *Studies in Chinese Art*（Hong Kong: The Chinese University of Hong Kong Press, 1983）; Susan Bush, "Floral Motifs and Vine Scrolls in Chinese Art of the Late Fifth to Early Sixth Centuries A.D.", *Artibus Asiae,* Vol. 38, No. 1, reprint, 1976, 35.

西藏地區的蓮印與蓮紋封泥

由於佛教的傳播與影響，在中國西藏地區經常發現蓮印和蓮紋封泥。在蓮紋印章和封泥上，蓮座或蓮台是圖案的主要特點和主題。藏語裏，印章一般叫作“tham”或“tham ka”。

蓮花—佛教—印章的三部曲在藏傳佛教印章裏有生動的體現。[42] 無論是為宗教功能還是行政功能，西藏留存的大多數官方印章是由元、明、清的中央政府下發給地方政府和寺院的。目前發現最早的是一枚元朝玉印。它大致呈正方形（6.1 厘米 ×5.8 厘米），高 5.5 厘米，底部有三個蓮台（圖 28）。“Sa”這個詞被雕刻在三個底座上，最可能是指薩迦寺，或佛教的三寶，或三朵蓮花。玉印中央是四個未破譯的梵文詞，頂上是三寶，有火焰背光，以陽光為背景。[43] 該枚印章曾經屬於日喀則的薩迦寺，現存於拉薩的布達拉宮，應當屬於宗教用途。

在羅布林卡和布達拉宮也發現了與之類似的四枚擁有蓮座的噶瑪巴印章。[44] 噶瑪巴是噶瑪噶舉派的最大轉世活佛之一，噶瑪噶舉派是噶舉派中最有影響的分支（噶舉與寧瑪、薩迦、格魯為西藏佛教四大宗派）。第一枚噶瑪巴印章最早屬於黑王冠，有時稱作噶瑪巴的「黑帽系」。這枚玉印長 6.9 厘米，寬 5.8 厘米，高 5 厘米，螭鈕。中央為置於五蓮底座的「噶瑪巴」一詞；印章上方有三個代表三寶的小環，背光的左右上角為兩個同樣大小的小環，代表日月（圖 29）。第二枚玉印相對較小（4.7 厘米 ×4.7 厘米 ×5 厘米），圖案與第一枚相似，另有三蓮底座和一彎新月。這兩枚印章存放在羅布林卡。第三枚是玉印（6.2 厘米 ×6.2 厘米 ×4.3 厘米），螭鈕（圖 30），在中央背光裏是藏文「噶瑪巴」字樣。上方有三個代表三寶的小環，三寶左右

---

42 歐朝貴、其美編著：《西藏歷代藏印》（拉薩：西藏人民出版社，1991）。
43 同上，第 14 頁。
44 同上，第 49 頁。

各有一代表日月的小環，底部有三蓮底座。[45] 第四枚木印（圖 31，尺寸為 4.21 厘米 ×4.2 厘米 ×6.5 厘米），圖案與第三枚相同，屬於噶瑪巴的紅帽系，寶珠鈕。這枚木印的主要特點是它仍未被破譯的銘文。其文字可能不標準，根據木頭材質，人們猜測它或是一枚玉質原件的仿品。這兩枚印章存放於布達拉宮。

花押印或署名印是指個人的風格化署名印章。它們的尺寸通常比較小，有時帶有圖案，風格多變。西藏也有署名印，如西藏攝政王德木活佛的署名印（圖 32），他在拉薩的官方居所是丹傑林。這枚鐵印就在丹傑林的倉庫使用。印上兩個環內有一朵八瓣蓮花，環外是太陽與新月的結合。[46] 這種圖案經常出現在西藏本地的印章上。

另外一枚存於羅布林卡的鐵製肖形印上則有寫實且生動的蓮花圖像（圖 33），而非簡化或風格化的蓮花符號。蓮花被置於正方形的中央，且花上有每側有九條手臂的金剛杵（vajra）。[47] 蓮花不僅僅支撐神靈和天物，也支撐神聖宗教符號和金剛杵這樣的法器。蓮花跟金剛杵意味着不可分離的「宇宙本體」的精華。[48]

德國波恩大學存有三枚西藏姓名印，與丹傑林的印章相當近似，有相似的蓮花圖案。[49] 第一枚是圓形印章（直徑為 1.8 厘米），有一個八瓣覆蓮，中央有兩行詞 “phags pa”（圖 34）。[50] 花瓣幾乎呈三角形，且中心有一黑點。外環內有一個日符號和一個月符號在頂上。第二枚也是圓形印章，尺寸與第一枚相同。內外有兩環圍繞，內環上有一朵八瓣蓮花，花瓣每個底端上都有一個黑點。中央有兩個詞語，或為 “la tsa”。[51] 第三枚印章更小，直徑

45 同上，第 50 頁。
46 同上，第 83 頁。
47 同上，第 112 頁。
48 Ward, “The Lotus Symbol”, 139.
49 “The Tibetan Seals Database Overview”, The Central Asian Seminar, Bonn University, Germany. http://www.dtab.uni-bonn.de/tibdoc/index1.htm.
50 http://www.dtab.uni-bonn.de/tibdoc/php/dbseals.php?a=single&eintrag=453.
51 http://www.dtab.uni-bonn.de/tibdoc/php/dbseals.php?a=single&eintrag=454.

只有 1.5 厘米。在外環之內上有兩內環，帶有一個四瓣蓮花符號。每一片花瓣都有一個裝飾。中央有一個帶 "dga'dkvi" 字樣的圓環。[52]

所有這些與蓮花有關的西藏印章，無論是官方的還是民間的，都展示了其主要的宗教性質和功能，部分印章還反映了行政權力。但它們的行政權力本質上來源於它們的宗教意義，因為在此討論的西藏在當時是一個佛教「王國」。

餘論：全球現象，地方特色

在世界歷史上，關於思想、風格、宗教、科技、語言等文化元素的傳播和在地化，人們一般認為文化擴散是主要的方式，無論在一種文化內還是從一種文化到另一種文化。佛教從印度到東亞各地的傳播以及佛教的中國化，堪稱文化擴散與在地化最鮮明和最有說服力的例子。蓮花在中國的流行與蓮印的缺乏便體現了佛教重塑中國的複雜性。換句話說，也就是全球與地方共同塑造全球性與在地性的微妙。在藝術世界裏，也有許多類似的跨文明同時充滿地方特色的過程和現象。

根據亞非歐各地的印章和封泥的時間順序，筆者認為，印章和封泥最早在埃及和西亞被發明，後來傳入印度和中國。筆者關於蓮印和封泥的研究無疑支援這個傳播路徑。考古發現指向這種印章和封泥起源於西亞與埃及文明，向眾多地方社會包括印度和東亞流播的結論。

蓮印和蓮紋封泥所傳遞的思想觀念、其主要特點及某些形式濫觴於埃及，此後傳播到美索不達米亞、印度、中國西藏等地區，以及東南亞和東亞多地。在埃及，「蓮花」視覺化為從水中出現的生命，而且同太陽的運動共振，被直接概念化為太陽神，被理解為創造（生命、神靈、王室、財富

52 http://www.dtab.uni-bonn.de/tibdoc/php/dbseals.php?a=single&eintrag=458.

等）、復活和它們背後的能量與純潔。創造和復活通常被歐亞非各地的人們理解為出生與復生。蓮花的開放和關閉，與太陽的升落聯繫起來，自然地被理解為太陽神的永恆。當埃及法老採用了蓮花符號，他們對復活的求索馬上將蓮花與王室結合在了一起。蓮花與王室的聯繫也散播到了美索不達米亞、印度與中國等地區和國家，如在伊拉克就發現了蓮飾王冠。同時，蓮座或蓮台也廣泛地被世俗國王和各種教徒（如婆羅門教徒或佛教徒）沿用。它們也是中國西藏地區與東亞多地最流行的蓮紋圖案。

與觀念一起，蓮花符號的某些形式也在許多地方文化中共用。蓮上裸童或蓮下兒童（也因此將蓮花用作座、壇、台），在西亞多地、印度、中國西藏地區與東亞多地都有相應的藝術形式和內容。一個正在享受蓮花芳香、呈站姿的成年人（無論男女），是埃及、印度和中國常見的另一種圖像。手持蓮花的圖像也出現在印度與中國，無論是毗濕奴、因陀羅、多羅、菩薩還是阿彌陀佛，持蓮人的主題和圖案都大量湧現。蓮花手觀音在印度東北的塞納和帕拉王國以及尼泊爾和中國西藏地區都非常流行。圖 35 所展示的「蓮花手觀音」，[53] 材質為鍍金銅合金，嵌有半寶石，來自尼泊爾，約製於十一至十二世紀。最著名的持蓮神祇是中國的觀音。圖 36 這幅絹畫是根據《法華經·觀世音菩薩普門品》繪製而成，畫中正面的觀音菩薩體態勻稱修長，面相沉靜安詳，嘴角畫蝌蚪形髯鬚以示男子相，足踏綠色寶池中湧出的祥雲蓮花，右手舉胸前持曲莖蓮蕾，左手外舉持淨水瓶。[54]

53 https://www.metmuseum.org/art/collection/search/38335，約十一至十二世紀；高 58.4 厘米，寬 25.7 厘米，直徑 12.1 厘米，藏於美國的大都會藝術博物館。

54 https://www.sohu.com/a/374930651_120116137，敦煌絹畫，北宋（十世紀下半葉）時期作品，高 84.1 厘米，寬 61.2 厘米，藏於法國吉美國立亞洲藝術博物館（Musée National des Arts Asiatiques-Guimet）。

可惜的是，在中國，持蓮觀音雖多，蓮花形象滿目都是，蓮花寓意也深入人心，卻很少有人認識到從埃及到印度再到中國的蓮文化傳播過程和相關變遷。因此，與蓮花有關的印章和封泥在亞歐大陸的傳播與流變，包括它們是否呈現、如何呈現，都指向筆者試圖說明的觀點，那就是：全球現象，地方特色。[55]

55 本章係從筆者英文稿件 "Exodus: Lotus Seals and Lotus Sealings: a Cross-Civilizational Perspective" 翻譯而來，原譯者為項述，特此致謝。收入本書時，筆者做了大量修改尤其是刪減。英文原文獲得 2018 年西泠印社「世界圖紋印記研究」國際徵文一等獎，修訂後發表於賓夕法尼亞大學東亞語言和文明系梅維恒教授（Victor Henry Mair）主編的 *Sino-Patonic Papers*，見 "Lotus Seals and Lotus Sealings: a Cross-Civilizational Perspective", *Sino-Platonic Papers*（*SPP*）, Number 302（June, 2020）, Department of East Asian Languages and Civilizations, University of Pennsylvania. http://www.sino-platonic.org/complete/spp302_lotus_seal.pdf；中文版載《世界圖紋與印記國際學術研討會論文集》上冊，第 70–92 頁。

第三章

印度洋來的「寶貝」：

商周時期中原的海貝

老問題，新答案

多年來，在中國西北和北部的許多大墓葬中出土了大量從新石器時代到商周時期的天然海貝和各種材料製成的仿貝。與此同時，商周時期的甲骨文和金文也保留了關於海貝的大量文獻，記錄了早期中國社會使用海貝的情況，這是全世界獨一無二的現象。這些關於海貝的甲骨文和青銅彝器銘文（即金文），生動地揭示了在中華文明形成初期，這種海洋動物在政治、經濟和宗教文化上的重要意義。中國先秦時期這種令人矚目的海貝文化，在全世界都引起了關注，值得我們深思。

關於商周時期海貝的功能和來源，從古至今的中國學者一致認為，海貝是中國最早的貨幣，這個觀點也被許多外國學者接受。實際上，這是一個令人遺憾的誤解，這個觀點混淆了經濟學中的幾個基本概念，把貨幣等同於財富或價值。筆者從 2000 年夏便開始關注中國的海貝問題，經過多年的材料搜集，跨地區、跨學科的研究和思考，為這個兩千多年前太史公就給出明確答案的老問題提供了新答案。本章根據考古發現和金文材料，綜合國內外一些學者的研究，分析指出：第一，商周時期的海貝並非從南方來，而是從印度洋特別是馬爾代夫群島經印度自西傳入中國西北和北方的；第二，商周時期的海貝雖然曾經承擔貨幣的某些職能，但它們並不是貨幣。

從晚商到東周，黃河流域的海貝發現頻率之繁，數量之多，意義之重大，使人很自然地思考它們的來源和性質。這些海貝是哪裏出產的？經過何處而來？何時以及為何成為貨幣（如果是貨幣的話）？這些問題都是二十世紀以來中國學者長期探求的目標。對這些問題，本章試圖一一加以解答。本章先討論先秦海貝的來源，駁斥了傳統的南來說，也就是先秦海貝是從東南或南海而來的說法。筆者分析認為，這些海貝產自馬爾代夫，經過草原之路進入中國北方。幾乎所有中國學者都認為海貝是中國最早的貨幣（他們的不同之處不過在於海貝何時成為貨幣），筆者贊同李永迪的觀點，認為無論是考古發現還是金文材料，都不足以證明海貝在西周之前的中國社會是貨幣。[1] 筆者認為，海貝在中原就沒有成為貨幣，雖然它承擔了貨幣的部分職能，而距離和運輸成本是商周時期海貝不能成為貨幣的關鍵原因。

海貝從哪裏來

二十世紀在河南安陽發現的殷墟堪稱中國考古史上最重大的發現，為理解和詮釋中華文明的形成做出了基礎性的貢獻。殷墟考古的一項重大發現便是 1976 年發掘的婦好墓。除了 1,928 件陪葬器（其中青銅器 468 件，玉器 755 件，寶石 47 件，石器 63 件），[2] 婦好墓中還發現了數目龐大的海貝，總計有 6,800 多枚。當時在挖掘現場的鄭振香回憶道：「海貝成堆，則將貝放在銅器內遞上來。」[3]

1 Li Yung-Ti, "On the Function of Cowries in Shang and Western Zhou China", *Journal of East Asian Archaeology*, vol. 5（2003）: 1–26.

2 中國社會科學院考古研究所編著：《殷墟婦好墓》（北京：文物出版社，1980）。

3 鄭振香：〈殷代王后的地下珍寶庫 —— 河南安陽殷墟婦好墓考古記〉，朱啟新編：《考古人手記》（生活・讀書・新知三聯書店，2002）第一輯，第 18 頁。關於殷墟婦好墓出土的各種海貝，中國社科院考古研究所有過詳細報告。其中有阿拉伯綬貝一件，有貨貝共 6,880 多枚。關於貨貝的功能，考古所認為，墓中出土的 6,800 多枚貨貝在當時應是一宗極大的財富。據鑒定，該物種分佈於中國的台灣地區、南海以及更遠的區域，可見來之不易。此外，大量玉器經過鑒定，與今天的新疆和田玉接近，大概是從遙遠的西北運來的，這些貝、玉可能是通過交換或者貢納等途徑獲得的。見《殷墟婦好墓》，第 220、234 頁。

這將近 7,000 枚海貝陪伴立下赫赫武功的婦好走入地下生活，意義舉足輕重。這些海貝，與中國西北和北方墓葬中發現的其他海貝一起，提出了許多關鍵而重大的問題。關於海貝的討論，最核心的問題就是兩個：一是來源，二是職能。

商周時期（也就是中國的青銅時代）發現的海貝絕大多數是貨貝，少數是環紋貨貝，還有一些擬棗貝。這三種海貝外形和體積相似，在考古報告中一般不做區分，在中國古代也沒有區別使用的痕跡。[4] 前兩種海貝在印度洋和太平洋的溫暖水域和瀉湖蕃息，其棲息地西至紅海到莫桑比克，東至日本、夏威夷、紐西蘭和科隆群島（又名加拉帕戈斯群島）。貨貝在蘇祿群島、印度洋和馬爾代夫大量存在，馬爾代夫更是全世界海貝的最主要供應地。[5] 然而，青銅時代中國的海貝來源問題實際上並沒有得到中國學者的足夠重視，大家基本上沿襲了古代中國就有的南來說，認為海貝來自東海或南海。

國內關於海貝來源的探討，數十年來的主流觀點是南海說，[6] 擴大版的觀點則指向了所有東南沿海。[7] 這和古代中國學者的說法並無兩樣。郭沫若認為殷周使用的貝為濱海產物，而「殷周民族之疆域均距海頗遠。貝朋之入手當出於實物交易與擄掠」，「彝銘有掠貝俘金之事多見」，可見他相信海貝系由南方而來，雖然沒有具體分析產地和運輸路線。[8] 日本學者江上波

4　彭柯、朱岩石：〈中國古代所用海貝來源新探〉，《考古學集刊》，1999 年第 12 期，第 119 頁。很多學者忽視了擬棗貝。

5　Jan Hogendorn and Marion Johnson, *The Shell Money of the Slave Trade*（London: Cambridge University Press, 1986）.

6　參見郭沫若：《十批判書》（北京：中國社會科學出版社，1956），第 10 頁。Namio Egami, "Migration of Cowrie-Shell Culture in East Asia", *Acta Asiatica*, vol. 26（1974）: 44–45；蕭清：《中國古代貨幣史》（北京：人民出版社，1984），第 1 頁；［日］近藤喬一：《商代海貝的研究》，中國社會科學院考古研究所編：《中國商文化國際學術討論會論文集》（北京：中國大百科全書出版社，1998），第 389–412 頁。

7　參見中國社會科學院考古研究所編著：《殷墟的發現與研究》（北京：科學出版社，1994），第 403 頁；彭信威：《中國貨幣史》（上海：上海人民出版社，1965），第 25 頁；王獻唐編著：《中國古代貨幣通考》（青島：青島出版社，2006），第 87–88 頁。

8　郭沫若：〈甲骨文字研究 · 釋朋〉，《郭沫若全集》考古編第一卷（北京：科學出版社，1982），第 110 頁。

夫從二十世紀三十年代便開始研究東亞的海貝，他全面審視了中國古代文獻，認為海貝是從南海流入北方，他的觀點與此前此後的中國學者，如郭沫若等完全一致。[9] 最近三十年，一些學者根據考古和金文材料，討論了海貝北上的兩條道路：「一是沿中國東南部海岸北上，二是從南中國海越過南嶺，通過長江中游流域，然後進入中原。」[10] 日本學者近藤喬一在研究商代海貝時花了很大的工夫來探討南方通道。他堅持認為海貝產於中國南海，而後通過沿海一帶北上；他甚至推測婦好墓中的海貝是因婦好南征淮河流域而來；根據他的說法，晚商時期王公貴族的海貝是從山東而來，而後者又是從淮河或者南方沿海而來。[11] 不難發現，近藤喬一的觀點既沒有考古證據，也沒有文獻支持。實際上，考古材料的缺乏（也就是南方考古並沒有海貝的發現），對海貝南來說是最致命的打擊。[12]

古代中國文獻從來沒有在生物學的意義上區分普通的貝殼與海貝，更不要說區分不同種類的海貝（如貨貝和環紋貨貝）了。以最早的辭書《爾雅》為例，其釋貝云：「貝，居陸贆，在水者蜬；大者魧，小者鰿；玄貝，貽貝；餘貾，黃白文；餘泉，白黃文；蚆，博而頯，蜠，大而險；鰿，小而橢」，其分類標準包括水生和陸生、體積大小、顏色、紋路等，可謂混亂。[13] 多數文獻資料在談及海貝或貝殼時模糊不清；倘若多花筆墨，那麼一定是因為該種貝體積很大或者顏色豔麗，因罕見而珍貴，常常用作擺設和裝飾。

考察海貝自南海來的一個關鍵處是，南海尤其是中國東南海岸包括台灣地區一帶，究竟產不產海貝（貨貝和環紋貨貝），而如果確實出產這兩三

---

9 Namio Egami, "Migration of Cowrie-Shell", 45 & 52.《十批判書》，第 17 頁。Peng Ke, Zhu Yanshi, "New Research on the Origin of Cowries in Ancient China", *Sino-Platonic Papers. 68* (May 1995). www.sino platonic.org/complete/spp068_ cowries_china.pdf.

10 ［日］木下尚子：〈從古代中國看琉球列島的寶貝〉，《四川文物》第 1 期（2003），第 30 頁。

11 《商代海貝的研究》，第 391、402、408、409、410 頁。近藤喬一有些自相矛盾，比如他又認為青海發現的海貝來自西方而非中原。

12 Peng Ke, Zhu Yanshi, "New Research", 4.

13 徐朝華注：《爾雅今注》（天津：南開大學出版社，1987），第 311–312 頁。

種海貝的話，它們是否被輸送到中國北方。考古報告中經常提到某某貝產自中國南海、印度洋一帶等，這些說法究竟是引用當時的科學文獻，還是就考古發現的海貝加以海洋生物學的研究分析而得出的結論？目前看來，基本就是前者。[14] 實際上，中國東南沿海出產殷墟發現的海貝一說並無確鑿的證據，因此，所謂產自南海（而不僅僅是中國東南沿海）的海貝在氣候相對溫暖的青銅時代抵達北方也只是一種推測。[15] 彭柯和朱岩石對考古發現的海貝做了科學分析，反駁了南來說或南海說。他們指出，海貝作為熱帶底棲海洋生物，其分佈和變化與海洋環境因數（溫度、鹽度、海流和底質）密切相關，「我國沿岸海域冬季水溫以廣東沿海最高，約為 16°C；表面鹽度以南部沿海最高，約為 30%；基本受到沿岸海流控制；其底質基本為大河從大陸沖刷搬運入海的泥沙」，因此，「中國海洋沿岸水域基本沒有本文探討的海貝的出產。同理，中國渤海、黃海、東海大部基本沒有海貝出產」。[16]

這是目前的狀況。那麼，有人會問，排除了現在，怎麼就能排除歷史上的青銅時代呢？彭柯和朱岩石繼續分析說，仰紹文化時期的海水溫度雖然比現在高 2–3°C，但海水表層鹽度比現在低，同時泥沙沉積也與現代一致。因此，他們謹慎地總結說：「中國古代東海及其以北沿海無海貝的出產，廣東沿海可能曾有海貝的分佈。中國古代海貝的分佈區域為印度洋和中國南海。」[17] 同時，針對學界過去提出的海貝北方沿海來源說、山東半島沿海來源說和東南沿海來源說，彭柯和朱岩石指出：「儘管三種說法各有

14 彭柯和朱岩石注意到，過去學者基本上引用了伯吉斯 1970 年出版的《現存海貝概要》[C. M. Burgess, *The Living Cowries*（South Brunswick, 1970）] 一書中的說法。此書提到的海貝生長區域包括中國東南沿海，不過，伯吉斯 1985 年修訂後的版本在提到貨貝和環紋貨貝的區域時排除了中國東南沿海（包括台灣地區）。Peng Ke, Zhu Yanshi, "New Research", 3；C. M. Burgess, *The Living Cowries*（South Brunswick, 1970）; *Cowries of the World* [G. Verhoef Seacomber Publications; First Edition（January 1, 1985）].

15 鍾柏生：〈史語所藏殷墟海貝及其相關問題初探〉，《史語所集刊》64(3)(1993)：第 687–737 頁。

16 《中國古代所用海貝來源新探》，第 119–120 頁。亦見 Peng Ke, Zhu Yanshi, "New Research", 2–3.

17 同上，第 120 頁。亦見 Peng Ke, Zhu Yanshi, "New Research", 2–3。

所依，然而限於過去有關海貝的考古資料過於匱乏，上述諸說均不具有論證深入研究的基礎。如今，總結建國40年來積累的大量有關海貝的考古資料，我們發現以上諸說都是得不到考古學實際證明的。」[18] 簡單地說，「中國古代所用大量海貝不是自中國沿海輸入的」。[19]

有人會追問，雖然中國東南沿海不產海貝，可是彭柯和朱岩石的研究並沒有排除南海；既然南海出產海貝，那麼為什麼海貝沒有可能從南海傳到中國南方而進入中原地帶呢？首先，南海地區並沒有採集和輸出海貝到中國南部的任何歷史學、人類學或者考古證據。其次，假如海貝從南海到中國南方如嶺南地區，再到黃河流域，必然會在沿途留下蛛絲馬跡。而從海貝的使用看，這恰恰是北方的文化，在南方幾乎不存在。[20]

彭柯和朱岩石仔細分析中國古代使用海貝的五個階段，指出：在海貝使用的第一階段（新石器時期），它「最早被使用於遠離中國東南沿海的青海東部、西藏東部和四川西北部地區」，這一階段「發現的海貝多屬於為人們珍貴的裝飾品」；中原地區則沒有使用海貝的現象。在第二階段（夏至商前期）——這是「海貝使用的發展階段」，西北地方仍是使用海貝的重點區域，其發現數量有所增加，但職能沒有變化，仍屬於裝飾品。第三階段從商前期到春秋早期，是海貝使用的繁榮階段，這個時期「使用海貝遺址的空間密度、地域範圍及在各遺址內出土數量均進入高峰期，達到空前的繁榮」，「商代中晚期海貝出土地點主要集中分佈在商文化發達的晉、冀、魯、豫地區」，「西周至春秋早期除保持原商文化區使用海貝的繁榮外，在周文化發達的關中地區又出現另一個繁榮的中心，此時海貝的使用極為普遍，並有一套使用規制」，「這一階段使用海貝的地域空前擴大，西北到新疆哈密地區，西南到達雲南德欽，向南推進至長江地帶的江蘇丹徒，而在

18 同上，第121頁。
19 同上，第131頁。
20 三星堆似乎是個例外，那裏也出土了數千枚海貝，許多學者也認為是作為貨幣使用。本章限於篇幅不予討論。

此之前，淮河以南地區未見海貝的出土」。第四階段為春秋中期到戰國，是海貝使用的漸衰階段，此時「海貝已無密度集中的使用區域」，「遺址分佈密度降低」，「各個遺址中海貝出現的頻率均呈衰勢，一些墓地甚至出現春秋墓中尚有海貝、戰國墓中已無海貝的情況」，「可能因海貝數量的減少導致供不應求」，從而刺激了仿貝的發達，「出現了大量各類質地的仿製海貝」；值得注意的是，「中國西南地區海貝使用在此期呈發展趨勢」，但「這裏屬於與中原地區不同的文化區系；海貝之來源、用途等應有其特點」。第五個階段是秦漢時期，海貝在漢文化中消亡，在中原地帶尚有一些海貝發現，漢代之後便無發現；而秦漢時期「新疆、內蒙古、雲南、四川等周邊地區仍有使用海貝的習俗，且數量較多」。[21] 此外，從仿貝而言，其分佈和傳播與天然海貝大體相似，西北部最早出現，而後向東南推進，直至仿貝最後消失。[22]

簡而言之，從時間上看，先秦時期中國的海貝最早使用於西部腹地的新石器文化中，盛行於青銅文化發達的商周時期，到了秦漢時期已經衰亡；從空間上看，秦漢以前海貝的使用區域局限於長江以北，長江以南極為罕見，東南五省（閩、贛、粵、湘、浙）尚未發現使用海貝的考古學文化。「這一事實有力地證明中國古代海貝不會從東南向西北傳播。從這一認識出發才可能解決中國古代使用海貝的來源問題。」[23] 假如海貝自中國南海向北傳播，那麼它在跨越東南各地時不可能沒有留下考古學的痕跡。正因如此，無論東南沿海還是南海，都不可能是古代中國所用海貝的來源，只有印度洋才是中國古代海貝最符合邏輯的源頭。[24]

既然如此，那麼北印度—中亞—中國西北這條橫貫了歐亞草原和蒙古草原的「草原之路」便是印度洋海貝到達中原地區的路線。由於古代中國

21 《中國古代所用海貝來源新探》，第 123–126 頁。

22 同上，第 127–129 頁。

23 《中國古代所用海貝來源新探》，第 127 頁；Peng Ke, Zhu Yanshi, "New Research", 13.

24 Peng Ke, Zhu Yanshi, "New Research", 13 & 14.

使用的海貝數量巨大，其輸入需要一個相對穩定且有一定規模的管道才能完成，因此，彭柯和朱岩石提出了「海貝之路」概念，[25] 亦即絲綢之路出現之前的草原之路。考慮到上述因素，事實應該相當明晰，那就是，古代中國使用的海貝主要是從印度洋也就是馬爾代夫附近海域經過草原之路到達中國的。[26] 當然，這個定論並不排除海貝從其他地區以其他路線零星輸入。

洛陽曹魏大墓石楬中的「海貝四枚」

2015 年 8 月至 2016 年 12 月，洛陽市文物考古研究院對洛陽市寇店鎮西朱村一座曹魏時期的大墓（編號 M1）進行了搶救性發掘，人們從墓中發現了與曹操墓中一樣的石牌 —— 刻銘石楬，共計 325 枚（含殘片）。[27] 這些石楬以質地堅硬的青石為材料，經過精工磨製而成。這三百多枚刻銘石楬記載了隨葬品的名稱、質地、尺寸和數量，相當於隨葬品的標籤或目錄，其歷史、文化和藝術價值非常可觀，這座大墓也因此被評為「2016 年中國六大考古新發現」之一。在 325 枚石楬中，有兩枚的銘文提到了海貝，非常特殊，故略加分析，以求教方家。

首先，這座大墓屬於曹魏時期，也就是三世紀早期。其中的石楬提到了海貝，這是繼甲骨文和金文之後目前在中原地區發現的罕見的石刻海貝記錄，彌足珍貴。甲骨文、金文和刻銘石楬均是印刷術發現之前的文字記錄，為少數社會精英所壟斷，意義不可小覷。

其次，石楬一記載「海貝四枚」，石楬二記載「海大斑螺四枚」，石楬所記載的「海貝」究竟為何物？一般而言，在近代以來的文獻中，所謂「海貝」尤指貨貝，俗名白貝齒，是小型海螺。它顏色潔白，同時開口處有兩

25 《中國古代所用海貝來源新探》，第 131 頁；Peng Ke, Zhu Yanshi, "New Research", 19.
26 關於亞非歐大陸使用海貝和貝幣的情況，參見 Bin Yang, *Cowrie Shells and Cowrie Money.*
27 中國美術學院漢字文化研究所、洛陽市文物考古研究院編：《流眄洛川：洛陽曹魏大墓出土石楬》（上海：上海書畫出版社，2021）。

排相對的痕跡，彷彿細小的齒痕，故得名「白貝齒」。因此，中古時期的中文文獻，均稱之為「齒貝」或「貝齒」，比如去印度取經的和尚法顯、玄奘等，在印度等地見到海貝便是這樣記錄的。當然，這種小型海螺從新石器時期特別是商周時期起，就在中國西北以及黃河流域出現了，如前文提到的殷墟婦好墓中出土了 6,800 多枚。甲骨文和金文都有此類海貝的記錄，特別是商王或者周王向諸侯「賜貝」的記載比比皆是，數不勝數。不過，先秦文獻的記錄都是直接稱「貝」，從來沒有稱「海貝」，因為當時人們不知道這些貝其實出自大海，絕大多數來源於印度洋的馬爾代夫群島。其實，直到現在，學界對此也知之甚少。因此，曹魏石楬所記載的「海貝」不是我們現在說的海貝，不是先秦文獻記載的「貝」，當然也不是中古文獻記載的「貝齒」或「齒貝」。那麼，「海貝四枚」是什麼呢？

曹魏石楬還記載了「海大斑螺四枚」，這為我們解開「海貝四枚」之謎提供了思路。雖然我們不知道所謂「斑螺」是何種螺，但記載中強調其體積之「大」，色彩絢爛之「斑」，則可推知這種「斑螺」是以體積之大、色彩之豔而為人所寶，這和古代中國對海螺、玳瑁等海洋甲殼類生物的喜好是一致的。如學者所指，「斑螺」很可能是鸚鵡螺，在東海和南海都有發現，色彩斑斕絢爛，長度可達 20 厘米。因此，所謂「海貝四枚」也必然以大取勝，故不可能是長不過 2 厘米、寬和高各不過 1 厘米、體型微小的黃寶螺。更何況，黃寶螺也不產於東海和南方濱海區。因此，「海貝四枚」當是海中所出的體型巨大的帶殼生物。

所謂「海貝四枚」從哪裏來？曹操曾「東臨碣石，以觀滄海」，而三國時期曹魏與倭國（邪馬台國）多有往來。《三國志・魏書・倭人傳》記載，倭國朝貢曹魏共有四次。239 年，倭國女王卑彌呼派遣大夫難升米、次使都市牛利與曹魏接觸，曹魏賜給卑彌呼的詔書中稱她為「親魏倭王」，饋贈布匹、金子、刀、銅鏡、珍珠、鉛丹等禮物。次年，曹魏帶方太守弓遵遣建中校尉梯儁等人奉詔書印綬前往倭國，封卑彌呼為假倭王。因此，石楬中的「海貝」與「海大斑螺」出自東海、由倭國或濱海之民朝貢進獻的可能性頗高。在曹魏的統治者看來，它們屬於寶物，象徵着權力、地位和社會威望，自然也有相當的經濟價值。當然，從南海輾轉而來的可能雖然相對較小，也不能排除。總之，以筆者蠡測，洛陽曹魏大墓石楬中的「海貝四枚」並非現代海洋生物學意義上的海貝。

海貝是貨幣嗎

海貝在古代中國是貨幣嗎？如果是的話，又是從何時起成為貨幣的？這些問題異常複雜，特別是考慮到人們對貨幣的不同定義和不同理解。[28] 很多學者相信中國最早的貨幣是海貝，而非金屬鑄幣或其他非金屬貨幣；這個觀點在西方學者中也廣為傳播。[29] 對持此種觀點的學者而言，他們面臨的問題（分歧）是：海貝何時在中國成為貨幣？

古代的歷史學家、學者都注意到中國先秦時期使用海貝的事實，其中一些人如司馬遷，就認為海貝是「幣」(交換手段)，也就是人們所說的錢。他在《史記．平準書》中說：「農工商交易之路通，而龜貝金錢刀布之幣興焉」；「虞夏之幣，金為三品……或黃，或白，或赤；或錢，或布，或刀，或龜貝。及至秦，中一國之幣為（二）等，黃金以溢名，為上幣；銅錢識曰半兩，重如其文，為下幣。而珠玉、龜貝、銀錫之屬為器飾寶藏，不為幣。然各隨時而輕重無常。」[30] 用現在的話說，司馬遷認為在新石器時代的「虞夏」，「幣」(貨幣）包括「金」、「錢」、「布」、「刀」、「龜」、「貝」；

28 關於中文「貨幣」一詞，彭信威做過簡單的考察。在春秋戰國時期，「貨」和「幣」是兩個不同的概念。「貨」可能是「化」字的變體，作為名詞，其在戰國時期和現代的意義差不多，包括一切商品（以及其中的貨幣商品，即實物貨幣），到了漢代，「貨」依然指代財或實物，不專門指貨幣；作為動詞，「貨」可以表示「以之為寶」或者「交換」的意思，由於古人不知道貨幣與財富的區別，所以使用時將這兩個概念混在一起。關於「幣」，在戰國時期指的是皮、帛，與貨幣無關；由於皮、帛當時可以用來以貨易貨，成為支付手段（帶有支付功能），所以「幣」逐漸取得了「貨幣」的含義。至於「貨幣」作為單一詞的出現，可能是相當晚近乃至現代的事，在古代，人們多用「錢幣」一詞。《中國貨幣史》，第 1 章，第 7–8 頁。

29 Li Yung-Ti, “On the Function of Cowries”, 2.

30 [漢] 司馬遷：《史記》(北京：中華書局，1975)，卷 30，第 1442 頁。

到了秦始皇一統六國，統一了貨幣，只使用黃金和銅錢，「珠玉、龜貝、銀錫」就「不為幣」了。司馬遷雖然沒有區分貝殼和海貝，但他的這段話成為兩千年來中國貨幣史書寫的範式，深深地扎根於中國人的文化觀念之中。

司馬遷之後，西元前 81 年時，桓寬在《鹽鐵論》中進一步解釋了貨幣的形成。他說：「古者，市朝而無刀幣，各以其所有易所無，抱布貿絲而已。後世即有龜貝金錢，交施之也。幣數變而民滋偽。」也就是說，起初本沒有貨幣，大家都用所有物換取自己沒有的東西；後來才有龜貝金錢在市場上作為交換媒介。《鹽鐵論》中還提出「夏後以玄貝，周人以紫石」[31]，也就是所謂的貝或其他貨幣是有鮮豔色彩的。班固則枚舉了「貨謂布帛可衣，及金刀龜貝，所以分財布利通有無者也」。[32] 許慎在《說文解字》中釋「貝」說：「海介蟲也。居陸名猋，在水名蜬，象形。古者貨貝而寶龜，周而有泉，至秦廢貝行錢。」[33] 他不但把司馬遷所列金、錢、刀、布、龜、貝這五種「貨幣」簡化為貝和龜兩種，還排出了次序，認為金屬鑄幣要晚於貝和龜。許慎這段高度概括性的釋文，進一步強化了古代的貝就是最早的貨幣這個觀念。唐代僧人慧琳在《一切經音義》中非常詳細地分析了上古的貝幣，對貝幣進行了系統闡述，從各個方面論證貝是貨幣，形成了「貝是貨幣」的論證模式。他首先徵引《玉篇》，指出「貝，螺屬也，出海中，色白如雪」，這是海貝的生物和物理屬性；然後他說「所以纓馬膺」，也就是海貝用來給馬作裝飾，這和現代商周考古發現是一致的；慧琳還談到了海貝的職能，繼續引用《玉篇》說：「古者貨貝而寶龜」，也就是說，海貝和龜殼一樣是貴重物；他也照搬前人的方法，用字的構形來說明此點，雲「且如資、財、貨、賄之字皆從於貝」；他最後概括說「古者無錢，唯傳貝齒」，後來「殷周廢貝行錢，於今不絕」，這是自古以來的說法。[34] 慧琳是

31 ［漢］桓寬：《鹽鐵論》（上海：上海古籍出版社，1990），第 18 頁。

32 ［漢］班固：《漢書》（北京：中華書局，1975），卷 24 上，《食貨志第四上》，第 1117 頁。

33 ［漢］許慎撰，［宋］徐鉉等校：《說文解字》（上海：上海古籍出版社，2007），第 303 頁。

34 ［唐］慧琳：《一切經音義》，CBETA 電子版，版本記錄：1；完成日期：2001/04/29；中華電子佛典協會（CBETA），第 389 頁。

古代中國貝幣理論的集大成者，他總結了唐之前學者的認識，約束了唐之後學者的觀念，以此為代表的古代中國的貝幣觀念也深刻地束縛了現當代學者的論證模式。

瑞典考古學家安特生把考古學帶進了近代中國，並在中國親自進行了考古挖掘和研究，或許是第一個系統闡述古代中國貝幣概念的現代學者。安特生認為，至少在商代，海貝是「最普遍的貨幣形式」，此後，天然海貝先被金屬仿貝而後被仿照其他物品的金屬貨幣逐步代替。[35] 二十世紀初的中國學者，如王國維、李濟、董作賓、高去尋等研究甲骨文和現代考古的第一代學者，都不約而同地認為海貝是中國最早的貨幣。比如，王國維就說：「殷時，玉與貝，皆貨幣也。」[36] 他們基本上接受上古傳說和司馬遷以來的觀念，且未能辨析文獻中的各種「貝」，失之簡略輕率；同時，他們缺乏現代經濟學知識，未能討論貨幣這一概念，也未能區分貨幣與貨幣職能。相反，他們把財富簡單等同於貨幣，因而不但未能匡正舊弊，反而強化積謬。而國外的許多學者，或因不能閱讀中國古代文獻，單純接受了安特生的觀點，缺乏仔細辨析，也承襲了海貝為中國最早貨幣之說。[37] 萬志英謹慎地指出，在商代，雖然許多貴重物品，如玉、珠、海貝、龜殼、動物、臣、衺、絲麻、穀物以及金屬，都在日常中用作贈禮或回禮，但「只有海貝看起來曾經作為交換媒介使用過」，他基本接受了海貝是貨幣的觀點。[38] 康斯坦斯·A·庫克也大致如此，說海貝在周代可能有巫術功能，同時也是賜禮過程中的交換媒介。[39] 近來一些學者大體上重複了類似的說法，認為最

35 J. Gunnar Anderson, *Children of the Yellow Earth* (New York: Macmillan Co., 1934), 300.
36 [清] 王國維：《觀堂集林》(北京：中華書局，1959)，卷三《說玨朋》，第 161 頁。
37 Li Yung-Ti, "On the Function of Cowries", 2.
38 Richard Von Glahn, *Fountain of Fortune: Money and Monetary Policy in China, 1000–1700* (Berkeley and Los Angeles: University of California Press, 1996), 24.
39 Constance A. Cook, "Wealth and the Western Zhou", *Bulletin of the School of Oriental and African Studies*, vol. 60, no. 2 (1997): 260.

早是中國人將海貝作為貨幣使用的，時間最早可推至西元前十三世紀。[40]

二十世紀五十年代以來，中國的歷史學者、考古學者和錢幣學者一直堅持並強化上述的觀點。[41] 而這期間考古中數以萬計的海貝和仿貝的發現，以及金文中數以十計的賜貝記錄，更加固化了此種觀念。大家幾乎一致認為，海貝，而不是金屬錢幣，是中國最早的貨幣。

在這些學者當中，郭沫若的觀點比較有代表性。郭沫若二十世紀三十年代在日本所做的甲骨文字研究觸及了海貝與貝幣的問題。雖然他此後對當時所提觀點的一些具體細節做過修訂，但基本立場並沒有變化，而由於他的地位，他的看法影響很大。郭沫若指出：「貝玉在為貨幣以前，有一長時期專以用於服禦」；他引用許慎的《說文解字》說，雙貝為賏（音嬰）字，頸飾也；又嬰字，也是頸飾，即賏相連也；也就是說，都是貝相連也，故郭沫若說：「貝而連之，非朋而何耶？」[42] 雖然一朋有五枚貝之說，也有兩枚貝之說，但都是連貝而已，區別只在於數目的多少。因此，郭沫若認為「朋為頸飾」，而且「於字形之本身亦可得而證明」，蓋甲骨文中朋字若兩系左右對稱之連貝，乃至「更有連其上下作環形」；金文中朋字亦如此，「實即頸飾之象形」。[43] 既然玨朋之朔為頸飾，則構成玨朋之玉、貝之數目可多可少，所以不必拘泥於特定的數目。「至謂玨必十玉，朋必十貝，此於貝、玉已成貨幣之後理或宜然，然必非玨朋之朔也。」[44] 關於貝之來源，郭沫若說「原玨朋之用，必始於濱海民族，以其所用之瑪瑙貝本系海產。殷周民族之疆域均距海頗遠。貝朋之入手當出於實物交易與擄掠」，「彝銘有掠貝俘金之事多見」，但他沒有分析海貝的具體出產地與運輸路線。郭沫若還分

---

40 Sanjay Garg, "Non-Metallic Currencies of India in Indian Ocean Trade and Economies", in Himanshu Prabha Ray and Edward A. Alpers, eds., *Cross Currents and Community Networks* (New Delhi: Oxford University Press, 2007), 249; Bill Bynum and Helen Bynum, "Egyptian Cowrie Necklace", *The Lancet*, vol. 386, Iss. 10003 (2015): 1525.

41 《中國古代貨幣史》，第 1、29 頁；《中國古代貨幣通考》，第 82 頁。

42 郭沫若：《釋朋》，第 107 頁。

43 同上，第 108 頁。

44 同上，第 110 頁。

析了從天然海貝到仿貝的歷史進程。由於當時海貝很難獲得，「以其為數甚少而不易得，故殷周人皆寶貴之。貝窮則繼之以骨，繼之以玉，而骨玉均效貝形。繼進而鑄之以銅」。[45] 郭沫若援引羅振玉在《殷墟古器物圖錄》中的說法來佐證天然海貝之珍貴與難得，故有仿貝之出現，包括作為銅貝之一的蟻鼻錢。他進一步指出，貝朋為頸飾時，「其來多得自實物交換，則雖有貨幣之形，尚無貨幣之實」。[46] 那麼，海貝是什麼時候變成貨幣的呢？郭沫若說，海貝「其實際用為貨幣，即用為物與物之介媒者，餘以為亦當在殷周之際」，而他的證據就是甲骨文和金文中的賜貝：「此事又古器物中賜貝之朋數殊可得其端倪。」[47]

當代中國學者幾乎異口同聲地肯定古代中國以海貝為貨幣。回顧總結殷墟六十年研究的歷程，中國社會科學院考古研究所專家認為商代使用海貝為貨幣。[48] 著名貨幣史專家黃錫全認為，貝幣是從原始社會到夏商周的貨幣，也就是「中國最早的貨幣」。[49] 對西周時期亢鼎的釋讀和研究，更增添了黃錫全的信心。

亢鼎中的「貝」

上海博物館 1998 年在香港古玩市場購得亢鼎，此鼎三足立耳，腹底與三足有相應的三個圓凸；器表無紋飾，僅口沿下有一突起的箍；鼎高 28.5 厘米，口徑 25.8 厘米，重 1,800 克，器內壁有銘文，原來為鏽斑遮蔽，清洗後發現銘文 8 行 49 字，其中合文 6 字；器主為亢，所以定名為亢鼎（圖 37、圖 38）。[50]

---

45 《釋朋》，第 110 頁。
46 同上，第 111–112 頁。
47 同上，第 112 頁。
48 《殷墟的發現與研究》，第 402–403 頁。
49 黃錫全：《先秦貨幣通論》（北京：紫禁城出版社，2001），第 1–52 頁。
50 馬承源：〈亢鼎銘文 —— 西周早期用貝幣交易玉器的記錄〉，《上海博物館集刊》第 8 期（2000），第 120–123 頁。

關於亢鼎的年代，馬承源指出，亢鼎銘文記載「亢」為「大保」遣辦交易，「大保」始於周康王（周成王之子，為西周的第三代天子）時期，因此亢鼎屬於西周早期。正是這個時代，使得亢鼎對於研究海貝，特別是認定海貝為貨幣的學者有特別的意義，因為以往提到交易中有海貝的銘文主要在西周中期。

那麼，銘文究竟是什麼意思呢？根據馬承源和黃錫全的解釋，亢鼎是一樁交易的記錄：其中買方是大保（官名）公（爵稱），也就是召公奭，他和周公一樣是西周初期最重要的人物，卒於康王年間，大約活躍於西元前十一世紀下半葉；賣方是「㨨亞」；中間人是「亢」。這樁交易大致過程為，買方召公奭委託中間人亢用五十朋海貝從賣方㨨亞處購買珠玉，並送給賣方鬱一瓶、鬯一壇、牛一；㨨亞則送給中間人亢紅銅二鈞，以示感謝。[51] 馬承源指出，亢鼎的銘文是「西周早期用貝幣交易玉器的最早記錄」。「用貝幣做交易媒介，以往見於西周中期的銘文，由亢鼎銘文可知，它發生的時期還應提早」[52]，因而非常珍貴。馬承源在這裏直接用了「貝幣」這個詞，表明他認定亢鼎裏提到的「貝」就是貨幣（交易媒介）。為什麼他認為亢鼎的海貝是貨幣呢？其中的一個關鍵原因是「買」（買）字的出現。馬承源指出，「買字在金文中數見，大都為族氏之名或私名」，「買字用為買賣交易之義，金文中以亢鼎為初見」。[53] 既然亢鼎中的「買」字義上就是現在語言中的購買，那麼，亢鼎中的「貝」自然就是貝幣，也就是一種貨幣無疑了。不過，馬承源又謹慎地說：「當時交易媒介並不單是貝朋，而且還有附加值，或贈送某些禮品」，也就是送給賣方的鬱一瓶、鬯一壇、牛一；他解釋說：「如果不送這些禮品，這個交換就不夠滿意，這是西周特殊的交換方式，表明它還不是純粹用單一的交換媒介計值的市場，實物交換的習慣並

---

51 同上，第 121 頁；Li Yung-Ti, "On the Function of Cowries", 9；黃錫全：《西周貨幣史料的重要發現 —— 亢鼎銘文的再研究》（北京：文物出版社，2009），第 40–49 頁；黃錫全：〈中國貨幣歷史的估定〉，《古文字與古貨幣文集》，第 695 頁。

52 〈亢鼎銘文 —— 西周早期用貝幣交易玉器的記錄〉，第 120、122 頁。

53 同上，第 121 頁。

未完全銷歇」；因此，「亢鼎銘文反映了西周早期從實物交易轉變到貝朋兼用實物市場的存在」。[54]

馬承源的這個發現令黃錫全格外激動，他在不同的文章中都強調了亢鼎銘文的重要意義，稱「這篇銘文是西周早期用貝作為貨幣進行交易的最早、最直接的文字記錄，對確定貝是西周貨幣有重要意義」，而且「買字在文句中的位置，就是購買，字義非常明確。這是西周金文最早出現直接記錄買賣的文字」。[55] 他又說：「西周金文中第一次出現『買』字，並準確無誤地記述用海貝購『買』珠玉，這一史實，無可爭議。這對確定海貝是西周貨幣有重要意義，對於研究相關文字及搞清有關問題是難得的佐證材料，其交換價值也是研究西周貨幣購買力的重要依據，涉及買賣雙方及中間人幾者之間的關係，對於研究當時的買賣也很有價值」，「由此可以確定，西周早期海貝的確已經是貨真價實的中間媒介 —— 貨幣」。[56] 不僅如此，黃錫全還進一步判定，「西周銅器銘文所記周王或大臣、貴族之間作為賞賜的海貝也無疑是貨幣」，並枚舉西周金文的賜貝記錄。

然而，賜貝早在商代的金文中就出現了，那麼，商代賜的貝是不是貨幣呢？黃錫全的答案是非常明確的：「根據西周早期海貝是貨幣，可以判定殷商時期作為賞賜的海貝也應是貨幣。」他指出，貨幣歷史應包括金屬鑄幣和實物貨幣兩個階段，「似可將實物貨幣（包括海貝）的時間暫且推定在夏代或者夏代以前的新石器時代晚期（這一推測還要根據中國文明史的確認而定）」。[57] 一言以蔽之，黃錫全不但認為海貝在西周是貨幣，在西周之前的商代也是貨幣，甚至在傳說中的夏代乃至夏代以前的新石器時代晚期也可能是貨幣。姑且不論這種由後推前的方式能否為人接受，關鍵的問題還是在於把價值等同於貨幣。筆者認為，從財富的象徵到價值的衡量手段

54 同上，第 122–123 頁。
55 《西周貨幣史料的重要發現 —— 亢鼎銘文的再研究》，第 39–40 頁。
56 《中國貨幣歷史的估定》，第 696 頁。
57 同上，第 699 頁。

以及交易的媒介（貨幣），海貝在商周似乎啟動了這樣的過程，但直到西周早期，海貝雖然偶爾在精英階層中承擔貨幣的部分職能，但它還不是貨幣；至於在普通大眾層面，可以說，海貝因為價值昂貴，尚未進入尋常百姓家。

「用作寶尊彝」

李永迪不同意海貝在古代中國是貨幣的論斷。他一針見血地指出，海貝在古代中國是貨幣這種觀點把一系列密切相關卻有着本質不同的概念——財富、價值和貨幣——完全等同起來了。他具體分析說，持上述觀點的學者嚴重地誤讀了金文中賜貝的功能。[58]李永迪仔細審讀了許多用來支持海貝是貨幣的考古與文獻案例，總結說，在商代和西周時期，海貝更可能是在裝飾、隨葬和禮儀中發揮作用。他分析指出，海貝直到西周中期才承擔價值尺度的職能，而價值尺度不過是貨幣的一種職能而已。

李永迪關於西周中期以後海貝承擔價值尺度之職能的觀點，使人聯想到半個世紀前楊聯陞的觀點。楊聯陞小心翼翼地指出，在商代和西周，由於物物交換佔據了統治地位，「很明顯，海貝不過在幾個貴重物當中偶爾被當作貨幣使用」。[59]楊聯陞的話裏有一個限定詞「偶爾」，這使人不得不思考衍生的問題，「偶爾被當作貨幣使用」的貴重物是貨幣嗎？以筆者看來，拋開時代造成的差異，這兩位學者的觀點趨於一致。筆者的解讀是，在商周時期，毫無疑問，海貝被視為珍寶，在政治生活（王與公侯的關係）和禮儀中有着突出的位置，其間，海貝承擔了貨幣的某種或部分職能，但依然不是貨幣。

商周青銅器中賜貝的記錄頻繁被用作「海貝是貨幣」的直接證據。這些金文文獻常常記錄了商王或周王賜給公侯海貝（往往以「朋」為單位）

58 Li Yung-Ti, "On the Function of Cowries", 1–26.

59 Yang Lien-sheng, *Money and Credit in China* (Cambridge Mass.: Harvard University Press, 2nd print, 1971), 13.

的事蹟。在賜貝若干朋的後面，往往跟着最常見的一個句式，那就是「用作寶尊彝」；雖然有時候具體表述略有差別，但句式相似相近，意思一致。中國的學者總是將「用作寶尊彝」理解成「（賞賜的海貝）被用來製作這件尊貴的器物」；按此說法，則海貝或用來購買鑄造青銅器的原料，或用來支付人工工資，或兼而有之，如此，海貝定然是貨幣無疑。[60] 這個三段論看似天衣無縫，實際上卻是誤讀「用作寶彝尊」而導致的錯誤推論。江上波夫數十年前就指出，「用作寶彝尊」的意思是，「因此，（我）作了這個寶彝尊」，或者「在這樣的情況下，（我）作了這個寶彝尊」。[61] 如此，則「賜貝」和「作寶彝尊」並沒有直接的因果關係，而是一個場景中的相關情節，也就是：某公（或侯不等）做了某事，獲得商王（周王）的賞識，商王（周王）於是賞賜給某公海貝若干朋，某公為了紀念這個榮耀，鑄造了某個青銅器，並鐫刻銘文（永遠流傳）。這大概才是對商周時代賜貝禮儀比較符合實際情況的解讀。

不過，由於海貝是貴重物，它們逐漸具有了價值尺度的職能。在記錄以貨易貨的金文中，海貝有時就作為價值尺度出現。裘衛盉就是一個例子，其銘文記錄了以田換裘服和玉器的交易，其中玉器的價值就是以八十朋海貝來衡量，裘服的價值以二十朋海貝來衡量。[62]

裘衛盉，1975 年 2 月陝西岐山縣董家村 1 號青銅窖藏出土，通高 29 厘米，口徑 20.2 厘米，重 7.1 千克；束頸，口沿外侈，有蓋，鼓腹，連襠，足作圓柱形，管狀長流，鋬為長舌獸首狀，蓋與器以鏈環相接；蓋沿及器的頸部均裝飾着垂冠回首分尾的夔龍紋，流管裝飾三角雷紋（圖 39、圖 40）。裘衛盉是西周恭王時期鑄造的溫酒器，與廿七年衛簋、五祀衛鼎、九年衛鼎稱「裘衛四器」。

60 Li Yung-Ti, “On the Function of Cowries”, 5.
61 Namio Egami, “Migration of Cowrie-Shell Culture”, 720; Li Yung-Ti, “On the Function of Cowries”, 17.
62 Li Yung-Ti, “On the Function of Cowries”, 7.

銘文原文如下：

> 隹（唯）三年三月既生霸（魄）壬寅，王再旅於豐。矩白（伯）庶人取堇（瑾）章（璋）於裘衛，才（財）八十朋，氒（厥）賓（賈），其舍（舍）田十田；矩或（又）取赤虎（琥）兩（兩）、麀桒（韍）兩（兩），桒（賁）韐一，才（財）廿朋，甘（其）舍（舍）田三田。裘衛廼（乃）彘告於白（伯）邑父、焚（榮）白（伯）、定白（伯）、琼白（伯）、單白（伯），白（伯）邑父、焚（榮）白（伯）、定白（伯）、琼白（伯）、單白（伯）廼（乃）令參（三）有嗣（司）：嗣（司）土散（微）邑、嗣（司）馬單旟（旟）、嗣（司）工邑人般（服），眔（逮）受田：燹（豳）趙，衛小子𦡞，逆者甘（其）卿（饗）。衛用乍（作）朕（朕）文考惠孟寶般（盤），衛甘（其）萬年永寶用。

裘衛盉銘文共計 132 個字，記載了周恭王三年，一個名叫矩伯的奴隸主為向裘衛（一個精明富有的皮貨商）換取覲見天子之物，即玉質禮器（價值八十朋）和皮裘禮服（價值二十朋），分兩次付給了裘衛以交換田地。裘衛將此事報告給執政大臣，得到了大臣們的認可，還進行了授田儀式，因此鑄造了這件青銅器。

裘衛盉銘文表明，海貝作為價值尺度已經用來衡量田地、玉器和裘服的價值了。[63] 可是，銘文並沒有表明海貝有沒有在交易現場出現，這一百朋（八十朋第一次，二十朋第二次）有沒有從一方交到另一方手裏。從銘文和其他相關情景看，應該是沒有。因此，李永迪指出，海貝是「概念上的標準」，它們無須成為貨幣便具有這個職能。[64] 雖然價值尺度是貨幣的一種職能，但裘衛盉並不能證明海貝在此次或者其他交易中扮演了貨幣的角色。

不只裘衛盉如此，李永迪對亢鼎的解讀也反駁、推翻了上述學者的論斷。他分析說，在亢鼎的銘文中，海貝「看起來是被交換物，而不是支付手段」，因此「更像是以貨易貨」。[65] 此外，關於亢鼎銘文中「買」字的解釋，李永迪指出，雖然「買」後來確有用錢購買的意思，但「買」字第一

63 Li Yung-Ti, "On the Function of Cowries", 7–8.

64 Ibid., 9.

65 Ibid., 11；〈亢鼎銘文 —— 西周早期用貝幣交易玉器的記錄〉。

次在西周銘文中出現時，不應該臆測它就是「購買」之意。[66] 正因為如此，李永迪認為，在西周早期和中期的賜貝禮儀中，海貝沒有扮演貨幣的角色；絕大多數用來支持海貝是貨幣的金文，都經不起仔細推敲。[67] 我們所看到的現象是，海貝因具有價值尺度職能而逐步在政治禮儀中展現出這一貨幣職能，[68] 但它們還不是貨幣。

其實，前輩貨幣學家彭信威對貝幣也曾經猶疑。他說「中國最早的貨幣，的確是貝」[69]，但關於海貝何時成為貨幣，他並沒有給出一個確切的年代，而是模糊地說：「貝幣在中國的演進，大概經過兩個階段：先是專用作裝飾品，這應當是殷商以前的事；其次是用作貨幣，這大概是殷代到西周間的事。」[70] 他對甲骨文中的貝和金文中的賜貝解讀十分謹慎，說：「卜辭中提到貝字的地方雖然相當多，但提到貝朋的地方非常少，而且文句簡短，看不出用意來。因為單說錫貝朋，可以看作一種支付，也可以看作一種禮物。不過貝殼在殷代就成了一種貴重品，卜辭中的貝字有時同現代的財字差不多」。如此看來，彭信威似乎傾向於認為甲骨文中的貝並沒有交換媒介的職能，多數情況下是財富的代表。實際上，他基本上否定了海貝在殷代是貨幣的說法，理由如下。[71] 其一，將「用作寶彝尊」這類銘文簡單地解釋為用海貝來購買青銅原材料或支付人工費用，這是穿鑿附會。其二，在賞賜的物品單子裏，海貝雖然最常見，可是還有其他二三十種物品，如馬、弓、田、裘等，如果海貝是貨幣，那麼這些應該也是貨幣。其三，如果海貝是貨幣，那麼賜貝多的情形，鑄造的彝器應該大；賜貝少，相應的彝器應該小，可是銘文中沒有這種對應現象。因此，彭信威認為，商代的

66 Li Yung-Ti, "On the Function of Cowries", 11. 甲骨文中許多關於財富和經濟行為的字都以「貝」字為偏旁部首，這種造字方式從許慎以來就被用來引證海貝就是貨幣。這種推理同樣將財富、價值和貨幣混為一談，不足為據。

67 Li Yung-Ti, "On the Function of Cowries", 11.

68 Ibid.

69 《中國貨幣史．序》，第 2 頁。

70 《中國貨幣史》，第 1 章，第 13 頁。

71 同上，第 15 頁。

海貝還是貴重物和裝飾物，「沒有貨幣的意義在內」。那麼，周代呢？彭信威說：在貨幣經濟上看來，周初和殷代是屬於同一個發展階段的，「仍是以貝朋為主要的支付工具，甚至可以說是真正的貨幣」。而後他舉了西周的例子說：「因為《遽伯睘彝銘》所記遽伯睘作寶尊彝用貝十三朋的事，儼然是記帳的口氣。」[72] 大致說來，彭信威認為海貝在周代是貨幣。

回到「用作寶彝尊」。如果我們把賜貝和作寶彝尊這兩個行為分開，那麼我們就會發現，關於賜貝的金文不過就是「作寶彝尊」來記錄王和公侯之間的互動而已。商王（周王）賜給禮物（不一定是海貝，雖然海貝最為常見），公侯作鼎彝來紀念此事，他們並沒有看重或宣揚因此鑄造的這件寶彝尊的經濟價值，而是彰示此事給自己和家族帶來的榮耀。這是所謂封建制度下王（天子）和公侯宣告天下，他們之間的特殊紐帶依然存在並且得到了進一步加強。這不是一個記錄用海貝來購買銅料或支付工資的賬本。[73] 因此，賜貝的金文文獻根本沒有也不能用來證明海貝是貨幣。

古代中國什麼時候有了貨幣，是不是時間越早就越好？對此，近人羅振玉的觀點值得我們深思。他說：「蓋周以前為貿易時代，本無須化幣，若夏、商已行化幣，何以至周貿易之風仍未革？」[74] 羅振玉所說的「貿易時代」就是我們所說的物物交換的時代，他說的「化幣」就是我們所說的貨幣。他指出貨幣的產生需要一定的歷史條件，這完全符合經濟學的原理，值得稱讚；他認為中國的貨幣出現在春秋戰國時期，也符合歷史事實。

必須指出，並非所有當代中國學者都認為海貝在上古中國就是貨幣。2001 年 7 月，中國錢幣學會貨幣史委員會在峨眉山召開貨幣起源問題座談會，與會者包括錢幣學家、經濟史家、歷史學者、考古學者和金融學家，其中一些學者對海貝在商周時代就是貨幣的觀點提出了疑義。吳榮曾在發言

---

72 同上，第 13–16 頁。
73 Li Yung-Ti, “On the Function of Cowries”, 13.
74 羅振玉：〈俑廬日劄〉，羅繼祖主編：《羅振玉學術論著集》（上海：上海古籍出版社，2010），第 3 卷，第 100–101 頁。

中說：「在談到貨幣起源時，一般通行的說法都是一說到貝，就是貨幣。我是很不同意這種說法的。在中國歷史上，海貝確是起過貨幣作用，但還不能說是真正的貨幣，只能說是起到了胚胎性的作用。」劉森也持相似的看法：「貝是怎樣從海貝演變成貨幣的？這很值得研究。我從各種資料看下來，真要把它看作貨幣，最早只能是殷商時期。恐怕主要還是在奴隸主之間使用，主要不是通過交換取得的。它是財富的象徵，但並不用去交換。所以我稱之為『准貨幣』。貝的獲取不一定都通過交換，還有戰爭、貢賦等等。從出土的墓葬等來看，也很難說它是貨幣。」江玉祥說他「基本不大同意那種貝一進入人類社會就是貨幣的觀點」，他主張要從文化人類學的角度來研究古代社會的貝，也就是要解讀貝的宗教和文化內涵，比如，三星堆的海貝「就不是貨幣而是祭祀品」。三星堆的發掘者陳顯丹在發言中進一步指出了海貝在三星堆是作為祭品而不是貨幣。姚朔民審讀了甲骨文中的有貝偏旁部首的字後，指出：「其中基本可以釋讀並含意較清楚的從貝的字不過 16 個。這 16 個字中，有的是地名、方國名或人名，有的用於祭祀等活動，少數用於動詞，但都看不出這些字的造字是專用於經濟目的。因此，從文字角度看，說商代的貝用作貨幣恐怕還比較困難。」[75] 這些發言從各個角度質疑了海貝在商周時代就是貨幣的觀點，與李永迪和筆者的觀點基本是一致的。

需要注意的是，商周時代賜貝或交換都局限於王侯這些社會上層，是精英之間的政治和經濟活動，而且賜貝本身的政治含義遠遠大於經濟含義。雖然海貝貴重，甚至還是價值尺度，也就是衡量財富的手段，但是賜貝禮節中的海貝並不是貨幣。那麼，如何解釋亢鼎銘文中的交換或者買賣行為呢？其一，亢鼎銘文中的買方為召公，屬於當時權傾一時的要人，因此，即使賣方樣亞為普通商人，這個交易仍局限於精英階層。其事被銘於亢鼎本身就是一個證據。其二，如黃錫全所言，西周初期，海貝價值

75 中國錢幣學會貨幣史委員會：〈貨幣起源問題座談會紀要〉，《中國錢幣》2001 年第 4 期，第 30–36 頁。

頗高，一牛不過二十朋，一馬不過四十朋，成王時遽伯鑄造銅簋用貝不過十三朋，以此論之，海貝之擁有、賞賜、贈送以及偶爾的交換，依然是精英行為，所以它們只在金文、墓葬中出現，而幾乎沒有在普通人的生活中出現，也幾乎沒有在生活遺址的考古中被發現。可見，海貝並沒有成為貨幣。筆者認為，海貝在商周經歷了從價值尺度向貨幣轉化的初始階段，只有當海貝頻繁地在物物交換中充當價值尺度，並進一步在非直接的物物交換中充當支付手段時，海貝才完成了從商品到商品貨幣的演化，成為貨幣。但是，直到西周中期，這個過程始終沒有完成，為什麼？

海貝為什麼不是貨幣

綜合上述，在商周時期，海貝是外來物，因其新奇稀罕而貴重，在統治精英的政治活動和禮儀中逐步承擔了價值尺度的職能。它們象徵着權力、地位和威望，因此成為賞賜禮儀中不可或缺的組成部分。海貝也被這些社會精英隨葬入墓，以彰顯他們的地位和財富，因此具有強烈的宗教文化意義。考古發現表明，古代中國使用海貝的高峰是西周時期，如相當多的賜貝記錄和墓葬中的頻繁發現所示。到了東周時期，海貝的使用急劇衰退，它不再具有此前的重要性。事實上，海貝在周代確實承擔了貨幣的某些職能，如價值尺度，可能還作為貯藏手段；海貝和鹽、布，以及金屬鑄幣都曾經是這個時期的貨幣「候選物」，然而，海貝在先秦時期的中國並沒有轉化為貨幣。原因要從海貝的供應—需求鏈中去找。

某些物品會偶爾或經常承擔價值尺度的職能，這種物品有可能發展成為貨幣，筆者稱之為「貨幣候選物」。貨幣候選物能否演變為（被社會接受為）通用貨幣，取決於許多因素。除了它們的物理特性或優勢（如體積、重量、可攜帶性、耐磨性以及本身價值），供應的平衡最為重要。所謂供應的平衡，是指一種持續的、不斷接近充足的供應，亦即不會出現極度短缺或過於充足的供應，也不會出現因生產或運輸過程而導致這種貨幣候選物價格激增等令人不可承受的情況。隨着某個社會市場和商業化的發展，對交易媒介（也就是貨幣）的需求也相應增加，買賣雙方必然尋求並從貨幣候選物中挑選出某種形式的貨幣。一種貨幣候選物能否在挑選過程中戰勝其他候選物，則取決於它是否能被持續地供應來滿足市場的需要。假如沒有充足的供應，社會無法持續性地獲得這種貨幣候選物，那麼它自然無法為這個社會的市場提供足夠數量的貨幣，市場便會在第一時間將它排除；如果供應太過充足，它就會貶值，在競爭中被淘汰；如果某種貨幣候選物的生產、加工或者運輸成本過高，那麼它的價格會上漲，不但會遭到小額交易的排斥，市場也將無法承受這種昂貴的交易媒介，它同樣也會被淘汰。

在歷史進程中，海貝作為貨幣候選物在西周就遭遇了供應鏈難題。筆者認為，從金文中可知，海貝在商周時期是最有競爭力的貨幣候選物，然而，由於供應的短缺（如後來大量的仿貝所示）以及遠距離長途運輸的巨大成本，海貝只能擁有並保持貴重物的地位，無法滿足日益增長的（或大或小的）交易需求而成為貨幣。正是由於價值昂貴，海貝基本上只在貴族階層流轉使用，無法深入平民階層。因此，人們很少在商周時期的平民生活遺址或者平民墓葬中發現海貝。

為什麼海貝在古代印度、東南亞大陸一些王國以及西非成為「零錢」，在古代中國卻沒有成為貨幣呢？距離是個關鍵問題。古代中國作為一個龐大的經濟體，需要相當數量的貨幣供應，無論是金屬鑄幣還是海貝。而海貝的產地馬爾代夫離中國實在太遠了，從那座印度洋島嶼到中國要經過千山萬水，途經許許多多的國家和社會，因此經濟上說，海貝從這麼遠的地方到達中國的運輸成本很高，從一地到另一地輾轉的轉口貿易也很難保證其相對穩定的供應。價格高昂且供應不穩定，自然就排除了海貝成為貨幣的可能。假設（這只能是而且永遠是假設）海貝在古代中國成為貨幣，那它也一定是所謂「大錢」，因為它背後有高昂的運輸成本。在中國，唯一的例外是雲南，原因如下：其一，雲南和東南亞及印度洋在空間距離和文化上接近；其二，海貝在雲南成為貨幣時間相對較晚，約在九至十世紀，比商代至少晚了 2,500 年以上，比西周末期晚了 1,600 年以上。

當然地理因素不是唯一的障礙。人們會問，為什麼與馬爾代夫直線距離 5,000 千米以上（姑且不計海洋和沙漠的阻擋）的西非馬里王國，進口並使用海貝作為貨幣？其實和雲南的例子一樣，這裏我們需要考慮時間因素。西非的貨幣經濟的出現比中國晚得多，至少晚了千年以上。古代中國早在西元前第一個千年中期以前就迫切地需要貨幣的出現，那時的海貝和布等物品都已被列入貨幣候選物名單了。

因此，馬爾代夫和古代中國的距離排除了海貝發展成為中國最早貨幣的可能性，即使海貝在商周時期已經承擔了貨幣的部分職能，即使後來海貝在印度、東南亞和西非成為完美的貨幣。海貝的稀缺性使其在中國和印度都是財富的象徵；在印度，由於供應數量相對充足，海貝轉化為小額貨幣；而在古代中國，由於難以解決供給問題，海貝的高度稀缺性使得它只能是貴重物、財富的象徵，而不能成為交換媒介。印度洋實在太遠了，海貝的運輸和供應非常不穩定，無法持續、可靠地供中原地區的市場和社會使用。正因如此，商周時期各個諸侯國和地區都不約而同地製造各種仿貝，特別是銅貝。銅貝完美地結合了海貝和金屬銅這兩種貨幣候選物的優點，克服了海貝來源問題，解決了通用貨幣的問題。

總結本章，對於殷商時期的海貝，無論是古人還是現當代學者，他們都持有相同或相近的觀點。關於海貝的性質，他們都認為是貨幣；關於海貝的來源，他們都認為來自南海或者中國的南方。正如本章所述，這兩個結論都經不起推敲，都是謬誤。商周時期中國北方的海貝來自印度洋的馬爾代夫，經過草原之路到達黃河流域；這些海貝被商周的統治階層視作貴重品，承擔着重要的政治、經濟（包括貨幣的部分職能）、文化和宗教職能，但它們並不是貨幣。[76]

---

76 劉拓博士生前曾略作此論，可惜筆者未能得見。劉拓：〈中國考古遺址出土寶貝科動物研究現狀〉，《古代文明研究通訊》第 70 期（2016 年 9 月），第 19–37 頁。

第四章

囤積江南：

琉球進貢的馬爾代夫海貝

引子：雲南的貝幣

大約從九世紀開始，一直到明清交替之際的十七世紀中期，位於中國西南邊疆的雲南（包括南詔國和大理國）一直使用海貝作為貨幣（貝幣）。尤其是在元明時期，海貝與紙鈔、黃金、銅錢，特別是白銀一起，構成了當地的多元貨幣體系，並在相當長的時期內起到了關鍵的作用。海貝不但用於民間貿易，也得到官方的認可和接受，被用來繳納賦稅，以及支付文武官員、軍士的俸祿。海貝也不僅僅用於日常的小額交易，同樣可用於房屋田地等大額買賣。在民間，市場自發產生了海貝與白銀的兌換率，兌換率隨着各地的供需變化而波動；與之同時，元明兩朝政府對海貝和其他貨幣的兌換也有規定。此外，至少在十六世紀下半葉，雲南出現了「巴行」，也就是海貝兌換點，這表明海貝作為貨幣對雲南社會和市場具有重大意義。

在雲南，海貝被稱為海肥、海𧴩、貝子、𧴩子等。雲南並不臨海，海貝是從哪裏來的呢？現在絕大多數學者認為，從南詔國開始，雲南使用的貝幣是從印度洋的馬爾代夫群島來的。既然雲南所用海貝的最終來源是馬爾代夫，那麼，雲南和東南亞之間的通道便成為海貝進入雲南最初和最主要的路線，這並沒有什麼可以讓人懷疑的。

可是，元代江南居然存有大量海貝，政府一度運輸江南的海貝到雲南；到了明代，江南依然存有大量海貝。這便引出了本章要討論的問題，那就是江南海貝的來源。筆者經查閱《明實錄》、元明清時期的其他文獻，以及琉球的《歷代寶案》，認為元明時期江南的海貝除了少部分是由馬爾代夫或者東南亞諸國進貢的，絕大多數是從琉球而來，而其最終來源依然是印度洋的馬爾代夫群島。

元代：從江南到雲南

元明兩代的文獻都提到了囤積江南的海貝，以及商人曾經將江南的海貝運到雲南牟利。自元代以來，雲南的海貝絕大多數是從緬甸和暹羅而來的，也有不知數目的海貝從交州和江南而來。

1276 年（至元十三年），中書省就江南海貝一事上奏，內中詳細透露了江南的海貝和雲南的關係，以及中央政府的政策。[1]《通制條格》卷十八「私𧵳」詳載此事，不妨全文引用如下：

> 至元十三年四月十三日，中書省奏：雲南省裏行的怯來小名的回回人，去年提奏來，「江南田地裏做買賣的人每，將著𧵳子去雲南，是什麼換要有。做買賣的人每，私下將的去的，教禁斷了。江南田地裏，市舶司裏見在有的𧵳子多有。譬如空放着，將去雲南或換金子或換馬呵，得濟的勾當有。」奏呵，「那般者。」聖旨有呵，去年的𧵳子教將的雲南去來。其間，那裏的省官人每說將來，「雲南行使𧵳子的田地窄有，與鈔法一般有。𧵳子廣呵，是什麼貴了，百姓生受有。腹裏將𧵳子這裏來的，合教禁了」。說將來呵，兩個的言語不同有。「那裏眾官人每與怯來一處說了話呵，說將來者。」麼道，與將文書去來。如今眾人商量了說將來，「將入來呵，不中，是什麼貴了，百姓每也生受有。百姓每將入來的，官司將入來的，禁斷了，都不合教將入來。」麼道，說將來有。

1　方慧：〈從金石文契看元明及清初雲南使用貝幣的情況〉，楊壽川編著：《貝幣研究》（昆明：雲南大學出版社，1997），第 149–151 頁；〈關於元代雲南的「真」「私」問題〉，《貝幣研究》，第 211 頁；Hans Ulrich Vogel, *Marco Polo Was in China: New Evidence from Currencies, Salts and Revenues*（Leiden and Boson: Brill, 2013）, 250–1.

「俺商量得，不教將入去呵，怎生？」奏呵，「休教將入去者」。聖旨了也。欽此。[2]

以上引用的是元代白話，大致意思如下。1275 年（至元十二年），雲南行省有個叫怯來的「回回人」上書中書省，稱江南商人經常把江南的海貝運到雲南。這事雖然是被禁止的，可是他們仍然私下偷運。現在江南市舶司裏有很多海貝，都白白地放着，不如運到雲南去換金子和馬，這可是很好的生意。怯來的提議獲准，朝廷把江南的海貝運到了雲南。可是，雲南行省的官員上奏說，雲南省內使用海貝做貨幣的地方有限，海貝一多，物價就上漲了，老百姓負擔不起。因此，中書省讓雲南行省的官員和怯來商議此事，大家同意禁止商人私運江南的海貝去雲南，同樣也要禁止官府把江南市舶司的海貝運到雲南。忽必烈同意了這個建議。

《通制條格》關於「私則」的記錄很有意思，值得細細推敲。其一，我們知道，元初之際，江南已經是雲南海貝的來源之一。伯希和曾指出，明代雲南的海貝「由正常的海洋貿易進口而來」[3]，這難道是說，江南市舶司從海洋貿易中得到了大量海貝？江南當然不產海貝，江南市舶司或民間的海貝只能從東南亞或者孟加拉灣而來；而且，很可能就是作為壓艙物而來，因為海貝在江南不是暢銷的商品，更不是貨幣。其二，江南的商人知道在遙遠的西南方的雲南，人們使用海貝當貨幣，於是他們從江南運送海貝到雲南去，很可能是為了交換金銀或者馬等特產。由於元朝政府禁止他們這樣做，所以他們運去的海貝叫作「私則」，如《通制條格》所記。[4] 金、銀在雲南都相對便宜，而馬在江南很貴，因此，江南—雲南的海貝貿易理論

2 方齡貴校注：《通制條格校注》（北京：中華書局，2001），第 552 頁。傅漢思（Hans Ulrich Vogel）推測怯來可能是雲南行省的一個高級官員。按，方齡貴認為「怯來」就是《元史》卷 133 有傳的「怯烈」，「西域人，世居太原由中書譯史從平章政事賽典赤經略」。傅漢思之推測無誤。引文改動了個別明顯的錯字，即將「貴子」「禁子」的「子」改為「了」。

3 Paul Pelliot, *Notes on Marco Polo* (Paris: Imprimerie Nationale, Librairie Adrien-Maisonneuve, English version, 1959), vol. 1, 548.

4 Hans Ulrich Vogel, *Marco Polo Was in China*, 252.

上利潤可觀。注意到江南商人偷運海貝的暴利後，雲南省的官員有兩種反應。第一種，看到了海貝從江南湧入雲南所帶來的巨大災難，也就是物價飛漲，民生艱難；第二種，認為官府把閒置海貝從江南運到雲南，購買當地的金銀和馬，可以獲得豐厚的回報。最後，雲南行省達成共識，一致認為應該禁止從江南輸入海貝，並報請朝廷批准。

那麼，元代江南的海貝是從哪裏來的呢？目前沒有發現可以回答這個問題的直接史料。從明代的史料看，元明時期江南海貝的最終來源都是馬爾代夫，其輸入途徑有四種：第一是馬爾代夫直接進貢，這主要是在明代；第二是鄭和寶船直接帶回；第三是從東南亞，如麻六甲、爪哇、暹羅諸國等輾轉進貢而來；第四，也就是本章分析的，琉球是明代江南海貝的最主要貢獻者。其中第二、三種途徑還只是推測，目前沒有史料，故此處略過不提。

馬爾代夫的進貢

到了明代，鄭和下西洋直接促成了馬爾代夫和明代的朝貢關係。普塔克分析指出，馬爾代夫曾於 1416 年、1421 年和 1423 年三次向明廷進貢，可惜的是，《明實錄》記載的貢物中只寫了馬和「方物」。[5] 海貝當然屬於馬爾代夫的「方物」。也許海貝就是作為壓艙物來到中國的，這就可以解釋為什麼江南的倉庫裏存有天文數字的海貝了。

明末以鄭和下西洋為主題的小說《三保太監西洋記》就記錄了「溜山國國王八兒」向明朝元帥獻上「銀錢一萬個，海貝二十石」的情節，並對海貝加以說明，稱「其國堆積如山，候肉爛時，淘洗潔淨，轉賣於他國」，

5　Roderich Ptak, "The Maldive and Laccadive Islands in Ming Records", *Journal of the American Oriental Society*, vol. 107, no. 4 (Oct. - Dec. 1987): 681. Laccadive Islands 即古溜山國。

此段輾轉抄於馬歡、鞏珍可知。[6] 此外，馬爾代夫國王的禮物當中還有各種寶石、降真香、龍涎香、椰子杯、絲嵌手巾、織金手帕、鮫魚乾，這些或是馬爾代夫的特產，或是馬爾代夫從斯里蘭卡和印度（兩地均以盛產寶石著稱）交換而來。這些與元代汪大淵和明代馬歡的記載基本一致，由此可見小說作者羅懋登上述敘述之可靠。汪大淵記載，「北溜」，也就是馬爾代夫，「地產椰子索、𧵳子、魚乾、大手巾布」；馬歡也記載了椰子索、龍涎香、海𧵳、馬鮫魚乾、手巾等。因此，羅懋登書中有關海貝的信息應當具備真實的歷史基礎。

明初：從南京到雲南

和元代一樣，明初江南尤其是南京國庫裏存有大量海貝，並幾次調撥江南的海貝到雲南。

1437 年（明正統二年），「行在戶部奏，雲南係極邊之地，官員俸除折鈔外，宜給與海肥、布、絹、段、疋等物。今南京庫有海肥數多，若本司缺支，宜令具奏，差人關支。從之。」[7] 三年後的 1440 年（正統五年），由於雲南該年稅糧不足，戶部再次請求將南京的海貝運到雲南，「折支餘俸」。《明實錄》記載：「行在戶部奏，雲南夏秋稅糧數少，都、布、按、三司等官俸月支米一石，乞將南京庫藏海肥運去折支餘俸。上命支五十萬斤，戶部選官管送，不許遲誤。仍敕雲南布政使司務依時直准折，以稱朕養賢之意，俟倉廩有儲，即具奏聞，如舊支米。」[8] 明英宗還強調兩點：第一，海貝要按照當時的市場價格折換，以免官員吃虧；第二，一旦雲南糧

6　[明] 羅懋登著，陸樹崙、竺少華校點：《三寶太監西洋記通俗演義》（上海：上海古籍出版社，1985，又名《三寶太監西洋記》、《三寶開港西洋記》，以下稱「《西洋記》」），上冊第 775 頁；Ptak, "The Maldive and Laccadive Islands in Ming Records", 692.

7　《明英宗實錄》卷 35，《明實錄》（三）（台灣地區「中研院」歷史語言研究所校印，1984），第 2529 頁。

8　《明英宗實錄》卷 68，《明實錄》（三），第 2684 頁。

食充足，仍舊發米給各級官員。

由此可見，十五世紀明代中央政府確實掌握着相當數量的海貝。這些海貝主要藏於南京官倉，以 1440 年調撥的 50 萬斤（約 2.5 億克）海貝看，所藏是一個天文數字。以馬爾代夫所產的貨貝而言，大約 400 個重 1 磅（約 454 克），則 50 萬斤海貝相當於 2 億多枚海貝。此外，這些海貝不是雲南省藩庫的儲備，而主要貯藏在南京。明代中央政府既然能從南京調撥海貝去雲南，則如元代一樣，江南官庫必然貯存有海貝。查《明實錄》可知太祖和太宗兩朝，戶部每年人口財政統計時，確實有海貝的數字（表 4–1）。

表 4–1 《明實錄》洪武永樂兩朝戶部統計之海數量[9]

年份	海肥（索）	年份	海肥（索）
1393（洪武二十六年）	316,000 餘	1412（永樂十年）	341,144
1402（建文四年）	48,894	1413（永樂十一年）	338,689
1404（永樂二年）	321,721	1415（永樂十三年）	343,238
1406（永樂四年）	342,322	1416（永樂十四年）	333,389
1407（永樂五年）	33,720	1420（永樂十八年）	331,006
1408（永樂六年）	340,465	1424（永樂二十二年）	332,006
1411（永樂九年）	334,883		

從表 4–1 可知，除了個別年份（1402 年和 1407 年），戶部統計每年年底國家貯有海貝都在 30 萬索（1 索有 80 個）以上。這個數字不能和元代雲南省官庫相比，即便和 1440 年的 50 萬斤海貝比，也只是個零頭。以 1424 年計，332,006 索海貝為 2,656 萬枚，不過是 2 億多枚海貝（50 萬斤）的 1/8。這提醒我們不得不思考兩個問題。第一，假如永樂年間的統計是正確的（正確的可能性很大），永樂至正統不過三十多年，為什麼國庫突然多了

9 表中數位從韓國作電子版《明實錄》（http://sillok.history.go.kr/mc/main.do）搜索「海肥」得來。

這麼多海貝？我們不能排除鄭和寶船後期從印度洋帶回的海貝。可是，查永樂年間海貝數目基本在 33 萬－34 萬索上下略微浮動，實在懷疑寶船帶回的可能性。最大的可能性就是鄭和寶船之後，吸引了東南亞乃至印度洋的商船到來，這些商船帶來了許多海貝。其中最大的供應者很可能就是琉球和馬爾代夫（正統年間三次入貢）。第二，這些海貝藏在何處？筆者以為這 30 多萬索海貝主要在南京的戶部倉庫，如前所引正統二年戶部的奏摺：「（雲南）官員俸除折鈔外，宜給與海肥、布、絹、段、疋等物。今南京庫有海肥數多，若本司缺支，宜令具奏，差人關支。」

明代江南海貝除少數由馬爾代夫直接進貢外，最主要的供應者應當是琉球，因此我們不得不說海天之遙的琉球。

琉球來的海貝

琉球在明清時代是中國的一個海上藩屬國。從地理上看，琉球群島處在亞熱帶海域，海貝在那裏可以生長。不過，琉球輸入明王朝的海貝最可能來自馬爾代夫。首先，歷史上並無證據表明琉球列島有採集、使用或者向鄰近地區出口海貝的習俗。其次，在 1373–1570 年的近 200 年裏，琉球與東亞和東南亞建立了廣泛而緊密的貿易聯繫，有數百艘船隻前往東南亞的安南、暹羅、北大年、麻六甲、蘇門答剌、呂宋、爪哇，以及東亞的中國、日本和朝鮮等多個國家和地區。[10] 此外，明朝 1433 年頒佈的禁海令結束了鄭和下西洋的航程，給琉球發展海洋貿易帶來了黃金機遇：位於東亞邊緣的琉球迅速成為連接東北亞和東南亞的樞紐。1430–1442 年，至少有 31 艘琉球船舶前往阿瑜陀耶、舊港和爪哇。[11] 這些船隻一般滿載中國的貨

10 Shunzō Sakamaki, "Ryukyu and Southeast Asia", *The Journal of Asian Studies*, vol. 23, no. 3 (May, 1964): 383–9. 北大年位於泰國南部，今屬泰國，主要人口是信仰伊斯蘭教的馬來人。

11 Anthony Reid, "An 'Age of Commerce' in Southeast Asian History", *Modern Asian Studies*, vol. 24, no. 1 (Feb., 1990): 6.

物，如瓷器，前往交換東南亞生產或轉口的貨物；返航後，琉球便將東南亞的貨物轉口到東亞各國，特別是中國。因此，1434 年琉球朝貢帶到中國的 500 多萬枚海貝並非偶然。此前鄭和下西洋的寶船曾經到達馬爾代夫，這一事實，再加上元代汪大淵和明代馬歡的相關記載，以及江南市舶司中的海貝記錄，都指向一個推論，那就是元明時期，馬爾代夫的海貝也已通過東南亞到達江南。

鑒於琉球在此期間和東南亞的緊密聯繫，海貝自然而然地被琉球船隻作為壓艙物帶回。琉球本身不使用海貝，但可能知道雲南使用海貝，也知道江南儲有海貝，因此特意將海貝作為琉球的「方物」，獻予明朝。此外，琉球使臣私下也攜帶海貝，利用朝貢之機為自己牟利。明代規定，琉球朝貢的路線主要是乘海船到福州，然後走陸路到北京；考慮到風向，也可乘海船到浙江寧波，然後走陸路到北京。綜合上述，琉球雖然不產海貝，但它從東南亞轉口海貝到了中國的東南（福建）和江南（浙江）地區。

我們不妨看下明代的中文文獻，先看《明實錄》。凡琉球朝貢，《明實錄》泛稱「奉表貢馬及方物」，偶爾提到的具體貢物，前期除了馬，還有硫黃，後期增加了胡椒、蘇木、香；琉球《中山世譜》記載，貢方物、馬、硫黃、胡椒、蘇木，則兩國文獻相符。[12] 我們知道，其實馬、硫黃、蘇木和各種香並非琉球特產，馬可能從朝鮮、日本或安南而來，硫黃等物大致得於東南亞，那麼，「方物」又是什麼呢？

筆者遍查《明實錄》，發現雖然涉及琉球進貢的絕大多數史料沒有提到具體的方物，但是也有個別史料直接提到了海貝（海巴）。這些海貝主要是琉球使臣自行攜帶到中國，用來交易獲利的。理論上，朝貢使團除朝貢禮品外，不得攜帶其他物品，尤其禁止私自攜帶商品到中國來買賣。因此，琉球使臣私帶海貝，遭到接待方，也就是福建和浙江兩省官員的干涉。

---

12 《中山世譜》，高津孝、陳捷主編：《琉球王國漢文文獻集成》（上海：復旦大學出版社，2013），3–5 冊。

《明英宗實錄》卷十五記載，1436 年（正統元年），「琉球國使臣漫泰來結制等言，初到福建時，止具國王進貢方物以聞，有各人附齎海螺殼九十、海巴五萬八千，一時失於自陳，有司以為漏報之數，悉送入官，因乏齎裝，懇乞給價。上命行在禮部悉如例給之」。[13] 大致意思就是，琉球使臣自己帶了大海螺殼 90 個，海貝 5.8 萬個，因為這些是私人貨物，所以沒有列在琉球的貢品單子上。而福建接待的官員發現了這些海螺和海貝（因為需要空間存放），認為琉球使臣漏報了貢品，便把海螺和海貝沒收了。琉球使臣就向英宗皇帝坦陳，這些海貝是用來補助其行程的，希望官府按價補償。明英宗皇帝明白，各國使臣借公營私是朝貢的潛規則，所以命令禮部按照慣例補償琉球國使臣。

第二年，浙江又有官員就類似事件發表了建議。《明英宗實錄》卷二十七記載，1437 年（正統二年），「浙江市舶提舉司提舉王聰奏，琉球國中山王遣使朝貢，其所載海巴、螺殼亦宜具數入官。上謂，禮部臣曰，海巴、螺殼，夷人資以貨殖，取之奚用？其悉還之，仍著為令。」[14] 浙江市舶司提舉王聰認為，琉球使臣船隻載來的海貝和海螺應該全部沒收入官倉。這裏雖然沒有直接說海貝和海螺是使臣私自攜帶的，但參考場景，大致如此。明英宗皇帝還是持寬容的立場，他引用禮部官員的話說，海貝和海螺是夷人用來牟利的，我們拿來有什麼用呢？因此下令浙江市舶司把沒收的海貝和海螺還給琉球使臣。以上兩事，均涉及琉球使臣私帶海貝違禁的事，《明史》可以為證。《明史》記琉球國云：「正統元年，其使者言：『初入閩時，止具貢物報聞。下人所齎海肥、螺殼，失於開報，悉為官司所沒入，致來往乏資，乞賜垂憫。』命給直如例。明年，貢使至浙江，典市舶者復請籍其所齎，帝曰：『番人以貿易為利，此二物取之何用，其悉還之，

13 《明英宗實錄》卷 15，《明實錄》（三），第 2427–2428 頁。
14 《明英宗實錄》卷 27，《明實錄》（三），第 2493 頁。

著為令。』」[15] 這條記載可與《明實錄》互證，而琉球使臣私帶海貝之事確鑿。

上述第一則史料提到的海貝數額似乎不大。我們知道，海貝作為壓艙物，數目龐大，上岸需佔用房屋或倉庫堆放。《明宣宗實錄》卷八十九談到為寧波琉球館驛建造「收貯之所」，似乎可以管窺海貝之事。1432 年（宣德七年）：

> 浙江溫州府知府何文淵奏：「瑞安縣耆民言，洪武、永樂間，琉球入貢，舟泊寧波。故寧波有市舶提舉司、安遠驛，以貯方物館穀，使者比來，番使泊船瑞安，苟圖便利，因無館驛，舍於民家，所貢方物無收貯之所；及運赴京道經馮公等嶺，崎嶇艱險，乞自今番船來者令仍泊寧波，為便行在。」禮部言：「永樂間琉球船至，或泊福建，或寧波，或瑞安。今其國貢使之舟凡三，二泊福建，一泊瑞安，詢之，蓋因風勢使然，非有意也。所言瑞安無館驛，宜令工部移文浙江布政司於瑞安置公館及庫，以貯貢物。」上曰：「此非急務。宜俟農隙為之。」[16]

也就是說，因為風向，琉球使臣的海船有時會停靠浙江寧波或瑞安；而瑞安沒有館驛可供住宿，也沒有庫房可以作為貢物的「收貯之所」，因此請求當地政府同意修建館驛和庫房。我們或許可以猜測，修建「收貯之所」也是為了存放海貝。

以上是《明實錄》中關於琉球海貝到江南的三份直接和間接的材料，雖然它們依然太過簡略模糊，但對我們理解海貝貿易也不無裨益。我們不妨也看一下琉球的《歷代寶案》，略加比較，則可知海貝雖然也是從馬爾代夫經東南亞轉運而來，但確實被列入琉球「方物」。《歷代寶案》是琉球國所存 1424–1867 年的官方檔案，以中文寫就，由琉球本地學者編纂而成，涉及自明洪武年間到清末琉球與中國、日本、朝鮮以及東南亞各國的政治和經濟貿易往來，文獻價值非常高。

---

15 《明史》（北京：中華書局，1974）卷 323，第 8384 頁。
16 《明宣宗實錄》卷 89，《明實錄》（三），第 2205 頁。

《歷代寶案》第一次提到琉球進貢海貝是在宣德九年（1434 年）。「宣德九年五月初一日」，琉球國中山王尚巴志向明朝進貢，除各種刀、扇子、屏風、上漆果盒外，還有「硫黃四萬斤、魚皮四千張、各種磨刀石陸千三伯三拾斤、螺殼八千五百個、海巴五百五十萬個。」[17] 明代官員接到琉球使臣後，清點了貢品，發現實際上海巴有 5,888,465 個，「計官貫官報五千五百貫，等餘三百八十八貫四百六十五個。」[18] 588 萬多個海貝，相當於 1.3 萬餘斤，這不是個小數目。可惜的是，在此後琉球向明代的進貢禮單中，再也沒有海巴。不過，根據《明實錄》，琉球確實繼續攜帶海巴入貢。

1666 年（康熙五年），當清代和琉球就進貢方物商討時，永樂年間的成例就被翻了出來。「永樂以來諭令貳年壹貢，進貢方物馬、刀、金、銀、酒海、金銀粉匣、瑪瑙、象牙、螺殼、海巴、摺子扇、泥金扇、生紅銅、錫、生熟夏布、牛皮、降香、木香、速香、丁香、黃熟香、蘇木、烏木、胡椒、硫黃、磨刀石。」[19] 海巴自永樂以來始終是貢品之一，而其只在禮單上出現一次的原因，恐怕是海巴是壓艙物，上不了枱面？何況，上述貢品將近三十種，一般在進貢禮單上出現的也不過幾種而已。以上所謂琉球方物，除磨刀石和螺殼外，其他基本上不是從日本來，便是從東南亞來。《明會典》明明白白地列舉了琉球的貢物，包括「馬、刀、金、銀、酒海、金銀粉匣、瑪瑙、象牙、螺殼、海巴、摺子扇、泥金扇、生紅銅、錫、生熟夏布、牛皮、降香、木香、速香、丁香、檀香、黃熟香、蘇木、烏木、胡椒、硫黃、磨刀石。」[20] 十六世紀二十年代黃省曾在其《西洋朝貢典錄》中又提到了琉球的貢物，也明明白白地寫了「海巴」，可惜的是，很多校注者把海巴與刀這兩種貢物誤會為「海巴刀」。[21] 此外，十七世紀初張燮在其《東

17 《歷代寶案》（台灣大學圖書館，1972）第 1 集，卷 12，第 401 頁。

18 《歷代寶案》卷 16，第 534-536 頁。一貫等於一千個。

19 《歷代寶案》卷 6，第 188-189、196 頁。

20 ［明］申時行等修：《明會典》（北京：中華書局，1979），卷 105，第 572 頁。

21 ［明］黃省曾，張燮著，謝方校注、點校：《西洋朝貢典錄校注．東西洋考》（北京：中華書局，2000），第 53 頁。

西洋考》中保存了明代萬曆年間漳州月港的兩張貨物徵稅單，其中便有「螺蚆」：1589 年（萬曆十七年）每石征銀二分；1617 年（萬曆四十五年）每石征銀一分七厘。[22] 筆者頗以為「螺蚆」就是元代汪大淵所說的「貺子」及明代的「海貺」、「海𧵍」或「海巴」。不僅因為「螺」字表明屬性，「蚆」字與「貺」、「𧵍」或「巴」同音；更重要的是，螺蚆的稅是根據重量徵收，這表明螺蚆體積很小；而其他螺如鸚鵡螺和尖尾螺等，則根據個數徵稅（每百個征銀若干）。[23] 如此，則螺蚆應當是指海貝無疑。隆慶開關後，商船只在麻六甲海峽和蘇門答臘島北端以東的東南亞海域（即張燮所謂的東西洋）往來。因此，這些運到漳州的海貝大致從麻六甲海峽沿岸的港口而來，其最終來源還是印度洋的馬爾代夫。

日本學者新井白石在其編撰的《南島志》中說，琉球「通國貿易，古時用海巴。厥後，國鑄銅錢用之。既久，散亡少餘。唯今用穀布之屬。若其與中國交易銀貨，則此間所產矣」；他還進一步解釋說，「海巴，貝也」。[24] 按，新井白石說琉球的貿易「古時用海巴」，而後開始鑄造銅錢，明顯地將海貝與銅錢相提並論，也就是認為海貝在早期琉球社會是作為貨幣使用的。這個說法明顯受到自司馬遷以來中國學者就認為海貝是古代中國貨幣這一觀點的影響，簡單地把貨幣等同於財富或者價值，當然是不對的。此外，新井白石也沒有說明琉球的海貝是哪裏來的。根據本章此前的分析，琉球的海貝當時是從東南亞轉運來的，主要運往明代，即使有少量留在琉球，也不至於成為貨幣。

有讀者提出，琉球附近海面不是也產海貝嗎？難道琉球不知道採集家門口的海貝，非要進口馬爾代夫的海貝進獻？這個問題非常尖銳，也沒有文獻或考古可以證實或證偽，但筆者依然傾向於認為，琉球進貢的海貝應

---

22 同上，第 143、145 頁。
23 同上，第 142–143、145 頁。
24 [日] 新井白石：《南島志》[山城屋佐兵衛出版，嘉永六年（1853）]，早稻田大學圖書館藏「卷下」「食貨第九」。《南島志》是新井白石根據中國、琉球、日本三國文獻編成的琉球國史地志。

當是來自馬爾代夫的。首先，琉球檔案如此豐富，卻沒有提及採集海貝的習俗或傳統，因此我們大致可以推定琉球沒有這種風俗。而沒有這種風俗的關鍵原因在於：海貝沒有用處。須知，宋元時期的江南地區不用海貝，只有雲南採用海貝，琉球在明初和中國建立朝貢關係時才得知這一點，知道得比較晚。其次，假如琉球在家門口採集大量海貝，其資源或遠遠不如馬爾代夫，不如順手在東南亞港口接過印度洋來的壓艙物——海貝，這樣反而費用低廉。因此，筆者認為，琉球的海貝最初來源是馬爾代夫，琉球將其從東南亞轉運而來，主要利用朝貢貿易輸往明代中國，海貝在琉球也許有少量留存，但不至於成為貨幣。

綜上所述，在元明時期，隨着中國與東南亞、印度洋來往的密切，以及海洋貿易的發達，馬爾代夫出產的海貝不僅早就通過東南亞大陸進入中國雲南，而且運到江南地區，且數量相當可觀，以致元明兩朝都曾調撥海貝到雲南使用。至於江南的海貝，雖然其源頭都是馬爾代夫，但到達江南的途徑大致有四條，其中洪武年間與中國建立朝貢關係而後又和東南亞密切往來的琉球王國是明代江南海貝最主要的貢獻者。

第五章

「不朽」的「黑石號」：

考古和文獻中的「無釘之船」

海底沉睡1170年

1998 年，人們在印尼勿里洞島附近海域發掘出一艘相當於中國晚唐時期的阿拉伯（波斯）式沉船 —— 縫合船「黑石號」，這是在南海發現的年代最早的沉船（之一），也是最早往返於西亞和中國的海船。[1]「黑石號」大約在西元 826 年之後沉沒，在南海海底沉睡了約 1,170 年。雖然木製船體的許多部位已經腐爛，但也有遺骸依然不朽，足以令人驚歎。更令人稱奇的是，人們在「黑石號」上發現了 6 萬多件遺留物品，給我們留下了空前豐富的古代航海資訊。

「黑石號」沉船以及船上商品和其他物品，對研究「海上絲綢之路」特別是中國和西亞（阿拉伯世界）的貿易和文化交流以及航海技術，意義十分重大。本章以此為重點，先綜合分析了目前海洋考古發現的一些阿拉伯式沉船（包括「黑石號」在內），而後結合中西方文獻，歸納出阿拉伯式船隻的建造特點，即用椰索捆綁船板，船體不用鐵釘和油灰。因此，「黑石號」代表的阿拉伯式船也就是「無釘之船」。

目前的考古發現表明，阿拉伯式無釘之船最早完成了從西亞到達中

1　海洋考古表明，這是一艘阿拉伯式遠洋海船，其目的地是西亞，可是我們無法區分具體是阿拉伯人還是波斯人所有，故學者一般稱其為阿拉伯式船。

國的遠洋之旅，航行於從東非到南海廣闊的亞洲海域。本章隨後根據古希臘、波斯、阿拉伯和歐洲文獻等，進一步考察分析了圍繞阿拉伯式無釘之船在海洋亞洲衍生流傳的海底磁山傳說，指出海底磁山之說幾乎從一開始就落地於馬爾代夫。這是因為馬爾代夫既是東西方航海的樞紐，又因季風、海流和礁石的危險而遠近聞名。

其實，在托勒密（Ptolemy）記載海底磁山后不久，這個傳說就傳播到了古代中國。本章隨後鈎稽從晉代到明末的中國文獻，指出古代中國早在晉代就接受了海底磁山的傳說，而且認定它發生在馬來半島附近。宋、元、明時期，中國人航行進入印度洋世界，登臨馬爾代夫群島，發現這一群島地理位置關鍵而兇險，便將中國文化中的「弱水」概念加於馬爾代夫。到了十六世紀末，《西洋記》已經在大寫特寫「西洋」海中的「吸鐵嶺」了。《西洋記》中的「吸鐵嶺」堪稱海底磁山最新、最詳盡的版本，是中國人對印度洋知識的糅合與發揮。

結合東西方考古發現和文獻記錄，海洋考古和中西文獻中的「無釘之船」這個歷史事實，以及衍生的海底磁山傳說，彰顯了「海上絲綢之路」承載的中國和印度洋（阿拉伯）世界的海上貿易以及由此產生的文化交流，這對理解海洋亞洲內部的互動不無裨益。

海洋考古首次發現的縫合船

1998 年，人們在印尼勿里洞島附近海域發掘出一艘唐代的沉船，這是南海海洋考古史上最重要的發現。在這艘被稱為「黑石號」的海船上，共出土各類器物（瓷器、金銀器等）6 萬多件，其中長沙窯的瓷器 5.9 萬餘件。「黑石號」的重大意義不僅僅在於船上發現的豐富多樣的商品和航海用品，更重要的是，它是南海發現的年代最早的沉船（之一）。船上的一件長沙窯瓷器有「寶曆二年七月十六」的落款，這表明沉船約發生在寶曆二年（826 年）後的幾年之間，也就是九世紀早期，相當於晚唐時期。

雖然這艘遠洋海舶裝載的幾乎都是中國商品，船上也必然有中國水手或商人（以發現的硯台和擀麵杖為證），但這並不是一艘中國建造的海舶，也不是一艘為中國商人所有的海舶，而是一艘阿拉伯人製造的船。相應地，可以說，這是一艘阿拉伯海舶。這是根據發掘出來的「黑石號」殘骸得出的結論。

非常幸運，「黑石號」雖然在海底埋藏了 1,100 多年，但船體基本保持完整，殘存船體長度為 15.3 米；據此推斷，「黑石號」全長可達 18 米。[2] 船板厚為 4 厘米，長度 20–40 厘米不等；船板表面留有清晰的捆綁痕跡；繩索穿過約 5–6 厘米間隔的孔，從兩側將船板一塊一塊地綁緊固定，船體內外木板的縫隙均有填充物填塞防水。[3] 根據造船技術和船體殘骸判斷，起初學者們認為這是一艘印度或阿拉伯的船；[4] 後來進一步的分析則傾向於認為，這是一艘阿拉伯式船。因為每一塊木板都有捆綁，既無木楔也無鐵釘，學界稱之為「縫合船」。這種製造無釘之船的技術正是阿拉伯人的發明。「黑石號」捆綁船板而不使用鐵釘的技術表明，它來自印度洋西部，即西亞的阿拉伯世界。[5]

如果上述的證據還不夠充分的話，船體使用的木材則驅散了所有的疑雲。[6] 澳大利亞和以色列特拉維夫大學的科學家對船體各個部分的木材進行了兩次單獨分析，結論不盡一致。不過，後者是專門從事水下木材分析的，因此結論相對可靠和準確。澳大利亞的科學家通過七份木材樣本的分析研究認為，除了其中兩樣（船體框架和錨）可能來自非洲，其他都是印

2 Michael Flecker, "A Ninth-Century Arab Shipwreck in Indonesia: The First Archaeological Evidence of Direct Trade with China", in Regina Krahl, John Guy, J. Keith Wilson, and Julian Raby eds., *Shipwrecked: Tang Treasure and Monsoon Winds*, Smithsonian Books, 2011, 101 & 106.

3 Ibid., 103.

4 Ibid., 335–54.

5 Michael Flecker, "A Ninth-Century Arab Shipwreck in Indonesia: The First Archaeological Evidence of Direct Trade with China", in Regina Krahl, John Guy, J. Keith Wilson, and Julian Raby eds., *Shipwrecked: Tang Treasure and Monsoon Winds*, Smithsonian Books, 2011, 101.

6 Ibid., 384.

度特產的木材，並非產於非洲或中東。[7] 這似乎表明「黑石號」是一艘印度船。可是，歷史文獻表明，阿拉伯由於缺乏木材，經常從印度進口木材。因此，對木材產地的分析不能排除阿拉伯造船的可能性。特拉維夫大學的分析結論與澳大利亞的完全不同。

特拉維夫大學的分析表明，八個樣本中有五個是非洲緬茄木。這種樹只產於非洲，尤其是其東北部、東部、西部和中西部的熱帶地區；第六個樣本為另一種非洲特產拜賓德緬茄，來自非洲中部、西部和中西部的熱帶地區；第七個樣本可能為非洲圓柏，產於非洲東部山區至阿拉伯半島西南部葉門一帶；第八個樣本比較特殊，為柚木，產於印度、緬甸和東南亞其他地區。[8] 這樣，以色列的結論和澳大利亞的分析大相徑庭。澳大利亞的分析認為，除了一種樣本來自非洲，其餘都來自印度；以色列的分析卻表明，除了一種可能來自印度，其餘都來自非洲。因此，「黑石號」只能是在中東地區建造的，很可能就在葉門或者阿曼。[9] 反過來說，為什麼不可能是印度建造的呢？因為印度有多種木材，建造船隻根本不需要從非洲經阿拉伯地區進口木料。

木材之外，船上的繩索（包括捆綁船板的繩索和航海使用的纜繩）也同樣重要。可是對繩索的分析越發困難。「黑石號」遺存的繩索樣本很少，且一旦乾燥就結為硬塊，一旦浸泡又凝成糊狀。最初的電子顯微鏡掃描分析認為樣本是麻。麻廣泛分佈於高加索地區、印度北部和伊朗，在中東也可以獲得。不過，麻繩雖然結實，經海水浸泡卻容易腐爛。因此，用麻繩來捆縛船板不能不讓人產生疑問。[10]

此外，相關研究表明，「黑石號」船體的防水填料為產自東南亞、澳

7 Ibid., 117.

8 Ibid., 117.

9 Michael Flecker, “A Ninth-Century Arab Shipwreck in Indonesia: The First Archaeological Evidence of Direct Trade with China”, in Regina Krahl, John Guy, J. Keith Wilson, and Julian Raby eds., *Shipwrecked: Tang Treasure and Monsoon Winds*, Smithsonian Books, 2011, 117.

10 Ibid., 117.

大利亞的千層樹皮，而東南亞至今仍在使用白千層樹皮填塞船板之間的縫隙。更有意思的是，有學者認為捆縛船板的繩索是由朱槿製成。朱槿原產於中國南部，很早就傳到了東南亞。朱槿的莖皮纖維可以製成繩、麻袋、網和粗布等。如果這個結論正確的話，那麼沉沒於印尼海域的「黑石號」，此前很可能在東南亞進行過修繕，特別是用東南亞的材料對船板和縫隙重新進行捆縛和填充。[11]

無獨有偶，2013 年，人們在泰國曼谷以西的濕地裏發現了一艘和「黑石號」同時代的阿拉伯（波斯）式沉船。殘留的船體長 18 米，整體可能長達 35 米，比「黑石號」要大；時間約為八世紀末或九世紀上半葉，建造技術與「黑石號」一致。這艘船的目的地應該是中國，途中前往位於泰國的墮羅缽底時沉沒或被廢棄。[12] 可惜的是，在這艘沉船上發現的物品不多，目前還在研究之中。

2004 年在阿曼祖法兒附近的一個考古發現也為比較研究「黑石號」沉船提供了寶貴的參考。這次發現的雖然只是約十至十五世紀的幾塊船板，但是殘存資訊非常豐富，特別是存有「黑石號」缺乏的捆綁船板的繩索，因而格外引人注意。[13] 遺存的繩索和現在使用的材料一樣，都是椰子（*Cocos nucifera*）；縫隙之間的填充物也是椰殼纖維。[14] 由此看來，筆者傾向於認為「黑石號」最初的繩索應該就是椰索；[15] 至於它在東南亞某港口修繕時利用了東南亞的材料，那就是另外一回事了。事實上，「黑石號」殘存

---

11 Ibid., 118.

12 Michael Flecker, *Early Voyaging in the South China Sea: Implications on Territorial Claims*, Nalanda-Sriwijaya Centre Working Paper No.19（Aug 2015）, 35; Jacques Connan, Seth Priestman, et al., "Geochemical analysis of bitumen from West Asian torpedo jars from the c. 8th century Phanom-Surin shipwreck in Thailand", *Journal of Archaeological Science*, Vol. 117（May 2020）: 1–18；錢江：〈泰國灣附近出水的波斯舶〉，《國家航海》2021 年第 2 期，133–160 頁。

13 Luca Belfioretti & Tom Vosmer, "Al-Balīd Ship Timbers: Preliminary Overview and Comparisons", *Proceedings of the Seminar for Arabian Studies* 40（2010）: 111–118.

14 Ibid., 111 &116.

15 Simon Worrall, "Made in China: A 1, 200-year-old Shipwreck Opens a Window on Ancient Global Trade", *National Geographic*（June 2009）, https://www.nationalgeographic.com/magazine/2009/06/tang-shipwreck/.

的繩索究竟是什麼材質、是哪裏生產的，目前還沒有結論。

根據考古的發現和研究可知，「黑石號」是在南海發現的最早的阿拉伯式沉船，也是在南海首次發現的無釘之船。它以無可辯駁的證據表明，九世紀時阿拉伯地區和中國之間已經開展了直接的貿易往來。當然，由於當時阿拉伯和波斯的地理和文化關係，我們無法區分這是一艘波斯的、印度的還是阿拉伯的船，只能以阿拉伯式船代稱。[16] 有意思的是，在印尼、泰國和阿曼發現的阿拉伯式沉船，時間跨度從九世紀到十五世紀，也都是無釘之船。中西文獻對這種無釘之船也早有記載。

中西文獻中的無釘之船

關於古代海洋亞洲的無釘之船，中西文獻均有記錄。不妨先以大家熟知的馬可．波羅的描述做一個介紹。1291 年，馬可．波羅奉忽必烈之命，從泉州出發護送蒙古闊闊真公主經海路到伊兒汗國與阿魯渾汗完婚。約在 1292 年年底或者 1293 年年初，馬可．波羅在印度洋（阿拉伯海或波斯灣）看到了和「黑石號」一樣的阿拉伯式船。他寫道：

> 忽魯謨斯建造的船隻是全世界最差的，也是最危險的，將乘船的商人和其他乘客置於巨大的風險之中。它們的缺陷就在於船隻建造沒有用鐵釘；使用的木材太堅硬，很容易像陶土那樣裂開。如果想打個鐵釘，木材反彈，常常破裂。船板也不堪鐵鑽，哪怕小心至極。只好採用木釘或木楔，把它們連接；而後，用印度核桃外殼的纖維製成繩索綁縛。印度核桃果實很大，外殼包覆着如馬鬃一般神奇的毛。在水裏浸泡發軟之後，外殼的絲線就用來製作繩索，後者又用來捆綁船板。這些繩索耐水耐用。船底也沒有用瀝青，而是用麻絮混合魚油加以填塞。這些船只不過一帆一舵一層甲板而已。裝載貨物時，以獸皮覆蓋船板；馬就站在獸皮之上運往印度。它們也沒有鐵錨，而是另一種錨具。這樣的後果是，當惡

16 Michael Flecker, "A Ninth-Century Arab Shipwreck in Indonesia", 102.

劣天氣到來時——海上總是波濤洶湧，船隻往往被沖上岸而沉沒。[17]

馬可・波羅所說的「印度核桃」就是椰子；他提到的「另一種錨具」大概就是木製的錨具，份量比鐵錨輕，因而船隻容易被大風吹走。此外，既然有椰子纖維，何必用麻絮？因此，馬可・波羅說的「麻絮」可能是謬誤。可是，反過來說，對「黑石號」的初步研究表明，它的填塞物中可能包含麻絮。因此，我們也不能輕易否定馬可・波羅。

馬可・波羅之後的三十年，義大利方濟各會托缽僧鄂多立克（Odorico da Pordenone，1286？–1331 年）到達印度洋。他在波斯灣一帶乘坐「船身中無鐵釘的船」，抵達印度西海岸的塔納。他說：「人們使用一種稱為舟楫（Jase）的船，它僅用線來縫聯。我登上其中一艘，而且我在上面找不到一枚鐵釘。如此上船後，我在二十八天內來到塔納。」[18]

馬可・波羅和鄂多立克介紹的波斯灣的船隻，不久之後就被一個中國人看到了。元代的汪大淵曾兩次泛舟大海。大約在 1330 年（至順元年）冬天，汪大淵從斯里蘭卡登臨馬爾代夫群島；次年春夏之間季風改向之後，他就乘船北上抵達南印度，而後可能到了波斯灣。在波斯灣的甘埋里，汪大淵看到了同來販馬的「馬船」。他說：「其地船名為馬船，大於商舶，不使釘灰，用椰索板成片。每舶二三層，用板橫棧，滲漏不勝，梢人日夜輪戽水，不使枯竭。下以乳香壓重，上載馬數百匹，頭小尾輕，鹿身吊肚，四蹄削鐵，高七尺許，日夜可行千里。」[19] 關於甘埋里是何地，學者們意見不一。無論它是不是多數認為的忽魯謨斯，以馬船而論，甘埋里必在波斯

17 Manuel Komroff, *The Travels of Marco Polo*（W. W. Norton & Co. Inc, 1953）, 48–49.

18 [意] 鄂多立克等著，何高濟譯：《鄂多立克東遊錄》，《海屯行紀 鄂多立克東遊錄 沙哈魯遣使中國記》（北京：中華書局，2002），第 43 頁。Henry Yule, trans. and ed., *The Book of Ser Marco Polo, The Venetian: Concerning the Kingdoms and Marvels of the East*（Cambridge: Cambridge University Press, 2010）, 57. 何高濟翻譯的「線」略微不妥，應當作「索」或「繩」比較恰當。

19 [元] 汪大淵著，蘇繼廎校釋：《島夷志略校釋》（北京：中華書局，1981），第 364 頁。

灣一帶，而馬船為阿拉伯式船則可知。

關於馬船，汪大淵的描述和馬可・波羅基本是一致的。最重要的特徵當然是「不使釘灰，用椰索板成片」。不過，馬可・波羅對馬船的評價很低，認為其建造簡陋，不堪風雨，而且船體很小，不過一帆一舵一層甲板；汪大淵則不同。他首先指出，馬船比一般商船要大，原因當然是它要用來運馬。「每舶二三層，用板橫棧」，「下以乳香壓重，上載馬數百匹」，則馬船之大可知。由於馬船的特點，滲水嚴重，所以需要有人專門排滲水，故「梢人日夜輪戽水，不使枯竭」。此外，汪大淵所說的馬船，不僅用來載馬、販馬，也用來運載其他貨物，如各種香料尤其是印度西岸盛產的花椒，其實本質上就是商船。他說：「所有木香、琥珀之類，（地）（均）產自佛郎國來，商販於西洋互易。去貨丁香、豆蔻、青緞、麝香、紅色燒珠、蘇杭色緞、蘇木、青白花器、瓷瓶、鐵條，以胡椒載而返。椒之所以貴者，皆因此船運去尤多，較商舶之取，十不及其一焉。」[20]

汪大淵還記載了印度洋貿易使用馬船的其他情況。小唄喃「居民懶事耕作，歲藉烏爹運米供給。或風信到遲，馬船已去，貨載不滿，風信或逆，不得過喃巫哩洋，且防高浪阜中鹵股石之厄。所以此地駐冬，候下年八九月馬船復來，移船回古里佛互市。」[21] 古里佛「地產胡椒，亞於下裏，人間俱有倉廩貯之。每播荷三百七十五斤，稅收十分之二，次加張葉、皮桑布、薔薔水、波羅蜜、孩兒茶。其珊瑚、珍珠、乳香諸等貨，皆由甘理、佛朗來也。去貨與小唄喃國同。蓄好馬，自西極來，故以舶載至此國，每疋互易，動金錢千百，或至四十千為率，否則番人議其國空乏也。」[22] 既然馬船至少可以航行於波斯灣和印度洋西岸乃至東岸之間，那麼，它應該經得住相當大的風浪。因此，汪大淵對馬船（阿拉伯式船）的

20 《島夷志略校釋》，第 364 頁；Ralph Kauz and Roderich Ptak, "Hormuz in Yuan and Ming sources", *Bulletin de l'École française d'Extrême-Orient*, Vol. 88（2001）: 39–40.

21 《島夷志略校釋》，第 321 頁。

22 同上，第 325 頁。

介紹實際上推翻了馬可·波羅的負面評價。不過，不能簡單地說馬可·波羅的記錄就是錯的，因為各類馬船大小、功能不同，建造材料和品質當然也不一樣。近海航行的船隻和遠洋航行的海舶相比，材料和品質差別就很大了。

接下來看看鄭和寶船中馬歡、鞏珍等人的記錄。馬歡在介紹溜山國時提到了當地的造船方式：「其造番船皆不用釘，止鑽其孔，皆以此索聯縛，加以木楔，然後以番瀝青塗縫。」[23] 鞏珍在《西洋番國志》中大致複述了馬歡的說法，還提供了其他細節：「椰子皮穰打成粗細索，收積盈堆，各處番舡皆販去賣與造舡等用。蓋番人造舡不用鐵釘，止鑽孔，以椰索聯縛，加以木楔，用瀝青塗之至緊。」[24] 鞏珍非常明確地提到了「不用鐵釘」，給船板「鑽孔」，用「椰索聯縛」，而後「加以木楔」，最後「用瀝青塗之至緊」，基本上介紹了阿拉伯式船的建造方式，可以說是中西文獻中最全面的記載，非常珍貴。

馬歡和鞏珍提到的馬爾代夫及其北部拉克代夫群島的船就是縫合船。首先，無論桅杆、船體、船板還是船帆、船繩等，船隻所用材料幾乎全部來自島上所產的椰樹，[25] 而不是從印度或非洲進口的硬木。其次，他們證實了馬可·波羅和汪大淵的觀察。馬歡說這種船「其鎖孔皆以索縛」，鞏珍補充說「蓋番人造舡不用鐵釘，止鑽孔，以椰索聯縛」，則馬爾代夫的船和「黑石號」一樣，屬於阿拉伯式的「無釘之船」。再次，馬歡和鞏珍還證實了馬可·波羅的觀察，這種無（鐵）釘之船「加以木楔」，即採用木楔來代替鐵釘。又次，馬歡和鞏珍都指出，人們還用瀝青來填塞塗抹船板之間的縫隙，並且「塗之至緊」。這是馬可·波羅和汪大淵都沒有注意到的細節，

23 [明] 馬歡著，萬明校注：《明鈔本〈瀛涯勝覽〉校注》（北京：海洋出版社，2005），第 74 頁。

24 [明] 鞏珍著，向達校注：《西洋番國志·鄭和航海圖·兩種海道針經》（北京：中華書局，2000），第 33 頁。

25 George F. Hourani, *Arab Seafaring: in the Indian Ocean in Ancient and Early medieval Times*, revised and expanded by John Carswell (Princeton, New Jersey: Princeton University Press, 1995), 91.

卻和「黑石號」吻合。[26] 馬可・波羅說馬船用麻絮混合魚油填塞縫隙，同時船艙鋪上牛皮，以防止海水滲進船體；汪大淵則根本沒有提到填塞物，他直接說「不使釘灰」。釘就是鐵釘，灰就是油灰，中國傳統以麻絮等纖維混合石膏、桐油搗至泥狀來填塞船體的縫隙，防止滲水。[27] 由此可知，汪大淵沒有看到馬爾代夫使用填充物來防水，他的馬船船體縫隙直接漏水，「滲漏不勝，梢人日夜輪戽水，不使枯竭」。

十六世紀初，葡萄牙人到達印度洋，馬上發現了當地的無釘之船。他們指出，馬爾代夫當地的船，無論大小，都由棕櫚樹幹製成，加以木楔，由椰繩綁縛，其帆也是由棕櫚葉編成，這些船隻堅固輕巧，主要用於在島嶼之間來往，有時也用於航海至印度南部的馬拉巴爾海岸。[28]

那麼，如何理解上述記錄的諸多抵牾之處呢？傳統的阿拉伯式船當然也用本地或鄰近地區的木材。柚木等硬木堅硬耐久，是造船的理想材料；海邊或海島的椰樹也常用來建造船隻，雖然其品質無法和非洲或印度的木材相提並論。不過，有學者指出，椰樹在海裏浸泡數月後反而比較耐腐蝕。[29] 因此，馬爾代夫用椰樹來造船，並不奇怪。此外，船隻建造的年代不同，精細程度差別很大，同時種類很多，大小不一，功能各異，這些都造成船體上的差異。近海的小船用普通的本地椰樹製作，遠航的海舶用材質較好的柚木等木材建造，也是理所當然。以船板為例，各處發現的厚度往往不一，這是因為船板厚度與船隻的大小和功能直接相關。遠洋海舶「黑石號」的船板厚度可達 4 厘米，而在阿曼發現的船板厚度在 1.8–2 厘米，大約就在近海航行。中世紀的旅行者一般只注意到他們親眼看到的一處或一

26 Michael Flecker, Pauline Burger, Armelle Charrié-Duhaut, Jacques Connan and Pierre Albrecht, "The 9th-Century-AD Belitung Wreck, Indonesia: Analysis of A Resin Lump", *The International Journal of Nautical Archaeology* 39 (2) (2010): 384.

27 行文至此，筆者不由想起 40 多年前先父在建德江邊造船，他填充油灰的情景依稀在目。

28 "Early Notices of the Maldives", in François Pyrard, *The Voyage of François Pyrard of Laval to the East Indies, the Maldives, the Moluccas and Brazil* (here in after *The Voyage of François Pyrard*), edited by Albert Gray & H. C. P. Bell (Cambridge: Cambridge University, 2010), vol. III, 479.

29 Michael Flecker, "A Ninth-Century Arab Shipwreck in Indonesia", 115.

類船隻，故其描述或評論之細微處往往有矛盾，不足為奇。

綜合上述，由考古和文獻可知，阿拉伯式無釘之船航行於波斯灣到阿拉伯海，以及印度洋中北部靠近印度半島的馬爾代夫一帶，其建造也不限於阿拉伯世界，馬爾代夫附近乃至印度沿海地區都借用了無釘之船的關鍵技術。馬爾代夫群島對無釘之船的意義尤為重大，因為當地盛產造船必需的材料——椰索。

「地產椰子索」

椰樹是馬爾代夫的特產，遍佈各個島嶼。中世紀時外人登臨此地，看到滿目蔥蘢的椰樹林，所以印象極其深刻。玄奘在《大唐西域記》中說，僧伽羅「國南浮海數千里，至那羅稽羅洲。洲人卑小，長餘三尺，人身鳥喙。既無穀稼，唯食椰子。」[30] 那羅稽羅，梵文為 nārikela，即「椰子」；那羅稽羅洲，按其方向，即為馬爾代夫，則馬爾代夫又有「椰樹之島」的別稱。

椰樹不但是馬爾代夫最基本、最重要的食物來源，也為各類工具、交通、房屋和船舶提供了必要的建築材料。人們用它來編織席子和繩索，後者是船隻製造和航海的必需品。馬爾代夫盛產的椰索是用椰子外殼的纖維——椰棕——製造的，椰棕強韌、耐腐蝕，是航海繩索的理想材料。用椰棕製作椰索是一個漫長的過程，常常需要幾個月之久，極其考驗製造者的技術和耐心。先把椰殼埋在潟湖或沼澤的泥潭裏，讓海水充分浸泡；數月後，再將海水濡透的椰殼挖出，去掉外面的硬殼；而後擢取稍微露出來的纖維一端，將椰子放在堅硬的木板上，用木槌大力敲打，使纖維從椰瓤和外皮中逐步分離出來；再用海水清洗分離出來的纖維，而後曬乾；待纖維乾透後，便可紡織成椰索、椰席、椰帚等。馬爾代夫的椰索拉力出眾，

30 ［唐］玄奘述，［唐］辯機編，季羨林等校注：《大唐西域記校注》（北京：中華書局，1985），第884–885頁。

經得住海水的長久浸泡，因此馳名內外，不僅在本地的船上使用，而且深受外國水手的歡迎，是外來船隻必購之物。

汪大淵就注意到用椰殼纖維製作的椰索是馬爾代夫的特產。他說馬爾代夫「地產椰子索」，可他並沒有提到椰子索的用處。直到談到馬船時，他才提及椰索的功能。馬歡則提供了更多細節。他說，馬爾代夫的椰索「堆集成屋，各處番船上人亦來收買，販往別國，賣與造船等用」。而印度西海岸「古里國」（今卡利卡特）用椰子「外包穰打索造船」。[31] 鞏珍大致複述了馬歡的描述。十六世紀的黃省曾提到古里時也注意到椰子，說：「其利椒、椰。椰子之種也，富家千樹，以為恒業。其資用也，漿為酒，肉為糖、飯，穰為索，殼為碗，為酒食器，亦可廂金，木以架屋，葉以蓋。」[32] 以上是中文古籍中關於馬爾代夫椰索的記載，而中世紀中東、歐洲文獻中的相關記載就更多了。

1030 年左右，阿拉伯旅行家比魯尼（Al-Biruni，973–1048 年）分享了他的觀感。他根據出口的特產，直接稱馬爾代夫為「海貝之島」，把拉克代夫叫作「椰索之島」。[33] 實際上，椰索和海貝一樣都盛產於馬爾代夫，拉克代夫的產量是無法和馬爾代夫相比的。總之，馬爾代夫椰索在印度洋世界的重要性是無可比擬的，著名旅行家伊本・白圖泰的觀察便可以證明。

比汪大淵晚了十年左右，伊本・白圖泰也登臨馬爾代夫。他在島上居住了一年半，因此對馬爾代夫異常熟悉。馬爾代夫的椰索自然也給他留下了深刻的印象。椰索由椰子殼製成，「它的纖維細如髮絲，編織成繩索，他們不用釘子而是用這些椰索造船；同時還當纜繩。」[34]「馬爾代夫的椰索出口

31 《明鈔本〈瀛涯勝覽〉校注》，第 69、74 頁。
32 《西洋朝貢典錄校注・東西洋考》，第 100 頁。
33 "Early Notices of the Maldives", 431. 需要指出，早期人們對毗鄰的拉克代夫和馬爾代夫區別一直不夠分明。
34 Ibn Battuta, *Travels in Asia and Africa: 1325–1354*, translated and selected by H.A.R. Gibb with an Introduction and Notes（Abingdon and New York: Routledge and Kegan Paul LTD, Paperback, 2011）, 114.

到印度、中國和葉門，其品質遠超麻繩。印度和葉門的船隻就用這些椰索穿縫為一體，因為印度洋充滿岩礁，鐵釘釘成的船隻如果碰上岩石，就會破碎，而椰索連接的船隻有一定的彈性，即使撞到岩石，也不會碎裂。」[35] 作為在海上航行很久的旅行家，伊本・白圖泰當然有資格評論和讚賞馬爾代夫出口到國際市場上的椰索。有一次，伊本・白圖泰從法坦（或許是南印度泰米爾納德邦的德維帕丹）登上了八艘船中的一艘，向葉門進發。[36] 我們大致可以判定，他乘坐的就是由馬爾代夫出產的椰索製作的縫合船。

1602 年 7 月 2 日，法國水手弗朗索瓦・皮拉爾的船在馬爾代夫的一個環礁觸礁失事，被當地居民救起，後他在馬爾代夫生活了將近五年。[37] 因此，弗朗索瓦・皮拉爾有了解馬爾代夫社會的難得機會，留下了關於十七世紀馬爾代夫日常生活的內容豐富且形象生動的描述。他注意到椰樹的重要性，稱椰子樹「在島上自然繁殖，並沒有人工培育；它們提供了外來客戶所需的各種各樣的東西，比如椰索，這是所有船隻的必備工具」；他還注意到「世界各地的商人源源不斷地來到馬爾代夫，帶走馬爾代夫豐富的特產」；他進一步強調：「最大宗的貿易就是椰索」。[38] 國王向其臣民征的稅，根據他們的謀生手段，以椰索、海貝和魚乾等實物形式交納。[39] 由此可見，馬爾代夫出產的椰索是建造阿拉伯式無釘之船的必需材料，也是海上航行必備的纜繩，廣受印度洋世界的歡迎。「黑石號」建造時最初使用的繩索，應當就是馬爾代夫出口的椰索。「黑石號」船體遺存的繩索，由於一千多年的浸泡，目前尚無法最終確定其材料，但筆者傾向於認為它是椰索，而不是麻繩。

---

35 Ibid., 243.

36 Ibid., 265.

37 Albert Gray and Harry Charles Purvis Bell, "Introduction", *The Voyage of François Pyrard*, 2010, vol.1, xxii. Horsburgh Atoll，又叫戈伊杜環礁（Goidhoo Atoll），在馬爾代夫首都馬累西北向約 95 千米處。

38 Gray and Bell, *The Voyage of François Pyrard* , vol.1, 236.

39 Ibid., 228.

話說回來，雖然以「黑石號」為代表的無釘之船是西印度洋世界使用了上千年的航海工具，並且最先完成了從西亞阿拉伯地區到中國的遠洋航行，但無釘之船並非西印度洋海船專有的特色，古代中國也有無釘之船。

古代中國的無釘之船

需要指出，無釘之船是相對有釘之船而言的，這是因為人類社會先有了無釘之船而後才發明了有釘之船。無釘在前，有釘在後。然而，有釘之船對無釘之船先是詫異，而後歧視。以常理度之，無釘之船必然發明於鐵釘產生之前。人類社會當然是先有無釘之船，而後才有有釘之船 —— 最早的獨木舟，就是無釘之船。以此論之，無釘之船並不限於阿拉伯世界。唐代和唐以前的中國文獻不僅僅記載了胡人的無釘之船，也記錄了中國自有的無釘之船。

早在晉代，中國人就注意到南方用包括椰子和桄榔在內的各種材料製成繩索並連木為舟的情形。晉代的嵇含指出胡人用南方的桄榔樹皮綁縛船板，是因為桄榔樹皮遇水浸泡後反而柔軟，這和伊本・白圖泰對椰索優點的解釋是一樣的。嵇含說：「桄榔，樹似栟櫚實。其皮可作綆，得水則柔韌，胡人以此聯木為舟。」[40] 桄榔製舟的傳統至少延續了幾個世紀，唐代的劉恂就介紹過桄榔對無釘之船的重要性。

劉恂在唐昭宗時期（888–904 年在位）曾任廣州司馬，他在《嶺表錄異》中寫道：「桄榔樹枝葉並蕃茂，與棗、檳榔等小異，然葉下有須，如粗馬尾，廣人採之，以織巾子。其須尤宜咸水浸漬，即粗脹而韌。故人以此縛舶，不用釘線。」[41] 這裏他說的是桄榔樹的須，而不是嵇含說的樹皮。劉

40 ［晉］嵇含著，魯迅、楊偉群校：《南方草木狀》，《歷代嶺南筆記八種》上冊（廣州：廣東人民出版社，2011），第 17 頁。

41 ［唐］劉恂：《嶺表錄異》卷中，《歷代嶺南筆記八種》上冊，第 60 頁。

恂還指出，廣人採了桄榔須後編織成「巾子」，至於是否編成繩索，尚不清楚。至於桄榔須的特點，劉恂所說與嵇含無異，也就是耐腐蝕，不怕海水浸泡，且浸泡後反而膨脹堅韌，所以非常適合用於捆縛船板。最後，劉恂用了四個字「不用釘線」，這也是阿拉伯式船的關鍵特徵。

除了桄榔須，劉恂還記錄了海船利用「橄欖糖」來填塞船板之間的縫隙，這是造船的防水技術。他說，橄欖「樹枝節上生脂膏如桃膠。南人採之，和其皮葉煎之，調如黑餳，謂之橄欖糖。用泥船損，乾後堅於膠漆，著水益乾耳」。[42] 所謂「橄欖糖」，也就是把橄欖樹脂或樹膠混合橄欖葉，加水煎成糊狀，然後填塞到船縫裏。水分揮發後，橄欖糖便和縫隙完全合為一體，比傳統的塗漆堅固；入水後不但不會泡軟，反而「益堅」。橄欖糖的這種特徵非常適合用於航海商船。因此，劉恂總結說：「賈人船不用鐵釘，只使桄榔須繫縛，以橄欖糖泥之。糖乾甚堅，入水如漆也。」[43] 所謂賈人船，就是海船；而唐代廣州的海船幾乎都是東南亞和阿拉伯（波斯）的船。[44] 749 年（天寶八載），唐代高僧鑒真第五次東渡日本失敗，遇風暴後漂流到海南島，而後到廣州，見珠江之中「有婆羅門、波斯、昆侖舶，不知其數；並載香藥、珍寶，積載如山。其舶深六七丈。師子國、大石國、骨唐國、白蠻、赤蠻等往來居（住），種類極多。」[45] 從名稱判斷，這些船大致來自東南亞和印度洋，其中肯定就有阿拉伯式無釘之船；更何況廣州當時還有許多來自印度洋（獅子國和大食）的商人居住。

劉恂在廣州做過官，熟悉廣州港停泊的無釘之船不足為奇；其實，比他早數十年的慧琳在《一切經音義》中就介紹了用椰索和「葛覽糖」製作的「無釘之船」。慧琳是西域疏勒國人，一直居住在長安，卻熟知縫合船，不

42 《嶺表錄異》卷中，《歷代嶺南筆記八種》上冊，第 62 頁。

43 同上，第 52 頁。

44 關於唐代廣州灣的外國海船，參見 Edward H. Schafer, *The Golden Peaches of Samarkand : A Study of T'ang Exotics*（Hauraki Publishing, 2014）.

45 ［日］真人元開著，汪向榮校注：《唐大和上東征傳》（北京：中華書局，1979），第 74 頁；又見［法］費琅著，馮承鈞譯：《昆侖及南海古代航行考》（北京：中華書局，1957），第 8 頁。

得不令人驚歎唐人對海洋亞洲的了解。關於椰子，慧琳在《一切經音義》中說：「廣州多有，葉堪為席」，「皮堪為索，縛舡舶，耐爛」；[46] 又說其「葉堪為席，皮堪為索以縛船舶，耐水而不爛且堅，大舶盡用。」[47] 談到無釘之船時，他說：「海中大船曰舶」[48]；又說「舶，大船也，長二十丈載六七百人者是也」[49]；「舶，海舟也，入水六十尺，驅使運載千餘人，除貨物，亦曰昆侖舶。運動此船，多骨論為水匠，用椰子皮為索綁縛，葛覽糖灌塞，令水不入，不用釘鍱，恐鐵熱火生；累木枋而作之，板薄恐破。長數里，前後三節，張帆使風，亦非人力能動也。」[50]「海中大舟也，入水六十尺，累枋木作之」[51]；「海中大船也，累枋木為之，板薄不禁大波浪，以椰子皮索連之，不用鐵丁，恐相磨火出。千人共駕，長百丈。」[52] 慧琳所說的「累枋木作之」、「用椰子皮為索綁縛」與馬可．波羅和汪大淵記載的造船方式是一致的。

慧琳沒有提到劉恂所說的桄榔須為索捆縛船板，他一直談的都是椰索，對椰索耐海水腐蝕和「葛覽糖」防水的特點非常清楚；雖然他沒有到過南方沿海之地，但他依據的資訊都是通過陸上「絲綢之路」而來，對馳騁於印度洋的縫合船，他的描述應當比劉恂可靠。

以上是宋代之前中國人關於外國無釘之船的記載。其實，古代中國也有自己的無釘之船。曾在廣西任職的周去非就在《嶺外代答》中記載了「藤舟」。他說：「深廣沿海州軍，難得鐵釘桐油，造船皆空板穿藤約束而成。於藤縫中，以海上所生茜草，乾而窒之，遇水則漲，舟為之不漏矣。其舟甚大，越大海商販皆用之。」[53] 從兩廣沿海因為鐵釘桐油缺乏而不得不通藤

46 《一切經音義》，第 581 頁。
47 同上，第 1554 頁。
48 同上，第 213 頁。
49 同上，第 304、394 頁。
50 同上，第 1014 頁。
51 同上，第 1444 頁。
52 同上，第 1467 頁。
53 ［宋］周去非著，楊武泉校注：《嶺外代答校注》（北京：中華書局，1999），第 218 頁。周去非（1135–1189），字直夫，溫州人，南宋隆興元年（1163）進士。歷任欽州教授、廣西靜江府縣尉、浙江紹興府通判。他任靜江府縣尉時撰成《嶺外代答》。

條從船板空中穿過以捆縛船板可知，這種造船方式和「黑石號」相同，就是阿拉伯式的。那麼，兩廣地帶的「藤舟」也是一種無釘之船，只不過這種船使用藤條，而阿拉伯式船是以椰繩為索。成書於983年的《太平御覽》中也有類似的記載：「《異物志》曰：科藤，圍數寸，重於竹，可以為杖。篾以縛舡及以為席，勝於竹也。」[54] 可見，藤舟在南方流傳已久。此外，周去非指出「其舟甚大，越大海商販皆用之」，這表明藤舟也可以作為泛海的商船使用，其製作和材料應當相當考究。

當然，無釘之船在早期人類社會普遍存在，因為人類最先發明的船——獨木舟——就是無釘之船。周去非也介紹了廣西當年巨大的獨木舟「刳木舟」。他寫道：「廣西江行小舟，皆刳木為之，有面闊六七尺者。雖全成無罅，免繻袽之勞，釘灰之費，然質厚遲鈍。忽遇大風浪，則不能翔，多至沉溺。要不若板船，雖善不能為矣。欽州競渡獸舟，亦刳全木為之，則其地之所產可知矣。海外蕃船，亦有刳木者，則其為木，何止合抱而已哉！」[55]

中世紀的人已經習慣了使用鐵器和鐵釘，對無釘之船是相當詫異的。唐代的慧琳稱，無釘之船不用鐵釘的原因在於「恐鐵熱火生」、「恐相磨火出」，這估計是他自己的解釋。其實，造船不用鐵釘既是早期人類在進入鐵器時代之前的普遍狀況，也與人類進入鐵器時代後所在地的資源和傳統有關。如果某地沒有鐵礦，冶鐵業不發達，或者輸入的鐵器昂貴，人們必然會尋求其他材料或方法來解決對鐵器的需求。這就是周去非談到的廣西的狀況。因為沒有鐵釘，當地造船時就用藤捆綁而成所謂「藤舟」。可以想到，島嶼社會和遊牧部落一般而言比較缺乏鐵器，馬爾代夫群島的情況就很明確，既不生產鐵釘，又不用鐵釘造船。阿拉伯式無釘之船的起源大致如此。有了鐵釘，它被引入造船也需要一段時間，因為一種傳統的改變並非一夜之間可以實現。

---

54 [宋] 李昉等：《太平御覽》（北京：中華書局，1960），第4冊卷995，第4405頁。
55 《嶺外代答校注》，第219頁。

擁有有釘之船的社會覺得無釘之船異常，因而對其起源加以揣測。慧琳認為無釘之船克服了鐵釘摩擦起火的弱點，西方則流傳着另一則邏輯相似但內容不同的傳說來解釋無釘之船的來源及其合理性，那就是海底磁山。更有意思的是，幾乎從一開始，印度洋的馬爾代夫群島就是海底磁山的所在地，不能不令人拍案稱奇。

海底磁山

馬爾代夫是航海必需品椰索的出產地，也是約兩千年前即開始流傳的海底磁山所在地。所謂海底磁山，就是指海底有磁鐵形成的山脈或海床，經過此地的船隻因船上的鐵釘、鐵錨和其他鐵器而被磁鐵吸住，無法前行，甚至沉沒。這當然是子虛烏有。即使海底有磁石，能夠吸引船上的鐵器，也無法將整艘海船吸住。畢竟，海船的主要材料是木材，鐵器只佔了其中非常少的一部分。然而，海底磁山的傳說不但流傳時間很長，流傳的地理空間也很廣闊，這似乎從另一方面旁證了阿拉伯式無釘之船的航海優勢。在耐撞等方面，如伊本·白圖泰所言，無釘之船可能確有其優勢。或許正是因為沒有鐵釘，阿拉伯式海舶才得以在印度洋上乘風破浪，直抵西方垂涎三尺的絲綢和瓷器產地——中國。如此說來，無釘之船和海底磁山是正反兩面相輔相成的，實在有點意思。不妨來初步探索一下兩者之間的聯繫。

二世紀的托勒密在其《地理志》中就把海底磁山鎖定在馬爾代夫群島附近。「人稱一共存在有十個相互毗連的島嶼，統稱為馬尼奧萊群島，裝有鐵釘的船隻都要被吸住難行，也許是島嶼中出產大磁石（Pierre d'Héraklès）的緣故。所以，那裏的人們要在滑道中造船。這些島嶼中居住有一些被稱為馬尼奧萊人的食人生番。」[56] 馬尼奧萊群島大致就是現在的馬

56 ［法］戈岱司編，耿昇譯：《希臘拉丁作家遠東古文獻輯錄》（北京：中華書局，1987），第43–44頁。

爾代夫群島。為什麼托勒密認為馬爾代夫是海底磁山所在之處呢？這其實是由馬爾代夫所處的航海戰略位置所決定的。馬爾代夫處在斯里蘭卡西南向，從南到北一豎排開，正是東西方海洋貿易的必經之處。從紅海、阿拉伯海或波斯灣出發的海船，如果繼續東航，往往要經過此處；風暴也會將一些計畫前往印度半島東南岸或斯里蘭卡（以及馬來半島或東南亞）的船吹到馬爾代夫。此外，馬爾代夫群島島嶼眾多，礁石林立，在西方世界早就有「萬島」之稱；加上群島海峽眾多，季風變化和洋流複雜，很容易導致外來船隻失事。這樣，作為東西海洋交通要道的馬爾代夫自然成為不熟悉季風和當地航道的外來船隻的高危海域，於是托勒密等人就將磁石吸鐵導致船隻停滯不前乃至沉沒的傳說安在了馬爾代夫這裏。

到了四至五世紀，海底磁山的傳說就發展成無釘之船起源的根據。根據曾經到過印度和中國的主教修士阿杜利斯的引述，「在阿拉伯海和波斯海中有上千個島嶼，馬尼奧萊群島服從於錫蘭。在這後一個群島之中，人們還發現過一種所謂磁石，它用本身所具有的力量吸住所有鐵製品。所以，如果一艘安裝有鐵釘的船隻在這些島嶼靠岸，立即就會被吸住，這種石頭中所蘊藏的力量會阻止船隻由此返歸。所以人稱此地的船隻均是以木楔製造的」。[57] 人們不僅相信馬爾代夫有巨大的磁石吸引了帶有鐵釘的船隻，導致船隻無法通行；而且因此建造了沒有鐵釘的船隻，以躲避馬爾代夫的磁石，所以「此地的船隻均是以木楔製造的」。此後的巴拉迪尤斯複述：「如果人們所介紹的一切均係確切的話，那麼在這一島嶼（錫蘭）附近還有成千的其他島嶼，均被厄立特里亞海所環抱。因為被稱為馬尼奧萊的島嶼出產磁鐵，具有吸鐵的特性。當帶有鐵釘的船隻航行至這些島嶼時，就會被磁石的這種磁性所吸住再也無法重新離開了。所以，到達這個大島的船隻都是特製的，完全不使用鐵，而只用木楔。」[58] 簡而言之，馬爾代夫海底磁

57 《希臘拉丁作家遠東古文獻輯錄》，第 75 頁。
58 同上，第 74 頁。

石的傳說給阿拉伯式無釘之船的起源提供了一個合理但不算完美的解釋。

以上記錄只強調了無釘之船沒有鐵釘，僅用木楔，並沒有提到其他情況，尤其是椰索的關鍵作用。十世紀初的阿拉伯旅行家馬蘇第的《黃金草原》一書則是第一次具體記載無釘之船乃由椰索捆綁而成這一關鍵細節的非中文文獻。他說：「在地中海的克里特島附近，曾發現用椰子樹纖維繫在一起的有洞的柚木板，這些木板是從被海浪衝擊而遇難的船隻上脫落下來的。這種結構的船隻有在阿比西尼亞海沿岸地區才使用。在地中海航行的船隻和大食人的船隻均為釘子結構；而在阿比西尼亞海，因為海水的腐蝕，鐵釘變得易碎，容易斷裂，極不牢靠，故迫使船隻製造商用塗有油脂和柏油的纖維繩代替鐵釘連結船板。」[59] 阿比西尼亞就是東非的衣索比亞，因此，馬蘇第說東非附近也就是印度洋西部地區的船隻是無釘之船。似乎是因為那裏的海水腐蝕特別嚴重，所以「用纖維繩代替鐵釘連結船板」；而在地中海的船隻，無論是希臘的、埃及的還是阿拉伯的，「均為釘子結構」。

馬蘇第的記錄有三點格外值得關注。第一點，他說無釘之船的殘骸是在地中海的克里特島附近發現的，而當時紅海和地中海並無運河溝通，所以他用這個例子來推斷：「海洋是相通的，而且從中國和新羅繞突厥地區運動，通過來自大洋的某一管道流向馬格里布。」[60] 他的推論當然是正確的。在他千年之前，腓尼基人就完成了環非航行。第二點，馬蘇第提到了無釘之船的製造材料和方法。船板是用柚木做的，木板上有孔，然後用椰子纖維製作的椰繩捆綁；椰繩外表塗有油脂和柏油，以增加防水防腐性。這些描述和在阿曼發現的船板情況是完全一致的。不過，讀者需要注意的是，慧琳關於椰索捆縛船板的記錄不但比馬蘇第早了一百多年，而且細節也相對清楚，還提供了用「葛覽糖」填塞船縫防水的信息。也就是說，中文文

59 ［法］費琅編，耿昇、穆根來譯：《阿拉伯波斯突厥人東方文獻輯注》（北京：中華書局，1989）上冊，第 119 頁。

60 《阿拉伯波斯突厥人東方文獻輯注》上冊，第 119 頁。「馬格里布」泛指北非西部一帶。

獻對阿拉伯式無釘之船建造細節的記載不但比阿拉伯及其他文獻早，而且更加具體和完備，這不能不令人驚歎。第三點，馬蘇第說，大食（也就是阿拉伯）在地中海的船隻是有釘子的，可是他似乎不知道，阿拉伯人在印度洋上用的是無釘之船。

無釘之船的歷史事實和海底磁山的流言蜚語，二者在馬爾代夫的結合，實在是海洋亞洲一段回味無窮的插曲，令人不得不矚目馬爾代夫在海洋史上不可或缺的地位。從航海歷史追溯，讀者可以推斷，一般是先有「船（無釘之船）」，使得人們到達某地成為可能，而後人們才會認識到某地航海的危險，並廣為宣揚。因此，馬爾代夫的重要性（地理位置和出口商品）和危險性在印度洋世界廣為人知。更令人驚奇的是，這些事實和傳聞在中國古代文獻中也早有記錄。以下繼續分析古代中國關於無釘之船和海底磁山的文獻記載，尤其是相關的兩點：其一，馬爾代夫海域之凶險令古代中國認為它就是上古傳說中的「弱水」；其二，是海底磁山的中國化。

印度洋的「弱水」

馬爾代夫群島附近海域的凶險一直為印度人和阿拉伯人所知。十世紀前後的伊卜拉希姆・本・瓦西夫在《〈印度珍異記〉述要》中寫道：「據說，（大洋裏）有一萬二千八百個島嶼。那裏旋渦翻動，海浪滾滾。當船隻來到這裏，便原地旋轉，直至沉沒……」[61]「原地旋轉，直至沉沒」這句話和海底磁石吸引有釘之船以致沉沒的情節實在太像了。而這種洋流、風暴和礁石交織的險惡，很快就被前來的中國人注意到了。

汪大淵對此就深有體會。他說：「舶往西洋，過僧伽剌傍，潮流迅急，更值風逆，輒漂此國。候次年夏東南風，舶仍上溜之北。水中有石槎中

61 《阿拉伯波斯突厥人東方文獻輯注》上冊，第 159 頁。

牙，利如鋒刃，蓋已不完舟矣。」[62] 也就是說，船舶經過僧伽剌（斯里蘭卡）附近，那裏洋流迅急，如果碰上逆風的話，船很容易被風吹漂到馬爾代夫附近；這樣，只能等到第二年夏天東南季風起來時，才能從馬爾代夫向北行駛。汪大淵所說的「潮流迅急，更值風逆」與瓦西夫筆下的「旋渦翻動，海浪滾滾」完全吻合。汪大淵還提到了馬爾代夫的暗礁，它們「利如鋒刃」，失事船隻很容易被紮得四處破裂。瓦西夫的「原地旋轉，直至沉沒」描述的其實就是汪大淵所指的船隻碰了暗礁而沉沒的情形。

此後鄭和寶船上的馬歡、鞏珍和費信都談到風暴、暗流和礁石對外來船隻的危害。馬歡指出：「設遇風水不便，舟師失釘舵船過其溜，落瀉水，漸無力而沉沒，大概行船謹防此也。」鞏珍大致抄錄馬歡的記錄，云：「行舡者或遇風水不順，舟師針舵有失，一落其溜，遂不能出。大概行舡，謹防此也。」費信則簡潔地說「若商船因風落溜，人船不得復矣」，又作詩一首強調了馬爾代夫航路的危險，其中有「盤針能指侶，商船慮狂風」和「雖雲瀛海外，難過石門中」兩句。[63] 馬歡的「落瀉水，漸無力而沉沒」，鞏珍的「一落其溜，遂不能出」，費信的「因風落溜，人船不得復」，以及瓦西夫所說的「當船隻來到這裏，便原地旋轉，直至沉沒」，都是船隻觸礁沉沒的意思。

和汪大淵相比，馬歡等人對馬爾代夫的了解詳細多了。以地理而論，馬歡他們不但知道馬爾代夫將近兩千個島嶼組成了幾個大的島嶼群，也就是所謂的八溜或九溜；他們還觀察到，除八溜外，馬爾代夫「再有小窄之溜，傳雲三千有餘溜。」[64]「小窄之溜」，以後的文獻稱「小窄溜」或「小溜」。如謝方指出，馬爾代夫群島為南北走向的兩組平行狹長的珊瑚礁島群，其中較大的島嶼都在東邊一線上，所謂「八溜」或「九溜」即分佈在

62 《島夷志略校釋》，第 264 頁。

63 《明鈔本〈瀛涯勝覽〉校注》，第 73 頁；《西洋番國志．鄭和航海圖．兩種海道針經》，第 32 頁；［明］費信著，馮承鈞校注：《星槎勝覽校注》（北京：華文出版社，2019），第 108 頁。

64 《明鈔本〈瀛涯勝覽〉校注》，第 72 頁。

此；西邊還有一系列環礁，面積更小，數量更多，這就是「小窄溜」。[65] 這些小島比鄰叢生，暗礁林立，外來船隻到此或不熟悉水道礁石，或因風暴失控，非常容易觸礁沉沒，因此這些小島臭名遠揚。馬歡等人就以「弱水」稱之，聲稱「所謂弱水三千，正此處也。」[66] 馬爾代夫附近的海流／海域險惡，因此馬歡認為這裏就是古代中國傳說中記載的「弱水」。

關於弱水，從先秦的《山海經》到《史記》及《後漢書》都有記載，其地理位置或在西北（往往和流沙相提並論），或在東北，並非專指某條河流。「弱水」之名源於水「羸弱」不能浮舟，往往稱「其力不能勝芥」，故無法渡河。後來的文獻想像力更豐富。成書於明代中後期的《西遊記》第二十二回講述了唐僧、孫悟空和豬八戒途經流沙河收服沙僧的故事。其中描述流沙河的情況為「八百流沙界，三千弱水深。鵝毛飄不起，蘆花定底沉」。流沙河即為「弱水」，此前加以「三千」這個數量詞，言其無邊無垠也。後人往往以為「三千弱水」首見於《西遊記》，其實不然，十五世紀初的馬歡已經把「三千弱水」加諸萬里之遙的溜山國了。

馬歡首倡馬爾代夫「弱水」之說，遂為其他人因襲，從而把想像中位於中國北部或西北的內河「弱水」移植到印度洋。鞏珍說：「其餘小溜，尚有三千餘處，水皆緩散無力，舟至彼處而沉，故行船謹避，不敢近此經過。古傳弱水三千，正此處也」，「行舡者或遇風水不順，舟師針舵有失，一落其溜，遂不能出。大概行舡，謹防此也。」[67] 費信也概論曰：「傳聞有三萬八千餘溜山，即弱水三千之言也。」[68] 黃省曾在其《西洋朝貢典錄》（成書於正德十五年，即 1520 年）中大致抄錄了上述諸書，稱馬爾代夫「又西有小窄溜，是有三千，是皆弱水，即所謂『弱水三千』者焉。一曰有三萬八千餘溜，舟風而傾舵也，則墜於溜，水漸無力以沒。其小窄溜之民，巢

65 謝方：〈中國史籍中之馬爾代夫考〉，《南亞研究》1982 年第 2 期，第 6 頁。
66 《明鈔本〈瀛涯勝覽〉校注》，第 72 頁。
67 《西洋番國志 · 鄭和航海圖 · 兩種海道針經》，第 32 頁。
68 《星槎勝覽校注》，第 108 頁。

穴而處，魚而食，草木而衣。」[69] 這並不令人感到奇怪，值得注意的是後面的一句話：「《山海經》諸古書及酈道元所引論弱水多矣。雖通人辨士，莫之能明也。茲復知有溜山弱水矣。見覽雖益廣遠，而天地之大，終不能窮焉。」[70] 可見，明代以馬爾代夫海域為弱水並非沿襲古說，而是宋、元、明以來中國和印度洋世界深入交流的結果。馬爾代夫海域的險惡，導致它在西方世界以海底磁山聞名，在中國則博得了「弱水」的大名。[71]

其實，海底磁山的傳說在中國也流傳頗廣，只是古代中國沒有明確其地理位置，而是先泛稱南海而後指向西洋。筆者將在下文中介紹成書於十六世紀末的章回體小說《西洋記》對西洋「吸鐵嶺」的描述，這是關於海底磁山的詳盡的中國版本，從中亦可管窺「海上絲綢之路」帶來的文化交流。

「吸鐵嶺」

海底磁山的傳說早在晉代就傳到了中國。關於磁石，《太平御覽》卷九八八引用《南州異物志》曰：「漲海崎頭，水淺而多磁石。外徼人乘大舶，皆以鐵鍱鍱之。至此關，以磁石不得過。」[72] 也就是說，南海某處陸地附近有磁石，所以外國人的有釘之船就被海底磁山吸住，不能通航，也就不能到達中國。這其實是托勒密傳說的簡明中國版。

中國人進入印度洋相對較晚，以《漢書》、《地理志》的記載，黃門使者輾轉到達黃支（位於今印度南部）的時間在漢武帝時期或者之後，也就是西元前一世紀前後。就時間和空間而言，海底磁山的傳說應當是自西向

69 《西洋朝貢典錄校注．東西洋考》，第 78 頁。
70 同上，第 79 頁。
71 筆者此處強調馬爾代夫海域航行的危險性，是在馬爾代夫作為航海樞紐的語境下討論。實際上，頻繁的貿易往來使得馬爾代夫居民和印度洋世界對其航海情況（季風、洋流和海峽）相當熟悉。
72 《太平御覽》，第 4 冊卷 988，第 4372 頁。

東流傳的。而《南州異物志》是三國時期（220–280 年）吳國丹陽太守萬震對南海諸島所作的記載，以此論之，則磁石之山的傳說在托勒密後不久就「乘船」到了中國。

那麼，磁石大致位於何處呢？《太平御覽》卷七九〇云：「《南州異物志》曰：句稚，去典遜八百里，有江口，西南向，東北行，極大崎頭出漲海中，淺而多磁石。」[73] 則句稚國即為海底磁山。比《南州異物志》稍晚的《太清金液神丹經》基本照錄上述所引《太平御覽》兩條，云：「句稚國去典遜八百里，有江日（按：應作口），西南向，東北入，正東北行。大崎頭出漲海中，水淺而多慈石。外徼人乘舶船皆鐵葉，至此崎頭，閡慈石不得過，皆止句稚，貨易而還也。」[74] 饒宗頤經過考證，認為句稚國當在馬來半島。[75] 以當時航海實情，印度洋之來貿易止於馬來半島，這是完全可以理解的，故雲「皆止句稚，貨易而還也」。

《太平御覽》之後，海底磁山的傳說在中文文獻中鮮見。惟周去非在《嶺外代答》中對「藤舟」的記錄，同樣顯示了托勒密傳說的影響。他解釋藤舟製作之所以不用鐵釘時說，「而或謂要過磁石山而然，未之詳爾。」[76] 雖然說不知道真假，但周去非知道這個傳說則一目了然。此外，周去非還把磁山的傳說從海洋引入內河，他說：「今蜀舟底以柘木為釘，蓋其江多石，不可用鐵釘，而亦謂蜀江有磁石山，得非傳聞之誤？」[77]

宋元時代中國和印度洋海上交通極為發達，加上明初鄭和下西洋，因而中國對印度洋世界的了解達到空前的高峰。鄭和下西洋之後，由於海禁政策等因素，到了十六世紀後，幾乎沒有中國船隻進入印度洋，中國和印度洋的聯繫反不如宋元和明初時期頻繁和深入。不過，關於印度洋的知識

73 同上，卷 790，第 3501 頁。
74 《太清金液神丹經》，卷下「勾稚國」。引自饒宗頤：〈《太清金液神丹經》（卷下）與南海地理〉，《中國文化研究所學報》第 3 卷第 1 期（1970 年 9 月），第 42 頁。
75 同上，第 43 頁。
76 《嶺外代答校注》，第 218 頁。
77 同上，第 218 頁。

仍然在中國民間流傳。十六世紀初黃省曾的《西洋朝貢典錄》是集大成的史地著作，可謂精英學者的知識體系。成書於明萬曆二十五年（1597年）的《西洋記》則是以鄭和下西洋事件為本而創作的章回體小說，其中包含許多海洋知識，可以說是民間對西洋的想像和觀念，頗值得注意。《西洋記》是明代羅懋登所著的長篇神魔小說，受《封神榜》和《西遊記》影響很深，可是藝術水準遠遠不及前兩者。《西洋記》關於「西洋」的描述和藝術創作，有很多直接源於汪大淵、馬歡和黃省曾等人，也有一些間接雜糅了不知出處的素材。其中，羅懋登對「西洋」海中「吸鐵嶺」的大寫特寫，可以說是自托勒密以來的海底磁山傳說最晚也最詳盡的版本，是印度洋知識在中國的糅合和發揮，頗值得玩味。

《西洋記》從燃燈古佛下凡輔助鄭和下西洋的情節開端，全書多處提到吸鐵嶺，最主要的有第二回和第二十一回。第二回記載燃燈古佛下凡投胎為碧峰長老之前，在普陀山和觀音菩薩一起說法，四海龍王聞之前來送寶。其中，西海龍王送的是滑琉璃：

> 第三班跪着的白臉素衣，呼庚吸辛，手兒裏捧着一個碧澄澄的滑琉璃。老祖道：「第三位是誰？」龍王道：「弟子是西海小龍神敖順。」老祖道：「手兒裏捧着什麼？」龍王道：「是一個金翅吠琉璃。」老祖道：「是何處得來的？」龍王道：「這琉璃是須彌山上的金翅鳥殼，其色碧澄澄，如西僧眼珠子的色。道性最堅硬，一切諸寶皆不能破，好食生鐵。小神自始祖以來，就得了此物，傳流到今，永作鎮家之寶。」老祖道：「要他何用？」龍王道：「小神海中有五百里吸鐵嶺，那五百里的海底，堆堆砌砌，密密層層，盡都是些吸鐵石，一遇鐵器，即沉到底。舟船浮海，用它垂在船頭之下，把那些吸鐵石子兒如金熔在型，了無滓渣，致令慈航直登彼岸。」老祖也點一點頭，想是也有用他處，輕輕的說道：「吩咐他南膳部洲發落。」龍王把個手兒望上躬一躬，你看好個金翅吠琉璃，只見他一道清風，掠地而去。[78]

此處西海龍王敖順把吸鐵嶺說得明明白白。吸鐵嶺位於「西海」海底，

78 《西洋記》上冊，第16頁。

長達五百里，「堆堆砌砌，密密層層，盡都是些吸鐵石，一遇鐵器，即沉到底」。雖然這裏所說的「西海」是神話中的「西海」，不能和鄭和的「西洋」直接對應，但是從羅懋登的選擇和方位而言，「西海」和西洋吻合。因此，儘管《西洋記》的「西海」與鄭和的西洋以及現在的印度洋不是一一對應的，但也表明了羅懋登描寫的吸鐵嶺的地理位置和托勒密的海底磁山大致相符。換過來思考，羅懋登為什麼不選擇「南海」呢？要知道，以地理方位來看，南海和《南州異物志》記載的「漲海」也是吻合的。

此外，吸鐵嶺和海底磁山的關鍵因素也完全吻合：一是位於海底，二是吸附鐵器，導致船隻不能前行，甚至沉沒。《西洋記》第十四回燃燈古佛投胎的長老就對明朝皇帝解釋說：「這個嶺生於南海之中，約五百餘里遠，周圍都是些頑石坯。那頑石坯見了鐵器，就吸將去了，故此名為吸鐵嶺。」[79] 羅懋登雖然沒有直接說吸鐵嶺會把船隻吸到海底，但在介紹滑琉璃時，其意思是十分明確的。敖順說，將滑琉璃「垂在船頭之下，把那些吸鐵石子兒如金熔在型，了無滓渣，致令慈航直登彼岸」，目的就是克服磁石的吸力。這樣，敖順所說的船隻是有釘之船也就昭然若揭了。畢竟，倘若是無釘之船，就無須懸掛滑琉璃了。因此，滑琉璃和吸鐵嶺的背後，是有釘之船和無釘之船的區別。很明確，三寶太監的中國寶船就是有釘之船。

《西洋記》第二十一回具體講述了如何過吸鐵嶺，其法與第四回介紹的懸掛滑琉璃大有不同。到了吸鐵嶺，長老「寫下了一道牒文，當時燒下」，「玉帝看了牒文，即時准奏，傳下一道玉旨，欽差三十六天罡，統領天兵四隊，往西洋大海吸鐵嶺下，搬運寶船上鐵錨兵器等項，不得有違」。

> 只見三十六天罡領了天兵四隊，竟自駕起祥雲，望西洋大海而來。見了古佛，領了佛旨，把些寶船上的鐵錨兵器，

79 同上，第 183–184 頁。此處將吸鐵嶺記在「南海」之中，與第四回和第二十一回皆不同。這大概因為《西洋記》完成後未能精心修訂，前後行文不一處頗多。如第四回和第二十一回克服吸鐵嶺之法，情形也不盡相同。

> 無論大小，無論多寡，一會兒都搬到西洋海子口上去了，各自駕轉雲回。長老心裏又想道：「鐵錨兵器雖是搬運去了，這些大小船隻，卻都是鐵釘釘的。我身上的金翅吠琉璃，也要得個好力士，才用的快捷。」好個碧峰長老，念上一聲佛，佛法一時生，轉身寫了一個飛票，差了一個夏得海，竟投西海中龍宮海藏而去。只見西海龍王敖順，接了佛爺爺這一個飛票，票說道：「票仰西海龍王，火速統領犀侯鱷伯一千水獸，前到寶船聽候指使，毋違。」龍王領了飛票，即時點齊一千水獸，統率前來，見了佛爺爺，稟說道：「適承飛票呼召，不知有何指揮？」長老道：「敬煩列位，替我把這些船隻，抬過吸鐵嶺砂河，徑往西洋海子口上。須在今夜，不得遲誤雞鳴。」龍王道：「抬便容易抬得，只是盡在今夜，似覺得限期太促了些。」長老道：「我還有你一個寶貝在這裏。」龍王道：「正是，正是。若是佛爺爺拿出那個金翅吠琉璃來，照着前面後面，抬的便輕巧了。這五百里路，不消呼吸之間。」長老取出一個寶貝，交付龍王。龍王拿了這個寶貝，親自領頭。後面一千水獸抬了船隻，一會子就是西洋海子口上。龍王交還了琉璃，說道：「佛爺爺，這鐵砂河今日經過了，這個寶貝卻有十年不生鐵，卻有十年走得船。」長老道：「要他千萬年走船。」龍王拜辭，領着水獸而去。[80]

這樣，寶船就順利通過了吸鐵嶺。

以吸鐵嶺為例，《西洋記》收錄、保留、吸收並改編了許多海洋知識，表明中國與印度洋包括阿拉伯世界的貿易往來也增進了文化交流。這些文化交流，長期以來逐漸被本土化掩蓋了其本源，因而難以溯源。不過，比較中西文獻，其雪泥鴻爪有時亦可稍窺。

最後的無釘之船

那麼，阿拉伯式海船無釘之船是什麼時候從海上消失的呢？十六世紀初，葡萄牙人首次到達印度洋時，看到了這種無釘之船的普遍使用；而後一兩個世紀內，其他歐洲人對此也有連續的記錄。不過，最晚的文獻記錄

80 《西洋記》上冊，第 279–280 頁。滑琉璃（金翅吠琉璃）不但可以令磁石失效，從而讓寶船顯得輕巧，而且有夜明珠的效力，可以在晚上照明。

還是由乾隆年間的澳門官員提供的。

乾隆九年（1744 年），印光任擔任首任澳門同知，他和繼任者張汝霖都對澳門加強了管理和控制。印光任在任內首次制定了管理蕃舶及寄居澳門夷人規約七條，對來往澳門的各種船隻比較了解。印、張二人編著的《澳門紀略》居然提到了無釘之船：「蕃舶視外洋夷舶差小，以鐵力木厚二三尺者為之，錮以瀝青、石腦油。碇以獨鹿木，束以藤，縫以椰索。其碇以鐵力水杪底二重。或二檣、三檣，度可容數百人。行必以羅經，掌之者為一舶司命。每舶用羅經三，一置神樓，一舶後，一桅間，必三針相對而後行。向編香字型大小，由海關監督給照，凡二十五號。光任分守時有一十六號。比汝霖任內，止一十三號。二十餘年間，飄沒殆半，澳蕃生計日絀。」[81] 此處，印、張二人明確地將「外洋夷舶」與「蕃舶」分開，前者指的是歐洲來的輪船，而後者指的是東南亞和印度洋傳統蕃夷的海舶。他們介紹了其建築材料（鐵力木）、防漏材料（瀝青、石腦油）、木碇之使用，特別是建造方式（束以藤，縫以椰索），同時沒有提到鐵釘的使用，表明「蕃舶」就是傳統的阿拉伯式無釘之船。可惜的是，船隻的具體主人或來源是東南亞還是印度洋，無法得知。

印、張二人還明確地告訴我們，直到十八世紀四五十年代，雖然無釘之船已經逐漸沒落，但還在亞洲海域航行。正如前文所述：「向編香字型大小，由海關監督給照，凡二十五號。光任分守時有一十六號。比汝霖任內，止一十三號。二十餘年間，飄沒殆半，澳蕃生計日絀。」也就是說，最初澳門海關登記的無釘之船有 25 艘，到了印光任任內（1744–1746 年），僅剩 16 艘；再過兩三年，至張汝霖任內（乾隆十一年也就是 1746 年權澳門同知，兩年後實授），僅餘 13 艘。這段中文文獻不僅是對海洋亞洲中無釘之船的有力旁證，恐怕也是世界上關於航行在東亞和西亞之間的阿拉伯

---

81 ［清］印光任、張汝霖著，趙春晨點校：《澳門紀略》（廣州：廣東高等教育出版社，1988），第 155–156 頁。

式無釘之船最後的文獻記載了。

既然乾隆時期澳門仍有印度洋來的無釘之船，可以想見，東南亞的某些港口如麻六甲、舊港、雅加達和馬尼拉，必然也有這樣的船舶往來。實際上，直到二十世紀末，仍有少量無釘之船在印度洋和阿拉伯海航行，主要用於近海運輸和打魚，其獨特的建造方式也只有少數老船工掌握。遺憾的是，2004 年 12 月 26 日印度洋海域發生強烈地震，引發了高達 30 米的海嘯，摧毀了印度洋沿岸僅有的幾艘無釘之船。悲觀地估計，目前還在使用或保存在博物館的無釘之船屈指可數。

阿拉伯式無釘之船雖然渡過了浩瀚的印度洋和南海，從西亞抵達廣州，完成了萬里之遙的海上航行，也遊弋在東非附近海域，可是它們也有缺陷，無法承受非洲南端（馬達加斯加島以南）的風暴與海浪。「千真萬確，這些船無法通行於好望角的暴怒的狂風。」里斯本「印度辦公室」的文員巴羅斯明確地指出。[82]

巴羅斯的時代見證了葡萄牙飛揚跋扈的大黑船在從大西洋到印度洋及太平洋廣闊海域上劈波斬浪的場景。那時候，如阿曼出土的沉船船板所示，阿拉伯式縫合船雖然還在使用，但基本已不再奔赴中國的港口。「黑石號」沉沒後的兩三百年間，宋代中國製造的海舶航行於從東海、南海直到印度洋的廣闊亞洲海域，逐漸取代了阿拉伯式船，佔據了主導地位。在南海發現的沉船就揭示了這個趨勢。[83] 1973 年在泉州灣發現的「泉州一號」和近幾年發掘的「南海 I 號」便是明證。需要指出的是，到了十二至十三世紀，中國的造船技術也傳到了東南亞。東南亞的船隻一方面接受了西印度洋縫合船的整體框架，另一方面也接受了中國船隻對鐵釘的使用，從而綜合了海洋亞洲東西兩端的造船技術。

以上搜羅東西方各種文獻記錄，並結合最新的海洋考古發現，對最早

82 "Early Notices of the Maldives", 482.
83 Michael Flecker, *Early Voyaging in the South China Sea*, 39.

往返於中國和阿拉伯海的阿拉伯式無釘之船進行了考證分析，並藉此擴大分析自無釘之船衍生的海底磁山之傳說，從考古、歷史和傳說三者結合的角度彰顯了「絲綢之路」承載的中國與印度洋（阿拉伯）世界的海上貿易，以及伴隨而來的文化交流，對理解海洋亞洲內部的互動不無裨益。筆者相信，以傳統的史地資料為基礎，對比和聯繫散見於各類古籍的中西文獻，充分利用近二三十年海洋考古的最新發現，必將推動「海上絲綢之路」研究取得新進展。正如筆者在他處指出，感謝海洋考古技術最近幾十年的跨越式發展，海洋史的研究已經從文獻時代步入考古時代。

第六章

宋代中國的海洋突破：「泉州一號」航線新考

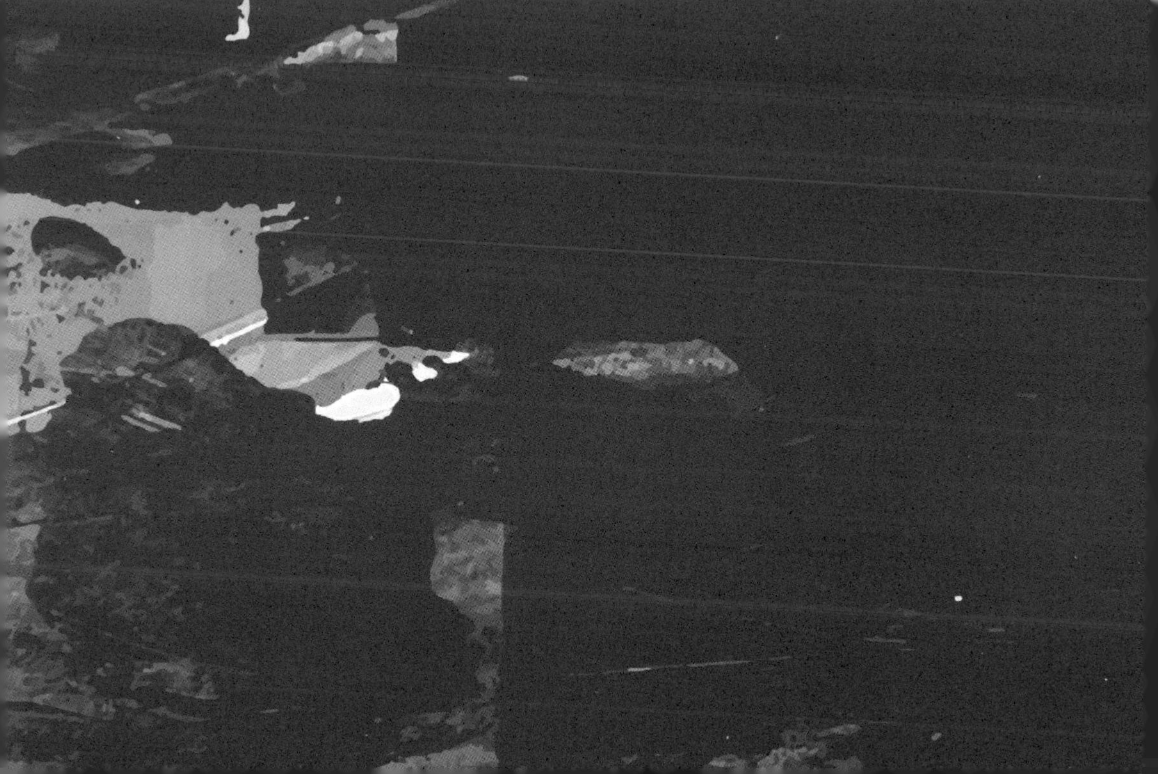

從三佛齊返航嗎

1973 年 8 月，人們在泉州後渚港發現一條宋代沉船。考古發掘和分析表明，這是一艘宋末遠洋返航的中國海船。在船上發現的香料、藥物數量巨大，佔出土遺物的第一位，可以說，這是一艘「香料之船」。這艘船完工於咸淳七年（1271 年）之前，曾數度遠洋，但旋即沉沒於咸淳七年之後某年，[1] 甚至很有可能就廢棄在 1277 年夏秋之際。[2]

需要指出的是，1973 年發現的這艘宋代海船對當代中國的海洋史研究意義重大。正是在該船的發掘和研究基礎上，中國學者於 1979 年 3 月 26 日至 4 月 4 日在福建省泉州市召開了「泉州灣宋代海船科學討論會」。會議期間，有專家學者提出成立一個全國性的學會來研究中國海外交通史，獲得全體代表的一致贊同。4 月 4 日，在討論會閉幕前，中國社會科學院歷史研究所、中山大學東南亞歷史研究所、暨南大學歷史系、復旦大學歷史地理研究室、杭州大學宋史研究室、廈門大學歷史系、福建省社會科學院、福建師範大學和福建省泉州海外交通史博物館（以下簡稱「泉州海交館」）

1 福建省泉州海外交通史博物館編：《泉州灣宋代海船發掘與研究（修訂版）》（北京：海洋出版社，2017），第 66–67 頁。

2 同上，第 84–85 頁；陳高華、吳泰：〈關於泉州灣出土海船的幾個問題〉，《泉州灣宋代海船發掘與研究（修訂版）》，第 160 頁。

等單位正式聯合成立「中國海外交通史研究會」。大會還與泉州海交館聯合出版《海交史研究》（1978 年創刊），這是最早專注於海洋史研究的中文學術刊物。[3] 因此，這艘宋代海船對中國海洋史研究和學科建設都具有開創性的意義。可喜的是，學界一直沒有對其命名，筆者藉此機會再次呼籲以「泉州一號」稱之，以彰其貢獻。

自該船發掘以來，學者們對它進行了全面和深入的研究，成果基本都收入了泉州海交館編寫的《泉州灣宋代海船發掘與研究（修訂版）》（以下正文、注釋均簡稱《發掘與研究》）。其中最重要的結論，以筆者的理解，莫過於指出這是一條建造於宋代的中國遠洋木帆船，[4] 它航行於南海等海域，有可能是從三佛齊返航回到泉州，正好碰上宋元交替的戰亂而被拋棄乃至損毀、沉沒。[5]

關於這艘海船的航行路線，《發掘與研究》指出，宋元時期與中國往來的航線區域很廣，包括今天的東南亞、印度半島、波斯灣沿岸、阿拉伯半島乃至埃及、東非和地中海等 70 多個國家和地區，而泉州作為中國宋元時期的對外交通大港，是通往海外的重要門戶。根據史籍，當時泉州對外交通的航線主要有三條：「一是自泉州啟航，經萬里石塘至占城，再由此轉往三佛齊（印尼巴領旁附近）、闍婆（爪哇）、渤泥、麻逸等地」，即從泉州到東南亞；「二是由泉州放洋過南海，越麻六甲海峽到故臨，進入波斯灣、亞丁灣，遠達非洲東海岸」，即從泉州經東南亞到印度洋，最遠可能抵達東非海岸；「三是由泉州北上，經明州，轉航高麗、日本」，亦即從泉州至朝鮮和日本；「我們對於出土的這艘海船沉沒前的航行範圍，也即航線問題的看法傾向於上述三航線的第一條，也就是說它航行於南海等海域，有可能

3 《海交史研究》是創刊較早的全國性學術刊物，對推動海洋科技史的發展貢獻頗大，可惜因為它是專門史，不符合學術界流行的綜合刊物標準，至今一直不是所謂的 C 刊，實在遺憾。

4 《發掘與研究》，第 66 頁。

5 同上，第 79 頁。

是從三佛齊返航的」。[6]

《發掘與研究》的研究基本完成於二十世紀七十年代末至八十年代初，在當時海洋史研究尚未興起、中國國內外學術交流極其有限、海洋考古發現和研究異常稀罕的情況下，開風氣之先，對宋代海船進行了全面的分析，得出了經得起時間考驗的結論。三十多年後，筆者重新學習，一方面受益匪淺，另一方面對照中國國內海洋考古和海洋史研究的新進展，覺得意猶未盡。特別是泉州灣宋代海船的航行路線問題，筆者認為，一方面，《發掘與研究》的結論採用了相對保守同時謹慎穩妥的立場，彰顯了前輩學者謹慎的學風；另一方面，雖然這個相對保守的解釋立足於充分的證據，經得起考驗，也就是說，這艘宋代海船必定曾經航行於東南亞海域，也有極大的可能甚至的確到過三佛齊，但它似乎排除了該船到過印度洋乃至是從印度洋返航的可能性，在某種程度上低估了該船承載的歷史資訊，未能體現宋元時期中國航行技術和海洋貿易的實際情況。因此，筆者結合目前的考古和國內外文獻，重新解讀《發掘與研究》的考古分析，特別是海貝和香料的相關研究，認為泉州灣宋代海船從印度洋返航的可能性頗大。以下從宋代海船發現的香料、貨貝和環紋貨貝、船體附着物的地理分佈、宋元兩代中國海舶航行印度洋的文獻，以及在南海發現的另外兩艘宋代海船這五個方面加以論述，不妥之處，還請方家指正。

可能來自印度的香料

從宋代海船船艙出土的遺物非常豐富，除各種工具外，還有香料、藥物、金屬器、陶器、瓷器、銅錢、鐵錢、編織物、皮革製品、果核、貝殼、動物骨骼等，「計有 14 類、69 項」，「其中香料藥物佔第一位，數量最大」。[7]

6 《發掘與研究》，第 79 頁。
7 同上，第 26 頁。

以香料看，包括降真香（降香）、沉香、檀香、胡椒、檳榔、乳香和龍涎香，其中「香料木佔出土遺物總數的絕對多數，未經脫水時其重量達4,700多克。它們分佈於各艙，而以第三、四、五艙為最多。香料木多為枝櫟狀，長短粗細不同，出土時多系斷段，一般長度為3–10厘米，個別的長168厘米，直徑1–4厘米。剛出土時顏色清鮮，有紫紅和黃色。散亂於船艙的堆積層中，有的還由繩索綁紮成，經藥物工作者鑒定證實。香料中降真香最多，檀香次之。」[8] 對於這些香料（有些在中醫藥中被作為藥物），《發掘與研究》做了仔細的統計、研究和分析。

降真香在「各艙普遍發現，出土時表裏呈絳色，或附有外皮，或皮已脫落。洗淨陰乾後，仍呈絳色。試用火燒，冒出的煙尚有降真特有的香味」；檀香「各艙亦均有發現。出土時色澤鮮明，有紫、黃二種，而黃色較多」；沉香「出於第二艙，塊頭不大，外觀紋理保持沉香的特點」。[9] 胡椒「經淘淨收集的，約5升，它混在各艙近底部厚約30–40厘米的黃色沉渣中，是海船中出土香藥為數僅次於香料木的藥物。出土時夾有類似棕葉和竹編的殘片，有些胡椒還夾在葉與葉之間的夾縫間。它可能是當時包裝胡椒的殘餘物。經淘淨，顏色一般呈白色，顆粒大致尚完好，但也有部分變成棕黑色，一部分肉腐殼存，爛成一團」；乳香「經檢選的有6.2克，其他尚混雜在龍涎中尚待處理。在第二、三、五、六、九、十、十三等艙的黃色沉渣中和龍涎香、胡椒攪拌在一起。乳香形態不變，滴乳分明，經鑒定已是屬於索馬里原乳香一類，雖泡浸海中數百年，多數成分尚未發生明顯變化」；龍涎香「出於第二、三、五、六、九、十、十三等艙近底部的黃色沉渣中。出土時與乳香、胡椒等雜物混凝在一起，成小塊狀與碎散狀。色灰白，嗅之尚有一些帶腥的香氣。經檢選1.1克進行鑒定是較純的龍涎香。」[10]

---

8 同上。按，4,700多克當為「4,700多斤」之誤，參見《發掘與研究》第27頁表二和第79頁。
9 《發掘與研究》，第26頁。
10 同上，第31頁。

當時有人描述：「出土的龍涎香，二小塊共 1.1 克，外態很像堵塞船上板縫的桐油灰，用鑷子夾取時有輕虛感，顏色即現在的龍涎香加上鹽硝色，這一點點的樣品亦經福建師範大學高分子研究室初步鑒定可能是龍涎香。」[11] 最近的科學分析也證實在「泉州一號」發現的香料的確包括龍涎香，令人欣喜。[12]

《發掘與研究》在論證泉州灣宋代海船「航行於南海等海域，有可能是從三佛齊返航」時，首先就以香料藥物作為直接的證據，筆者簡述如下。第一，宋代泉州大量進口香料藥物，而出土海船的艙中出有香料藥物 4,700 多斤，佔全部出土遺物之絕對多數，所以這是一艘「香料胡椒舶」，與歷史情況完全吻合，其他一些出土物品也間接為此提供佐證。[13] 這是對香料藥物和宋代海外貿易特點的一般概述，筆者完全贊同。

第二，《發掘與研究》認為：「出土的香料藥物，均為南海諸國及阿拉伯沿岸的舶來品。其主要產地：降真香出三佛齊（印尼巨港附近）、闍婆（爪哇）；檀香出闍婆；沉香出真臘（柬埔寨）；蘇木出交州（越南）、闍婆；胡椒出蘇吉丹（爪哇中部）；檳榔出南海諸國；乳香出於大食（阿拉伯半島南部）；龍涎香出自非洲；玳瑁出於占城；朱砂、水銀國內外皆產，但交阯、波斯亦產之。總之從海船出土的香料藥物多為南洋諸國所產，或為東南亞一帶集散的貨物。它表明船是航行於以上國家的海域。」[14] 以上這段話把香料與其具體產地聯繫起來，認為其「多為南洋諸國所產，或為東南亞一帶集散的貨物」，這個結論也大體不錯，但仔細分析，有幾處值得斟酌。

降真香、沉香和蘇木的主要產地為東南亞地區，這是沒有疑問的。早於泉州灣沉船近百年的周去非在其《嶺外代答》中就指出，沉香來自東南

11 趙正山：〈參加泉州古船出土香藥鑒別記〉，《海交史研究》（1978），第 61–62 頁。

12 蔣建榮：《泉州灣宋代海船出土部分香料的科學研究》，北京科技大學博士學位論文（2021），第 69–78 頁。

13 《發掘與研究》，第 79–80 頁。

14 同上，第 80–81 頁。

亞諸國；[15] 晚於泉州灣海船不過幾十年的汪大淵在其《島夷志略》中提到降真香和蘇木時，也指出其主要產地和品質最佳者都在東南亞諸地。[16] 不過，印度洋世界也出降香、沉香和蘇木，只是數量可能不多。北宋的洪芻在其《香譜》中引用《唐本草》說，沉水香「出天竺、單於二國」。[17] 鄭和寶船的通事馬歡也指出，溜山「土產降香不廣」。[18] 南宋中後期的趙汝適亦指出，印度半島的故臨國「土產椰子、蘇木」。[19] 因此，東南亞確實為宋、元、明時期降真香、沉香和蘇木的主要產地，但與此同時印度洋世界也出產這三類木香。有意思的是，泉州灣宋代海船船艙內降真香的顯微鑒定和化學分析似乎都表明印度是其原產地。全部六個降真香樣品，顯微判定「其來源係豆科植物印度黃檀」[20]；化學鑒定表明，「出土降香各組分的保留時間和峰形更接近於印度黃檀」，「被鑒定的出土樣品是豆科黃檀屬（*Dalbergia*）的一種降香。從固體進樣氣相色譜圖分析，原植物很可能是印度黃檀（Dalbergia sissoo Roxb）。」[21] 需要指出的是，印度黃檀原產地為印度、巴基斯坦、尼泊爾等南亞地區，東南亞不是原產區。假如以上科學分析正確的話，那麼，泉州灣宋代海船出土香料中最多的降香最終源頭也是印度。

至於檀香，雖然印度和東南亞都是原產地，但檀香是隨着佛教而傳入中國的。因此，檀香的使用源自印度，而後傳播到東南亞各地和中國；檀香最早的出口地應當是印度，而後東南亞開始參與，特別是帝汶島。

關於胡椒，《發掘與研究》說「胡椒出蘇吉丹（爪哇中部）」，這就完全忽視了印度作為胡椒最早和最主要產地的歷史事實。印度半島西南部的

---

15 《嶺外代答校注》，第 241–243 頁。
16 《島夷志略校釋》，第 70、114、153、190–191、237、240、261 頁。
17 ［宋］洪芻等著，田淵整理校點：《香譜（外四種）》（上海：上海書店，2018），第 8 頁。
18 《明鈔本〈瀛涯勝覽〉校注》，第 74 頁。
19 ［宋］趙汝適著，楊博文校釋，［意］艾儒略著，謝方校釋：《諸蕃志校釋．職方外紀校釋》（北京：中華書局，2000），第 68 頁。
20 南京藥學院、南京林產工業學院、福建省藥品檢驗所：〈泉州灣出土宋代木造海船艙內降香的顯微鑒定〉，《發掘與研究》，第 264 頁。
21 〈泉州灣出土宋代木造海船艙內降香的化學鑒定〉，《發掘與研究》，第 270 頁。

喀拉拉邦地處馬拉巴爾海岸，瀕臨阿拉伯海，從古埃及時代就以出產胡椒聞名，在葡萄牙人到來之前的兩三千年裏向地中海世界輸出這種著名的香料。古里、柯枝等地都是東西海洋貿易航線上著名的商港所在。唐代段成式在《酉陽雜俎》中寫道：「胡椒，出摩伽陀國，呼為昧履支。其苗蔓生，極柔弱。葉長寸半，有細條，與葉齊，條上結子，兩兩相對。其葉晨開暮合，合則裹其子於葉中。形似漢椒，至辛辣。六月採，今人作胡盤，肉食皆用之。」[22] 摩伽陀國即古印度十六國之一，昧履支為胡椒梵文"marica"之譯音。[23] 趙汝適雖然在《諸蕃志》中指出了胡椒盛產於闍婆，但最後又說：「或曰南毗無離拔國至多，番商之販於闍婆，來自無離拔也。」[24] 南毗國就在馬拉巴爾海岸的古里一帶。如此，則唐宋時中國人已經明白印度盛產胡椒；而掌管泉州市舶司的趙汝適從海外商人口中得知，闍婆雖然出產胡椒，但其出口的胡椒有一部分是自印度來的。此後遊歷了東南亞和印度洋的汪大淵對胡椒非常注意，他指出了爪哇盛產胡椒，但認為印度下里的胡椒更著名，其他地方的胡椒可能是下里的「餘波」。下里「地產胡椒，冠於各番，不可勝計。椒木滿山，蔓衍如藤蘿，冬花而夏實。民採而蒸曝，以乾為度。其味辛，採者多不禁。其味之觸人，甚至以川芎煎湯解之。他番之有胡椒者，皆此國流波之餘也」。[25]

根據蘇繼廎的觀點，下里就在柯枝附近，在柯枝興起之前，下里是印度最著名的胡椒中心。[26] 此外，古里的胡椒僅次於下里。蘇繼廎認為古里（古里佛）即南毗國，「地產胡椒，亞於下里，人間俱有倉廩貯之。每播荷三百七十五斤，稅收十分之二。」[27] 又小唄喃「地產胡椒、椰子、檳榔、溜

---

22 [唐] 段成式：《酉陽雜俎》下冊（北京：中華書局，2018），第 373 頁。
23 《諸蕃志校釋．職方外紀校釋》，第 196 頁，注釋 1。
24 同上，第 195–196 頁。
25 《島夷志略校釋》，第 267 頁。
26 同上，第 268–269 頁，注釋 1。
27 同上，第 325、237–238 頁，注釋 1。

魚」；東淡邈「地產胡椒，亞於闍婆」。[28] 到了明代，馬歡也記載柯枝的胡椒貿易異常繁盛，「土無他產，只出胡椒，人多置園圃種椒為業。每年椒熟，本處自有收椒大戶收買，置倉盛貯，待各處番商來買。論播荷說價，每一播荷該番秤二百十五斤封剌，該番秤十斤，計官秤十六斤，每一播荷該官秤四百斤。賣彼處金錢一百一個，直銀五兩」。[29] 因此，宋、元、明時代，印度胡椒的生產和出口不亞於東南亞。「泉州一號」上的胡椒不見得只產自爪哇，還有可能直接購買自印度，或者是在爪哇購本地產胡椒和從印度販賣過來的胡椒。

《發掘與研究》指出乳香出於大食（阿拉伯半島南部），這是完全正確的。北宋的丁謂在其《天香傳》中寫道：「熏陸、乳香長大而明瑩者，出大食國。彼國香樹連山野路，如桃膠松脂委於石地，聚而斂之，若京坻香山，多石而少雨，載詢番舶，則云：昨過乳香山，彼人云：『此山不雨已三十年矣』。」[30] 洪芻則引用稱乳香即「南海波斯國松樹脂」。[31] 周去非指出，大食國下的麻離拔國產乳香、龍涎。[32] 北宋政和五年（1115 年）進士葉廷珪曾於南宋高宗紹興十八年（1148 年）知泉州，著有《南蕃香錄》一卷，其中說：「一名熏陸香，出大食國之南數千里深山窮穀中。其樹大抵類松，以斧斫樹，脂溢於外，結而成香，聚而為塊。以象輦之，至於大食。大食以舟載，易他貨於三佛齊，故香常聚於三佛齊。三佛齊每歲以大舶至廣與泉。廣、泉二舶視香之多少為殿最。」[33]

馬歡對阿拉伯半島產乳香的描寫也比較細緻。位於阿拉伯半島的祖法兒「土產乳香，其香乃樹脂也。其樹似榆而葉尖長，彼人斫樹取香而賣」。[34]

---

28 同上，第 277–279 頁、第 321–323 頁。
29 《明鈔本〈瀛涯勝覽〉校注》，第 61 頁。
30 ［宋］丁謂：《天香傳》，《香譜（外四種）》，第 5 頁。
31 《香譜（外四種）》，第 11 頁。根據中國古籍判斷，東南亞和南亞均有所謂的波斯國。
32 《嶺外代答校注》，第 99、101 頁，注釋 2。
33 ［宋］陳敬：《陳氏香譜》，《香譜（外四種）》，第 63 頁。
34 《明鈔本〈瀛涯勝覽〉校注》，第 77 頁。

費信記載，溜洋國（馬爾代夫）「地產龍涎香、乳香」，祖法兒國也出產龍涎香和乳香。[35] 因此，「泉州一號」上的乳香，來自阿拉伯世界無疑。

《發掘與研究》稱「龍涎香出自非洲」，此句需要斟酌修正。唐代段成式在其《酉陽雜俎》中記載，位於索馬里附近的撥拔力國「在西南海中」，「土地唯有象牙及阿末香」。[36] 阿末香音譯自阿拉伯文“anbar”（意思是琥珀，因其顏色如琥珀），也就是龍涎香；後來法國人稱其為“ambergris”，意為「灰色的琥珀」。

葉廷珪說：「龍涎，出大食國。其龍多蟠伏於洋中之大石，臥而吐涎，涎浮水面。人見烏林上異禽翔集，眾魚游泳爭嚼之，則殳取焉。然龍涎本無香，其氣近於臊。白者如百藥煎而膩理，黑者亞之。如五靈脂而光澤，能發眾香，故多用之以和香焉。」[37] 此後的周去非說，麻離拔國「產乳香、龍涎」[38]；他還具體介紹了龍涎香：「大食西海多龍，枕石一睡，涎沫浮水，積而能堅。鮫人採之以為至寶。新者色白，稍久則紫，甚久則黑。因至番禺嘗見之，不薰不蕕，似浮石而輕也。」[39]「大食西海」就是印度洋西部的阿拉伯海一帶。

據汪大淵記載，位於東非的層搖羅地產「紅檀、紫蔗、象齒、龍涎」等。[40] 更重要的是，他曾親自登臨蘇門答臘島西北海域中一個出產龍涎香的小島（Bra 或 Ronda），並稱之為「龍涎嶼」。他寫道：「嶼方而平，延袤荒野，上如雲塢之盤，絕無田產之利。每值天清氣和，風作浪湧，群龍遊戲，出沒海濱，時吐涎沫於其嶼之上，故以得名。涎之色或黑於烏香，或類於浮石，聞之微有腥氣。然用之合諸香，則味尤清遠，雖茄藍木、梅花腦、檀、麝、梔子花、沉速木、薔薇水眾香，必待此以發之。此地前代無

35 《星槎勝覽校注》，第 108 、101 頁。
36 《酉陽雜俎》上冊，第 112 頁。
37 《陳氏香譜》，《香譜（外四種）》，第 72–73 頁。
38 《嶺外代答校注》，第 99 頁。
39 同上，第 266 頁。
40 《島夷志略校釋》，第 358 頁。

人居之，間有他番之人，用完木鑿舟，駕使以拾之，轉鬻於他國。貨用金銀之屬博之。」[41] 馬歡則是第一個明確指出馬爾代夫出產龍涎香的人。他說：「龍涎香，其漁者常於溜處採得。如水浸瀝青之色，嗅之無香，火燒腥氣。價高貴，以銀對易。」[42] 這樣，中國旅行家發現了印度洋東部的島嶼也產龍涎香。

結合蘇萊曼（Sulaiman）、馬可·波羅、伊本·白圖泰、汪大淵、馬歡等諸多中世紀旅行者的中西文獻材料，我們大致可以判定，印度洋是亞歐大陸龍涎香的最主要產地，而其東部孟加拉灣諸島嶼以及西部阿拉伯海和東非的諸島嶼是古代龍涎香的著名產地。或者說，在宋元時代，東南亞海域並不產龍涎香，三佛齊等地的龍涎香其實是從印度和阿拉伯而來的。這樣看來，香料中的乳香和龍涎香不產於東南亞，完全是印度洋的產物；而在泉州灣宋代海船中，二者也被放在一起。在沉船的 13 個艙內均發現香木和胡椒，而乳香和龍涎只發現於第二、三、五、六、九、十和十三艙。[43] 這說明乳香和龍涎香或者購於同一處，或者購於同一賣家。此外，數量最多的降香也可能來自原產地印度。

陳大震的《大德南海志》編撰於大德八年（1304 年），略晚於泉州灣宋代沉船的時代，其中就有「舶貨」。「舶貨」中的「香貨」包括「沉香，速香，黄熟香，打拍香，暗八香，占城，麄熟，烏香，奇楠木，降香，檀香，戎香，薔薇水，乳香，金顏香」;「藥物」則包括胡椒，丁香等;「諸木」包括蘇木、射木、烏木、紅柴。[44] 這些從南海來的香貨和藥物包括了泉州沉船上的全部品種，而此處「南海」所指的範圍當然遠遠不止現在中國的南海以及東南亞的海域，也包括印度洋。

41 同上，第 43–44 頁。
42 《明鈔本〈瀛涯勝覽〉校注》，第 74 頁。
43 《發掘與研究》，第 27–30 頁。
44 [元] 陳大震：《大德南海志》，北京大學南亞研究所編：《中國載籍中南亞史料彙編》（上海：上海古籍出版社，1994），第 707–709 頁。

綜合上述分析，筆者認為，《發掘與研究》認為「海船出土的香料藥物多為南洋諸國所產，或為東南亞一帶集散的貨物」完全正確；其中降真香、沉香、蘇木出自東南亞諸國也符合事實，不過這些印度也有出產，而且科學分析指向了從船上發現的降真香原產地是印度而不是東南亞；「檀香出闍婆」則不夠確切，因為印度是最早的檀香使用地和出口地；「胡椒出蘇吉丹（爪哇中部）」的說法需要做重大修正，因為相較於東南亞，印度作為著名的胡椒產地歷史更悠久；「乳香出於大食（阿拉伯半島南部）」完全正確；「龍涎香出自非洲」的說法也需要做重大修正，因為龍涎香本身是海洋產品，文獻記載產地東非的龍涎香實際上出產於印度洋；此外，印度洋東部孟加拉灣一帶的島嶼以及東西航線必然要經過的馬爾代夫群島也產龍涎香。汪大淵是第一個有明確記載的登臨印度洋兩個龍涎香產地——龍涎嶼和馬爾代夫——的中國人，他甚至可能還是第一個為龍涎嶼這個此前無人定居的小島命名的人。這一切都指向印度洋是龍涎香的產地，東南亞海域並不出產龍涎香。正如《發掘與研究》所指出的，三佛齊只是這些印度洋商品的集散地。不過，由於乳香和龍涎香只產於印度洋，而印度同樣生產胡椒和降真香，則泉州灣宋代海船自印度洋返航的可能性大大增加了。因此，《發掘與研究》排除這艘宋代海船自印度洋返航的可能性，似乎謹慎有餘。

除了乳香和龍涎香（以及降真香），泉州灣宋代海船出水的遺物中還有兩樣也只產於印度洋，那就是貨貝和環紋貨貝。它們同樣指向並大大增加了這艘中國海船自印度洋返航的可能性。

海貝

《發掘與研究》指出：「船艙出土的貝殼有貨貝，水晶鳳螺、芋螺、銀口凹螺和乳玉螺等，以貨貝為多。這些貝殼大都產於南海區域。」[45] 其中的

45 《發掘與研究》，第 62 頁。

貝殼包括「貨貝和環紋貨貝：共 2,000 多個，其中第九至第十三艙出土最多，有 1,200 多個，第三至第五艙次之，有 300 多個，其他各艙也有出土，但數量較少……貨貝色澤呈黃色或淡黃褐色，有的背面具一枯黃色環紋，為環紋貨貝；有的表皮脫落，皆呈暗灰色」。[46] 其出水具體情況如表 6–1。

表 6–1 「泉州一號」各艙出水的海貝

艙位	數目（個）	艙位	數目（個）
1	11	6	12
2	17	9	1,000
3	50	12	69
4	48	13	1,079
總計		2,286	

注：此表僅列出發現貝殼的艙位。人們在船底和船邊還發現 100 多個。[47]

對於環紋貨貝、貨貝這兩種海貝，《發掘與研究》有具體的介紹和分析。其一，環紋貨貝，數目不詳。「貝殼略呈卵圓形，較小而堅固。殼前部狹，後半部兩側稍擴張。背面中央凸起，呈淡灰藍色或灰白色，周圍有一個橘黃色環紋。殼口狹長，內、外唇邊緣各有 12 個排列稀疏而粗壯的齒。本種生活於潮間帶中、低潮區的岩礁間，4–7 月為產卵期，以 4 月繁殖最盛」；「地理分佈：本種分佈於我國廣東的龜齡島、海南島和西沙群島，菲律賓、越南、印尼的蘇門答臘島、澳大利亞及日本南部，為印度洋和西太平洋中部暖水種」；「肉可供食用。貝殼色澤美麗，供觀賞或藥用。古航船艙出土標本，有些貝殼表面的橘黃色環紋仍很明顯」。[48]

46 同上。此處貝殼數量與表 6–1 有出入，原書如此。
47 同上，第 30 頁。
48 李復雪：〈泉州灣宋代海船上貝類的研究〉，《發掘與研究》，第 240 頁。

其二，貨貝。「泉州一號」船艙內出土的貨貝有 2,000 多個，其中以第九至第十三艙內最多，共有 1,600 多個；第三至第五艙內有 300 多個；其他各艙也有發現但數量較少。這些貨貝「有的殼皮脫落而呈灰白色，有的色澤呈淡黃褐色、鮮黃色或淡灰綠色。貝殼小而堅固，近卵圓形。背面中間凸起，兩側低平，邊緣堅厚。在貝殼後方兩側約殼長 1/3 處，突然擴張而形成結節。殼背面具有 2–3 條暗綠色橫帶和一圈纖細的橘紅色環紋，但這種環紋常不明顯，殼口狹長，灰白色，內、外唇緣齒數各有 11–13 個，殼內面為灰紫色」；「地理分佈：本種分佈於我國的台灣地區、海南島和西沙群島，日本的本州南部以南，暹羅灣，馬德拉斯，馬爾代夫島，波斯灣，阿曼灣，蘇伊士，桑吉巴，阿裏阿灣，瑪律加什，塞舌耳，查科群島，蘇拉威西，馬諾圭裏，澳大利亞，新赫里多尼亞，羅亞爾特群島，夏威夷，社會群島，圖阿莫圖等地」；「貨貝棲息於潮間帶中、低潮區的岩石或珊瑚礁間，我國南海的貨貝於 4 月產卵，卵囊淡黃色」；「貝殼表面閃亮美麗光澤，可作裝飾品和觀賞，這是古代許多國家普遍作為貨幣使用的一種，肉供食用」。[49]

對於「海上絲綢之路」中的海貝，中文世界幾十年來關注非常少。[50] 筆者自 2000 年開始搜集、閱讀相關文獻，發現海貝這個問題對理解亞歐大陸的經濟貿易聯繫特別是海洋貿易意義深遠。在「泉州一號」上發現的 2,000 多枚貨貝和環紋貨貝是迄今為止東亞唯一的海洋考古發現，而這只不過是歷史上海貝貿易的冰山一角。以下筆者就這兩種海貝的產地和功能等問題一一加以分析。

---

49 同上，第 240–241 頁。此處貝殼數量與上頁有出入，原書如此。

50 唯一的例外是錢江老師，見錢江：〈馬爾代夫群島與印度洋的海貝貿易〉，《海交史研究》2017 年第 1 期，第 26–46 頁。

貨貝之所以如此命名，就是因為它的貨幣職能。它曾經被當作貨幣使用。貨貝又稱黃寶螺，俗名白貝齒。環紋貨貝又稱金環寶螺，其俗名也叫白貝齒。這兩種海貝都有「白貝齒」的俗稱，非常容易混淆。環紋貨貝體積略大，背部有一道環紋，因而得名。這兩種海貝，尤其是貨貝，在世界歷史上曾被廣泛作為貨幣使用，因而得到學者們的關注。比較而言，雖然兩者都曾經是貨幣，但貨貝的重要性遠遠超過環紋貨貝，是最重要、最主要的貝幣。

關於貨貝和環紋貨貝的產地，過去中文研究大致稱其廣泛分佈於太平洋和印度洋熱帶和亞熱帶海域，包括中國的東南沿海。雖然南海比如菲律賓附近是海貝的產區，可是從歷史記錄和考古發現來看，這些地區並沒有成為前現代時期的主要海貝出口區域。只有印度洋的馬爾代夫群島，由於其天然的地理位置和氣候條件，成為亞歐大陸唯一大量出口海貝的產地。以豐富的中文文獻來看，關於古代東南亞各地風俗和物產的記錄詳盡繁雜，但這些文獻從來沒有提到過東南亞出產和出口海貝。因此，海貝來自東南亞的說法沒有任何文獻和考古材料可以直接或者間接加以證明，故基本可以排除海貝出自東南亞的說法。相反，東南亞大陸，如暹羅和清邁，乃至中國西南的南詔國和大理國使用的海貝，其來源相當明確，就是印度（印度洋）。此點馬可·波羅早就明確指出。

至於在「泉州一號」上發現的海貝，筆者認為其來自印度洋馬爾代夫群島的可能性極大。首先，馬爾代夫以盛產貨貝聞名，歷史上有一千多年是亞洲和非洲貝幣的最主要提供者。根據同一物種的排他性，環紋貨貝雖然在馬爾代夫也有，但數量無法和貨貝相提並論，這就是《發掘與研究》可以明確判定有 2,000 多枚貨貝，卻無法斷定環紋貨貝的數目的一個重要原因。這個情況與馬爾代夫這兩種海貝的實際比例是相符的。其次，馬爾代夫貨貝的一個特殊性在於其體積。關於太平洋和印度洋海域的貨貝的尺寸，學者曾有統計（表 6–2）。馬爾代夫出產的貨貝體積最小（長約 12.5–16 毫米），繼之以琉球的（15 毫米）和菲律賓的（16.4 毫米）。

表 6–2 貨貝的棲息地及其長度[51]

棲息地	長度（毫米）	棲息地	長度（毫米）
馬爾代夫	12.5–16	東太平洋	25.1
琉球	15.0	關島	16.8
西澳大利亞	18.8	夏威夷	21.0
菲律賓	16.4	泰國	23.0

根據《發掘與研究》，從「泉州一號」上發掘的貨貝可分為大、中、小三種，一般殼長 1.8 厘米，寬 1.4 厘米，高 0.8 厘米。[52] 因此，符合泉州灣海船貨貝體積的出產海域只有馬爾代夫、菲律賓、琉球和關島，後兩者又可直接排除。至於菲律賓，雖然歐洲殖民者到達東南亞後注意到那裏出產海貝，可是傳統的亞洲海洋文獻並沒有提到菲律賓的海貝；菲律賓成為重要貿易參與者的時間也相對較晚，如宋代的《嶺外代答》和《諸蕃志》都沒有提及菲律賓。因此，泉州灣宋代海船的貨貝不可能來自菲律賓。

雖然某種產品在許多地方都有出產，但是一般而言，這種產品不見得就成為商品，這個產地不見得就成為出口地。某地的產品成為暢銷商品，不僅和該地方此種產品的特點有關（如品質），而且與相關地區（也就是市場）以及交通運輸等各個方面有關。海洋產品尤其如此。以海貝為例，雖然理論上在從太平洋到印度洋的熱帶和亞熱帶海域都出產海貝，實際上盛產並能出口的地區寥寥無幾。有許多不可或缺的因素制約着海貝成為商品。首要是有無市場需求，也就是鄰近社會是否需要海貝；如果是作為貨幣使用，則鄰近社會是否有龐大的人口和繁榮的經濟，同時是否缺乏小額貨幣；與市場同樣重要的是運輸，包括是否有港口、船舶和航運是否發達。以此論之，在海貝的諸多產區中，只有馬爾代夫符合這些條件。而正是馬

51 Hogendorn and Johnson, *The Shell Money of the Slave Trade*, 9–12.

52 《發掘與研究》，第 62 頁。

爾代夫首先為印度（孟加拉地區）而後為東南亞大陸的勃固、暹羅以及中國的雲南提供海貝；歐洲人東來之後，數以億計的海貝又從馬爾代夫經歐洲運到西非，歐洲人在那裏購買黑人並將其運到美洲新大陸的種植園當奴隸。

我們不妨再回顧中文文獻中有關東南沿海海貝的記載，綜合討論這些海貝的來源問題。

元初的文獻已經直接指出，大量海貝經由海上到達江南。1276 年，中書省就江南海貝之事上奏，內中詳細透露了江南的海貝和雲南的關係，以及中央政府的政策。[53]《通制條格》卷十八「私肌」詳載此事，本書第四章已經引用，此處不再贅引。

《通制條格》關於「私肌」的記錄很有意思，值得細細推敲。筆者此處只關心其來源問題。其一，我們知道，在元初之際，江南已經是雲南海貝的來源之一。伯希和曾指出，在明代，雲南的海貝「由正常的海洋貿易進口而來」[54]，這難道是說，江南的市舶司通過海洋貿易得到了大量的海貝？江南當然不產海貝，江南市舶司或者江南民間的海貝只能從孟加拉灣經東南亞而來。其二，在 1275 年前，江南也已經有了相當數目的海貝，由此可以推斷，在宋元交替之際，也就是泉州灣宋代海船的時代，馬爾代夫的海貝已經大量運達江南。它們或許以壓艙物的形式運到了中國東南，而後卸下，但除了用作一般裝飾，在江南並沒有其他用途，就此滯留在倉庫之內；直到商人發現雲南使用海貝作為貨幣後，便販運至西南邊疆。

綜上所述，宋元之際的文獻表明，江南在宋末元初就存有大量海貝，數量大至引誘商人運往千里之外的雲南販賣獲利，而政府官員也一度想仿而效之。因此，早在宋代沉船發現的時代，海貝已經在中國東南沿海大量

53 Paul Pelliot, *Notes on Marco Polo*, 546；〈從金石文契看元明及清初雲南使用貝幣的情況〉，楊壽川編著：《貝幣研究》，第 149–151 頁；〈關於元代雲南的「真」「私」問題〉，同上書，第 211 頁；Hans Ulrich Vogel, *Marco Polo*, 250–251.

54 Pelliot, *Notes on Marco Polo*, 548.

登陸滯留，「泉州一號」宋代海船發現的兩千多個海貝只不過是冰山一角。

《大德南海志》對元代江南海貝的來源記載或許有所啟迪。其記載的「雜物」就有「𧴩子」；「諸蕃國」提及「南毗馬八兒國」，此國管轄印度洋和東非諸國，其中包括「條」，[55] 蘇繼廎認為條是「條培」的誤抄，而後者就是阿拉伯語 "Diba" 或 Dvia"（島嶼）的音譯，指的是盛產海貝的馬爾代夫。[56] 如此，則元代文獻大致記錄了從馬爾代夫抵達廣州的海貝。

海貝在中國東南沿海幾乎沒有用處，那麼，為什麼會從馬爾代夫來到這裏呢？這就必須考慮到海貝這種商品的特殊性。長期以來，馬爾代夫的海貝在海洋貿易中是作為壓艙物使用的。伊本・白圖泰說：「他們從海裏收集海貝，一堆堆地堆在沙灘上，海貝的肉逐漸腐爛消失，只剩下白色的外殼。在買賣中，大約 40 萬個海貝和一個金迪奈爾（dinar）等價，但經常貶值到 120 萬個海貝換一個金迪奈爾。他們用海貝換回孟加拉人的大米，而孟加拉人則把海貝當作錢用。在葉門，海貝也是錢。在航行時，孟加拉人用海貝，而不是沙子作為壓艙物。」[57] 正是由於作為壓艙物的特殊性，在江南並無用處的海貝從馬爾代夫跨經印度洋、麻六甲海峽和南海到達東南沿海，尤其是宋元時代的泉州。

海貝到了中國必須卸載，以便把寶貴的空間騰挪給其他可用作壓艙物的貨物。從中國駛往東南亞和印度洋的海船常常使用瓷器作為壓艙物，這可以從「黑石號」沉船和「南海 I 號」沉船上得到證實。卸下船的海貝便滯留東南，如此，江南便有了大量海貝。1254 年，蒙古大軍征服了以海貝作為貨幣的大理國，因此二十多年後有官員提出從江南運海貝去雲南，這是國家財政調撥舉措，是相當自然的事。不要忘記，從南詔國開始，雲南作為西南邊

55 《大德南海志》，第 709 頁。

56 《島夷志略校釋》，第 265 頁，注釋 1；Ptak, "The Maldive and Laccadive Islands", 678, footnote 17.

57 Ibn Battuta, *Travels in Asia and Africa: 1325–1354*, translated and selected by H.A.R.Gibb with an Introduction and Notes (Abingdon and New York: Routledge and Kegan Paul LTD, Paperback, 2011), 242.

疆不在中央王朝的直接管轄下已達七八百年之久，是元朝重新把雲南和江南置於同一個中央政府的管轄之下。表 6–3 枚舉了海上絲綢之路關於宋元時代海貝的一些文獻，可以幫助理解泉州灣宋代海船上海貝的時代背景。

表 6–3　海上絲綢之路關於中國使用海貝的文獻記載

<table>
<tr><th>時間</th><th colspan="2">相關文獻記載</th></tr>
<tr><td>九至十七世紀</td><td colspan="2">雲南使用產自馬爾代夫（經由今泰國和緬甸抵達）的海貝作為貨幣</td></tr>
<tr><td>1275 年</td><td colspan="2">元朝政府討論把江南海貝運送至雲南</td></tr>
<tr><td>1277 年</td><td colspan="2">泉州灣宋代海船載有海貝</td></tr>
<tr><td>十三世紀八十年代</td><td colspan="2">馬可・波羅到雲南、緬甸，指出其貝幣來自印度[58]</td></tr>
<tr><td>1304 年</td><td colspan="2">在《大德南海志》的「南海」舶貨中提到海貝</td></tr>
<tr><td>1330–1331 年</td><td>汪大淵指出，馬爾代夫出產海貝：「海商每將一舶𧴩子下烏爹、朋加剌，必互易米一船有餘。蓋彼番以𧴩子權錢用，亦久遠之食法也」</td><td rowspan="3">榜葛剌、勃固、羅斛、羅衛等地進口馬爾代夫的海貝作為貨幣</td></tr>
<tr><td>十四世紀四十年代</td><td>伊本・白圖泰至馬爾代夫，指出此地出產和出口海貝至孟加拉等地；後者使用海貝作為貨幣</td></tr>
<tr><td>十五世紀二十年代</td><td>馬歡登臨馬爾代夫：「海𧴩彼人積採如山，罨爛其肉，轉賣暹羅、榜葛剌等國，當錢使用」</td></tr>
</table>

綜合上述，筆者認為泉州灣宋代海船上的貨貝和環紋貨貝應當來自馬爾代夫。

關於海貝，還有一個小問題，那就是其功用。李復雪利用解剖鏡檢查「泉州一號」的海貝，發現一些貨貝和環紋貨殼內還有殘餘的肉質部和齒

58 Henry Yule, trans. and ed., *The Book of Ser Marco Polo, The Venetian: Concerning the Kingdoms and Marvels of the East*（Cambridge: Cambridge University Press, 2010）, 39, 45, 52 & 85.

舌，有些貝殼內還有家蠅的蛹，蠅蛹外面一層半透明而堅固的幾丁質外膜保持完整。李復雪認為這些貨貝標本是「泉州一號」路過貨貝產地時採集的，後來有些貨貝肉質部腐爛，招來家蠅，家蠅產卵，孵化成蛹。「因此，這些貨貝不是出售貨物而換來的貨幣。如果這些貨貝已當貨幣使用，必然要將貨貝殼內的肉質部取出，洗刷乾淨。而且這些貨貝沒有被加工（如鑽孔等），除一部分標本被海中污泥長期掩埋而腐蝕外，有些貝殼表面完整，色澤還很鮮豔，甚至貝殼表面的橘紅色圈紋仍清晰可見。並沒有發現因被當作貨幣使用而磨損的痕跡。」[59]

存在家蠅的蛹，表明有些海貝內部存在殘餘肉質部，它們在適當的溫度和濕度下吸引了家蠅；同時，有些海貝表面完整，色彩鮮豔，則表明這些海貝上船時還很新鮮，沒有被使用過，當然也不是貨幣。李復雪指出，貨貝、環紋貨貝、籬鳳螺和水晶鳳螺「很美觀，殼表面光澤奪目，非常逗人喜愛，除肉食用外，可作裝飾品和玩賞，環紋貨貝還可供醫藥用。特別是籬鳳螺在我國西沙群島附近海域很多，漁民常下海採捕食用，或將鮮肉挖出加工為『螺肉乾』。」[60] 的確，貨貝和環紋貨貝在印度經常被製成裝飾物如項鍊、手鏈和衣物飾品，同時還用來鑲嵌傢俱等。至於海貝是否被用來食用，筆者傾向於否。以馬爾代夫而言，海產品非常豐富，中西文獻從來沒有當地居民食用貨貝或環紋貨貝的記載。而在印度，海貝是在內部軟體部分腐爛洗淨後才運到孟加拉等地的，因此也不存在食用的問題。只有在食物極端匱乏的情況下，人們才會食用這樣非常小型的貝類。因此可以推斷，泉州灣宋代海船上的海貝也不是食物。至於其內部殘留的肉質部，可能是原來腐爛不完全、清洗不夠乾淨而遺留下來的。

那麼，這些貨貝和環紋貨貝是不是作為觀賞用的呢？筆者以為可能性不大。作為觀賞的物品，一般只需要少量即可，特別是在這種物品沒有市

59 〈泉州灣宋代海船上貝類的研究〉，《發掘與研究》，第 245–246 頁。
60 同上，第 246 頁。

場需求的情況下。因此，筆者認為，這些海貝不是觀賞物。剩下的可能性只能是壓艙物了。正是因為貨貝和環紋貨貝作為壓艙物，所以被發現的多達 2,000 多枚。當然，作為壓艙物的海貝，其數目實際上應該更大，當以幾十萬枚計算。可惜，泉州灣沉船的發現有限，筆者估計，當時或遭人掠走，或已沉諸海底無從發現了。《通制條格》1275 年的記錄可為佐證。

李復雪認為：「由上述可見，古船的航向走南洋群島這航線的。在返航途中，從貨貝產地（我國海南島以南海區）採到新鮮的貨貝和環紋貨貝等標本，供作觀賞和食用，而不是當作貨幣使用的」[61]，這個論述需要修正。這些貨貝和環紋貨貝產自馬爾代夫，是泉州灣宋代海船直接從馬爾代夫或印度的港口獲得，或者間接從東南亞港口如三佛齊購得，是壓艙物，而不是觀賞物或食物。

以此類推，在船上發現的幾個海螺也並非作為食物。在船上發現的所有螺，包括銀口凹螺、水晶鳳螺、籬鳳螺、色帶乳玉螺，每種數量不過 1~3 個，體積都比較小，體積最大的籬鳳螺高不過 60 毫米，寬不過 35 毫米。[62] 很明顯，雖然它們的肉可以食用，但其功用絕對不是食物，而是商人或水手攜帶的裝飾物。

船體附着生物

《發掘與研究》在論證航行路線時的另一個重要證據是海船船體的附着生物多數來自東海和南海。「海船中出土的原附着於船體的海洋生物和貝類，都屬於暖水種，大多適應於 25°C 水溫中生長，它們主要分佈在我國的東海、南海，以及越南、新加坡、馬來亞、菲律賓和印尼等的海域，值得注意的是其中的匙形脊船蛆和水晶鳳螺、籬鳳螺的模式標本產地在印

61 〈泉州灣宋代海船上貝類的研究〉，《發掘與研究》，第 246 頁。
62 同上，第 238–240 頁。

尼，裂鎧船蛆在新加坡，暹羅船蛆在暹羅。它們是一種以齧食木纖維為生的海生物，船木是它們最好的糧食。因此出土海船發現了這種附着生物的貝類，說明此船航行經過以上這些地區，為它的航線問題提供又一項證據。」[63] 這個論述強調了南海和東南亞海域，忽視了多數附着物也生長於印度洋的事實。

李復雪在「泉州灣宋代海船上貝類的地理分佈」一表中枚舉了 15 種海洋生物及其地理分佈。[64] 雖然他在分析報告中指出印度洋是一部分附着物的棲息地，但總體而言，其傾向所指還是南海和東南亞海域。他說：「泉州灣宋代木造海船出土的貝類及其地理分佈，除馬特海筍、船蛆和巨鎧船蛆在世界各海洋中分佈較廣以外，其餘種類都是西太平洋或印度洋的暖水種，其中分佈於我國南海至越南、菲律賓、馬來西亞、印尼和日本本州中部以南等海域的種類有水晶鳳螺和籬鳳螺。分佈於我國南海、菲律賓、越南、斯里蘭卡、馬來西亞和印尼等海區的種類有銀口凹螺、龍骨節鎧船蛆、暹羅船蛆和裂鎧船蛆。而分佈於我國南海和日本中部以南海區的僅有中華牡蠣和色帶乳玉螺。」他強調：「值得指出的是籬鳳螺、水晶鳳螺的模式標本產地在印尼，裂鎧船蛆在新加坡、暹羅，而匙形脊船蛆的模式標本產地在菲律賓。我們在古船上發現的標本，與上述模式標本產地的標本形態基本上相同。」他總結道：「總之，泉州灣宋代海船上出土的貝類產地主要集中在我國南海、越南、菲律賓、新加坡、暹羅灣、馬來西亞、印尼和日本本州中部以南海區（有些種類是隨着黑潮暖流分佈至日本南部海區），而以我國南海（海南島以南），越南至菲律賓等海區為最多。在我國南海出現的種類有 14 種，佔總種數的 90.8%，而分佈於我國南海、越南、菲律賓、新加坡、暹羅灣、馬來西亞和印尼的種類有 11 種，佔總種數的 73.3%。由此可見泉州灣宋代木造海船曾活動於我國南海（海南島以南）、菲律賓、越南和

63 《發掘與研究》，第 81 頁。
64 同上，第 245 頁。

暹羅灣海區，遠達馬來西亞、新加坡和印尼等海域。」[65]

李復雪的研究報告是十分有價值的，因為他在指出中國南海和東南亞海域是絕大多數附着物的產地時，也明確表明了印度洋同樣是絕大多數附着物的棲息地。由於他的表格對相關海域劃分得太細，筆者將其略加合併和修正，使得貝類的地理分佈更加清晰。表 6–4 把中國南部和東部海域，以及日本南部海域、越南、菲律賓、馬來西亞、印尼和暹羅灣合併為一項（即中國東海、中國南海和東南亞其他海域），把斯里蘭卡、印度洋和阿拉伯灣併入第二項（即印度洋），保留澳大利亞和太平洋中部。

表 6–4　泉州灣宋代海船上貝類的地理分佈

標本	中國東海、中國南海和東南亞其他海域	印度洋	澳大利亞	太平洋中部
銀口凹螺	+			
水晶鳳螺	+	+	+	
黐鳳螺	+	+	+	+
色帶乳玉螺	+			
環紋貨貝	+？	+	+	+
貨貝	+？	+	+	+
中華牡蠣	+			
馬特海筍	+	+	+	
龍骨鎧船蛆	+	+		
船蛆	+	+	+	+
暹羅船蛆	+	+		
套杯船蛆	+	+		
裂鎧船蛆	+		+	
巨鎧船蛆	+			
匙形脊船蛆	+			
總計	15？	9	7	4

65 〈泉州灣宋代海船上貝類的研究〉，《發掘與研究》，第 244 頁。

從表 6–4 可以看出，宋代海船上的 15 種貝類均在南海或東海棲息（若排除貨貝和環紋貨貝，則是 13 種），9 種在印度洋棲息。《發掘與研究》採取了保守穩妥的解釋，指出宋代海船的目的地是東南亞。其實，樂觀地看，這艘宋代海船的返航地是印度洋，這個論斷也完全符合船上貝類的地理分佈情況；特別是排除中國南海是貨貝和環紋貨貝的產地後，印度洋是這艘宋代海船返航地的可能性相當高。當然，任何一種情況都不能排除這艘船隻是到了東南亞港口，如三佛齊，從那裏獲得印度洋的貨物和海貝之後便返航的可能性。可是，如果我們綜合考慮南宋至元初的中國海洋貿易，即那時中國的海船和商人已經頻繁航行於印度洋，抵達南印度諸國及阿拉伯地區的情況，我們會得出結論，泉州灣的這艘宋代海船也是從泉州出發，駛往印度洋乃至波斯灣，而後從那裏返航，卻在家門口因為戰亂而遭遇不測。以下筆者便重炒冷飯，從歷代文獻和考古中勾勒宋元中國和印度洋—阿拉伯世界的海上往來，為理解泉州灣的宋代海船，還原一個與在船上發現的香料和海洋生物相符合的歷史場景。

文獻中宋代的中國海舶、航線和中國商人

關於宋、元、明時期中國的海船、海洋貿易和海商，歷代文獻不勝枚舉，相關研究更是數不勝數，筆者在此自然無法一一討論。不過，簡要引述宋代文獻中關於中國製造的海舶（泉舶和廣舶）、它們前往印度洋的航線與日程，以及中國商人在印度洋世界活動痕跡的一些記載，對於理解筆者提出泉州灣宋代海船應當自印度洋返航的結論不無裨益。以下筆者僅以十二世紀周去非的《嶺外代答》和十三世紀趙汝適的《諸蕃志》這兩種常見史料略加討論。

周去非指出：「三佛齊國，在南海之中，諸蕃水道之要衝也。東自闍

婆諸國，西自大食、故臨諸國，無不由其境而入中國者」[66]；「闍婆國，又名莆家龍，在海東南，勢下，故曰下岸。廣州自十一月十二月發舶，順風連昏旦，一月可到」[67]，「故臨國與大食國相邇，廣舶四十日到藍里住冬，次年再發舶，約一月始達」；「中國舶商欲往大食，必自故臨易小舟而往，雖以一月南風至之，然往返經二年矣」。[68] 藍里即後來的南浡里，位於蘇門答臘島西北部。周去非在廣西欽州任職，對以廣州為基地的海洋貿易比較熟悉，他這裏所說的「廣舶」指的當然是在廣州建造的中國海船；而上文說的「廣州自十一月十二月發舶」，都是指從廣州出發的中國海船無疑。

趙汝適在《諸蕃志》中補充了中國港口特別是泉州至阿拉伯世界的航路細節。「南毗國，在西南之極；自三佛齊便風，月餘可到」[69]；「故臨國，自南毗舟行，順風五日可到。泉舶四十餘日到藍里住冬；至次年再發，一月始達」；「每歲自三佛齊、監篦、吉陀等國發船，博易用貨亦與南毗同。大食人多寓其國中」。[70] 他說「泉舶四十餘日」直接表明這是泉州的海舶，亦即中國製造的海船，也就是泉州宋代商船到達南印度的航程。提到大食的時候，趙汝適直接介紹了泉州到阿拉伯世界的航程。「大食在泉之西北；去泉州最遠。番舶艱於直達，自泉發船四十餘日，至藍里博易住冬，次年再發，順風六十餘日方至其國。本國所產，多運載與三佛齊貿易，賈轉販以至中國。」[71] 他這裏說「自泉發船」和上文「泉舶」應當是一致的，也就是從泉州出發到達波斯灣的中國海船。此外，他還直接提到了泉州和南印度的里程數及航行路線。「注輦國，西天南印度也，東距海五里，西至西天竺千五百里，南至羅蘭二千五百里，北至頓田三千里。自古不通商，水行至泉州約四十一萬一千四百餘里。欲往其國，當自故臨易舟而行，或雲蒲

66 《嶺外代答校注》，第 86 頁。
67 同上，第 88 頁。
68 同上，第 90–91 頁。
69 《諸蕃志校釋．職方外紀校釋》，第 66 頁。
70 同上，第 68 頁。
71 同上，第 89 頁。

甘國亦可往。」[72]

趙汝適在 1225 年以朝散大夫提舉福建路市舶兼權泉州市舶，直接管轄泉州的海洋貿易，[73] 因此，他在《諸蕃志》中所記泉州的情況是當時的第一手資料，極其寶貴。他正處在「泉州一號」的時代，因此，他指出的泉州海舶駛達印度和大食的路線與航程，對理解這艘泉州灣宋代海船的航線有着直接的意義，必須加以慎重的考慮。

宋代中國的海船和商人抵達印度洋世界，銷售中國瓷器和購買當地商品都需要時間，同時商船返回需要等待季風，因此水手和商人至少要在印度或阿拉伯港口停留休息數周之久。故汪大淵記載，在印度的八丹有中國人參與建造的「土塔」。土塔「居八丹之平原，木石圍繞，有土磚甃塔，高數丈。漢字書云：『咸淳三年八月畢工』。傳聞中國之人其年旅彼，為書於石以刻之，至今不磨滅焉。」[74] 咸淳三年為 1267 年，則說明宋末華商到此之頻繁。八丹即現在印度東南沿海泰米爾納德邦的港口城市納加帕蒂南。

1846 年，沃爾特．伊里亞德親自察看了這座塔，對其歷史和現狀加以介紹（圖 41）。[75] 此塔名為“the Jeyna（Jaina）pagoda”，位於印度半島東南岸的訥加帕塔姆（即納加帕蒂南）北部處。該塔是一座四面三層的磚塔，每面都有一扇門或窗戶；二層有樓板的痕跡，塔中建築樓層已經毀壞；塔內外並未發現雕刻或文字。1867 年拆毀時，人們在其基座發現了泰米爾文，時代約為十二世紀或十三世紀初。玉爾指出：「坦焦爾諸港，曾常有中國人前來貿易，已由訥加帕塔姆西北 1 英里（約 1.6 千米）處所發現一座俗名中國塔之穗塔而獲證實。此塔有中國之名，大概由來已久。余意此名，

72 同上，第 74–75 頁。

73 同上，「前言」，第 1 頁。

74 《島夷志略校釋》，第 285 頁。關於此塔的歷史情況，蘇繼廎有過詳細介紹，見《島夷志略校釋》，第 286–287 頁，注釋 1；關於此塔最新的研究，見 Himanshu Prabha Ray, “A ‘Chinese’ Pagoda at Nagapattinam on the Tamil Coast: Revisiting India’s Early Maritime Networks”, Occasional Publication 66, Indian International Center.

75 Sir K. C. S. I. Walter Elliot, “The Edifice Formerly Known as the Chinese or Jaina Pagoda at Negapatam”, *Indian Antiquary*, 1878, 224–7.

並非謂塔之建築為中國式。然此一奇異舊跡既有此名，得視其與中國人來此區域之傳說有關，自不待言。」[76]

印度學者希曼蘇・普拉巴・雷（Himanshu Prabha Ray）的最新研究全面介紹了在該塔（其實是一個精舍的一部分）遺址附近發現的佛教造像，以及泰米爾文和梵文材料（其中人們在 1856–1930 年就發現了 350 座青銅佛教造像）。造像的一些銘刻顯示其受到濕婆和毗濕奴崇拜的很大影響，表明了此地宗教和文化的多元性。最為重要的是，這個佛教遺址還顯現出東南亞和中國的直接聯繫。在八丹一座年代約為十一至十二世紀的崇奉濕婆的廟宇內，牆上的一些文字揭示了海洋亞洲的多元文化交流。其一材料說室利佛逝（三佛齊）的國王不僅直接出資捐助建造精舍，而且為八丹一尊本地保護神（Nakaiyalakar，意為「八丹的英俊之王」）銀像奉獻了珠寶作為裝飾；其二說室利佛逝國王的使者捐贈了不同類型的燈；其三說中國捐贈金幣給阿爾達納裏什瓦拉，而此神像立在吉打國王捐資建造的廟內。[77] 可惜的是，這座所謂的中國塔磚瓦無存，否則我們或許可以發現汪大淵所稱的刻有「咸淳三年八月畢工」的磚石。不過，其他材料確實證明了這個佛教建築群與中國有直接的聯繫。因此，汪大淵的話應該是真實可信的。十一至十二世紀的八丹是印度半島東南面的重要港口，是當時強盛一時的注輦王國海上霸權的重要組成部分，中國人到過此地，中國海船也可能在十二至十三世紀訪問過此地，中國商人甚至在此做買賣而短暫停留。當然，這座塔也不是完全由中國商人出資建造，而是各國商人和八丹本地居民合作建成的。

南宋末年中國人滯留海外的情況並不少見。元朝使者周達觀於 1296–1297 年停留真臘期間，曾遇及鄉人薛氏，「居番三十五年矣」，則薛氏在

76 Henry Yule, 2010, vol. II, 272–3；中譯文引自《島夷志略校釋》，第 286–287 頁，注釋 1。
77 Himanshu Prabha Ray，第 13 頁。阿爾達納里什瓦拉，半女之主濕婆，印度教中兼具男性和女性特徵的神，據說是三大主神之一的濕婆與其妻帕爾瓦蒂的融合。

南宋末年（十三世紀六十年代）流寓真臘可知，大約即在泉州沉船十幾年前。[78] 而真臘又常有「唐人之為水手者」、「往往皆逃逸於彼」，[79] 則此處有華人社群可知。

八丹土塔建造於 1267 年的印度，薛氏流寓於十三世紀六十年代的真臘，《通制條格》記錄了 1275 年江南的海貝，這些與宋代海船建造和航行的年份正好相符，不能不使人浮想聯翩。

其他兩艘宋代沉船

有意思的是，泉州灣宋代海船發掘之後，人們在中國南海區域又發現了兩艘宋代的海船，可資參證。其中一艘是著名的「南海 I 號」，發現並打撈於廣東陽江附近海域，相關研究還在進行之中。和泉州灣宋代海船一樣，「南海 I 號」是一艘南宋遠洋商船。

「南海 I 號」的始發地有三種可能：寧波、廣州或泉州。[80] 在筆者看來，從寧波出發的船主要往來於東北亞海域，因此可以排除；雖然沉船發生在廣東陽江附近，但由於這艘船為福建建造的可能性比較大，[81] 加上瓷器主要是福建窯口，兼以浙江龍泉青瓷和江西景德鎮青白釉瓷，同時考慮到南宋以來泉州已經取代廣州成為中國最大的商港，因此，「南海 I 號」從泉州出發的可能性最大。關於「南海 I 號」的目的地，也有東南亞和西亞（印度洋）兩種推論。[82] 有學者指出，「就目前已經發掘出水的器物而言，產自江西景德鎮的青白釉瓷器、浙江龍泉窯青瓷系雖然所佔比例遠低於福建德化窯系、磁灶窯的器物，但是由於總體數量巨大，仍有一定的出水數，同時

78 [元] 周達觀著，夏鼐校注：《真臘風土記校注》（北京：中華書局，1981），第 178 頁。
79 《真臘風土記校注》，第 180 頁。
80 曾憲勇：《宋代沉船「南海 I 號」》（廣州：廣東人民出版社，2013），第 33–43 頁。
81 同上，第 30–32 頁。
82 同上，第 44–45 頁。

品質也更為精良。除此之外，比較引人注目的是異域風格的金飾品、大量銅錢、漆器、果核、動物骨骼的存在」；因此，比較合理的解釋是，「南海Ⅰ號」沉船的航行線路更遠，貨主、船員中極可能有非華裔人氏。[83] 也就是說，該船的目的地是印度或阿拉伯世界。李慶新也注意到在沉船上發現的「鎏金銀腰帶，長 179 厘米，具有波斯風格，有可能為船主或船員所用，暗示沉船或許與南亞或東南亞存在聯繫」；「船上發現的眼鏡蛇骨，或許為船上阿拉伯、印度商人飼養的眼鏡蛇遺骸，因為印度人有飼養眼鏡蛇為寵物的習慣」，[84] 但他謹慎地說，這艘「南宋初年的海船最大可能是一艘裝滿商貨、開往南海或印度洋國家的商船」。[85] 曾憲勇則傾向於認為，「南海Ⅰ號」的目的地應該是阿拉伯世界。[86] 孫鍵也指出，「南海Ⅰ號」的航行線路比下面要談到的華光礁沉船「更為遙遠」，[87] 因而也指向了印度洋。

在西沙群島華光礁發現的沉船也是南宋晚期的。這艘海船滿載着中國瓷器等貨物，在前往東南亞等地進行貿易途中於華光礁遇到風暴沉沒。[88] 通過發掘、採集，考古隊共整理出 6,000 餘件器物。文物年代總體來講屬於南宋晚期（十三世紀）。在發現的所有瓷器中，產自閩南民窯的產品佔有絕對的數量優勢，所佔比例超過 90%。[89] 以此分析，這也是一艘從泉州出發的中國海船，其目的地應該是東南亞。

由此看來，「南海Ⅰ號」和「泉州一號」，一艘從泉州出航前往東南亞或印度洋，另一艘自印度洋或東南亞返航泉州，正好反映了宋代中國海船和中國商人往返於南海和印度洋（阿拉伯世界）的歷史事實。特別是泉州灣宋代海船中發現的龍涎香和海貝，成為中國和印度洋貿易往來極其罕見

83 孫鍵：〈南海沉船與宋代瓷器外銷〉，《中國文化遺產》2007 年第 4 期，第 42 頁。
84 李慶新：〈南宋海外貿易中的外銷瓷、錢幣、金屬製品及其他問題 —— 基於「南海Ⅰ號」沉船出水遺物的初步考察〉，《學術月刊》2012 年第 9 期，第 130 頁。
85 同上，第 122 頁。
86 《宋代沉船「南海Ⅰ號」》，第 55 頁。
87 〈南海沉船與宋代瓷器外銷〉，第 42 頁。
88 同上，第 37 頁。
89 同上，第 42 頁。

的實物證據。船上的龍涎香也是這種香料在「海上絲綢之路」的唯一考古發現，意義實在無法低估。正因為如此，筆者此前建議將泉州灣宋代海船命名為「泉州一號」，以彰顯它對理解海洋中國，特別是中國和印度洋世界往來的突出意義。實際上，唐代航行於中國和印度洋（阿拉伯世界）之間的商船是阿拉伯式的縫合船。這些商船不用鐵釘，被稱為「無釘之船」，走完了從波斯灣經印度洋、南海抵達中國廣州這條漫長的「海上絲綢之路」，中國的商品（如瓷器和鐵器）和商人曾經搭乘這些阿拉伯式船抵達印度洋世界和西亞。1998 年在印尼海域發現的「黑石號」就是明證。到了宋代，不僅中國的商品和商人更加活躍地參與了中國—印度洋的貿易往來，而且這些貿易是通過中國製造的海船如「南海 I 號」和泉州灣宋代海船而完成的。這類海船的基本形態一直延續到明清時代，這是中國於「海上絲綢之路」的重大貢獻。

綜合以上根據泉州灣宋代海船發掘報告所做的分析，我們看到，泉州灣宋代海船發掘出的貨貝和環紋貨貝產自馬爾代夫群島，來自印度洋；龍涎香和乳香只產於印度洋；降真香根據科學分析非常可能就是印度原產；胡椒既盛產於爪哇，也盛產於印度西海岸；船體附着物絕大多數棲息於印度洋一帶。因此，這艘海船從印度洋返航的可能性非常高。而同時代或稍早於泉州灣宋代海船、熟悉廣州貿易的周去非和熟悉泉州貿易的趙汝適，已經明確記載了宋代中國海船（泉舶和廣舶）通航印度洋和阿拉伯世界的路線、日程和季節，給我們提供了理解與研究泉州灣和廣州海域這兩艘宋代海船極其可靠的文獻旁證。此外，稍晚於泉州灣宋代海船的元代材料記錄了中國商人在印度東南部海岸的活動痕跡，這也被相關的考古佐證。這樣看來，雖然沒有直接的強有力的證據，但是相關的證據鏈比較充分完備，「泉州一號」自印度洋返航的結論是經得起推敲的。當然，這艘船也必然到過三佛齊等多個東南亞港口。[90]

90 本章承蒙錢江教授閱讀初稿，並提出許多寶貴的建議和意見，不少已經吸收入文中，不一一標出，特此致謝。

第七章

來或不來：中國宮廷中的龍涎香

印度洋的「龍涎嶼」

大約在 1329 年年底或 1330 年年初，出生於南昌的汪大淵開始了他的印度洋之旅。從麻六甲海峽航行至印度洋途中，汪大淵在孟加拉灣發現一座非常特別的小島，他將這個印度洋小島稱為「龍涎嶼」。

龍涎嶼究竟是哪座島，學界有幾種觀點，或認為是韋島，或認為是布拉斯島，或認為是蘭多島。無論是哪座島，關係並不大。最重要的是，汪大淵的記錄是中國人第一次給印度洋的一座島嶼命名。這是宋元以來中國人在印度洋活動的一個高峰。同樣有意思的是，汪大淵將其命名為龍涎嶼，原因就是此島盛產龍涎香。可見在汪大淵生活的十四世紀初期，中國商人對龍涎香已經比較了解了。

汪大淵當然不是第一個記載龍涎香的中國人。龍涎香早在唐代就為中國人所知。唐人段成式在其《酉陽雜俎》前集卷四中寫道：「撥拔力國，在西南海中，不食五穀，食肉而已。常針牛畜脈取血，和乳生食。無衣服，唯腰下用羊皮掩之。其婦人潔白端正，國人自掠，賣與外國商人，其價數倍。土地唯有象牙及阿末香，波斯商人欲入此國，團集數千，齎緤布，沒老幼共刺血立誓，乃市其物。自古不屬外國。戰用象牙排、野牛角為矟，衣甲、弓矢之器，步兵二十萬。大食頻討襲之。」[1] 段成式所說的「撥拔力」

---

1 《酉陽雜俎》上冊，第 112 頁。

即柏培拉（Berbera），為東非索馬里的一個港口；「阿末香」即後來的龍涎香。[2] 段成式所述大意是，東非附近撥拔力陸地產象牙，海中產龍涎香，西亞的波斯人經常和他們交易，而那時勢力正盛的大食（阿拉伯帝國）幾次前來攻打。根據段成式的記載，龍涎香當時（九世紀）已經傳入中國。

「阿末」為阿拉伯文"anbar"的音譯，以後又翻譯成「俺八兒」。"anbar"或"amber"就是傳統的琥珀，為樹脂滴落後在地下因壓力和熱力共同作用而形成的透明的生物化石。琥珀大多數由松科植物的樹脂石化形成，故又被稱為「松脂化石」。龍涎香的形狀、色彩、香味乃至想像的來源都與琥珀相同或相似，十六世紀、十七世紀的人們往往將兩者混淆，但其實它們的成分和形成機制大相徑庭。

阿拉伯人是最早發現龍涎香的，故龍涎香的各種名稱幾乎都來源於阿拉伯文"anbar"或"amber"。在中古時期的西方文獻中，幾乎所有與龍涎香有關的名稱都帶有「琥珀」的詞源，不時造成後人的誤會，不少現代中文譯者也將其直譯成「琥珀」。正如前文所說，中世紀時，法國人稱之為"ambergris"，意思就是灰色的琥珀；到了十七世紀、十八世紀，"ambergris"逐漸廣為接受，成為「龍涎香」公認的英文名稱。

糞便、樹脂、海底的蘑菇或瀝青

關於龍涎香的來源，即使在其發源地阿拉伯世界，也眾說紛紜，頗為神秘。有的說是大鳥或怪獸的糞便，有的說是海邊的樹脂、樹膠，有的說是海底生長的蘑菇，有的說是海底流淌的瀝青，不一而足。[3] 十二世紀

2 一般認為撥拔力是北部亞丁灣南岸的柏培拉，但駱萌認為其是靠東非沿岸的印度洋中的奔巴島。駱萌：〈略談古代名貴香藥 —— 龍涎的傳入〉，《海交史研究》1986 年第 2 期，第 95–103 頁。

3 Erbest J. Parry, *Parry's Cyclopedia of Perfumery: A Handbook on the Raw Materials Used by The Perfumer, Their Origin, Properties, Characters and Analysis; And On Other Subjects of Theoretical and Scientific Interest to the User of Perfume Materials, and to Those Who Have to Examine and Value Such Materials* (London: J. & A. Churchill, LTD, 1925), 36–7.

的阿拉伯旅行家伊迪里西說，一些島上「發現一種物質，如同液態的瀝青——樹脂，它在海底焚燒海魚，而後浮上海面。」[4] 伊迪里西的描述雖然簡單，但其關鍵情節都指向了龍涎香。當然，龍涎香在海底焚燒海魚只是想像。

十三世紀上半葉的伊本·巴伊塔爾（Ibn Al-Baytār）引述前人的話說：

> 琥珀乃一種海生動物之排泄物。據說，這種物質生長在深海，被某些海獸吞食，然後排泄出來，被海浪拋出，退潮時留在海灘。琥珀呈木質結節狀，油膩、量輕、可浮在水面。還有一種琥珀，黑色，空而乾，無很大價值。琥珀芳香撲鼻，強心健腦，治療癱瘓、面部抽搐以及因過量液體引起之疾病。琥珀乃香料之王。可用火來驗其真假。
>
> 琥珀被稱為海中聾人。至於說這是海泡石或者說是某種動物之排泄物，此說與事實相差太遠了。最好的琥珀介於黑白之間，來自石砌國；其次是天藍色的，再其次是黃色的。品質最次的琥珀是黑色的，往往被當成枸杞、蠟或勞丹脂。至於曼德琥珀，呈黑色，很少被人重視；這種黑色琥珀經常在一種魚的內臟裏見到，這是因為此魚食琥珀後死去的。[5]

阿布林—法茲爾（Abul Fazl，1551–1602 年）是莫臥兒王朝阿克巴大帝（Akbar）的大臣和朋友，他在 1595 年完成的著作中幾乎搜羅了關於「琥珀」的所有說法：

> 某些人聲稱琥珀是生長在大海深處的，在海底生活的各種動物吃過它之後便成為一種滋補品。還有些人聲稱，當海魚吞食過這種物資之後便會死亡，然後再從魚腸中提取。據另外某些人認為，琥珀是一種海牛（Sārā）的糞便或者是大海的泡沫。也有人認為它是自某些島嶼的山上逐滴掉下來的。許多人都把琥珀看作一種海膠，其他人又認為它是一種蠟，筆者本人也贊同這後一種觀點。有人聲稱在某些山上曾發現過大量蜂蜜，實際上已經多至漫溢到大海之中了。蜂蠟漂浮

4 "Early Notices of the Maldives", 432.

5 《阿拉伯波斯突厥人東方文獻輯注》上冊，第 305–306 頁。此書中譯本保留了原文頁碼，筆者引用時為避免誤解及閱讀障礙，將其刪去。據該書第 254 頁稱，伊本·巴伊塔爾出生於西班牙南部的馬拉加，曾以植物學家的身份前往埃及、小亞細亞和希臘旅行，在大馬士革作為總農藝師為馬利克·卡米爾國王效勞；其兩部有關藥草的著作《藥物學集成》和《醫藥食品詞彙集》先後被譯成德文和法文。勒克雷爾克譯成的法文版取名為《藥草志》，收錄了過去各種關於琥珀（龍涎香）及其來源與藥效的文獻。

> 海面經日光曝曬之後便形成了一種固體。因為蜂蜜是由蜜蜂在香花叢中採集的，所以琥珀當然也呈香味。人們時常會在琥珀中發現死蜜蜂的遺骸。阿布·西納（Abū Sīnā）認為在海底有一股噴泉，琥珀就是從那裏流出來的，然後又被大浪卷到海岸。當琥珀還很新鮮的時候，尚顯得非常潮濕，只是在陽光的照射之下才逐漸乾枯。琥珀呈現多種顏色，白色者為最佳，而黑色者為最次，中等品質的呈淡綠或杏黃色。最好的一種琥珀是灰白色的（ašhab）。它顯得油光發亮，而且還是由迭合的數層組成。如果將它打碎，又呈一種淺淡的黃白色。它同那種白色的琥珀同樣質地優良，但更為輕盈和柔韌。其次，品質較好的琥珀就是淡黃色的那一種。再其次就是被稱為花罌粟（khaškhāši）的那種黃色琥珀。那種黑色的琥珀質量最劣，而且還是易燃物。市場上那些貪得無厭的不法商賈從中摻入一些蜂蠟、曼達爾琥珀和草木樹膠（lā'dan）等物品，但並不是所有人都進行這種以假充真的勾當。曼達爾琥珀採集自死魚的腸腔裏，並沒有多少香味。[6]

這些都是人云亦云的說法。哪怕到了十七世紀，對於龍涎香的來源和性質，就連最博學的耶穌會教士也說不清楚。1610 年到達澳門的艾儒略（Giulio Aleni）在其《職方外紀校釋》中介紹非洲時說：「又有一獸，軀極大，狀極異，其長五丈許，口吐涎即龍涎香。或雲龍涎是土中所產，初流出如脂，至海漸凝為塊，大有千餘斤者，海魚或食之。又在魚腹中剖出，非此獸所吐也」，則誤會為陸地猛獸之涎；又說「龍涎香，黑人國與伯西兒兩海最多，曾有大塊重千餘斤者，望之如島。然每為風濤湧泊於岸，諸蟲魚獸並喜食之」。[7]

關於中世紀龍涎香來源的說法看起來相差很大，但都指向了大海，可見各地的人們普遍知道龍涎香與大海是密不可分的，或產於大海，或發現於大海。到了十八世紀末，科學家們才大致明白了龍涎香的科學機制，認

6 《阿拉伯波斯突厥人東方文獻輯注》下冊，第 613–614 頁。該書中「曼德琥珀」和「曼達爾琥珀」混用。

7 《諸蕃志校釋．職方外紀校釋》，第 106 頁。艾儒略，字思及，耶穌會義大利傳教士。1609 年受耶穌會派遣到遠東，1610 年抵澳門，1613 年到北京，在中國傳教 36 年，1649 年在福建延平去世。同利瑪竇一樣，艾儒略不僅是神學家，而且精通數學、天文和地理，是利瑪竇之後最精通中國文化的耶穌會教士，也是最重要的天主教來華傳教士，被教友尊稱為「西來孔子」。

識到龍涎香是抹香鯨吞食烏賊或章魚後被其堅硬的嘴部刺激而分泌產生的物質。

龍涎香其實是抹香鯨腸道內的分泌物。抹香鯨的主要食物是烏賊和章魚，而烏賊和章魚的喙狀口器、眼晶狀體和羽狀殼（一種堅韌的內臟）很堅硬，無法被抹香鯨消化，滯留在抹香鯨的小腸內，就刺激其腸道分泌出一種特殊的物質，這種物質逐漸包裹滯留下的角質顎和牙齒，久而久之就形成了龍涎香。雖然其形成過程目前尚不十分清楚，但龍涎香在鯨魚體內積蓄到一定量的時候，抹香鯨就會把它排出體外或吐出來，龍涎香就漂浮在海面上。雖然形成的龍涎香起到了保護抹香鯨的作用，但如果龍涎香體積太大又不能及時排出的話，就會導致抹香鯨生病乃至死亡。這或許是古人在大魚（即抹香鯨）附近或者其屍體腹部發現龍涎香的原因。同時，也不是所有的抹香鯨都會形成龍涎香。大約一百頭抹香鯨中，只有一頭體內有龍涎香。物以稀為貴，1% 的概率讓龍涎香異常珍稀，比黃金更為難得。

新鮮的龍涎香呈黑色，常帶有血跡或糞便，隨着時間推移逐漸變成灰色的硬塊，並帶有一股甘甜的類似麝香的氣味。[8] 龍涎香漂在海面，不斷地被海水沖洗，雜質愈來愈少，顏色也逐漸變淺，由最初的黑色變成深灰色、淺灰色，直至最後變成白色，因此以白色的龍涎香為最純、最佳。

龍涎香中最主要的成分是龍涎香醇（Ambrein），此外還有脂肪和苯甲酸。龍涎香因其獨特的甘甜土質香味（類似異丙醇的氣味），在歷史上主要作為香水的定香劑使用，現在基本上已為化學合成物取代。這種香味在許多植物，如橡苔中，也都可以發現。有些人對此香味不敏感，聞不到龍涎香。但是，無論男女，都對龍涎香稀釋後的味道評價更高。此外，狗對龍涎香也非常敏感，因此人們常常用它來尋找龍涎香。

8 Karl H. Dannenfeldt, “Ambergris: The Search for Its Origin”, *Isis*, Vol. 73, no. 3（1982）: 382.

「西南海」中來

對中國人來說，龍涎香乃大海產物是非常明確的。根據段成式的記載，龍涎香產於「西南海」。就唐朝的方位而言，由龍涎香不首見於南海可知，「西南海」當位於南海之西，即今天的印度洋海域。印度洋航道的樞紐馬爾代夫群島就以盛產龍涎香而聞名。

與汪大淵同時代的摩洛哥旅行家伊本・白圖泰在馬爾代夫群島居住了一年半，他發現島上的居民沉溺於各種香油香料，包括檀香油、麝香油、玫瑰露。[9] 馬爾代夫當然不產這些香料，不過，這裏出產令明代皇帝垂涎三尺的龍涎香。阿拉伯人和印度人瀕臨印度洋，早就注意到此島出產龍涎香。蘇萊曼說：「海浪把大塊狀的琥珀推到這些島嶼的岸邊，一些琥珀形狀彷彿一棵樹，或者相似。琥珀長在海底，如同樹木；當海洋躁動不安時，就把琥珀像南瓜或松露一樣推到海面。」[10] 蘇萊曼所說的琥珀，其實就是龍涎香。約十世紀的伊卜拉希姆・本・瓦西夫（Ibrāhīm bin Wāsif）在其《〈印度珍異記〉述要》（成書於 1000 年左右）中講述了類似的故事，不同之處只是把龍涎香比作從海底噴到海面的瀝青而已。他說，馬爾代夫「據說有一千九百個島嶼，島上有大量的琥珀，大塊琥珀好似房屋，這種琥珀在海底似植物一樣生長，當海潮來臨，海浪翻滾，琥珀便被海浪從海底卷出，拋出海面，似瀝青，似滾開熱水，這是油脂琥珀。」[11] 他用「油脂琥珀」來指代龍涎香，以區別於一般的琥珀。

十六世紀初的巴爾博紮（Duarte Barbosa）是葡萄牙航海家和作家，也是麥哲倫環球航行船隊的一員。他注意到馬爾代夫的這種珍稀產物，說「此處亦可見大塊的龍涎香，或白，或灰，或黑」，他當時還不知道龍涎香的真

9 "Early Notices of the Maldives", 440.
10 Ibid., 428–9.
11 《阿拉伯波斯突厥人東方文獻輯注》上冊，第 161 頁。

正來源，別人告訴他這是巨鳥的排泄物。[12] 他寫道：

> 我不時問那些摩爾人龍涎香是什麼東西，哪裏長出來的。那些摩爾人認為是鳥的糞便；他們說，許多無人居住的島嶼上有一些巨鳥，它們停留在海邊的岩石或懸崖上，排泄出龍涎香；而後經風吹雨打日曬變軟，顏色也轉為棕褐色；狂風暴雨又將其分割成大大小小的一塊塊，先後墜入大海；它們或被海浪沖到海岸；或被鯨魚吞食。白色那種，他們稱之為白琥珀（*Ponambar*），在海裏的時間比較短，價值最高；灰色的則在海裏浸泡了很久，因而變成了這種顏色，這種他們認為價值也高，只是不如白的。再次的是黑色的形狀壓碎的，他們說是被鯨魚吞食過，因為消化不了又吐了出來，這種他們稱為黴琥珀（*Minambar*），價值最低（雖然比另外兩種重，但缺少香氣）。[13]

前已述及的法國水手皮拉爾在馬爾代夫待了近四年，對當地的社會異常熟悉，給我們留下了更多關於龍涎香的資訊。他說：「龍涎香產自大海，主要是熱帶海域；在馬爾代夫我見過很多，往往在海灘發現。我見過的該國居民沒有一個知道它從哪裏來，在哪裏生長。只知道來自大海而已。」[14] 皮拉爾在馬爾代夫肯定見過很多龍涎香，因為他稱「此處發現的（龍涎香）比東印度群島任何地方都要多」。根據當地的法律，海岸上發現的任何物品都屬於國王，包括「船骸、木材、箱子，以及其他海難殘存物或者龍涎香，當地人稱後者為'gomen'；如果是已經配製好的則稱為'Meccuare'。」[15]"gomen"原意就是牛糞，龍涎香乍一看就像牛糞；而"meccuare"則指甜香之物。[16]「所有發現，都屬於國王；任何人私藏，一經

12 Mansel Longworht Dames, *The Book of Duarte Barbosa: An Account of the Countries Bordering on the Indian Ocean and Their Inhabitants*（New Delhi & Madras, Asian Educational Services, 1989）, vol.2, 106.

13 Mansel Longworht Dames, *The Book of Duarte Barbosa: An Account of the Countries Bordering on the Indian Ocean and Their Inhabitants*（New Delhi & Madras, Asian Educational Services, 1989）, vol.2, 106–7; Ptak," The Maldive and Laccadive Islands", 687, footnote 78.

14 *The Voyage of François Pyrard*, vol. 3, 359.

15 Ibid., vol. 2, 229.

16 *The Voyage of François Pyrard*, vol. 2, 229, footnote 1.

發現，就會被剁去雙手。」[17] 懲罰的冷酷自然也體現了龍涎香的珍貴。

馬爾代夫當然不是印度洋中唯一出產龍涎香的島嶼。龍涎香在印度洋世界早已聞名，[18] 大約在 1000 年左右，阿拉伯人或穆斯林就把「龍涎香」這個詞介紹給了印度人。[19] 雅庫比（Yaqubi）是九世紀的阿拉伯地理學家和歷史學家，曾出遊印度、埃及和馬格里布等地區。他說，龍涎香從濱海地區出口到波斯灣的巴士拉。[20] 蘇萊曼則說孟加拉灣出產龍涎香，還說尼科巴群島的土著用龍涎香換取鐵器。[21] 伊本拉希姆・本・瓦西夫在《〈印度珍異記〉述要》中也提到了印度某個島上的「裸體人」，說「他們攀樹不用雙手，可游泳追逐船隻，快如疾風；他們嘴叼琥珀，換取生鐵。」[22] 伊迪里西在《諸國風土志》（1154 年成書）中則說，細輪疊島（錫蘭）往東十日到達郎婆露斯島（尼科巴群島），島上居民男女均裸體，「商人們乘大小船隻到此，用生鐵換琥珀、椰子」。[23] 總之，印度洋東部孟加拉灣一帶島嶼包括尼科巴群島的土著用本地特產（如龍涎香）與經過的海船換取鐵器的事蹟，中西方文獻記錄頗多。

十世紀的阿拉伯歷史學家和旅行家馬蘇第不僅詳細地記載了龍涎香的形狀，而且強調了印度洋另一處盛產龍涎香的海域，那就是印度洋西部尤其是東非沿岸，這與唐人段成式的記載吻合。

最好的龍涎香發現於東非（Zinj）沿海及其島嶼；圓形，鴨蛋青（pale

17 Ibid., vol. 1, 229–30.

18 P. K. Gode, "History of Ambergris in India between about A.D. 700 and 1900", *Chymia*, Vol. 2（1949）: 51–6; T. M. Srinivasan, "Ambergris in Perfumery in the Past and Present Indian Context and the Western World", *Indian Journal of History of Science*, 50.2（2015）: 306–23. Albert Gray 對龍涎香也有相當詳細的討論。見 *The Voyage of François Pyrard*, vol.1, 229–30, footnote 1.

19 Gode, "History of Ambergris in India", 51.

20 Ibid., 51, 52 & 55; Srinivasan, "Ambergris in Perfumery in the Past and Present", 308.

21 Elliot, H.，& Dowson, J., *The History of India, as Told by its Own Historians: The Muhammadan Period. Volume 1*（London: Cambridge University Press, 2013）, 1–11; Sulaiman, *Ancient Accounts of Indian and China by Two Mohammedan Travellers Who Went to Those Parts in the 9th Century*, translated Eusebius Rennaudot（London: MDCCXXXIII）, Vol. I, 10; Srinivasan, 2015, 308–9.

22 《阿拉伯波斯突厥人東方文獻輯注》上冊，第 169 頁。此處的琥珀實際上都是指龍涎香。

23 同上，第 201 頁。

blue），體積有時如鴕鳥蛋大小。海魚吞食過的這些食物（morsel）被稱為“Awal”。一旦大海發怒，就會把這些如岩石塊的琥珀卷到海面，吞食琥珀的海魚會被嗆住，而後浮在海面。東非土著一旦發現了漂浮的海魚，便劃上獨木舟，向海魚投擲魚叉和繩索，將其拉上岸，切開魚腹，取出龍涎香。[24]

馬蘇第的觀察細節豐富，且與後來馬可·波羅及費信等人的記錄十分相似。他在描述龍涎香及其獲取時常用的詞語，如塊狀、岩石、白色、黑色、深黑、魚吞食、漂浮、獨木舟、魚叉等，都出現在中外文獻的相關內容當中。元明時期的中國人，如汪大淵、費信、黃省曾、嚴從簡等對此皆有類似記述。可見，印度洋的傳統在中古時期逐漸被阿拉伯人、歐洲人、中國人等知曉並傳播開來。

綜上可知，龍涎香的主產地是印度洋，[25] 也就是唐代文獻中的「西南海」，相當於明代鄭和所下的「西洋」。其主要發現地在印度洋東西兩側的眾多島嶼附近。既然龍涎香是抹香鯨的分泌物，而抹香鯨似乎在太平洋、印度洋都有分佈，為什麼印度洋成為龍涎香的主要產地呢？

抹香鯨的存在雖然與環境，特別是食物有關，但它們的確遊弋於從赤道到高緯度的廣闊海洋，因此，理論上說，龍涎香應當在三大洋都有產生，事實也是如此。不過，讀者須知，龍涎香產生之後，必須被人發現才能被人類「記錄」。就這點而言，人類的發現至關重要。因此，島嶼、海岸線以及鄰近地區人類社會的存在是龍涎香被發現和記載的最關鍵因素。龍涎香從抹香鯨體內排出後，在海面隨波逐流，因此被中古的漁民或商船發現的概率很小；一旦漂浮到島嶼附近或者在海灘擱淺，被人們發現的概率就很大了，特別是當島嶼或者大陸濱海地區有人居住時，或者隨着航海技

24 S.M.H. Nainar, *Arab Geographers' Knowledge of Southern India* (Madras, 1942): 187–90; Srinivasan, "Ambergris in Perfumery in the Past and Present", 309.

25 龍村倪：〈迷人的貢禮 —— 龍涎香〉，陳信雄、陳玉女主編：《鄭和下西洋：國際學術研討會論文集》（新北：稻鄉出版社，2003），第 52–54 頁。

術的發達，海船在這些島嶼停留時。從這幾個因素看，相較於太平洋和大西洋，印度洋東、北、西三面被大陸包圍，是亞、非、歐大陸航海要道，同時島嶼眾多，很多島上都有人居住，因此，印度洋成為發現龍涎香最多的海域。從理論上推測，大西洋和太平洋應當也有龍涎香，太平洋諸島嶼以及新大陸的土著應當有所發現，可是他們既沒有和亞歐大陸進行商貿往來，又沒有文字記錄，故我們對此知之甚少。從這個意義上說，只有被人類發現，被人類記錄，龍涎香才「存在」。這就是為什麼印度洋西部的東非海域以及印度洋東部的孟加拉灣尼科巴群島在歷史上都以龍涎香聞名。

中國的命名：龍之涎

龍涎香傳到中國後不久，中國人很快就根據龍涎香的來源、特點，以中國文化的思維和視角，美其名曰「龍涎」。「龍涎」這個名稱值得細細體會一番，它既表明了來源於海洋，也彰顯了中國人的文化想像。龍，這種中國文化中想像出來卻虛實交映的神奇靈物，基於海洋，掌管着廣闊的海洋水域，行風布雨，神通廣大，是中國神話中最有名的保護神之一。涎，一般是指唾沫、口水，龍涎就是龍的唾沫，自然也帶着龍的神奇與魔力。此外，中國的皇帝被視為「真龍天子」，人們認為皇帝是真龍下凡，是龍的化身。這種把皇帝與龍相比擬的文化觀念，是用龍的神秘和神力來強調皇帝的合法性和神聖不可侵犯。「龍涎香」一名便為自然界神秘稀缺的龍的唾沫與皇帝這位「真龍」之間建立聯繫提供了想像的空間和可能。

在中國的海洋世界裏，許多地方本就以龍為名。位於新加坡附近的龍牙門最為有名，扼麻六甲海峽之東，是東西航海必經的地標處。此外，還有龍牙菩提（或曰龍牙交椅，即馬來西亞西岸的 Langkawi，即蘭卡威島）、龍牙犀角（即早期中文文獻所稱「狼牙修」，為馬來半島之北大年）、龍牙加爾（在蘇門答臘）、龍牙葛（在印度東岸），以及龍牙嶼等。大概這些島嶼或海岸高聳入雲，宛如海中巨龍之大牙，故以龍牙為名。這些域外海洋地名，有的雖然此前就有記錄，但以龍命名乃是宋元以來中國海舶和商人頻繁往來東南亞與印度洋的結果，在元代《島夷志略》和明代的《瀛涯勝覽》、《星槎勝覽》以及《鄭和航海圖》中首次出現。可見，這是元代以來中國人對海外某地的集中命名，也印證了中國人在海洋亞洲的足跡。而龍涎香這個名稱則從文化上體現了這種特殊的海洋物質的許多自然屬性。

第一，龍涎香只產於大海中的抹香鯨（可能還有侏儒抹香鯨和小抹香鯨）。抹香鯨是世界上最大的齒鯨，雌性平均體長約 10–12 米，體重約 12–18 噸，雄性體長 14–18 米，體重約 40–60 噸，有的體長可超過 20 米，體重超過 70 噸，連新生的抹香鯨體長都有 4 米，重達 1 噸，無疑是海中的巨無霸。抹香鯨還是潛水冠軍，可以下潛到海底 1,000 米的深度。此外，與身體相比，抹香鯨的頭部龐大和沉重得不成比例。它具有動物界中最大體積的腦袋，尾部卻出奇短小，這使得抹香鯨顯得頭重尾輕。成年雄鯨的頭部佔其全身的 1/4–1/3，它浮出水面呼吸、噴氣時，人們在 2,000 米外的海面都可以看到。抹香鯨以各種烏賊、章魚和深海魚類為主要食物，它分佈很廣，在世界三大洋均可見到，且具有季節性洄游的習性。抹香鯨的體形和生活習性完全吻合中國文化中龍的形象。正如薛愛華所言，對中國人而言，「鯨魚如同龍，兩者都是海中的巨獸」[26]；此外，龍涎香外形呈塊狀，份量很輕，漂浮在海上，看起來確實像龍吐出的唾液，因此，這種海上來的外來物很快就被中國人歸入了以龍為名的系列，如龍腦香、龍文、龍竭、龍眼等。[27] 的確，龍涎香從抹香鯨體內排出，在抹香鯨身軀附近漂浮，彷彿是龍吐出的唾沫，給人無限遐想。

第二，龍涎香非常稀少，每一百頭抹香鯨中僅有約一頭產生，[28] 搜集、獲取龍涎香也十分不易。若要直接捕殺抹香鯨以獲取其體內的龍涎香，對

26 Schafer, *The Golden Peaches*, 223.

27 Ibid., 225.

28 Steven John Rowland, Paul Andrew Sutton & Timothy D. J. Knowles, "The Age of Ambergris", *Natural Product Research*, 33: 21 (2019), 3135.

中古的人們而言，這不但需要熟諳抹香鯨的習性，掌握高超的技術，而且更重要的是整個團隊配合完美，如馬可．波羅在東非海岸所見。不過，大多數時候，人們是發現了龍涎香而偶然獲得。他們或在海灘，或在島嶼，或在海面，發現並拾取了這一珍貴物品。無論如何，龍涎香就是海洋「產」的。

不過，讀者需要注意，「龍涎」一詞的來源早於龍涎香的到來。早期中國文獻中的龍涎，顧名思義，就是「龍」之「涎」，常常用來指噴泉、泉水、溪水噴出的水花和水沫，唐詩中就是如此。在唐五代之交特別是之後到了宋代，龍涎香的消費已經成為精英階層的一種習俗，龍涎逐漸成為這種異域靈香的名稱。[29] 結果，龍涎原來的意思逐漸廢棄，無人記得。最早以「龍涎」指稱此香的人是北宋極具天賦的文學家蘇軾。蘇軾在海南時，曾在〈玉糝羹〉一詩中說「香似龍涎仍釅白，味如牛乳更全清」，把當地芋羹的香氣與龍涎香相提並論。[30] 這體現了他被流放時隨遇而安的樂觀通達。但不管如何，蘇軾生活的時代是龍涎香迅猛進入社會精英階層的時期，這個推斷應該大致不錯。而宋人獲取和消費龍涎香的習慣都和阿拉伯世界密切相關，甚至直接受到阿拉伯香文化的影響。

「未婚妻的懷抱和靈魂的香味」

阿拉伯人及其鄰居對龍涎香的認識最早，開發和利用龍涎香的藥用功能也最早。這一點是毋庸置疑的。因此，龍涎香在傳入中國之前，在阿拉伯世界已經發揮了「香（和）藥」的功能。它既是一種香料，可以和其他材料一起配製成各種複合香料；又是一種藥材，可以單獨使用或者根據經驗或處方配藥治療各種疾病。實際上，有些複合香料（用宋代中國的概念

---

29 Schafer, *The Golden Peaches*, 224.
30 ［宋］蘇軾：《蘇軾詩集》（北京：中華書局，1992），卷 7，第 2316–2317 頁。

講，就是合香），本身就是一種香藥。合香[31]和香藥之間沒有明顯的界限，因為大家普遍認為，聞香就可以讓人身心愉悅，有益健康。

關於龍涎香的藥用功能，十一世紀之前的阿拉伯人對此就有豐富的經驗。有的說：「琥珀為熱性和燥性，似乎熱兩度、乾一度。由於琥珀之溫熱性，適合於老年人使用。至於曼德琥珀，觸之可把手染上顏色，可用作染料，對腦、對頭、對心臟均有好處。對腦、對感官、對心臟均有治療效果。」[32]有的說：「琥珀堅硬而有黏性。因其味道芳香，有最好的健心提神之功能，故可以對各主要器官起到強健作用和增加精神養分。琥珀比麝香溫和，其特性早已被公認。琥珀具有香味，而且有滲透性、堅韌性和黏性。」[33]不一而足。總的來說，他們認為琥珀屬於「熱性」，可以熏，可以聞，可以外敷內服，對身體很多器官，如腦和心臟都很有好處，似乎是萬能神藥。其中說龍涎香「有最好的健心提神之功能」等，也就是可以增進人的生理和心理健康，似乎有延年益壽的意味。

不過，龍涎香的品質有好有壞。所以在使用之前，必須要鑒別。其實，早在十二世紀下半葉，阿拉伯人就已經根據品質給各地的琥珀分類了。阿布林—法德爾·賈法爾（Abū'l-Faḍl Dja'far）在其完成於 1175 年的《鑒別好壞商品和偽造仿製商品須知書》中說：

> 琥珀的最優良品種產自阿曼的西赫爾（Šiḥr），其主要特徵是質地輕盈、色澤潔白、油質性強，其顏色同樣也略呈綠色或黃色。其次就是馬格里布琥珀，它們也具有上述那些珍貴的特點。馬格里布琥珀中最高貴的品種就是曼德（Mand）琥珀，其顏色近乎黑色。其後依次是顆粒狀的、乾燥的和比重很大的琥珀。對於這些珍貴物品，要特別注意防止起火。
>
> 最好的琥珀味道宜人，質地輕盈，氣味芬芳，沒有任何石腦油的氣味，現在稱之為新鮮琥珀。為了妥善保存，人們將之藏入一個內壁光滑的玻璃或陶瓷容器中；然後再同桂樹

31 「合香」與「和香」通用，後文有混用，提請讀者注意。
32 《阿拉伯波斯突厥人東方文獻輯注》上冊，第 306 頁。
33 同上。

> 籽（šišm）混合，接着用錫葉包起來，隨之將容器密封後再緊緊包紮妥善。要嚴防曝曬和火烤，尤其是不要用受熱物體來破壞其有機成分。[34]

此外，阿布林—法德爾·賈法爾還介紹了許多合香的配製，如「麝香」和「龍涎香」。[35] 這些「麝香」和「龍涎香」就是複合香料，由許多香料精心加工，經過複雜的程式配製而成，其中包括麝香或龍涎香的成分。需要指出，在這些複合香料的配方當中，「琥珀」就是指龍涎香，法國漢學家費琅當年在編輯這些文獻時已經指出了這一容易混淆之處。[36]

大馬士革人吉奧巴里（Djawbarī）撰寫了《關於洩露機密的著作選》，時間約為 1225 年，其中介紹了不少配製香精香料的秘方。[37] 關於龍涎香的配製，他說：

> 為了製造琥珀，先取一粒藏紅花種子，用玫瑰水日夜浸漬，以取出其皮與核。第二天清晨，用手將此搓碎，去掉皮之後便僅剩下果肉了。把皮殼拋掉後，將剩餘物質放進一個石磨中，磨中已經放好了琥珀。加入玫瑰水將一切都磨碎，先前用來浸泡的正是這種玫瑰水。一直磨到把膠分開為止，接着再使用純淨的辣木油來處置這類物質。然後加入一些青胡桃水，再放入為這種混合物四分之一體積的粗琥珀，拌和均勻。接着再把這一切放置四十天，必須放置在潮濕陰涼的地方。然後再取出來，複合物要用草包起來，逐漸就變成淡黑色。這樣配伍所得到的琥珀與真正的琥珀一樣優質，我一共懂得三十種調配這種物品的配方。[38]

需要指出的是，吉奧巴里分享的實際上並不是偽造龍涎香，而是配製龍涎合香。配製過程中兩次用到龍涎香作為原材料，同時使用其他香料，如藏紅花種子、玫瑰水、辣木油以及青胡桃，同時還需要一系列複雜的工

34 《阿拉伯波斯突厥人東方文獻輯注》下冊，第 687–688 頁。

35 同上，第 687 頁。

36 費琅指出：「在努韋理撰寫此書的時候，即在十四世紀前三分之一年間，人們也把龍涎香稱為琥珀。」《阿拉伯波斯突厥人東方文獻輯注》下冊，第 712 頁，注解 2。

37 同上，第 692 頁。

38 同上，第 694–695 頁。

藝程序。這就是阿拉伯人經過幾個世紀試驗之後充分利用龍涎香特色而製成的龍涎合香。這與宋代中國記錄的各種合香（無論是否以龍涎為名）的配方和程式非常類似。吉奧巴里聲稱他掌握三十種合成龍涎香的配方，可謂豐富，這與宋末元初陳敬《陳氏香譜》記載的二十多種龍涎合香相映生輝。

記載利用龍涎香製作合香最多的莫過於努韋理（Nuwayrī，又譯為努韋里）。努韋理是埃及穆斯林，當時埃及處在突厥人建立的馬穆魯克王朝統治之下。努韋理異常博學，著有九千頁的 *The Ultimate Ambition in the Arts of Erudition*。其中部分內容被維德曼翻譯成德文，取名為《努韋理的百科全書，香料的配製》。[39] 努韋理不厭其煩地介紹了「製造一種複方成藥噶利亞」和「龍涎香」的方法。[40]「噶利亞」最早為一種用麝香和龍涎香配製的複合香料，「龍涎香」為龍涎香、麝香和蘆薈配製而成的香料。其中一些配方可以追溯到八至九世紀，傳說是為了當時的哈里發製作而流傳下來的。噶利亞的配製需要三個條件：適當的時機、特殊的儀器，以及配製方法。

> 一、最適合的時機是一大清早，即在旭日升起之前，因為那時的氣溫氣流變化不大。春天是一年之中最適宜的季節，而在配製時還必須保持環境的安靜。
>
> 二、關於儀器問題。先在一個金缽中研碎麝香，或者放在一個帶有琉璃研器的琉璃缽（ṣīlāya）中。接着便將琥珀融化在一個石料杯子中，或者是放在一個用黑石或玻璃所做的香料盤中。
>
> 三、製作噶利亞複合成藥及其所必須的配料。首先要輕輕地研碎一兩高品質的麝香，以防它在強烈研磨下着火，再把細粉過一遍篩子，篩眼只有一根粗頭髮絲粗。如果不經事先研磨就先篩一遍，那就更為理想了。然後將粉末溶化在一個香料罐子中，再加入半兩高品質的琥珀，接着再放在最溫和的火上加溫。當琥珀接近溶化時，再一滴滴地注入少量的高品質辣木油。當溶化之後，再從火中撤了出來，再用手指尖試驗一下。如果發現其中有沙粒，那就應該將之取出來。

39 《阿拉伯波斯突厥人東方文獻輯注》下冊，第 700 頁，注解 1。
40 同上，第 700 頁。

> 然後再置於缽盆中所盛的麝香之上。請注意，千萬不要使琥珀太熱，因為琥珀的熱度會使麝香受影響。緊接着，再於缽盆中輕研這些混合物，一直使之混合均勻為止。再用一個薄薄的金片將混合物刮起來，刮子必須為金質，既不能為銅質，又不能為鐵器，因為這後兩種金屬會損害前兩種物質。當缽內辣木油的數量與複合藥的數量成所需之比例時，就從火上撤下來。屆時既可以使用同樣數量的麝香和琥珀，也可以將其中之一少用一些。這就是扎赫拉維對這種複方混合成藥配伍的記載。[41]

關於器皿，也有詳細說明。「缽盤很堅硬，長達一古尺，寬有三古尺。缽盤的邊緣為圓形，這就是說整個缽盤也不呈矩形。至於它的大小則是無關緊要的。研器為黑色，很光滑，呈圓形或其他形狀。人們在缽盤中研碎用來昇華的乾藥物和濕藥物，在將藥物切成小塊之後，就用上述兩種器皿來研碎。」[42]

這種龍涎香的配製方法極為複雜。不但各種配方的份量有相應的比例，而且對品質有很高的要求，同時都需要加工，尤其是研磨和加熱；加熱的溫度也有講究，不能太熱，以防止香味的喪失影響成香。此外，刮片也必須是黃金的，不能是銅、鐵製成的。這和宋明記載的龍涎香製作，以及煉丹對器皿的要求如出一轍。關於這些合香的製作，無論是中國人還是阿拉伯人，除配方不同外（當然幾種主要香料基本相同，如麝香、玫瑰水、藏紅花、蘆薈），其工藝，如加熱、研磨、用液態香精或香油攪拌、冷卻、密封或者晾乾、曬乾等基本都是一致的。以後的成藥加工還提到了麥加的玻璃杯、中國的絲綢和容器（瓷器）、金匙或銀匙、金質或銀質的容器、大理石板等，都說明了製作的精密。

努韋理還引述了穆哈默德・伊本・艾哈邁德・塔米米（Muḥammad ibn Aḥmad at-Tamīmī）的秘方。塔米米活動於十世紀下半葉，可能出生於西

41 《阿拉伯波斯突厥人東方文獻輯注》下冊，第 700–702 頁。扎赫拉維原籍為西班牙的科爾杜，卒於 1106 年。

42 同上，第 700 頁，注解 4。

班牙的阿拉伯裔家庭，長期生活在埃及，是一名神秘的煉金術士。努韋理說：「穆哈默德・伊本・艾哈邁德・塔米米在其著《未婚妻的懷抱和靈魂的香味》中論述了多種複方成藥。我們僅僅於此論述一下那些為哈里發、國王和朝野要員們所製造的成藥。」[43] 光是《未婚妻的懷抱和靈魂的香味》這個書名，就足以使人對其所記錄的種種成香有無限遐想。塔米米的許多秘方，曾經用於為九世紀初黑衣大食的哈里發以及其他王公大臣製作香藥，因而可靠性更高，在市場上更受歡迎。這也和宋元香譜中記錄宮廷香、御用香以及某某名人製作或使用的香有異曲同工之妙。

塔米米也記錄了稱為「龍涎香」的各種成香配方，努韋理分享了其中的六種，限於篇幅，以下摘錄其中一種。

> 如穆斯塔因的龍涎香（nadd al-musta'ini），這是為阿拔斯王朝的哈里發穆斯塔因・比拉赫・阿拔希（Musta'in billah al-'abbāsī，862–866 年執政）配製的。先取五十米特喀勒的印度蘆薈、同樣數量的吐蕃麝香、一百五十米特喀勒西赫爾的藍色琥珀、三米特喀勒的芳香（riyāḥī）樟腦。蘆薈、麝香和樟腦要單獨研磨碎，再用一塊絲綢過濾麝香。先把琥珀溶化在一個中國容器（'abbāsiyya）之中。從火上撤下來之後，便澆在已研碎的配料之上，接着再糅合均勻。然後將全部配合物攤在一塊大理石板上，將全部混合物切成條塊狀，再放到一個篩子裏晾乾收藏好。為了製造一般人使用的龍涎香，先取五十米特喀勒的高級蘆薈、同樣數量的吐蕃麝香、一百米特喀勒的西赫爾琥珀、三米特喀勒的樟腦，將這一切都糅合起來。對於這最後一種龍涎香，同樣也要製成條狀，曬乾之後再收藏起來。[44]

根據以上阿拉伯、波斯和突厥文獻可知，阿拉伯人以及從西亞到中東和北非的人們（也包括印度人）最晚在八世紀就對龍涎香進行了開發，綜合各種原料和工藝，製作香藥。到了十一世紀、十二世紀，以龍涎香為成分的各種香藥已經琳琅滿目了。不難想像，隨着龍涎香的東傳，阿拉伯人

---

43 同上，第 702 頁。

44 《阿拉伯波斯突厥人東方文獻輯注》下冊，第 707–708 頁。

對龍涎香的認識和龍涎香藥的製作方法也必然影響了宋、元、明時代中國人對龍涎香的了解和使用，儘管這種工藝東傳的直接證據還有待於進一步挖掘、整理和研究。假如要舉一例，那麼，宋元時代各種香藥中玫瑰水（玫瑰露）的使用，便是從阿拉伯人那裏借用的。

唐宋的中國：從流言到實物

在唐代中國，龍涎香基本還是「一個異域流言」，人們還沒有開始消費它。[45] 743 年（天寶二年）12 月鑒真第二次東渡日本時，隨船準備了麝香、沉香、甲香、甘松香、龍腦、香膽、唐香、安息香、棧香、零陵香、青木香、熏陸香等 300 餘千克，獨獨沒有龍涎香，可知大略。[46] 到了北宋，龍涎香就成為宮廷和精英所青睞的高檔消費品，人們對龍涎香的來源、性質、功能也有了一套符合中國文化習慣的系統認識。

如前文所述，政和五年（1115 年）的進士葉廷珪對龍涎香的來源、氣味、顏色以及採集做了一個比較完全的介紹：「龍涎，出大食國。其龍多蟠伏於洋中之大石，臥而吐涎，涎浮水面。人見烏林上異禽翔集，眾魚游泳爭嚼之，則殳取焉。然龍涎本無香，其氣近於臊。白者如百藥煎而膩理，黑者亞之，如五靈脂而光澤，能發眾香，故多用之以和香焉。」[47] 百藥煎和五靈脂都是中藥，都呈塊狀，前者表面間有黃白色斑點，微具香氣，後者一般表面為黑棕色、灰棕色或紅棕色。

葉廷珪的記錄是中國文獻第一次詳細地描述龍涎香，彌足珍貴。他這段話大致成為後來描述龍涎香的範本。他談到的龍、岩石、涎、鳥、魚，以及百藥煎和五靈脂這兩種中藥幾乎都為後世沿用。葉廷珪強調龍涎香關

45 Schafer, *The Golden Peaches*, 222.
46 《唐大和上東征傳》，第 47 頁。
47 《陳氏香譜》，《香譜（外四種）》，第 72–73 頁。

鍵而特殊的功能是「能發眾香，故多用之以和香」。這也是後世配香必須用龍涎香的關鍵原因。葉廷珪曾在東南沿海的泉州任職，故大致可以推斷其資訊當從「海上絲綢之路」傳來。同理，可知龍涎香當時從海路抵達中國。如前所述，「泉州一號」的考古與研究已經證實這一點。

在葉廷珪之後幾十年，周去非在其《嶺外代答》中也對龍涎香做了詳細介紹。他說：

> 大食西海多龍，枕石一睡，涎沫浮水，積而能堅，鮫人採之以為至寶。新者色白，稍久則紫，甚久則黑。因至番禺嘗見之，不薰不蕕，似浮石而輕也。人雲龍涎有異香，或雲龍涎氣腥能發眾香，皆非也。龍涎於香本無損益，但能聚煙耳。和香而用真龍涎，焚之一銖，翠煙浮空，結而不散，座客可用一翦分煙縷。此其所以然者，蜃氣樓台之餘烈也。[48]

關於龍涎香的來源，周去非的介紹和葉廷珪大致相同，龍涎香出自大食西海，為龍之涎沫積堅而成。關於顏色，周去非說新者色白，稍久則紫，甚久則黑，這和葉廷珪所記載的百藥煎的白和五靈脂的棕黑差別不大；惟葉廷珪大概不知龍涎香的顏色由白而黑與時間長久有關。兩人最大的不同在於對龍涎香特性的理解。關於龍涎香的氣味，葉廷珪說「然龍涎本無香，其氣近於臊」，也就是說龍涎香有一股魚腥氣；針對「人雲龍涎有異香，或雲龍涎氣腥能發眾香」的說法，周去非均加以否定，而說「龍涎於香本無損益，但能聚煙耳」，所以「和香而用真龍涎」，甚至還誇張地說用了真龍涎的合香，焚香散發的「翠煙浮空，結而不散，座客可用一翦分煙縷」，如此云云。龍涎香之所以具有「聚煙」這一特殊功能，按照周去非的理解，乃是因為龍涎香是龍的產物，「蜃氣樓台之餘烈也」。所謂海市蜃樓，古人以為是蛟龍之屬的蜃，吐氣而成樓台城郭；而龍涎香也是龍吐出的唾沫，和海市蜃樓性質一樣，所以有聚煙的特殊功能。

48 《嶺外代答校注》，第 266 頁。

還有一點需要注意。《嶺外代答》卷七有「香門」，其中枚舉了種種香料，如沉水香、蓬萊香、鷓鴣斑香、箋香、眾香、零陵香、蕃梔子，但沒有龍涎香；龍涎香列在「香門」和「樂器門」後的「寶貨門」。周去非當然知道龍涎香是香物，理應列入「香門」，但大概是考慮到其之珍貴，故與「珠池」、「蛇珠」、「辟塵犀」、「琥珀」、「硨磲」、「大貝」一起歸入「寶貨門」。

趙汝適的《諸蕃志》成書於1225年（寶慶元年），雖然抄襲《嶺外代答》之處（包括上述介紹龍涎香的短文）頗多，但對海外龍涎香的來源闡釋貢獻獨特。趙汝適是南宋宗室，宋寧宗嘉定（1208–1224年）末期至宋理宗寶慶（1225–1227年）初期，任泉州市舶司提舉。他時於「暇日閱諸蕃圖」並「詢諸賈胡，俾列其國名，道其風土，與夫道理之聯屬，山澤之蓄產，譯以華言」，所以《諸蕃志》保留了當時海外貿易的第一手材料。趙汝適說，大食國、層拔國、弼琶囉國、中理國（即索馬里角附近）產龍涎，其中中理國「其龍涎不知所出，忽見成塊，或三五斤，或十斤，飄泊岸下，土著競分之，或船在海中驀見採得」。[49] 這些國家大致在西亞和東非沿岸，而東南亞諸國雖然已經與宋代建立了密切的政治和經濟往來，但都沒有龍涎香的生產或進奉，則印度洋（阿拉伯海）為龍涎香之主要產地可以推定。博學的約翰·克勞福（John Crawfurd）在其1856年出版的著作中指出，東南亞人對龍涎香的認識大致是從阿拉伯人那裏學來的，因為在東南亞沒有龍涎香的本地名稱，而是借用了阿拉伯語的稱呼。[50]

十三世紀的張世南根據歷代文獻，廣採眾說，並抄錄葉廷珪、周去非等人的說法，對龍涎香做了一個全面的綜合介紹，同時也增加了一些

49 《諸蕃志校釋．職方外紀校釋》，第105頁。

50 John Crawfurd, *A Descriptive Dictionary of the Indian Islands & Adjacent Countries* (London: Bradbury & Evans, 1856), 11. 約翰·克勞福，蘇格蘭人，醫生，殖民地官員、外交官，皇家學會會員，先為英屬東印度公司在印度的一名外科醫生，而後被派到東南亞，參與了許多重大事件，十分活躍，並對東方地理、歷史和族群頗有研究。

新的資訊，如龍涎香的擷取與分類。他指出土著在「龍」也就是抹香鯨邊上守候，等抹香鯨排出龍涎香，然後拾取。他又根據龍涎香排出的時間長短將其分為「泛水」、「滲沙」和「魚食」三類，指出只有第一類才可以入香。[51]

以上回顧了唐宋時期中國有關龍涎香的文獻記錄，大致可知到了宋代，龍涎香才比較普遍地進入中國。以下便介紹宋代宮廷中的龍涎香消費。

宋代宮廷中的龍涎香

大約從北宋起，文獻中有了使用龍涎香的記錄，不過絕大多數還是在宮廷之中。到了南宋，龍涎香的使用開始在社會精英階層流行，並向社會下層推進，市場上出現了不少以龍涎香為名的和香。因此，宋代開始出現的香譜也逐漸搜羅了關於龍涎香來源、性質、特點、配製等的資料。

首先來看一下北宋時期龍涎香進入中國的管道。第一是印度洋世界的進貢。《宋會要輯稿》記載，熙寧四年（1071 年），「七月五日，層檀國遣使層加尼、防援官那薩奉表，貢真珠、龍腦、乳香、琉璃器、白龍黑龍涎香、猛火油、藥物」；[52] 次年（1072 年），「大食勿巡國遣使辛毗陁羅奉表，貢真珠、通犀、龍腦、乳香、珊瑚、筆格、琉璃、水精器、龍涎香、薔薇水、五味子、千年棗、猛火油、白鸚鵡、越布、花蕊布、兜羅綿毯、錦襈、蕃花簟」。[53] 紹興七年（1137 年），位於蘇門答臘島的三佛齊向南宋入貢，史載：「三佛齊國乞進章奏赴闕朝見，詔許之。令廣東經略司斟量，只許四十人到闕，進貢南珠、象齒、龍涎、珊瑚、琉璃、香藥。詔補保順

51 [宋] 張世南：《游宦紀聞》（北京：中華書局，1985），第 62 頁。張世南，字光叔，鄱陽人，約為南宋寧宗（1194–1224）和理宗（1224–1264）間人。張氏係當時的文獻故家，曾隨其父官於蜀，而後歷遊浙、閩等地，《游宦紀聞》便是他記錄所見所聞的筆記。

52 [清] 徐松輯：《宋會要輯稿》，四川大學古籍整理研究所標點校勘、台灣地區「中研院」歷史語言研究所兼任研究員王德毅教授校訂，「蕃夷七」，第 32 頁。

53 《宋會要輯稿》，「蕃夷七」，第 32 頁。

慕化大將軍、三佛齊國王，給賜鞍馬、衣帶、銀器。賜使人宴於懷遠驛。淳熙五年，再入貢。計其直二萬五千緡，回賜綾錦羅絹等物、銀二千五百兩。」[54] 第二次入貢雖然沒有提到龍涎香，但其在貢物之列可想而知。不過，三佛齊本地並不出產龍涎香，可能是與印度洋貿易而來。

當然，宋室的龍涎香主要由市舶司專買而來。唐高宗顯慶六年（661 年），創設市舶使於廣州，總管海路邦交外貿，派專官充任，這便是後來市舶司的前身。北宋先後在廣州、杭州、明州（今屬浙江寧波）、泉州、密州市（山東膠州）設立市舶司；南宋在兩浙、福建（泉州）、廣南東路（廣州）設立市舶司，其間有過興廢，但大致如此。市舶司的主要職責包括：向前來貿易的船舶徵收關稅，代表宮廷採購一定數量的舶來品，管理商人向皇帝進貢的物品，等等。張世南所說「諸香中，龍涎最貴重，廣州市直，每兩不下百千，次等亦五六十千，係蕃中禁榷之物」，就直接指出了廣州市舶司的龍涎香專買權，南宋的官方文獻亦可證之。紹興三年（1133 年），宋高宗剛剛擺脫金國的南侵，江南的半壁江山初定，便下令市舶司進奉龍涎香等物。[55] 南宋末年泉州的海船上的龍涎香，如果不是因為戰亂，其去處大致如上所述。

正是龍涎香的到來，使得北宋宮廷的消費成為可能。[56] 宋徽宗時期的蔡絛就記載了宋哲宗（1085–1100 年在位）御賜蔡京龍涎香之事。當時蔡京為上清儲祥宮書寫碑文，每天「輒書丹於石者數十字則止，必有御香、龍涎、上尊、椽燭、珍瑰隨錫以歸」。[57] 如此，可知宋哲宗宮內，也就是十一世紀末，有龍涎香。不過，那時龍涎香依然是稀罕之物，所以宋哲宗的弟弟宋徽宗起初居然不識龍涎香的妙處。蔡絛記載說：

54 《宋史》（北京：中華書局，1977），卷 119，第 2814 頁。

55 《宋會要輯稿》，「職官四十四」，第 15、21 頁。

56 有關宋代龍涎香的消費，可參見張錦鵬：〈聞香識人：宋人對進口香藥的利用與他者想像〉，《福建師範大學學報（哲學社會科學版）》2020 年第 1 期，第 140–148 頁。

57 ［宋］蔡絛：《鐵圍山叢談》（北京：中華書局，1983），第 37 頁。

（宋徽宗）時於奉宸中得龍涎香二，琉璃缶、玻璃母二大篚。玻璃母者，若今之鐵滓，然塊大小猶兒拳，人莫知其方。又歲久無籍，且不知其所從來。或云柴世宗顯德間大食所貢，又謂真廟朝物也。玻璃母，諸璫以意用火煅而模寫之，但能作珂子狀，青紅黃白隨其色，而不克自必也。香則多分賜大臣近侍，其模製甚大而質古，外視不大佳。每以一豆火爇之，輒作異花氣，芬郁滿座，終日略不歇。於是太上大奇之，命籍被賜者，隨數多寡，復收取以歸中禁，因號曰「古龍涎」。為貴也，諸大璫爭取一餅，可直百緡，金玉穴，而以青絲貫之，佩於頸，時於衣領間摩挲以相示，坐此遂作佩香焉。今佩香因古龍涎始也。[58]

大意是說，宋徽宗親自察看存放珍寶的奉宸庫，發現了「龍涎香二，琉璃缶、玻璃母二大篚」，其中的玻璃母存放過久，當年的記錄已經不存，不知道從何而來，有人說是後周柴世宗時大食進貢的。「大食所貢」未必是無稽之談，因為龍涎香、琉璃缶、玻璃母三者存放一起，而龍涎香在唐和北宋時期往往與大食相連，為「大食所貢」頗為可信。兩大塊龍涎香大概灰不溜秋，看起來很不起眼，所謂「模製甚大而質古，外視不大佳」，宋徽宗不以為然，將其分成小塊，賞賜給大臣近侍。不料，小塊龍涎香經小火加熱，散發出奇香，而且可以持續一天，所謂「異花氣，芬郁滿座，終日略不歇」。宋徽宗大為驚詫，後悔將這個寶貝賞賜，於是又要求被賞賜者把手中剩下的龍涎香全部交還，重新收復宮禁使用，並美其名曰「古龍涎」。在以後的香譜中，「古龍涎」就是一個著名的牌子，有許多不同的配方。[59]

宋徽宗時期宮中用龍涎香的情況還有其他旁證。南宋中期的葉紹翁寫道：「其宣、政盛時，宮中以河陽花蠟燭無香為恨，遂用龍涎、沈腦屑灌蠟燭，列兩行，數百枝，焰明而香滃，鈞天之所無也。」[60]

58 同上，第 97 頁。
59 《陳氏香譜》，《香譜（外四種）》，第 124–125 頁。
60 ［宋］葉紹翁：《四朝聞見錄》乙集《宣政宮燭》（鄭州：大象出版社，2013），戴建國、朱易安主編《全宋筆記》第六編第九冊，第 298 頁。

除了焚香之用，龍涎香也用來佩戴。宋元之際的周密曾記錄，「淳熙十一年（1184 年）六月初一」，宋孝宗「又進太皇后白玉香珀扇柄兒四把、龍涎香數珠佩帶五十副、真珠香囊等物」。[61] 考南宋都城臨安設「四司六局」，其中有「香藥局」，「掌管龍涎、沈腦、清和、清福、異香、香壘、香爐、香球、裝香簇爐細灰，效事聽候換香，酒後索喚異品醒酒湯藥餅兒」。[62] 可見當時龍涎香之供應已為常例，宮內賞賜龍涎香物也頗為常見。[63]

元代關於龍涎香的記載非常稀少，唯《元史》記載祭祀太社太稷時「香用沉龍涎」，也就是用沉香和龍涎香。[64] 這或許是元代宮廷不如宋室講究。不過，從汪大淵的記錄可以推斷，元代民間對龍涎香已經非常熟悉。而元代與印度洋來往異常密切，所以龍涎香的流通量應當比擬宋代。

與其他來自外國的香物（乳香、龍腦香、檀香、沉香等）相比，龍涎香是後來者。神秘的來源與稀有度，使得它名聲大震，越發令人渴望。龍涎香早在唐代便為中國人所聞，但直到宋代隨着中國的海舶往返東亞與印度洋海域才比較頻繁地輸入中國，儘管如此，宋代市場上流通的往往也是沒有龍涎香成分但以「龍涎香」為名的種種合香。宋元時期，中國人對龍涎香的了解雖然沒有達到現代科學的高度，但關於其來源、性質、特點和地理分佈的資訊已經頗為準確。簡而言之，中國人對龍涎香（以及龍涎嶼）的認識，是中國對印度洋世界的探索的結果，隨着中國對印度洋認識的增加而逐漸深入，因而成為中國印度洋世界和海洋亞洲觀念的一個重要環節。

---

61 ［宋］周密：《武林舊事》（杭州：浙江人民出版社，1984），第 125 頁。

62 ［宋］吳自牧：《夢粱錄》，卷 19《四司六局筵會假賃》（鄭州：大象出版社，2017），戴建國、朱易安主編《全宋筆記》第八編第五冊，第 295 頁。

63 《武林舊事》，第 42 頁。

64 《元史》，卷 76，第 1881 頁。

製造龍涎香

到了南宋，龍涎香不但從宮室傳到了一般的社會精英中，也在市場流通開來，民間的消費也相當流行。[65] 各種《香譜》的編寫修纂，就是在宋代盛行起來的，幾乎每部香譜都提到了龍涎香。

中國現存最早的香譜，當推北宋洪芻的《香譜》。洪芻，字駒父，豫章（今江西南昌）人，是黃庭堅的外甥，與兄朋，弟炎、羽並稱「四洪」。洪芻於宋哲宗紹聖元年（1094 年）中進士；宋徽宗崇寧三年（1104 年）入黨籍，貶謫閩南，監汀州酒稅。[66] 其所撰《香譜》是關於香的種類、來源、特點、使用以及香文獻最早的專書。[67] 洪芻首創用香事項之分類模式為香之品、香之異、香之事、香之法等四大類別，為其後各家香譜所依。他自己當然也沉迷香事，所以《香譜》也記錄了他自創的「洪駒父荔枝香」和「洪駒父百步香」。卷一「香之品」和卷二「香之異」共列舉了 83 種香，可惜沒有龍涎香。稍晚於洪芻的葉廷珪詳述了龍涎香的來源，也知道其特性，因而可能見過、用過龍涎香。[68]

宋代的陳敬所撰《陳氏香譜》對龍涎香所知甚多，可見此香當時的影響。卷一「香品」列舉了龍腦香、婆律香、沉水香，以及龍涎香等百餘種。卷二、卷三則記錄了許多合香的名稱、配方乃至製作工藝，彷彿中醫的成方。許多合香或冠以宮室內府之名，如「漢建寧宮中香」、「唐開元宮中香」、「江南李後主帳中香」、「宣和御製香」、「宣和貴妃黃氏金香」、「內府龍涎香」；或以王公大臣名命名，如「刑太尉韻勝清遠香」、「丁晉公清真香」、「吳侍郎龍津香」、「洪駒父百步香」；或以道觀佛寺僧人名命名，如「汴梁太乙宮清遠香」、「供佛溫香」、「僧惠深溫香」；或以香舖香店為名，

65　對宋代龍涎香之討論，參見揚之水：〈龍涎真品與龍涎香品〉，《香識》（香港：中和出版有限公司，2014），第 123–136 頁。

66　曾琴：《洪芻及其〈老圃集〉研究》，南昌大學碩士研究生學位論文，2012，第 16 頁。

67　《香譜（外四種）》，第 6–39 頁。

68　葉廷珪曾著《南蕃香錄》，惜已不存，但陳敬《陳氏香譜》保留了一些佚文。

如「廣州吳家軟香」。可見宋時香之時尚，市場之發達。

洪芻的《香譜》沒有提到龍涎香，而陳敬提到了二十幾種「龍涎香」。可見，在洪芻之後不到兩百年內龍涎香傳播之迅猛。不過，陳敬的「龍涎香」指的是合香，這和抹香鯨的排泄物有很大的區別：後者本是自然界的一種產物，是原材料；前者以後者為名，但未必以後者為原材料。試看陳敬的「龍涎香」名號及其成分可知（表 7–1）。

由表 7–1 可知，宋元時代的龍涎香幾乎都是合香，[69] 這並不稀奇。「合香之法，貴於使眾香咸為一體。麝滋而散，撓之使匀；沉實而腴，碎之使和；檀堅而燥，揉之使膩。比其性，等其物，而高下如醫者，則藥使氣味各不相掩」。[70] 可見，所謂合香，就是利用各種香的特性，把它們混合配製，克服其缺點，發揚其優勢，使得香氣更有吸引力。不妨來看看幾種龍涎合香的成分和配製。

首先以含有龍涎香成分的楊古老龍涎香為例。楊古老龍涎香配方包括「沉香一兩」、「紫檀半兩」、「甘松一兩」，要求「淨揀，去土」以及「腦、麝少許」（即龍腦香和麝香）。第一，「先以沉、檀為細末，甘松別研」；第二，「羅候，研腦香極細，入甘松內三味，再同研」；第三，「分作三分，將一分半入沉香末中，和令匀，入瓷瓶蜜封，窨一月宿」；第四，「又以一分用白蜜一兩半重湯煮，乾至一半，放冷入藥，亦窨一宿」；第五，「留半分，至調時摻入搜匀，更用蘇合油、薔薇水、龍涎別研，再搜為餅子，或搜匀，入瓷盒內，掘地坑深三尺餘，窨一月取出，方作餅子。若更少入製甲香，尤清絕」。[71] 可見其材料眾多，調製工序複雜，包括研磨、攪拌、密封儲存、湯煮、「搜」等，一次製作需要數月之久，可謂精心。這種楊古老龍涎香所含的龍涎香成分極少。

69 〈龍涎真品與龍涎香品〉，第 127 頁。
70 《陳氏香譜》，《香譜（外四種）》，第 96–97 頁。
71 同上，第 120 頁。

表 7-1 《陳氏香譜》所載之「龍涎香」[72]

名稱	配料有無龍涎香	名稱	配料有無龍涎香
1 王將明太宰龍涎香	無	13 智月龍涎香	無
2 楊古老龍涎香	有	14 龍涎香	無
3 亞里木吃蘭脾龍涎香	有（半錢）	15 龍涎香	無
4 龍涎香	無	16 古龍涎香	無
5 龍涎香	無	17 古龍涎香	無
6 龍涎香	無	18 古龍涎香	二兩
7 龍涎香	無	19 白龍涎香	無
8 龍涎香	無	20 小龍涎香	無
9 南蕃龍涎香	無	21 小龍涎香	無
10 龍涎香	無	22 小龍涎香	無
11 龍涎香	無	23 小龍涎香	無
12 龍涎香	無		

再以不含龍涎香成分的古龍涎香為例。古龍涎香配方包括「紫檀一兩半」，需要用「建茶浸三日，銀器中炒，令紫色，碎者旋取之」；「棧香三錢」，需要「銼細，入蜜一盞、酒半盞，以沙箱盛蒸，取出焙乾」；「甲香半兩」，「漿水泥一塊同浸三日，取出，再以漿水一碗煮乾，銀器內炒黃」；「龍腦二錢、別研」；「玄參半兩」，需要「切片，入焰硝一分，蜜、酒各一盞，煮乾更以酒一碗，煮乾為度，炒令脆，不得犯鐵器」；「麝香二字」，需要「當門子，別器研」。配製方法為「右細末，先以甘草半兩捶碎，沸湯一升浸，候冷取出，甘草不用。白蜜半斤煎，撥去浮蠟，與甘草湯同熬，放

72 《陳氏香譜》，《香譜（外四種）》，第 120–126 頁。其中南蕃龍涎香又名「勝芬積」，有兩種配方。

冷。入香末，次入腦、麝、及杉樹油，節炭一兩和勻，撚作餅子，貯瓷器內，窨一月」。[73] 古龍涎香的配方和調製雖然不像楊古老龍涎香需要那麼長時間，但也得一個月以上，而且程式和工藝更為複雜。

此外，還有一點頗值得注意。這味古龍涎香的製備對器皿很有講究。如紫檀需要用「建茶浸三日，銀器中炒」，「甲香」一番加工後也需要「銀器內炒黃」，而玄參的加工「不得犯鐵器」。對器皿的要求一方面表明香文化逐漸發達成熟，對各個細節都有講求，另一方面說明這味合香用料和加工極為精細，非一般人所能負擔。這些程式、工藝和器具之要求充分借鑒了中藥炮製的經驗和技術，甚至還有阿拉伯香文化的影響（如對器具的講究）。

陳敬所記二十幾種「龍涎香」，只有三種含有少量龍涎香，可見，龍涎香並非「龍涎合香」的主要成分。不過，他記載的另外幾種合香（出塵香、元禦帶清觀香、復古東雲頭香、元若虛總管瑤英勝、韓鈐轄正德香、瑞龍香）含有龍涎香的成分。[74] 此外，還有一種「軟香」也用了龍涎香，其配方為「沉香、檀香、棧香各三兩，亞息香、梅花龍腦、甲香（製）、松子仁各半兩，金顏香、龍涎、麝各一錢，篤耨油（隨分）、杉木炭（以黑為度）」，方法為「右除腦、麝、松仁、篤耨外，餘皆取極細末，以篤耨油與諸香和勻為劑」。[75] 如此看來，軟香大概就是膏狀物了。以上數種合香雖然不曾以龍涎香為名，卻以龍涎香為成分，可見龍涎香確實是合香的重要材料。

那麼，為什麼陳敬記載的這些所謂龍涎香沒有龍涎香的成分呢？原因很簡單，除了配製（如阿拉伯香藥）不一定要用龍涎香，更重要的是，龍涎香價格實在過於昂貴，一般人根本無法承受。

---

73 同上，第 121 頁。

74 同上，第 131、151、157、159、167 頁。

75 同上，第 167 頁。

「每兩與金等」

那麼，宋代龍涎香的價格如何呢？

陳敬引用同時代何夢桂之言，說：「潛齋云：龍涎如膠，每兩與金等，舟人得之則巨富矣。」[76] 與黃金同價，自然極其昂貴，聽起來非常誇張，不過，其他宋代文獻完全可以證明此言不但非虛，反而大大縮水，貶低了龍涎香的價值。

張世南與陳敬大約同屬一個時代，他說：「諸香中，龍涎最貴重，廣州市直，每兩不下百千，次等亦五六十千，係蕃中禁榷之物，出大食國。」[77] 每兩龍涎香價值在五十貫到一百貫銅錢之間，也就是五十到一百兩白銀。以宋代一兩黃金等於十兩白銀算，一百兩白銀約合十兩黃金，折合龍涎香每兩值黃金五到十兩。

蔡絛記載徽宗宮內太監佩戴古龍涎，「一餅，可直百緡」，價格也令人咋舌。緡為古代穿銅錢的繩子，一緡為一千文，約一兩白銀，百緡就相當於一百兩白銀，因此太監脖子上所掛的龍涎香價值約十兩黃金。而關於宋徽宗古龍涎的記載表明，太監分到的不過是一些龍涎香碎塊，龍涎香能浮於水，自然比水輕，密度約在每立方厘米 0.73–0.95 克。因此，太監的佩香絕對不會超過十兩，甚至不會超過一兩，因為他們把龍涎香嵌入金玉之間，體積自然不會很大，否則戴在脖子上也不方便。因此，假如太監的龍涎佩香為一兩，則龍涎香的價值是黃金的十倍；假如是半兩，則龍涎香的價值是黃金的二十倍。以此推算，龍涎香在宋徽宗時期的價格約為黃金的二十倍以上。當然，在那個時期，市場上也是有價無市。

相當於黃金的二十倍以上，這個價格聽起來嚇人，不過，宋徽宗時的

76 《陳氏香譜》，《香譜（外四種）》，第 73 頁。何夢桂（1228–？），原名應祈，字中市，後改夢桂，字嚴叟，別號潛齋，淳安（今浙江淳安）人，咸淳元年（1265）進士，官至大理寺卿，引疾而去，宋亡後隱居，元多次徵召不起，工詩文，著有《潛齋文集》。

77 《游宦紀聞》，第 61 頁。

另一則故事則表明這個價格也不離奇。經歷了靖康之變的張知甫在其《張氏可書》中記載：「僕見一海賈鬻真龍涎香二錢，雲三十萬緡可售鬻。時明節皇后合酬以二十萬緡，不售。遂命開封府驗其真贗。吏問：『何以為別？』賈曰：『浮於水則魚集，熏衣則香不竭。』果如所言。」[78] 明節皇后（1088–1121 年）劉氏，為宋徽宗寵妃，死後追贈皇后。海商二錢「真龍涎香」要價「三十萬緡」，核算成一兩龍涎香要價十五萬兩白銀（一萬五千兩黃金），那真是令人瞠目結舌了。不過，筆者以為此處「萬」為衍字，如此，則一兩龍涎香要價十五兩白銀（一兩半黃金），這與何夢桂之言「每兩與金等」相符，而明節皇后還價二十緡，亦即二十兩白銀（合每兩龍涎香一兩黃金），確實有其根據。

宋代，中國海舶直接往返於東南港口和印度洋世界，想必有中國的商人親見龍涎香，這也是葉廷珪、周去非等人之記錄的直接或間接來源，可惜史無記載。到了元代，汪大淵便記錄了這一印度洋的方物，而鄭和下西洋的二十多年是中國人見識龍涎香最頻繁的時期。

下西洋所見龍涎香

明永樂、宣德年間，鄭和七下西洋，既給東南亞和印度洋帶去了中國的特產絲綢、瓷器，也從海外帶回了許多奇珍異寶，其中就包括龍涎香。馬歡提到馬爾代夫時就說：「其龍涎香，漁者常於溜處採得，如水浸瀝青之色，嗅之無香，火燒惟有腥氣，其價高貴，買者以銀對易」，「中國寶船一二隻亦到彼處，收買龍涎香」，既提到了龍涎香的價格高昂，也說明了印度是永、宣年間宮廷龍涎香之來源。[79]

78 ［宋］張知甫撰，孔凡理整理：《張氏可書》（鄭州：大象出版社，2008），《全宋筆記》第四編（三），第 172–173 頁；〈龍涎真品與龍涎香品〉，第 124 頁。張知甫，生卒年均不詳，約北宋末在世，宣和初，嘗官汴京，《張氏可書》多記徽宗時朝廷故事。

79 《明鈔本〈瀛涯勝覽〉校注》，第 74–75 頁。

除了馬爾代夫，馬歡還提到了天方（麥加）的清真寺使用龍涎香的情況。他說：「堂禮拜寺，其堂番名愷阿白。外周垣城，其城有四百六十六門，門之兩傍皆用白玉石為柱，其柱共有四百六十七個，前九十九個，後一百一個，左邊一百三十二個，右邊一百三十五個。其堂以五色石迭砌，四方平頂樣。內用沉香大木五條為梁，以黃金為閣。滿堂內牆壁皆是薔薇露、龍涎香和土為之，馨香不絕。」[80] 說的是，清真寺的屋樑用沉香大木，牆壁之土則用極其珍貴的薔薇露、龍涎香和泥，這樣，整個寺內香味四溢，沁人心脾。

或許有人會問，用龍涎香和薔薇露拌泥，這是不是太奢侈了？馬歡的話可信嗎？史料記載，在 1398 年，也就是鄭和第一次下西洋的七年前，這座清真寺的確用了麝貓香、麝香，以及龍涎香來塗牆壁，[81] 馬歡之言並無誇張，更非虛飾。提到龍涎香，馬歡有時又用「俺八兒」一詞，所以他說天方「土產薔薇露、俺八兒香、麒麟、獅子」等；[82] 談到「祖法兒國」（今阿拉伯半島的阿曼佐法爾）時，他說：「以小土爐燒沈、檀、俺八兒等香，立於爐上，熏其衣體，才往禮拜寺。」[83]「俺八兒」前已提及，也就是龍涎香。祖法兒國在阿拉伯半島濱海處，因而比較容易獲取龍涎香。

馬歡三次參加鄭和船隊，所歷極廣，所聞極多，但不知為何，他沒有記錄汪大淵大談特談的龍涎嶼，特別是考慮到他一一提及蘇門答臘島至錫蘭之間的尼科巴群島等島嶼。不過，費信倒是填補了這個空白，《鄭和航海圖》也明確標記了龍涎嶼。[84] 這表明，鄭和的寶船確實知道而且可能派小船在龍涎嶼停泊。費信談到龍涎嶼時說：

---

80 同上，第 100–102 頁；Ma Huan, *Ying-yai sheng-lan* (*The Overall Survey of the Ocean's Shores 1433*), translated from the Chinese text edited by Feng Ch'eng-Chün, with introduction, notes and appendices by J.V.G. Mills (Cambridge: Published for the Hakluyt Society, at the University Press, 1970), 194.

81 Ma Huan, *Ying-yai sheng-lan* 174–5, footnote 7.

82 《明鈔本〈瀛涯勝覽〉校注》，第 102 頁；Ma Huan, *Ying-yai sheng-lan,* 176.

83 同上，第 77 頁。

84 《星槎勝覽校注》，第 43 頁；《西洋番國志．鄭和航海圖．兩種海道針經》，第 55 頁。

獨然南立海中，此嶼浮豔海面，波擊雲騰。每至春間，群龍所集，於上交戲，而遺涎沫。番人乃架獨木舟登此嶼，採取而歸。設遇風波，則人俱下海，一手附舟傍，一手揖水而至岸也。其龍涎初若脂膠，黑黃色，頗有魚腥之氣，久則成就大泥。或大魚腹中剖出，若斗大圓珠，亦覺魚腥，間焚之，其發清香可愛。貨於蘇門之市，價亦非輕，官秤一兩，用彼國金錢十二個，一斤該金錢一百九十二個，准中國銅錢四萬九十文，尤其貴也。

詩曰：一片平方石，群龍任往還。身騰霄漢上，交戲海波間。吐沫人爭取，拏舟路險難。邊夷曾見貢，歡笑動天顏。[85]

根據費信本人的說法，他是親自登臨過龍涎嶼的。宣德七年壬子十月二十三日（1432 年 11 月 15 日），費信所在的鄭和寶船抵達翠蘭嶼，也就是尼科巴群島，因為「風雨水不順，偶至此山，泊系三日夜，山中之人駕獨木舟來貨椰食。」[86] 如此，費信是繼汪大淵之後第二個有明確姓名記載登臨龍涎嶼的中國人，時間應該在 1432 年 10 月底至 11 月初。雖然費信的記載和汪大淵幾乎一致，但費信增加了一個非常重要但常為人忽視的細節，那就是龍涎香「或大魚腹中剖出」，這說明他知道龍涎香是大魚肚裏出來的。他或許親眼看到龍涎嶼的土著捕捉了抹香鯨而獲取腹中的龍涎香，或者看到了他們從死去的抹香鯨腹中取出龍涎香，又或者是當地人告訴他的。無論如何，費信知道，不但「龍」產龍涎香，大魚也產龍涎香。

黃省曾在其成書於 1520 年的《西洋朝貢典錄》中幾乎抄錄了馬歡、費信等人對印度洋龍涎香的全部記錄。十六世紀末嚴從簡在其《殊域周諮錄》中把葉廷珪、周去非、張世南對大食龍涎香的描述和汪大淵、費信對龍涎嶼的介紹結合在一起，並提供了龍涎香價格的新資訊：「每香一斤直其國金錢一百九十二枚。（准中國銅錢九千文。）」[87] 不妨藉此討論一下明代龍涎香

85 同上，第 43–44 頁。
86 同上，第 45 頁。
87 [明] 嚴從簡著，余思黎點校：《殊域周諮錄》（北京：中華書局，1993），第 311 頁。嚴從簡為嘉靖三十八年（1559）進士，《殊域周諮錄》約成書於 1574 年。

的價格。

費信說，一兩龍涎香在馬爾代夫的價格是「彼國金錢十二個，一斤該金錢一百九十二個，准中國銅錢四萬九十文」，認為「尤其貴也」。四萬九十文銅錢折算成白銀是四十兩，則每兩龍涎香價格為二兩半白銀，遠遠低於宋代的價格。當然，這是在印度洋的價格，而不是中國的價格。嚴從簡說「其國金錢一百九十二枚」，「准中國銅錢九千文」，則龍涎香每兩隻值白銀 0.56 兩，這是一個令人吃驚的價格。從費信到嚴從簡，雖然相距 150 餘年，但龍涎香的供應並沒有什麼變化，況且嚴從簡沒有到過印度洋，只不過是搜集、抄錄前人文獻而已，而鄭和之後的中國史籍也未記載中國船隻或商人前往印度洋，因此，嚴從簡的價格資訊可能是抄錯了。

以上是明代關於龍涎香的資訊。和前代相比，中國對龍涎香在印度洋上的具體出產位置和使用有了進一步的了解，也直接在當地購買或交換而得到龍涎香。不過，1433 年鄭和最後一次下西洋歸來之後，世界航海史上這個轟轟烈烈的事件就偃旗息鼓了。當然，鄭和的船隊帶來了不少東南亞和印度洋的朝貢使團，有的使團就進貢了龍涎香。這在明代官私文獻中多有記錄，以下不過略舉數例。

《明實錄》記載，永樂十九年（1421 年）孟加拉進獻了犀牛角和龍涎香[88]；《明會典》則記錄了龍涎為蘇門答臘和古里貢物[89]；《明史》記載了蘇門答臘、古里、不剌哇、竹步和剌撒在鄭和寶船時期進獻了龍涎香，這些國家基本都在印度洋沿岸。[90] 羅懋登在 1597 年成書的《西洋記》中提供的資訊則比官方記錄有趣得多。該書收羅了不少古代與當時航海的文獻，雜糅寫入演義，故有相當高的史料價值，這點仍待挖掘。《西洋記》中列舉了鄭和帶回來的 39 個朝貢使團，其中 8 個國家的貢物中有龍涎香。蘇門答臘

88 《明太宗實錄》卷 237，《明實錄》第二編（台北史語所縮印本），第 1541 頁。
89 《明會典》，卷 105、106，第 575、586 頁。
90 《明史》，卷 325，第 8244 頁；卷 326，第 8441、8449、8451 頁。

進貢的龍涎香不知數量；溜山國（即馬爾代夫群島）進貢「龍涎香五石」；柯枝國進貢「龍涎香五百斤」；木骨都束、竹步和卜剌哇國「三國共是一份進貢」，包括「龍涎香十箱」；剌撒進貢「龍涎香四箱」，祖法兒進貢「龍涎香十箱」。[91] 所有這些國家都在印度洋世界，不但與《明史》記載完全吻合，也和宋元時代記載的龍涎香產地一致。

從龍之涎到龍之精

明代中國對龍涎香的使用進入了一個緊要的轉捩點。龍涎香不僅是用來焚熏佩戴的香物，而且開始開發藥物功效，用來製藥煉丹，特別是用於求子和長生這兩個永恆的主題。明代龍涎香的藥物開發，其關鍵人物是道士和皇帝，二者的結合導致了嘉靖以來明代政治的異象。大致而言，鄭和之後的明代乃至西元 1800 年前的清代，幾乎沒有中國帆船前往印度洋。這樣一來，龍涎香的不來就成了明代「宮中府中」的重大問題。

宋元時期，龍涎香還只是作為香物，或製成合香，或製為佩香。到了明初，龍涎香還是保持着香料的性質，尚未用作藥材。李時珍編纂《本草綱目》時就明確說：「龍涎，方藥鮮用，惟入諸香。」[92]「方藥鮮用」表明在李時珍的時代，龍涎香很少入藥；「惟入諸香」表明龍涎香的首要功能還是製作合香。關於龍涎香的來源與特點，李時珍照抄了過去的記載：「雲能收腦、麝數十年不散。又言焚之則翠煙浮空。出西南海洋中。雲是春間群龍所吐涎沫浮出。番人採得貨之，每兩千錢。亦有大魚腹中剖得者。其狀初若脂膠，黃白色；乾則成塊，黃黑色，如百藥煎而膩理；久則紫黑，

91 《西洋記》下冊，第 1274–1275 頁，第 1279 頁和第 1280–1281 頁；《迷人的貢禮 —— 龍涎香》，第 51 頁。《嶺外代答校注》，第 100–104 頁，注解 23；《諸蕃志校釋．職方外紀校釋》，第 90、112 頁。

92 ［明］李時珍著，陳貴廷點校：《本草綱目》（北京：中醫古籍出版社，1994），第 1001 頁。

如五靈脂而光澤。其體輕飄，似浮石而腥臊。」[93] 這些記錄並無新意，不足為奇。

不過，宋元時期開了將龍涎香視為龍之精的先河，為後世把龍涎香作為春藥奠定了基礎。元代劉郁記載：「撒八兒出西海中，蓋蝳蝐之遺精，蛟魚食之，吐出，年深結成，價如金」。[94] 可見劉郁已經把龍涎香視為海中生物之精液。費信在介紹龍涎嶼時也曾發揮說，龍涎嶼上群龍交戲，「而遺涎沫」，遂成龍涎香，[95] 悄然完成了從龍之唾沫到龍之精液的轉變。

正是在李時珍的時代，明代道士利用皇帝求子、求長生的機會，開始開發龍涎香的醫藥功效，所以李時珍也注意到了龍涎香用於房中術的現象和原因。在介紹「吊」這味藥材時，李時珍引用歷代文獻，說：

> 藏器曰：裴淵《廣州記》云：吊生嶺南，蛇頭龜身，亦水宿，亦木棲。其膏至輕利，以銅及瓦器盛之浸出，惟雞卵殼盛之不漏，其透物甚於醍醐。摩理毒腫大驗。頌曰：姚和眾《延齡至寶方》云：吉吊脂出福、建州，甚難得。須以琉璃瓶盛之，更以樟木盒重貯之，不爾則透氣失去也。孫光憲《北夢瑣言》云：海上人言：龍每生二卵，一為吉吊，多與鹿游，或於水邊遺瀝，值流槎則粘着木枝，如蒲槌狀。其色微青黃，復似灰色，號紫梢花，坐湯多用之。[96]

根據以上說法，李時珍分析指出「吊」就是龍卵，那麼，為什麼孫光憲在揭示「吊」時說它「號紫梢花」呢？李時珍於是解釋了紫梢花的來源，他說：「又陳自明《婦人良方》云：紫梢花生湖澤中，乃魚蝦生卵於竹木之上，狀如糖漖，去木用之。此說與孫說不同。近時房中諸術，多用紫梢花，皆得於湖澤，其色灰白而輕鬆，恐非真者。當以孫說為正」，則紫梢花當時流行用於房中術可知。[97] 李時珍而後還具體介紹了紫梢花的功效和成

---

93 《本草綱目》，第 1001 頁。
94 ［元］劉郁撰：《西使記》，王雲五主編：《叢書集成初編》（商務印書館，1936），第 4 頁。
95 《星槎勝覽校注》，第 43 頁。
96 《本草綱目》，第 1001–1002 頁。
97 同上，第 1002 頁。

方，指出紫梢花「益陽秘精，療真元虛憊，陰痿遺精」；如「陽事痿弱：紫梢花、生龍骨各二錢，麝香少許，為末。蜜丸梧子大。每服二十丸，燒酒下」。[98] 可見紫梢花的功能非常明確。這時，李時珍略帶疑惑地說：「或雲紫梢花與龍涎相類，未知是否？」[99] 可知李時珍當時已經聽說紫梢花和龍涎香的性質與用途一致。又，比李時珍稍晚的謝肇淛也明確說了紫梢花的性質與功效：「藥中有紫稍花，非花也，乃魚龍交合，精液流注，粘枯木上而成。一雲龍生三子，一為吉吊，上岸與鹿交，遺精而成，狀如蒲槌，能壯陽道，療陰痿。」[100] 實際上，在李時珍的時代，也就是十六世紀，道士和皇室共同試驗煉製以龍涎香為關鍵原材料的金丹，也就是長生不老藥。龍涎香大有益於房中術從而使服用者獲得長生的理論根據流行起來，試驗在宮廷中熱火朝天地展開，只是作為民間人士，李時珍無緣得知內情而已。

龍涎香為什麼可用作修煉金丹的原料？從大的方面講，龍涎香出自大海裏的龍，而皇帝為「真龍」，也是龍，故此二者身份相同，可以互通互補。道教理論發展到宋代，對如何煉丹（內丹和外丹）已有了系統的論述，而在修煉內丹時，特別強調「涎」的重要功效。「涎」大致對應口腔中分泌的唾液，但道教的定義往往空泛，並非實指，其「津」、「唾」等概念也包括平時所說的唾液。龍涎香既為「龍」之「涎」，其珍貴自然可知，如果採集龍涎並用於煉製皇帝這位真龍修煉的外丹，可謂完美。

正是在這樣的觀念引導下，道家煉金丹有所謂「紅鉛之法」。萬曆二十年（1592 年）的進士謝肇淛明確地說：

> 醫家有取紅鉛之法，擇十三四歲童女美麗端正者，一切病患殘疾，聲雄發粗，及實女無經者俱不用，謹護起居，俟其天癸將至，以羅帛盛之，或以金銀為器，入磁盆內，澄如朱砂色，用烏梅水及井水河水攪澄七度，曬乾，合乳粉、辰

98 同上。

99 同上。

100 ［明］謝肇淛：《五雜組》（上海：上海書店，2009），第 226 頁。謝肇淛為福建長樂人，曾在湖州、南京、雲南任職，卒於廣西左布政使任上。

> 砂、乳香、秋石等藥為末，或用雞子抱，或用火煉，名「紅鉛丸」，專治五勞、七傷、虛憊、羸弱諸症。

除了紅鉛丸，「又有煉秋石法，用童男女小便，熬煉如雪，當鹽服之，能滋腎降火，消痰，明目，然亦勞矣」。不過，謝肇淛對此二者頗不以為然，他說：

> 人受天地之生，其本來精氣自足供一身之用，少壯之時酒色喪耗，宴安鴆毒，厚味戕其內，陰陽侵其外，空餘皮骨，不能自持，而乃倚賴於腥臊穢濁之物，以為奪命返魂之至寶，亦已愚矣。況服此藥者又不為延年祛病之計，而藉為肆志縱欲之地，往往利未得而害隨之，不可勝數也。滁陽有聶道人，專市紅鉛丸。廬州龔太守廷賓時多內寵，聞之甚喜，以百金購十丸，一月間盡服之，無何，九竅流血而死，可不戒哉！[101]

謝肇淛之所以這樣說，就是表達對嘉靖煉丹的不滿。紅鉛之法涉及對少女的監控與人身凌辱，於嘉靖二十一年（1542 年）激起眾多宮女反抗，嘉靖也差點因此喪命。

可是，有人會說，謝肇淛並沒有提到用龍涎香煉金丹啊。謝肇淛是知道龍涎香的。他說：「宋宣和間，宮中所焚異香有篤耨、龍涎、亞悉、金顏、雪香、褐香、軟香之類。今世所有者，惟龍涎耳」；他還指出「龍涎於諸香中最貴」；在引用了張世南等宋人的文獻後，謝肇淛還分享了他自己的見聞。[102] 他說：「余問嶺南諸識者，則曰：『非龍涎也，乃雌雄交合，其精液浮水上，結而成耳。』果爾，則腥穢之物，豈宜用之清淨之所哉？今龍涎氣亦果腥，但能收斂諸香，使氣不散，雖經十年，香味仍在，故可寶也。」[103] 此處謝肇淛間接批評了在「清淨之所」煉丹的道士和嘉靖皇帝，此外還提出了一個重要的觀點，那就是：龍涎香不是「龍」之「涎」，而

101 《五雜組》，第 23 頁。
102 同上，第 211 頁。
103 同上。

是「龍」、「雌雄交合」排出的「精液」，是「龍」之「精」。其實，李時珍在介紹紫梢花時雖然不如謝肇淛明確，但也大致將其解釋為動物交合留下的精液，如「多與鹿游，或於水邊遺瀝」，以及「乃魚蝦生卵於竹木之上」之言，都指向了動物交配後留下的精液。與謝肇淛同時代的閩人何喬遠（1558–1632 年）也持同樣的觀點。他在介紹蘇門答剌時說：「其西海中有龍涎嶼焉，群龍交戲，遺涎其上，是名龍涎之香。」[104] 既然是「龍」之「精」，謝肇淛就認為龍涎香是「腥穢之物」，不能用於道家之地，不能用於「清淨之所」，當然更不能用於「宮禁之中」。

謝肇淛提出的龍涎香是「龍」之「精」的觀點，在明代可能廣為人所接受。或許正是因為「龍」之「精」，道士和嘉靖皇帝才採辦甚急，因為神龍之「精」，當然可以用來輔助「真龍」之「精」。正是在這種觀念的指導下，嘉靖皇帝開始了二十餘年尋購龍涎香的歷程。

龍涎香的不來

在中國歷史上，嘉靖皇帝（1507–1567 年，其中 1521–1566 年在位）是一個有趣且充滿矛盾的統治者。在統治前期，他勤政改革，銳意圖治，頗有作為，稱為中興；可是後來一直沉溺道教，迷信方士，好長生不老之術。嘉靖二十一年（1542 年），他遷居西苑萬壽宮及玉熙宮謹身精舍後，二十餘年不視朝，醉心於修仙齋醮煉丹。在幾十年修仙煉丹的活動中，他對龍涎香的追索愈演愈烈。

在其統治的四十多年裏，嘉靖相信道家能為他解決兩個最重要的人生問題：早期是求子，也就是擁有一個男性繼承人；後期是求不死之藥，也就是金丹。這兩個問題的關鍵便是道家的房中術。

104 [明] 何喬遠：《名山藏》，卷 107。何喬遠，字穉孝，或稱稚孝，號匪莪，晚號鏡山，晉江人，曾在廣西和雲南任職。

那麼，所謂房中術、房中秘方或長生術，究竟具體如何呢？沈德符介紹說：「嘉靖間，諸佞幸進方最多，其秘者不可知，相傳至今者，若邵、陶則用紅鉛取童女初行月事煉之如辰砂以進；若顧、盛則用秋石取童男小遺去頭尾煉之如解鹽以進。此二法盛行，士人亦多用之。然在世宗，中年始餌此及他熱劑，以發陽氣，名曰長生，不過供秘戲耳。」[105] 沈自稱沒有親見秘方，故只能言其大概；雖然模糊，但與其他史實對照，頗為吻合。他還一針見血地指出，嘉靖「名曰長生，不過供秘戲」，把房中術與長生術的關係說得一清二楚。

1540 年左右，龍涎香開始進入嘉靖的視野。《明史》記載：「又分道購龍涎香，十餘年未獲，使者因請海舶入澳，久乃得之。」[106] 使者請海舶入澳大致在嘉靖三十五年（1556 年），往前推十餘年，則購龍涎香就在十六世紀 40 年代初。嘉靖十八年（1539 年），梁材任戶部尚書，「醮壇須龍涎香，材不以時進，帝銜之。遂責材沽名誤事，落職閑住」[107]，醮壇用龍涎香在用靈芝等煉丹之前。由此看來，搜求龍涎香在 1540 年之前。不過，煉丹似乎對龍涎香所需甚多，所以《明實錄》中有關龍涎香的記錄集中於十六世紀五十年代。不妨參看《明實錄》中有關求買龍涎香的記錄。

「嘉靖三十年（1551 年）七月」，「命戶部進銀五萬兩，仍論起自明年每五年一進銀十萬兩，復敕分道遣人購龍涎香，無得枉道延擾。」[108] 這是嘉靖第一次下旨購買龍涎香，因此，道士煉丹需要龍涎香大概就在此年；而「無得枉道延擾」不過是表面文章。

「嘉靖三十三年（1554 年）八月」，「上諭輔臣嚴嵩等戶部訪買龍涎香至今未有，祖宗之制宮朝所用諸香皆以此為佳，內藏亦不多，且近節用非不經也，其亟為計奏？嵩等以示戶部，部覆此香出雲廣僻遠之地，民間所

105 [明] 沈德符著，黎欣點校：《萬曆野獲編》(北京：文化藝術出版社，1998) 下冊，第 583 頁。
106 《明史》，卷 82，第 1994 頁。
107 同上，卷 194，第 5151 頁。
108 《明世宗實錄》卷 375，《明實錄》第 9 編，第 9141 頁。

藏既無，因而至有司所得以難繼，而止又恐真贗莫測。不敢獻者有之，非臣等敢惜費以誤上供也，疏入。上責其玩視詔旨，令搏採兼收以進。」[109] 看來，從 1551 年夏下詔「分道遣人購龍涎香」，整整三年並無所獲，所以嘉靖頗為詫異。他對嚴嵩說，內庫藏龍涎香不多，他使用也很節儉，究竟該怎麼辦？嚴嵩把嘉靖的問話傳給了戶部，戶部解釋說：龍涎香產自雲南、廣東偏僻之地，民間也沒有什麼收藏，所以三年來買不到；此外，大家對龍涎香不熟悉，不知道真假，即使有龍涎香者，也不敢進奉；因此，絕不是戶部為了省錢而不買或買不到龍涎香。嘉靖看到這個回覆，十分不滿，指責戶部輕視他的旨意，要求「搏採兼收以進」龍涎香。

嘉靖對戶部不滿，也不是沒有根據。實際上，1554 年距他下詔求龍涎香已經十多年了。《明實錄》「嘉靖三十四年（1555 年）五月」記載：「先是，上命訪採龍涎香十餘年尚未獲，至是令戶部差官往沿海各通番地方，設法訪進。」[110] 十多年來一無所獲，嘉靖不能不疑心戶部陽奉陰違，所以在 1554 年的旨意下發一年之後，再次命令戶部派人到沿海各地尋訪龍涎香。

然而，嘉靖的憤怒和戶部的努力並沒有帶回龍涎香。到了嘉靖三十五年（1556 年）八月，嘉靖大發其怒：

> 上諭户部，龍涎香十餘年不進，臣下欺怠甚矣，其備查所產之處具奏取用。户部覆請差官馳至福建廣東，會同原委官於沿海番舶可通之地，多方尋訪，勿惜高價。委官並三司掌印官各住俸待罪，俟獲真香方許開支疏入。上姑令記諸臣罪，克期訪買，再遲重治，仍令差官一員於雲南求之。其官民之家有收藏者，許自進獻給價。時採芝、採銀、採香之命並下，使者四出，官司督趣急於星火。論者咸歸罪陶仲文、顧可學云。[111]

他指責戶部「龍涎香十餘年不進，臣下欺怠甚矣」，要求戶部詳細地提

109《明世宗實錄》卷 413，《明實錄》第 10 編，第 9277 頁。

110《明世宗實錄》卷 422，《明實錄》第 10 編，第 9313 頁。

111《明世宗實錄》卷 438，《明實錄》第 10 編，第 9362 頁。傳說靈芝有延年益壽之功效，見《明史》，卷 18，第 44–45 頁；卷 307，第 7900–7902 頁。

供龍涎香產地的資訊，以備訪買。高壓之下，戶部無計可施，也只能重複過去的措施，加大力度，請批准再派一名專任官員前往福建、廣東，與前一年派去的官員一起，到「沿海番舶可通之地」，不惜高價尋訪龍涎香。當時明王朝仍在海禁當中，外國海船可以到達的地方其實也就是澳門、廣州兩處而已，而且來者以葡萄牙人為主。此外，「委官並三司掌印官各住俸待罪，俟獲真香方許開支疏入」，也就是相關官員在獲取真正的龍涎香之前，待罪停薪。在這樣的措施之下，嘉靖稍稍安心，稍發慈悲，「姑令記諸臣罪，克期訪買，再遲重治」；同時命令另派官員去雲南，鼓勵當地官民進獻龍涎香，並提醒官府按照市場的價格購買。大概嘉靖當時煉丹到了緊要關頭，所以這一年採辦靈芝、先天真銀和龍涎香的旨意一道接一道，「使者四出，官司督趣急於星火」，於是人們紛紛怪罪挑起煉丹之事的陶仲文、顧可學。如沈德符所記：「當煉芝時，用顧可學、陶仲文等言，須真龍涎香配和，並得礦穴先天真銀為器，進之可得長生。於是主事王健等以採龍涎出，左通政王槐等以開礦出，保定撫臣吳岳等獻金銀砂，所至採辦遍天下矣。」[112]

這樣，在 1556 年，明朝出現了全國採辦動員的高潮。「主事王健等以採龍涎出」，也就是到廣東督辦龍涎香，最終促成了葡萄牙人進奉龍涎香從而獲得入居澳門的允許。全國總動員還是有效的，大約三個月後，嘉靖三十五年十一月，「廣東布政司進龍涎香一十七兩」；[113] 第二年，嘉靖三十六年七月，「福建撫臣進龍涎香拾陸兩；廣東撫臣進龍涎香十九兩有奇。」[114] 看來王健頗有作為。那麼，他採取了什麼新措施呢？

《明實錄》「嘉靖三十六年十二月」記載：「先是，遣主事王健等往閩廣採取龍涎香，久之無所得。至是，健言宜於海舶入澳之時酌處抽分事宜，凡有龍涎香投進者方許交商貨買，則價不費而香易獲，不必專官守取。部

112 《萬曆野獲編》補遺卷三，第 959 頁。
113 《明世宗實錄》卷 441，《明實錄》第 10 編，第 9369 頁。
114 《明世宗實錄》卷 449，《明實錄》第 10 編，第 9390 頁。

議以為然，請取回奉差。」[115] 最初王健也一無所得，後來採取了一項新措施，要求所有外國海船「入澚之時」，須先「投進」龍涎香才允許買賣。王健認為這樣不但可以獲得龍涎香，而且價格便宜，同時也不用派駐專官守在當地，可謂一舉三得。戶部看了這個建議，也覺得可行。這樣，購買龍涎香就和明王朝的海洋貿易與對外政策結合起來，成為外國海商到中國交易的前提。「海舶入澚之時」的「澚」究竟是指何處？「澚」有兩種讀音，一同「澳」，即指澳門；二讀作"yù"，指河灣彎曲處。既然上下文的意思是指港口，則「澚」可知指澳門。這就為明王朝允許葡萄牙人入住澳門埋下了伏筆。

可是，兩年的傾國之力不過搜羅了兩斤多一點的龍涎香，實在說不過去。到了嘉靖三十九年（1560 年）八月，「上諭戶部，向所進龍涎香皆非真者，近有一二方是，其令用心採取以進。」[116] 此處嘉靖指出，此前所獻龍涎香多數都是假的，只有一兩塊是真的，希望戶部繼續用心採辦。此時，嘉靖似乎已經了解龍涎香的難得，所以對戶部也以撫慰為主，口氣緩和了很多。

然而，1562 年的一場火災，幾乎將嘉靖所有的龍涎香和其他香料都毀為一炬。從 1540 年前後到 1562 年的二十多年內，嘉靖火急火燎地下旨，動員全國力量，也不過搜求得龍涎香數斤而已。1562 年的大火即刻導致了另一場舉國之力的運動。嘉靖四十一年（1562 年）六月，「上諭內閣，自訪取龍涎香以來，二十餘年所上未及數斤，昨盡毀於火，其示燿設法取用。於是戶部覆請遣官至閩廣購之。詔官不必遣，即令所在撫按官急購以進京師，商人有收得者，令平價以售，有司毋得抑減；仍別購沉香、海香各二百斤，雜香品各二三十斤。」[117] 其中「燿」，即戶部尚書高燿。大火燒掉

115 《明世宗實錄》卷 454，《明實錄》第 10 編，第 9403 頁。
116 《明世宗實錄》卷 487，《明實錄》第 10 編，第 9508 頁。
117 《明世宗實錄》卷 510，《明實錄》第 10 編，第 9579 頁。

了所有龍涎香，嘉靖就讓高燿設法急速購買龍涎香。戶部便老調重彈，準備派官去福建、廣東督辦。嘉靖下旨說不必如此，讓閩廣兩地所在官員辦理即可；並特別提醒官員，如果商人有售龍涎香，不得壓價。除龍涎香外，還需要「別購沉香、海香各二百斤，雜香品各二三十斤」。

兩個月後，嘉靖四十一年八月，「戶部尚書高燿購得龍涎香八兩獻之。上喜，即命給價銀七百六十兩；尋以燿用心公務，與欺怠者不同，加太子少保，燿疏辭，不允。」[118]《明實錄》此處記載頗有值得玩味之處。首先，戶部受命尋訪龍涎香，結果戶部尚書也就是戶部的第一長官卻私人進獻了龍涎香，這實在不合常理。其次，戶部督辦此事，動員了東南各地官員尋訪，三個月毫無成效，反而是身居北京的戶部尚書本人得到了龍涎香，這長官將自己掌管的部門以及東南撫臣置於何地？而且，戶部尚書又是從何處何人那裏得到了龍涎香呢？再次，八兩龍涎香，嘉靖居然回報白銀七百六十兩，相當於黃金八十兩以上，這個價格比一些宋代文獻推算的還要高，實在離譜。按照嚴從簡所述，南巫裏龍涎香的價格不過每斤（十六兩）值中國銅錢九千文（九兩白銀），嘉靖給的價格約是其 170 倍。這或許是嘉靖千金買馬骨的大手筆。此外，《明會典》「內府估驗定價例」中規定「龍涎每兩三貫」（鈔）[119]，這個低廉的價格當然是官方對貢品的估價或港口專買的定價，在市場上是不可能買到龍涎香的。最後，高燿不僅獲得七百六十兩白花花的銀子，而且嘉靖還給了他太子少保的頭銜，以獎勵他「用心公務，與欺怠者不同」，而高燿推辭，可是嘉靖不許。話說回來，作為戶部尚書，尋訪龍涎香是他的本職工作嗎？其實，當中的確大有端倪。

---

118 《明世宗實錄》卷 512，《明實錄》第 10 編，第 9583 頁。

119 《明會典》，卷 113，第 598 頁。按，比較其他香料的定價，亦可知龍涎之昂貴。《明會典》同頁記載：血竭每斤十五貫，乳香每斤五貫，丁香每斤一貫，木香每斤三貫，沉香每斤三貫，速香每斤二貫，安息香每斤五百文，降真香每斤五百文，金銀香每斤五百文。則龍涎香之專買價格遠高於其他香料。

《明實錄》接着說明了其中的原委。「初，大內災中人有密收得龍涎香者至是會，上索之急，燿陰使人以重價購之禁中用，聖節建醮日上之，遂大稱旨。雲燿初以賄結嚴世蕃，致位八座，其典邦賦以贓穢著聞，及是世蕃既敗，知不為公論所容，乃詭遇以要結上知，為固位計，蓋小人患失如此。」[120] 到此，真相大白。原來高燿的八兩龍涎香就是嘉靖皇帝的，宮中火災時有太監從火中取得，高燿得知後重價收購，而後趁着嘉靖道教做儀式的黃道吉日獻上，獲得了嘉靖的歡心。高燿這樣做，是因為他當年的高位是賄賂結交嚴世蕃而來，而此時嚴嵩、嚴世蕃父子已經敗露，輿論對高燿極為不利，高燿遂借機討得嘉靖的歡心，以鞏固地位。

高燿獻香三天之後，嘉靖四十一年八月八日，「福建布政司進龍涎香十八兩」，數量雖少，對嘉靖皇帝卻是莫大的安慰；[121] 到了嘉靖四十二年（1563 年）四月七日，「廣東進龍涎香六十二兩有奇」。[122] 廣東居然奉上龍涎香將近四斤，這是有史以來最多的一次，可謂不凡。其實，這麼大量的龍涎香來自葡萄牙人，他們數年前已經蒙恩准居住澳門，所以願意把從印度洋購得的龍涎香賣給廣東地方政府。二十天后，「福建撫臣進龍涎香八兩」；約四個月後，「福建撫臣進龍涎香五兩」。[123] 福建的「八兩」、「五兩」都說明了龍涎香在澳門之外的稀少與難得。

然而，煉丹所需遠非數斤龍涎香所能緩解。到了 1565 年，嘉靖皇帝再次失去耐心，龍顏大怒。嘉靖四十四年（1565 年）二月：

> 上諭：內閣曰累年詔户部訪取龍涎香，至今未足三四斤數。此常有之物，只不用心耳。昔梁材誹為世無之者，皇祖《永樂大典》內有此品，且昨斤兩不足，虛費價。燿嘗加恩，如何似此忽諸？於是户部尚書高燿皇恐待罪，請遣使廣東、福建，趣撫按官百方購之。上曰：香品舊例用製萬歲香餅，非

120 《明世宗實錄》卷 512，《明實錄》第 10 編，第 9583 頁。
121 同上。
122 《明世宗實錄》卷 520，《明實錄》第 10 編，第 9609 頁。
123 同上，第 9611、9619 頁。

> 因齋修。梁材誹慢，爾等何為效之？其實訪取真品，每次以三五斤進用。已，燿先購一斤八兩進之，雲得之民間物也。[124]

嘉靖先指責說，這幾年戶部訪取龍涎香不過三四斤，而且斤兩不足，浪費銀錢；龍涎香是「常有之物」，戶部買不到，是「不用心」；然後他拿因進獻龍涎香不及時而被免職的梁材為例警告戶部說，過去梁材胡說龍涎香是史上罕有之物，可是《永樂大典》中就有記載，怎麼會買不到呢？而後嘉靖敲打戶部尚書高燿，說他此前因進奉八兩龍涎香而「加恩」，現在為何如此怠慢此事？高燿本就擔心地位不保，嘉靖的指責更是讓他誠惶誠恐，回奏說再派專任官去廣東、福建敦促地方官購買。嘉靖對此也沒有辦法，只是借機為自己辯護說，他需要龍涎香不是因為道教的「齋修」（即道家儀式和煉丹）需要，而是按照過去的慣例製作「萬歲香餅」而已，以此防止群臣批評他濫用國庫修仙煉丹。他接着指示眾臣用心辦事，每次只要三五斤即可。高燿早有先機，此前他已經進獻龍涎香一斤八兩，說是民間得來的。這一斤八兩，很可能是他利用權勢從廣東得到，而偽稱是從民間購買的。

以宋代的各種「龍涎」合香為例，每次用龍涎香不過數兩而已，很多甚至根本不用龍涎香。所以嘉靖說他只是用龍涎香製作萬歲香餅，當然是托詞。李飛認為製作萬歲香餅必需龍涎香，是「消耗龍涎香的一大源頭」，這並不確切，參見上文宋代製作合香的討論。此外，李飛指出齋修是龍涎香的另一用途，並枚舉了《明實錄》中從 1542 年到 1566 年，宮中齋修活動未曾停止，「不僅種類繁多，而且時間密集」。其中，嘉靖三十三年（1554 年）一年之中七次，這必然要消耗大量香料，包括龍涎香、沉香、降香和乳香等。[125] 李飛的分析當然是有道理的：齋修需要焚香，則必然需要龍

124 《明世宗實錄》卷 543，《明實錄》第 10 編，第 9675 頁。
125 李飛：〈龍涎香與葡人居澳之關係考略〉，《海交史研究》2007 年第 2 期，第 114–116 頁。

涎香。不過，如前指出，諸多合香未必都用到龍涎香這一成分，即使用到了，所需龍涎香份量也很少。龍涎香最重要的用途還是煉丹，亦即其醫藥功效。

1567 年 1 月，嘉靖駕崩，尋訪龍涎香的運動遂告一段落。綜合上述，明朝全國動員訪取龍涎香二十多年之久，這完全是嘉靖皇帝在宮內沉溺道教修仙煉丹的結果。《明史》總結說：「世宗初，內府供應減正德什九。中年以後，營建齋醮，採木採香，採珠玉寶石，吏民奔命不暇，用黃白蠟至三十餘萬斤。又有召買，有折色，視正數三倍。沈香、降香、海漆諸香至十餘萬斤。又分道購龍涎香，十餘年未獲，使者因請海舶入澳，久乃得之。」[126] 這不僅直接批評了嘉靖求道修仙而導致的奢靡浪費，而且隱約提到了因分道購龍涎香而引葡萄牙人進入澳門之事。

十七兩龍涎香從哪裏來

《明史》明確記載，嘉靖皇帝下旨，「又分道購龍涎香，十餘年未獲，使者因請海舶入澳，久乃得之」。如前所述，這個「澳」就是指澳門。其他許多官方文獻也提及葡萄牙人入居澳門與龍涎香多有關係。一些學者早就注意到龍涎香與葡萄牙人獲得明朝許可入居澳門的關係，其中以金國平和吳志良兩位前輩論述最為精闢，筆者深受啟發。[127]

二十世紀中葉，梁嘉彬在分析明清時期葡萄牙進佔澳門的歷史後總結說：「葡萄牙人始通中國時，布政使吳廷舉以缺上供香故，破例准其貢市；

126 《明史》，卷 82，第 1993–1994 頁。

127 梁嘉彬：〈明史稿佛郎機傳考證〉，包遵彭主編：《明代國際關係》（台北：學生書局，1968），第 7–60 頁；戴裔煊：《〈明史・佛郎機傳〉箋正》（北京：中國社會科學出版社，1984）；金國平、吳志良：《早期澳門史論》（廣州：廣東人民出版社，2007），第 44–53、117–138 頁；〈龍涎香與澳門〉，見金國平、吳志良：《鏡海飄渺》（澳門：澳門成人教育學院，2001），第 38–59 頁；〈葡人入據澳門開埠歷史淵源新探〉、〈澳門歷史的「香」與「煙」論〉，見金國平、吳志良：《東西望洋》（澳門：澳門成人教育學院，2002），第 77–128、129–154 頁。

至是以缺香物故，准其入居濠鏡；至於清代以鴉片煙稅故，又准其永管澳門。余謂：澳門之失，一失於龍涎（香），二失於鴉片（煙）！」[128] 此後戴裔煊也稱，明王朝「當時急於訪購龍涎香，對葡萄牙殖民者海盜商人得以混進澳門並能定居下來，有一定關係。」[129] 關於明朝允許葡萄牙人在澳門入貢、停留乃至允許入居澳門，過去的研究認為，這一是因為葡萄牙人賄賂廣東地方官員，二是他們效忠明朝幫助鎮壓海盜，以及為其提供佛郎機銃等先進武器。金國平和吳志良搜羅考察了中葡文獻，指出這些固然都是原因，可是不夠完整準確，他們認為，求購龍涎香是葡萄牙人獲准入居澳門的「直接導因」，「龍涎香在葡萄牙人入居澳門的過程中的確產生過令人難以置信的決定性因素」。[130] 李飛梳理了 1553 年諸夷「僑寓」和 1557 年葡萄牙人永久入居澳門的文獻及相關討論，指出葡萄牙人以龍涎香與廣東官府討價還價，利用 1556 年嘉靖急索龍涎香給地方官員造成巨大壓力的機會，於 1557 年獲准入居澳門。李飛還特意強調，1557 年後，嘉靖不再「年復一年嚴飭戶部採訪、訪買龍涎香」，廣東卻幾次主動奉上龍涎香。[131]

如前所述，嘉靖三十五年十一月，「廣東布政司進龍涎香一十七兩」。[132] 雖然數量很小，但這是十幾年來第一次獲得龍涎香，不能不讓人在驚歎之餘產生何處而來的疑問。這十七兩龍涎香從哪裏來？其實，這十七兩就來自葡萄牙人。

成書於萬曆四十五年（1617 年）的《東西洋考》引用了《廣東通志》的記錄，提供了 1553–1556 年的許多細節。《廣東通志》稱：

> 嘉靖三十四年三月，司禮監傳諭户部，取龍涎香百斤，檄下諸藩，懸價每斤償一千二百兩。往香山澚訪買，僅得十一兩以歸。內驗不同，姑存之，亟取真者。廣州獄夷囚馬

128 〈明史稿佛郎機傳考證〉，第 39 頁。
129 《〈明史．佛郎機傳〉箋正》，第 73 頁。
130 《早期澳門史論》，第 123–124 頁。
131 〈龍涎香與葡人居澳之關係考略〉，第 121–125 頁。
132 《明世宗實錄》卷 441，《明實錄》第 10 編，第 9369 頁。

> 那別的貯有一兩三錢，上之，黑褐色。密地都、密地山夷人繼上六兩，褐白色。問狀，云：褐黑色者，採在水，褐白色者，採在山，皆真不贗。而密地山商周鳴和等再上，通前十七兩二錢五分，馳進內辦。[133]

這段話的資訊非常豐富。首先，當時嘉靖重金求購，每斤龍涎香給價一千二百兩白銀，合每兩龍涎香七十五兩白銀，相當於黃金十兩換一兩龍涎香，令人不敢置信。其次，對於《明實錄》「嘉靖三十五年十一月」記載的「廣東布政司進龍涎香一十七兩」一事，此處提供了詳細的來源。

這十七兩可謂來之不易，分三次獲得。第一次在「香山澚訪買，僅得十一兩以歸」，香山澚指的就是澳門，當時澳門半島歸廣東香山縣管轄；第二次「廣州獄夷囚馬那別的」獻上「一兩三錢」，廣州監獄中夷囚並非他人，就是葡萄牙人，他拿出龍涎香一兩三錢，大致就是戴罪立功，希望用這一兩三錢的龍涎香換取自由；第三次「密地都、密地山夷人，繼上六兩」，「密地都、密地山」究竟是兩地還是一地（「密地都」的「密地山」），存疑。不過，張燮將其置於「啞齊」，則當地處今蘇門答臘北部的亞齊。而「夷人」也是葡萄牙人。這「十七兩二錢五分」龍涎香，大概是通過「密地山商」周鳴和牽線獲得。

更為重要的是，這段廣東文獻幾乎明明白白地告訴我們，龍涎香只有葡萄牙人有，要買龍涎香必須找葡萄牙人，必須去其暫居的澳門。所以《廣東通志》總結說：「自嘉靖至今，夷舶聞上供，稍稍以龍涎來市，始定買解事例，每兩價百金，然得此甚難。」[134] 也就是說，從那時起，葡萄牙人聽說嘉靖需要龍涎香，於是帶來龍涎香售賣；而後才和廣東地方政府談判。協

133 《西洋朝貢典錄校注．東西洋考》，第 248 頁；亦見［明］顧炎武：《天下郡國利病書》，《顧炎武全集》（上海：上海古籍出版社，2012），第 17 冊，第 3443 頁；《早期澳門史論》，第 6–7 頁。「密地山」當指亞齊，因為張燮將此段置於「啞齊」之下。見《早期澳門史論》，第 46 頁，注解 5；《西洋朝貢典錄校注．東西洋考》，第 248 頁。

134 《西洋朝貢典錄校注．東西洋考》，第 248 頁。

調規定「買解事例」，價格是每兩龍涎香一百兩白銀。即使如此，也很難買到。這個很難買到，究竟是葡萄牙人故意製造供給困難，還是實情，不得而知。

明末清初的顧炎武（1613–1682 年）對於嘉靖三十四年至三十五年（1555–1556 年）購買龍涎香的細節也有記錄：

> 嘉靖三十四年三月，司禮監傳奉聖諭：「你部裏作速訪買沉香一千斤、紫色降真香三千斤、龍涎香一百斤，即日來用。」就令在京訪買，已得沉香、降香進訖，尚有龍涎香，出示京城採買，未得。奏行浙江等十三省及各沿海番舶等處收買。本年八月，户部文移到司，又奉撫、按牌案行催，再照前香，每斤給銀一千二百兩。三十四年，巡撫鈞牌發浮梁縣商人汪弘等到司，責差綱紀何處德領同前去番舶訪買，陸續得香共十一兩，差官千户朱世威於本年十月送驗，會本進，奉聖旨：「既驗不同，姑且收入。今後務以真香進用，欽此。」欽遵。行司又據見監廣州府斬罪犯人馬那別的等告送龍涎香一兩三錢，褐黑色，及有密地都密地山夷屬採有褐白色六兩，各夷説稱，褐黑色者採在水，褐白色者採在山。又據密地都周鳴和等送香辨驗，真正共一十七兩二錢五分，責差千户張鸞三十五年八月送驗，會本起進，奉聖旨：「這香內辨是真，留用，欽此。」[135]

顧炎武提供了幾處新的細節。第一，1555 年採辦的數量極大，「沉香一千斤、紫色降真香三千斤、龍涎香一百斤」，前兩者在北京就買到了，但一百斤龍涎香是個巨大的數目，此前廣東、福建進獻十幾年不過數斤而已，不知道嘉靖為何這次獅子大開口，居然要這麼多！這個數量，絕對不是用作合香或香餅的材料，而後用於齋修，而是用來製作金丹的。

第二，接到旨意後，廣東巡撫命令浮梁縣商人汪弘等人負責，並派遣小吏「綱紀何處德」一起「前去番舶訪買」；他們陸續買到了十一兩，然後廣東派遣千戶朱世威於嘉靖三十四年十月送到北京，可是，嘉靖驗收後，發現不真，稱：「既驗不同，姑且收入。今後務以真香進用，欽此。」此處

135 《天下郡國利病書》，第 3827 頁。

大致告知了廣東採訪龍涎香的官方程式。先是命江西浮梁籍商人汪弘「等到司」，可知汪等商人對廣東地方政府有相應的義務。他們大致從事海外貿易，而廣東市舶司管理海外貿易，這些在廣東的外地商人必須聽從廣東地方官府的調遣。除了商人，廣東地方還指派了低級吏目，即所謂「綱紀」一起去番舶訪買。可知這是官商合作的交易。商人熟悉市場和商品、何人擁有何物、何處可以獲得等，而官員在場的好處則是代表朝廷，代表政府的權威和意志，表明這並非一般的買賣。他們買到十一兩龍涎香之後，廣東方面專門派了一名千戶護送龍涎香到京，可見對此事之重視。可惜，嘉靖收到驗貨後發現是假的，不過嘉靖也明白臣下的苦惱，雖然指出是贗品，但也對下面略加撫慰，希望訪求真香進獻。

第三，顧炎武告訴我們，真香只能從葡萄牙人手中購得。廣東監獄囚禁的葡萄牙人「馬那別的等告送龍涎香一兩三錢」，而後「有密地都密地山夷屬採有褐白色六兩」，接着「又據密地都周嗚和等送香辨驗，真正共一十七兩二錢五分」。根據上下文，密地都密地山雖然地處亞齊，龍涎香及其所有者（當是葡萄牙人）卻在澳門。亞齊處在蘇門答臘北部，毗鄰印度洋，傳統上就是龍涎香的產地。廣東收到葡萄牙人的獻香，馬上派「千戶張鸞三十五年八月送驗」，經驗收，發現是真香，嘉靖遂留用。

嘉靖駕崩後，澳門繼續進獻龍涎香：1598 年進獻 5 斤，1600 年進獻 46 兩，1604 年進獻 48.51 兩，1605 年進獻 97.62 兩，官方也開始核定價格為每兩龍涎香 100 兩白銀。[136] 以上龍涎香獲得之頻繁，數量之大，都是嘉靖朝所未見。可見，葡萄牙人的確是龍涎香的唯一擁有者，澳門是明朝龍涎香的唯一來源地。所以張燮總結說：「自嘉靖至今，夷舶聞上供，稍稍以龍涎來市。」但是他依然強調，「然得此甚難」。

136《西洋朝貢典錄校注．東西洋考》，第 248 頁。

為什麼不來

以上明代文獻表明，龍涎香這種來自印度洋的物資，已經深深地影響了明代的政治、宗教、經濟、對外政策等各個方面。它的來與不來，以及如何來，不僅涉及皇帝對世俗和精神兩個世界的追求，而且可由皇帝身心安危而推及宮廷政治、權爭、政教關係以及海外貿易等。龍涎香的不來，讓煉丹求長生不老的皇帝焦躁不安甚至暴怒，也同樣讓朝廷的大臣、地方撫臣以及宮禁中的太監惶恐。總體而言，嘉靖等人雖然以舉國之力訪取龍涎香，但結果是失敗的。皇帝以天子之尊、萬民之主的權勢與決斷，挾以明朝的強大和富裕，居然得不到區區龍涎香，緣何？

明代的海禁政策是獲取龍涎香的首要障礙。自鄭和下西洋之後，明朝便再次嚴禁海上貿易，從文獻看，中國再也沒有官船或民船進入印度洋。在鄭和之後的十五世紀中期，雖然印度洋世界的若干國家或港口希望繼續保持通過鄭和建立的朝貢關係，但被明朝拒絕。正統元年（1436 年），明英宗將鄭和第七次下西洋帶回來的印度洋諸國使節遣返回國。《明實錄》記載：「遣古里、蘇門答剌、錫蘭山、柯枝、天方、加異勒、阿丹、忽魯謨斯、祖法兒、甘巴里、真臘十一國使臣葛卜滿、都魯牙等同爪哇使臣郭信等回國；敕爪哇國王楊惟西沙曰：王自我先朝，修職弗怠，朕今即位，王復遣使朝貢，誠意具悉；宣德時，有古里及真臘等十一國各遣使朝貢，未回。今王使回，特賜海船與各使同還。王其加意撫恤，分遣還各國，庶副朕懷遠之心。仍命葛卜滿、都魯牙等十一使齎敕諭其王。」[137] 其中古里、錫蘭山、柯枝、天方、加異勒、阿丹、忽魯謨斯、祖法兒、甘巴里都處於印度洋世界，蘇門答剌也毗鄰印度洋，這些國家是唐宋以來中國龍涎香的來源地。忽魯謨斯是波斯灣的重要港口，出產良馬等特產，非常希望繼續和明朝來往。大約在 1441 年，忽魯謨斯國王曾派使臣搭商船輾轉來到中國。

137 《明英宗實錄》卷 19，《明實錄》第 3 編，第 2455 頁。

《明實錄》記載：「辛酉，吏部尚書胡濙等奏：忽魯謨斯國王速魯檀土蘭沙言其居處極邊，在先朝時累蒙遣使往來，以通上下之情，今久不復遣使矣；邇因撒不即城哈只阿里回獲知：大明皇帝為天下生靈主宰，不勝歡忭，遂遣哈只阿里來朝貢馬，伏望朝廷寬恩，仍如舊遣使，以通道路，緣夷情未可輕信，請頒賜彩段以慰其貢馬向化之意，仍降敕以諭之，俾其安分守法，樂處邊陲。從之。」[138] 這樣，明英宗就拒絕了忽魯謨斯朝貢的請求，從此斷絕了和印度洋世界的政治和經濟來往，大致也就斷絕了龍涎香的到來。

此後，海禁政策導致沿海倭寇的興起與侵襲，成為明朝的一大心患。[139] 日本與明朝的勘合貿易在寧波市舶司進行。嘉靖二年（1523 年），日本兩位大名大內氏（持正德勘合符）和細川氏（持已經失效的弘治勘合符）派出的朝貢使團抵達寧波後，因勘合符效力之辯而引發衝突，大內氏代表謙道宗設等人追殺理虧的細川氏代表鸞岡端佐等人，殃及寧波一帶的居民，追擊的備倭都指揮劉錦、千戶張鏜等明朝官兵戰死。這一事件直接導致嘉靖皇帝廢除福建、浙江市舶司，僅保留廣東市舶司。從此，明朝與日本的貿易中斷，為「東南倭亂」埋下了伏筆。這樣一來，明代海外貿易僅剩廣東一地；而為了防範和消除倭寇，東南的海禁更加嚴厲。因此，無論嘉靖如何動員全國，沒有海外貿易，尤其是印度洋來的商船，訪取龍涎香就是緣木求魚。

隆慶元年（1567 年），明穆宗決定放鬆海禁，在漳州開關，允許民間私人遠販東西二洋。不過，所有船隻都以東南亞為目的地，沒有一艘通過麻六甲海峽進入印度洋。因此，「隆慶開關」雖然使海外貿易迅速繁榮，為近代華人在南洋形成網路分佈打下基礎，但完全沒有重新開啟與印度洋的直接聯繫，實在遺憾。同樣，印度洋世界對中國也毫無興趣，他們在鄭和

---

138 《明英宗實錄》卷 87，《明實錄》第 3 編，2797 頁。

139 「倭寇」的字面意思為「日本的海盜」，但除了日本人，朝鮮和中國的許多漁民和沿海商人因海禁斷了生計，也被迫加入「倭寇」。

時代與中國建立所謂朝貢關係完全是明朝一手操弄的結果。一旦明朝放棄下西洋宣威萬國的國策，印度洋諸國（忽魯謨斯除外）也就既無興趣也無能力前來，更何況它們在內亂的同時又面臨新來的敵人——以葡萄牙人為首的歐洲殖民者已經到達印度洋並建立據點和基地，向南亞、東南亞和東亞擴張。中國和印度洋的直接聯繫中斷了，間接聯繫也若有似無。結果就導致嘉靖尋訪龍涎香，最終只能從初到東亞的葡萄牙人手裏獲得。

和龍涎嶼一樣，龍涎香代表了中國人對印度洋的探索，代表了中國和印度洋的來往。對龍涎香的認識，實際上也是中國積累印度洋知識乃至海洋亞洲知識的結果。可是，鄭和下西洋之後的鎖國政策導致中國和印度洋世界的交往中斷，唐宋以來的接觸和交流驟然停止。可以說，不光清船不過麻六甲，實際上自明正統五年（1440 年）以後，就再也沒有中國海舶進入印度洋了。正是在這種狀況下，宋代可以得到的龍涎香，鄭和船隊可以得到的龍涎香，在十六世紀的中國消失了。龍涎香不來，導致嘉靖一朝數十年的緊張、焦慮與惶恐。最終，龍涎香給了渴望在東亞找到一個貿易港的葡萄牙人最佳籌碼。在多次碰壁的情況下，葡萄牙人於嘉靖三十六年（1557 年）用龍涎香從大明王朝取得了入居澳門的許可。歷史就是這樣弔詭。龍涎香的不來，「造就」了利瑪竇的西來，給古代中國帶來了現代文明的曙光。

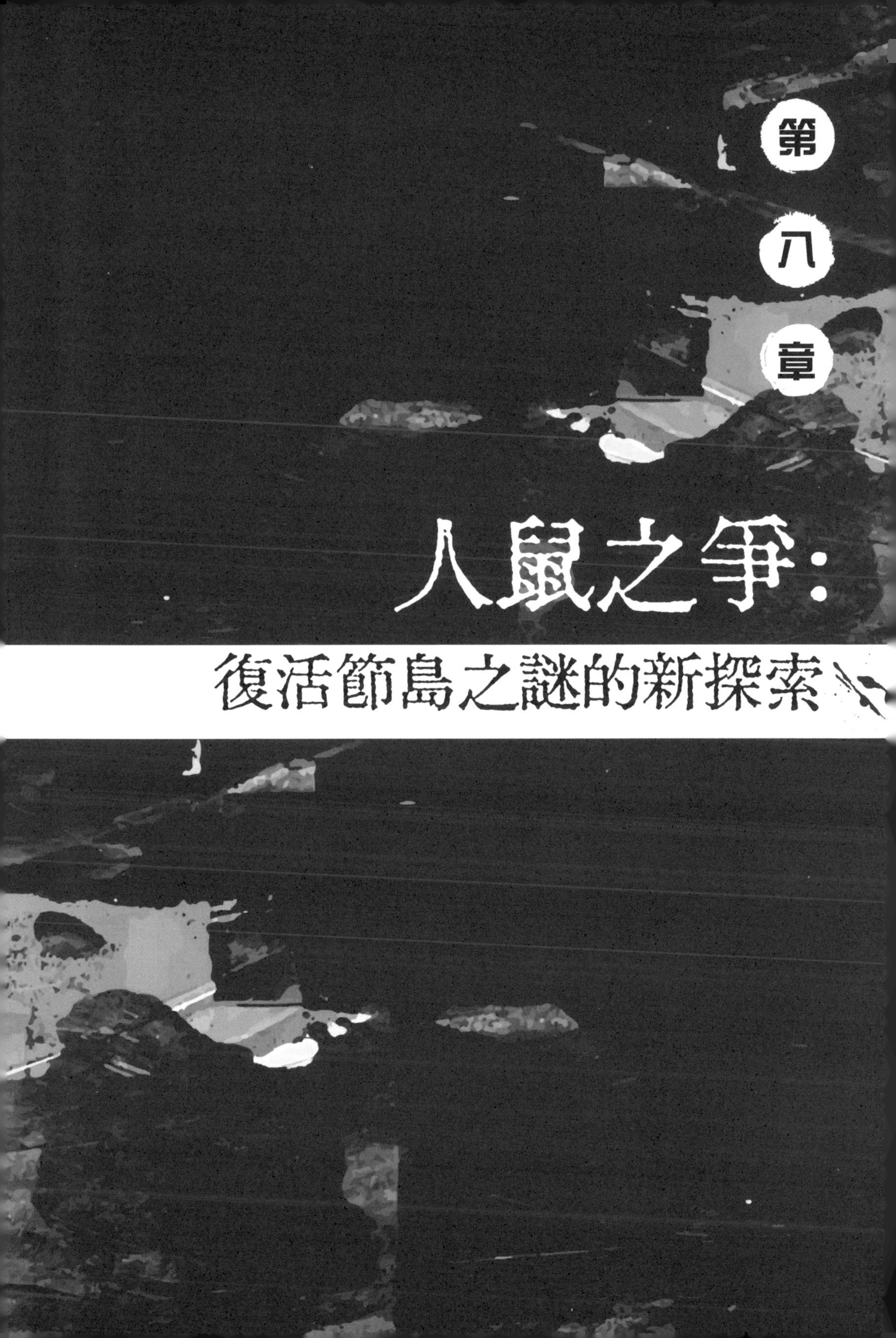

第八章

人鼠之爭：復活節島之謎的新探索

百萬年的寂寥

復活節島之所以引人注目，用加利福尼亞大學洛杉磯分校教授、著名科普作家賈雷德·戴蒙德的話說，是因為以下幾個特點：該島地理位置的偏遠、森林的毀滅、數百個巨大的石像摩艾以及雕刻者後代對它們的損毀、島上居民生活方式的急劇變遷，當然還有復活節島對當今世界的隱喻和象徵。

大約一百萬年前，復活節島由海底的三座火山噴發形成，面積近 164 平方千米。1722 年 4 月 5 日復活節這一天，荷蘭航海家雅各·洛嘉文（Jakob Roggeveen）「發現」了這座島，因而大眾稱之為「復活節島」。學者們則稱之為「拉帕努伊島」（Rapa Nui），因為拉帕努伊是十九世紀波利尼西亞人對它的稱呼，島上的原住民也就理所當然地被稱作「拉帕努伊人」。這座島嶼孤獨地坐落在南太平洋東南角，位於南緯 27° 和西經 109° 交會點附近，是波利尼西亞群島中最東端的島嶼。它距離南美大陸的智利 3,000 多千米，距最近的有人定居的南美大陸附近的皮特凱恩群島 2,000 多千米，和太平洋上的其他島嶼相距也很遠。一點不誇張地說，復活節島如果不是最與世隔絕的島嶼，也是其中之一。

「孤懸海外」四個字遠遠無法道盡它百萬年來的寂寥。

由於存在才一百萬年，加上與世隔絕，復活節島的生態極其簡單。在太平洋上所有與之面積、地質和海拔相似的島嶼中，沒有一座如復活節島那樣孤立，也沒有一座島的生物鏈如復活節島那麼單調，因而它抵禦外來生物入侵的能力異常薄弱。今天植物學家在島上發現了 48 種「土生土長」的植物，主要是草本、蕨類和灌木，其中 14 種（包括紅薯）是古代波利尼西亞人攜帶而來的。島上的陸地脊椎動物也屈指可數，僅有的兩種蜥蜴是否為原產，學者們也不能確定。考古發現，島上曾經有 25 種海鳥和 6 種陸地鳥類。由於該島附近礁石不多，除了海豹和海龜，魚類數目也相對較少。當然，曾經還有藏在獨木舟裏和波利尼西亞人一同登陸的老鼠，它們在復活節島文明史上扮演了關鍵角色。

由於地處亞熱帶，復活節島與波利尼西亞群島的其他島嶼氣候大不一樣，沒有熱帶的溫暖和豐沛的降雨，沒有常年流淌的溪流，也沒有廣泛分佈於熱帶島嶼、可為居民提供食物的椰子樹和麵包樹。島上的土壤易於滲漏，不能儲水，因而乾旱是經常性的威脅。此外，強勁的海風帶來鹽霧，嚴重損害甚至摧毀農作物。總之，乾旱、海風、土壤，以及溪流的缺乏威脅山着地處偏遠孤立無援的拉帕努伊人。

看來，復活節島並不適合人類生存。

前人之述備矣

戴蒙德在他的著作中重構了復活節島拉帕努伊人的歷史。他把這段歷史稱作「生態自殺」（ecocide），特別是島上的居民決定建造巨大的石像，揮霍了海島的資源，直接造成了生態災難和這裏古代文明的崩潰。[1] 這個濫用環境而自取滅亡的事例在今天廣為人知，有識之士用它來警醒現代世界

1 Jared Diamond, "Easter's End", *Discover*（August 1995）, 16（8）: 62–69 ; *Collapse: How Societies Choose to Fail or Succeed*（New York: Viking Penguin, 2005）; "Easter Island Revisited", *Science*, Vol 317, Issue 5845（2007）: 1692–4.

的貪婪，避免重蹈覆轍。在此不妨將這個事例簡錄如下。

在波利尼西亞人到來之前，復活節島的動植物雖然種類貧乏，但個體數量繁多。人們通過對花粉的分析研究發現，復活節島上曾經覆蓋着鬱鬱蔥蔥的亞熱帶森林。數量最多的是一種業已消亡的棕櫚樹。類似的棕櫚樹在智利直徑可近 2 米，高度近 25 米，直幹雲霄。棕櫚樹是當地人重要的食物來源，果實和樹汁提供了澱粉、糖分和水分；粗大的樹幹不但可以用來造船，還可以用來運輸和豎立石像。另外有一種哈兀哈兀樹可以製作繩索；而托羅密羅樹質地堅硬，是一種很好的燃料。

不過，到了十八世紀白人登上復活節島的時候，島上幾乎已經沒有樹木，遑論森林。令人矚目的是遍佈海島的巨大的石像摩艾，全島大約有 900 多個。這些摩艾平均高度約達 4 米，平均重量約為 10 噸。其中有 15 個尤其巨大，有的重量高達 90 噸，最高的一個超過 21 米，重量在 160 噸以上。全島總共有 200 多座摩艾已雕刻完成，從採石場運到海濱，矗立在叫作阿胡的祭壇處，最遠的運送距離大約 10 千米。目前，考古學家總共發現了島上的 36 個阿胡祭壇。考慮到拉帕努伊人沒有現代機械工具，沒有鐵質工具，也沒有大型動物提供畜力，摩艾工程的難度和強度可想而知。人們曾在石像附近發現刻滿奇異圖案的木板朗格朗格（Rongorongo），上面刻有某種文字或符號，人稱「會說話的木板」。目前大概有 25 塊木板被收藏於世界各地的著名博物館。

一些學者認為人類活動尤其是摩艾這樣巨大的工程是島上森林消失的關鍵原因。人口不斷增長，加上運送和豎立摩艾需要的木材與繩索，導致人們不斷地砍伐森林，其速度超過了森林的自我更新速度，導致森林被毀。大約有二十多種樹木在人類定居之後消失。大多數棕櫚樹在 1450 年前後便不復再見，剩下的樹木在 1650 年前後絕滅。森林的消失迫使人們放棄摩艾工程，也讓生存越發艱難，社會出現動盪、戰亂和人口減少，乃至人吃人的現象。

森林的消失給島上居民帶來的惡果是無法用語言來表達的。首先，這意味着食物的短缺和日常生活的重大改變。棕櫚樹原來是食物的主要來源，除了可食用的堅果和棕櫚樹芯，每棵棕櫚樹每年還可以提供超過 400 升的樹汁。棕櫚樹還為日常生活，如編製籃子、席子、船帆、屋頂棚等，提供各種原材料。其他樹木也提供果實和原料，用來編製繩索、衣物、獨木舟、桅杆等。森林的消失也導致種植業的轉變。早期拉帕努伊人在棕櫚樹間種植農作物，棕櫚樹為這些作物提供了肥料，遮擋了強烈的陽光，同時防止了水土流失。棕櫚樹的消失意味着陽光直射，導致土地乾燥，風吹雨打則導致水土大量流失。這迫使人們轉向以前很少耕作的土地。為了增加糧食產量，拉帕努伊人開始採用一種獨特的勞動密集型種植方式，搜集、搬運大量石頭覆蓋土地，以此來防止水土流失，減少強風的損害和晝夜溫差等所帶來的不利影響。粉碎的石頭慢慢地滲出某些養分（特別是磷），還能提高土壤的肥力。這些石頭平均重約 2 千克，總計在 10 億塊以上，覆蓋了復活節島總面積的一半。這需要何等的勞動量！

食物的匱乏導致人類大量捕殺鳥類，所有的陸地鳥類和半數以上的海鳥物種因此滅絕。由於沒有木材製造船隻，人們無法出海捕捉海豚，這樣海豚就在 1500 年前後從此地的食譜中消失了。取而代之的是一些近海魚類、海貝和海螺。人們開始大量養雞。由於木材的匱乏，西元 1600 年後人們開始普遍建造高約 2 米的石頭屋，也就是後來口述史中所說的「雞窩」，倒也貼切形象。全島有 1,000 多個這樣的雞窩，人們在其中確實發現了雞骨、雞毛、蛋殼和雞糞，表明口述史所言非虛。即使如此，饑餓依然難免，島上旺盛繁衍的老鼠就成了人們的美味。最後，連這種波利尼西亞鼠也滅絕了，這究竟是因為食物匱乏還是因為人類捕殺，尚待考證，應該是兼而有之。到了最後，為了補充蛋白質，人們開始吃人。仇人相對，互相叫罵：「你媽的肉還在我的牙縫裏呢！」與此同時，島上的房屋也愈來愈小，建築時使用的木料也愈來愈少。後來的口述史還記錄了部落之間的紛爭，人們開始挖掘防禦地洞。十八世紀歐洲人的到來給拉帕努伊人帶來了新的災難，特別是疾病和奴隸貿易導致島民大量死亡、流失海外。戴蒙德概括說，在歐洲人到達之前，復活節島已經發生了重大變化，這些變化包括：森林消失、沒有棕櫚樹汁作為食物和水分來源、草類代替木材成為燃料、石頭覆蓋種植地、停止雕刻石像，以及爭鬥增加。

迄今為止，科學研究對復活節島文明興旺的脈絡有了大致清晰的把握。凡是有科學素養的讀者，自然都對外星人或其他超自然力量（如上帝）創造或者毀滅復活節島的說法嗤之以鼻。一方面，我們要譴責殖民主義帶給土著居民的痛苦；另一方面，已有的科學研究似乎證明，島上的土著居民對其社會的毀滅負有重大責任，因為在被殖民者「發現」之前，復活節島社會已經動盪不安。戴蒙德就一再指出，復活節島的拉帕努伊人親手摧毀了祖宗的基業，復活節島是人類濫用資源導致自我毀滅的最典型的事例。這是一場由土著居民自身導致的生態災難引起的社會崩潰，換言之，也就是生態自殺。這樣看來，就可持續性的發展而言，復活節島就是一個人類失敗的例子，甚至就是預言和預演「地球島」（Earth Island）的具體而微者。[2] 由此看來，復活節島的「排練」，對現代人類對於環境和物質的貪婪索取，是多麼觸目驚心的警告和提醒！拉帕努伊人留給我們的教訓又是多麼深刻！

看來，對於復活節島的歷史，前人之述備矣！

若有若無的殖民主義的影子

也不盡然。

以戴蒙德的觀點為代表的敘述存在很多令人費解的疑問。為什麼土著居民在森林逐步消失、生態持續惡化、食物缺乏的情況下繼續毀林？難道

2 Benny Peiser 綜述了這種自二十世紀八十年代以來的說法。Benny Peiser, "From Genocide to Ecocide: the Rape of 'Rapa Nui'", *Energy & Environment*, vol. 16, No. 3/4（2005）, Special Issue: "Institutions, Progress, Affluence, Technology and the Environment"（2005）, 513–39.

他們根本沒有意識到其中的關聯嗎？難道他們如此盲目無知嗎？與他們的祖先在廣袤的海洋上泛舟數千千米來到這個遙遠偏僻的小島定居，並且利用小島資源塑造出一個生氣勃勃的社會相比，這是多麼大的反差和嘲諷！他們一度擁有的聰明才智和他們後來的愚昧執拗實在令人震驚！

二十一世紀初，最新的考古學、環境學和生物人類學發現直接質疑了生態自殺的解釋。[3] 以漢特（Terry Hunt）和卡爾．P. 李坡（Carl P. Lipo）為代表的考古學家和人類學家，根據考古、古環境和生物人類學的發現，認為雖然復活節島經歷了生態災難，但生態自殺的說法不過是一種現代迷思而已。[4] 有關復活節島歷史、人類定居墾殖模式，以及環境變遷的最新研究，不但修正了過去考古學家的某些發現，還駁斥了那種認為土著居民耗費資源以致生態自殺的觀點。他們直言，這種說法參與塑造了土著居民「愚昧無知」的形象。土著居民野蠻原始、自作自受、自我毀滅的敘事，難道不正帶着若有若無的殖民主義的影子嗎？他們對復活節島古環境和考古的研究表明，導致海島生態災難的原因是複雜的，多種因素共同作用且互相關聯。他們堅信，森林消失並非人口銳減、社會崩潰的原因，歐洲人的到來才是，因為歐洲人帶來了疾病和奴隸貿易。他們認為，如果用現代詞來描述拉帕努伊島的悲劇，它絕非「生態自殺」，而是「種族滅絕」。

漢特和李坡最重大的觀點是，在歐洲人到來之前，復活節島生態災難

---

3 Benny Peiser, 2005；Terry L. Hunt, "Rethinking the Fall of Easter Island: New Evidence Points to an Alternative Explanation for a Civilization's Collapse", *American Scientist*, vol. 94, no. 5（September-October, 2006）: 412–9; "Rethinking Easter Island's Ecological Catastrophe", *Journal of Archaeological Science*, Vol 34, Issue 3（2007）: 485–502; Terry L. Hunt & Carl P. Lipo, "Late Colonization of Easter Island", *Science*, Vol 311, Issue 5767（2006）: 1603–6; "Revisiting Rapa Nui（Easter Island）'Ecocide'", *Pacific Science*, vol. 63, no. 4（2009）: 601–16; "Ecological Catastrophe, Collapse, and the Myth of 'Ecocide on Rapa Nui（Easter Island）'", in Patricia A. McAnany & Norman Yoffee, ed., *Questioning Collapse, Human Resilience, Ecological Vulnerability, and the Aftermath of Empire*（Cambridge University Press, 2009）, 21–44. 有關復活節島衰敗的學術討論，參見 Ann Gibbons, "Date Revise Easter Island History", *Science*, Vol. 311（2006）: 1360；Tom Garlinghouse, "Rethinking Easter Island's Historic 'Collapse'", *Sapiens*, 29 May, 2020, https://www.sapiens.org/archaeology/easter-island-collapse/

4 Terry L. Hunt & Carl P. Lipo, " Revisiting Rapa Nui（Easter Island）'Ecocide'", 601.

已經導致社會崩潰的說法站不住腳。他們重新梳理了十八世紀歐洲探險者對復活節島的描述，發現其中充滿矛盾。1722 年，荷蘭航海探險者洛嘉文最初認為復活節島是一片沙地，後來才發現是他們距島太遠，誤把草地當成了沙地。洛嘉文登陸後發現，島上雖然缺乏大樹和動物，卻盛產香蕉、土豆、甘蔗，以及其他各類果實。他寫道：「此地土壤如此肥沃，氣候如此宜人，真可以成為人間天堂。」洛嘉文的這段話或許有誇張之處，但 1722 年他眼中的復活節島和一個饑餓動盪的社會根本沾不上邊。羅伯特・迪納波利（Robert DiNapoli）是美國俄勒岡大學的人類學博士，他根據新發現的證據及其研究結果指出，直到 1722 年前後，阿胡祭壇的工程都在繼續，拉帕努伊人的社會並未瀕臨危機，因此，很可能是新來的歐洲人導致了這個島嶼社會的崩潰。[5]

如洛嘉文所見，當時島上的森林已經消失。那麼，森林具體是什麼時候消失的，過程如何？漢特等人的研究指出，森林的消失開始於 1250 年前後，結束於 1650 年前後，持續了大概四個世紀。島上大棕櫚樹的果實於 1200 年前後開始被焚燒，或被波利尼西亞鼠「光顧」。森林的消失應當和人類活動密切相關，那麼，什麼時候復活節島有了人？

什麼時候有了人

早期的波利尼西亞人大約在 2,800 年前泛海遷徙到南太平洋中部，如斐濟群島、東加群島、薩摩亞群島等，此後他們向東的遷移似乎就慢了下來。直到 800–1,000 年，他們才從薩摩亞—東加群島到達東波利尼西亞的科克群島和夏威夷群島等地，而後開始了可能是人類歷史上最快的遷移，幾個世紀後便抵達波利尼西亞群島的東南部。不過，過去人們對他們在太

5　Garlinghouse, "Rethinking Easter Island's Historic 'Collapse'".

平洋島嶼上的遷移估計得過快、過早了。比如，現在學者們相信直到西元1200年前後人類才抵達紐西蘭島，這比過去的估計要晚400年。

那麼，復活節島上什麼時候有了人？

學界此前認為，拉帕努伊人是在大約400年漂流到復活節島的一批波利尼西亞人的後代。語言學的分析也證實了這種觀點。

假設人類在400年登臨復活節島，而碳–14定年法的研究表明，島上多處森林消失於西元1200年之後，那麼我們可以推斷，在400–1200年的800年間，人類對島上的生態幾乎沒有什麼影響。也就是說，在這漫長的時期內，島上的波利尼西亞人保持着相當低的生育率，直到西元1200年後人口才突然出現爆發式增長，導致對環境造成重大的、爆發式的破壞和影響。這種模式是否可能呢？

波利尼西亞人在太平洋島嶼遷移的歷史否定了這種模式。他們在相當短的時間內就在廣袤的太平洋諸島上定居繁衍，高速的人口增長率是他們在遙遠寂寥的小島上生存繁衍的關鍵。低生育率無法延續一小群人組成的孤立無援的社會。考古學家假設，一個50人的集體到達復活節島，人口年增長率為3%，那麼在100年內人口就可以達到2,000人，平均每平方千米10人。可是，如果拉帕努伊人保持人口的高速增長，同時他們從400年或800–1250年對島上環境的影響連考古專家都無法發現其痕跡，那麼他們必然有相當清醒的環保觀念，小心翼翼地利用有限的資源，和以森林為代表的環境維持着友好和諧的關係。問題是，同樣是這樣一批人，到了1250年前後，卻彷彿吃錯了藥，或者中了邪，大規模地焚燒、砍伐樹木，摧毀森林，不管死後洪水滔天，這也太不可思議了吧？這種可能性應當是微乎其微的。因此，問題的焦點集中在波利尼西亞人的登島時間。最近十年的考古分析一步一步地修正了過去的觀點。

二十一世紀初的考古發現認為西元400年之前復活節島不可能有人，波利尼西亞人大概在西元800年後才抵達此地。此後考古學家進一步的研究表明，西元800年這個斷代依然高估了波利尼西亞人。根據最近的碳–14

定年法測試，以及對過去碳−14 定年法測試結果的重新分析，漢特和李坡認為波利尼西亞人到達復活節島的實際時間比原來估計的要晚得多，在 1200 年前後。對波利尼西亞鼠啃過的種子進行的碳−14 定年法測定結果也證實了這個斷代，因為這些老鼠和人類是共生的關係。沒有人，就沒有鼠；反之，有了鼠，必然就有人。老鼠活動的痕跡，證明了人類的存在。在人類的歷史長河中，晚幾百年也許不過一眨眼，但對這個遠在天邊、幾乎與世隔絕的小島而言，卻將近其文明歷史的一半，其影響萬萬不可低估。

1200 年前後這個登陸時間，對於我們理解復活節島歷史（特別是其中的關鍵問題，以森林消失和隨之出現的土壤流失為標誌的急劇的環境變化）意義重大。由於其特殊的地理位置，復活節島的環境對人類活動的反應敏銳而巨大。也就是說，人類抵達之時，便是復活節島環境變化（森林開始消失）之時。

1200 年前後波利尼西亞人首次登陸後，人口規模快速增長，對島上的動植物和地形地貌產生了即時而又重大的影響。在定居的一兩個世紀內，他們開始雕刻並豎立巨型石像摩艾。雕刻、運送並豎立這些摩艾，可能是拉帕努伊人應付人口過度增長而導致資源不足的社會文化活動，目的是加強內部的凝聚力。也就是說，從未經歷過的生態變遷和危機激發了拉帕努伊人建造摩艾石像等一系列社會文化互動和儀式。換言之，摩艾也是生態變化產生的結果，而不僅僅是生態災難的原因。這樣的解釋比較合理地綜合了環境和人類的互動關係，既能說明早期拉帕努伊人在這座島嶼的成功，也能解釋在歐洲人「發現」他們之前島上人口與資源的緊張，從而表明「原始」的土著居民拉帕努伊人並非愚昧無知。真正的文化和人口崩潰發生在西元 1722 年之後，特別是歐洲人帶來的疾病奪走了許多沒有免疫力的拉帕努伊人的生命。隨後的奴隸貿易在 1862 年又擄走了島上一半以上的人口，給當地社會帶來了深重的災難。因此，歐洲的探險、剝削，以及隨之而來的疾病是復活節島迅速崩潰的原因。

是人還是鼠

那麼，拉帕努伊人要不要對島上森林的消失負責呢？

過去考古學家已經發現復活節島上波利尼西亞鼠的存在，這些老鼠當然是跟隨波利尼西亞人而來的。這些學者指出，老鼠對於森林的毀滅有一定的作用，但人類要承擔主要責任。對夏威夷群島等太平洋島嶼的最新考古發現則顯示，老鼠可能是森林毀滅的始作俑者，對森林的消失要承擔重大的責任。

如今的復活節島是一片草原，島上沒有任何高於 3 米的樹木，植被以灌木、草叢為主。人們很難想像，鬱鬱蔥蔥的原始森林曾經覆蓋這個島嶼。最遲在 37,000 年前，復活節島上出現了棕櫚樹，它們逐漸覆蓋了島嶼，並經歷了氣候變化，特別是乾旱的考驗。1,200 年前後，獨木舟攜帶波利尼西亞人和波利尼西亞鼠，漂到了復活節島。沒有天敵、食物豐富的島嶼成了鼠的天堂。在理想狀態下，老鼠數量每 47 天可翻一番；在食物充足的情況下，一對老鼠在 1,128 天內可繁衍出近 1,700 萬隻後代。夏威夷群島中的庫雷環礁島（Kure Atoll）可以用作復活節島的參照。該島位於北緯 28°，食物充沛，島上平均每英畝（約 4,000 平方米）面積內有 45 隻老鼠，單位面積內最高可達 75 隻。以前者為標準，復活節島的老鼠數量約為 190 萬隻；以後者為標準，則達到 310 萬隻。考慮到島上不計其數的棕櫚樹果實和其他森林資源，老鼠數量超過 310 萬隻也是相當可能的。也就是說，在波利尼西亞人到達後不久，老鼠就在復活節島上繁衍出數量龐大的後代。

它們是敏捷的登高者，甚至被形容為「空中飛鼠」。成千上萬只老鼠可以在棕櫚樹高高的枝葉上生活，從一棵樹竄至另一棵樹，無須下地，有些老鼠甚至從不落地。它們「裝備」了尖銳的牙齒，能吞噬各類樹木的種子和幼芽，還能啃食部分果實（甚至椰子）堅硬的外殼，並破壞種子的繁殖能力。由於棕櫚樹成長週期較長，種子發芽需要幾個月甚至兩三年，發芽後生長成熟又需要一段時間，因此它的再生更新速度追不上老樹的消亡速度，尤其是大量種子被老鼠破壞了胚芽結構，不能發芽。[6] 因此，老鼠是導致森林消失的致命性因素。瓦胡島上石灰石天坑裏的沉積物則表明，在1000 年前後，波利尼西亞鼠在這裏爆發式繁衍，同時期島嶼的陸地鳥類和樹木數量急劇下降，有些甚至滅絕。附近湖底沉積物裏的花粉證實了上述結論。

老鼠對森林即時、直接的負面影響，也從側面證實了人類於 1200 年前後到達復活節島這一斷代。假設波利尼西亞人在此之前到達，而且先知先覺，保持很低的生育率，從而維持着對周圍環境微不足道的影響，似乎可以理解。可是，老鼠不能。老鼠登陸後，就生活在一個森林茂密、食物豐富的環境裏，幾乎沒有天敵，而且除了鳥類也沒有任何食物競爭者，必然迅速繁殖。這樣，哪怕人類不影響森林，老鼠也不可能不影響森林，尤其不可能在幾個世紀內與森林和諧共生。因此，考古發現復活節島上 1200 年前後的老鼠啃食的痕跡，證實人類大致在此前不久登陸。

當然，拉帕努伊人也有焚燒棕櫚樹開墾農地的行為，不過，目前並無發現他們肆意放倒大量樹木的證據。

等到白人登陸的十八世紀，復活節島上本來生長的大約 1,600 萬棵棕櫚樹，以及其他 20 多種樹木，已經消失殆盡。從生態和生物多樣性的角度看，復活節島無疑經歷了一場環境災難。幾乎所有滅絕的植物，都曾是老鼠食譜上的美餐。

如果沒有老鼠，森林應該會延續至今。現實情況確實如此。在沒有老鼠的夏威夷尼豪島上，原始森林依然生機勃勃。不要以為這座島上沒有人居住，夏威夷人早就在這裏墾殖焚燒，可是，森林就是沒有消失。原因當然不是這裏的夏威夷人比拉帕努伊人或其他島上的夏威夷人更聰明。

簡而言之，老鼠和人類活動對復活節島上的森林消失各負其責。不

6　在馬爾代夫群島，老鼠吃掉了多達 40% 的椰子嫩果，樹下堆滿了遭老鼠偷吃而掉落的果殼。

過，就棕櫚樹林的消失而言，誰的責任更大呢？是老鼠，還是人類食用棕櫚樹果，抑或是人類放倒樹幹？爭論還在繼續，尚無結論。

老鼠也挑食嗎

這些有關復活節島的考古發現和解讀，尤其是老鼠是森林消失之重要因素的看法，戴蒙德以為並不可靠。他指出，老鼠不能砍倒或焚燒考古發現的樹墩，老鼠的因素也不能解釋大量被焚燒的棕櫚果，更無法說明樹齡長達兩千年的某些棕櫚樹的消失，因為老鼠不可能導致在它們到來之前早已存在的巨大樹木的死亡，除非這些老鼠天賦異稟，不但會用火，還能攜帶石斧。要知道，其他成百上千座島嶼上也有老鼠，但那裏的森林並沒有消失。某些樹木在復活節島消失了，但在其他島嶼一直存在。難道老鼠也挑食嗎？

老鼠不挑食，但老鼠也不是無處不在。漢特和李坡指出，存在老鼠的夏威夷島嶼，其低窪地的森林往往都消失了，海拔 1,500 米以上的土生植被則保留得較好。莫非這些老鼠恐高？你還真猜對了。太平洋鼠生存的海拔高度就是在 1,500 米以下，因為這個海拔之上的森林缺乏生產果實的樹木，老鼠不屑光顧。復活節島海拔最高不過 600 米，完全在老鼠的活動範圍內。

戴蒙德堅持己見，認為對於復活節島的變化，人類的活動是關鍵影響因素。不過，他現在也強調復活節島生態的脆弱是一個關鍵的背景。戴蒙德指出，南太平洋上其他很多島嶼也經歷了環境惡化的過程，只是多數沒有發生復活節島的悲劇，因為它們位於熱帶，樹林生長快，恢復能力強，所以相當有效地抵禦了人類的焚燒砍伐。復活節島則不幸地位於亞熱帶，具有種種不利因素：比較涼爽乾燥，海拔低，面積小，以及相對隔絕，等等。因此，復活節島的悲劇不在於拉帕努伊人沒有遠見卓識，不在於歐洲人的罪惡行徑，而在於島民不幸地處於太平洋上最脆弱的環境。

現在看來，復活節島的生態巨變清晰可見，但關於導致這些環境和社會悲劇的因素，學者們智者見智，仁者見仁，因為還有很多問題我們依然不清楚，或者不確定。戴蒙德提出了復活節島之謎現存的幾個問題。第一，神秘的朗格朗格文字是在歐洲人到達之前還是之後發明的？如果是前者，那麼拉帕努伊人是世界上獨立發明文字的最小的社會，實在令人欽佩。第二，從波利尼西亞人首次登島到 1722 年，他們和其他社會是否有直接接觸？是否有其他波利尼西亞人到來？比如紅薯究竟是首次登島者帶來的，還是後來者攜入的？第三，波利尼西亞人究竟是什麼時候到達這個島嶼的，能否有相對確切的年代判斷？島上人口變化究竟如何？另外，碳-14 定年法無法用來測定摩艾石像的時代，那麼能否找到其他方式來確定摩艾的時代？最後一座摩艾到底是什麼時候雕刻的？這些問題的解決對徹底理解拉帕努伊人的歷史具有關鍵的作用。

是愚蠢的原住民嗎

愈來愈多的學者認為，漢特和李坡等人的研究是重大的突破，但仍有學者持懷疑態度，認為他們的研究方法和標準有問題。目前而言，學術界傾向於認定人類墾殖南太平洋群島沒有以前估計的那麼早，可究竟是什麼時候的事還不能確定。畢竟，發現人類登島後的第一次篝火晚會痕跡的機會微乎其微。此外，美國加利福尼亞大學洛杉磯分校的考古學家喬・安妮・凡・蒂爾伯格（Jo Anne Van Tilburg）就對迪納波利團隊用碳-14 定年法測試阿胡的年代存有疑慮，也就是說約 1722 年（即白人到來前後）的拉帕努伊社會究竟是依然保持活力和彈性，還是已經出現危機和困境，仍然是問題的焦點；凡・蒂爾伯格認為戴蒙德的理論依然有其活力，因為他並不是說崩潰突然在某一時刻出現，而是強調一系列因素和事件導致了社會走向崩潰，而歐洲人的到來則加速了這個進程。[7]

7 Garlinghouse, “Rethinking Easter Island's Historic ‘Collapse’”.

過去我們總是相信，科學研究講究證據，有一是一，有二是二。二十世紀初將現代學科引入中國的「開風氣之先者」胡適曾經說過，有幾分證據說幾分話，有七分證據說七分話，不說八分話。社會科學和人文學科在引入自然科學的研究方法後也強調證據和邏輯，特別是考慮到近年來交叉學科和跨學科研究興起，講究證據是萬萬不錯的。可是，解讀證據則因人而異，甚至可能大相徑庭。也就是說，科學研究也有個立場問題，也有個屁股和腦袋的問題。考古學、人類學和歷史學，尤其如此。對於同樣的考古發現，立場不同，解讀往往不同，結論不同自然可知。

同理，圍繞復活節島的研究和爭論還在繼續。一個重大的立場問題：拉帕努伊人是愣頭愣腦的自作自受者嗎？他們是處理環境問題的失敗典型嗎？很多讀者都會認同他們是失敗者，可如果換種角度，又覺得好像不是這樣。生態自殺的敘事，難道不是抹殺了拉帕努伊人歷史上的成功嗎？

漢特和李坡指出，一小群一小群的波利尼西亞人在極短的時期內成功地泛舟渡海，定居在茫茫的南太平洋一個又一個島上，關鍵因素就在於這一小群人在相對孤立的島上短期內保持了 3% 以上的高出生率。沒有這樣的高出生率，人類不可能在如此遙遠、與世隔絕的島嶼上長期延續。假設最初抵達復活節島的大約有 50 人，那麼 1350–1370 年，人口可能達 3,000–5,000 人。這個數目大致維持了人口和資源之間的相對平衡。不過，隨着森林的消失，土壤流失加劇，而且很可能復活節島的土壤並沒有最初估計的那樣肥沃。這就是為什麼拉帕努伊人因地制宜，發明了石塊覆蓋的種植業。

和原來估計的不同，漢特等人認為過去經常引用的數字如 15,000 人或者 30,000 人沒有根據，拉帕努伊社會從來沒有達到 15,000 人這樣的規模。戴蒙德則相信拉帕努伊人的人口持續增長到這一規模，而後在歐洲人到來之前因環境危機而急劇減少。漢特等人認為，戴蒙德的觀點不過是為了強化復活節島歷史的戲劇性而已。漢特等人指出，復活節島上森林消失的過程耗費了 400 年，從 1250 年持續至 1650 年，其間資源繼續減少，人口卻持續增加。人口開始持續下降的第一個也是唯一跡象發生在 1750–1800

年，也就是在歐洲人登島之後。他們帶來的細菌導致沒有免疫力的拉帕努伊人數量銳減。因此，復活節島上確實發生了生態災難，但並沒有證據表明拉帕努伊人在 1722 年前經歷了生態自殺。拉帕努伊社會的崩潰恰恰發生在 1722 年 4 月 5 日復活節這一天之後。生態自殺的敘事，難道不是把殖民主義的受害者拉帕努伊人描繪為自作孽不可活的不可救藥者嗎？戴蒙德們難道不是扮演事後諸葛亮的角色，哀其（拉帕努伊人）不幸，怒其不爭嗎？

反過來看，遠在天涯海角、與世隔絕的小島上，拉帕努伊人機智頑強地生存了五個多世紀，在遭遇殖民主義的罪惡之後，其後代依然在復活節島生存並開始復蘇，難道不值得他們驕傲嗎？難道不值得我們欽佩嗎？

第九章

1815年的坦博拉：

火山爆發、全球氣候變遷與道光蕭條

人類文明史上最大規模的火山爆發

坦博拉火山坐落於南半球的松巴哇島。此島位於南緯 8°15′，東經 118°，目前屬於印尼西努沙登加拉省。坦博拉火山在人類歷史上有着深遠的影響，這是因為它是一座活火山，曾在 1815 年 4 月噴發，使得 1816 年成為「沒有夏天的年份」。它也許沒有維蘇威火山那麼有名，但對人類社會的影響其實遠遠大於後者。

坦博拉火山一度被認為是死火山。[1] 其海拔高達 4,200 多米，北瞰大海，屹立於松巴哇島北側，是海上水手從遙遠的海面便可眺望的地標性風景。1815 年以前，坦博拉火山默默無言，沉寂了五千多年，直到大約 1812 年的某個時刻，這個巨人從睡夢中醒來，小規模的地震爆發，隨後，坦博拉噴發熱氣和火山灰，這樣的情形持續了約三年時間。1815 年 4 月 5 日清晨，第一次大爆發開始了。[2] 火山噴出柱狀的灰塵和煙霧，直達雲霄，可能

1　死火山和活火山的區別不是絕對的。很多死火山可以慢慢蘇醒，活躍起來，成為活火山。坦博拉火山就是一個例子。

2　有關 1815 年坦博拉火山的爆發及其影響，國外學者研究很多。Willis I. Milham, "The Year 1816–The Causes of Abnormalities", *Monthly Weather Review*, vol. 52, no. 12（December 1924）: 563–570; Henry Stommel & Elizabeth Stommel, "The Year without a Summer", *Scientific American* , Vol. 240, No. 6（June 1979）: 176–186; Henry Stommel & Elizabeth Stommel, *Volcano Weather, the Story of 1816, the Year without a Summer*（New Port. R. I.: Seven Seas Press, 1983）; C. Edward Skeen, " 'The Year without a Summer' : A Historical View", *Journal of the Early Republic*, vol. 1,

高達 2.5 萬米，1,000 千米之外島嶼上的居民都聽到了火山爆發的聲音。[3] 第一次大爆發之後的幾天內小爆發連續不斷，直到 4 月 10 日晚上第二次大爆發開始。這次爆發比前一次更加猛烈，煙霧、灰塵和岩石形成的圓柱高達 4 萬多米，其聲音在往西 2,500 千米以外的蘇門答臘西部的人都聽得到，[4] 往東 1,400 千米以外的摩鹿加群島的特爾納特島（又名德那地島）的人也可以聽到，[5] 真可謂驚天動地。噴發又持續了數週之久，最後再次歸於沉寂。那時，坦博拉的海拔高度從 4,200 多米降到 2,863 米。也就是說，約 1,400 米的山體被噴發了。今天，科學家們依然在密切監測坦博拉火山的活動。

1815 年的坦博拉火山爆發是人類歷史上有文字記錄以來，亦即人類文明史上最大規模的火山爆發事件，其火山爆發指數為 7。[6] 火山爆發指數是一種量表，它根據噴出物體積、火山雲和定性觀測來表示其強弱程度。非爆炸性火山噴發強度為 0，指數每增加 1 級，表示爆發威力比前一級大 10

---

no. 1（Spring, 1981）: 51–67; Richard B. Stothers, "The Great Tambora Eruption in 1815 and Its aftermath", *Science,* vol. 224, no. 4654（15 Jun 1984）: 1191–8; C. R. Harrington, ed., *The Year Without a Summer? World Climate in 1816*, Ottawa: Canadian Museum of Nature, 1992; Bernice de Jong Boers, "Mount Tambora in 1815: A Volcanic Eruption in Indonesia and Its Aftermath", *Indonesia*, No.60（Oct., 1995）, 37–60; Jelle Zeilinga De Boer & Donald Theodore Sanders,（接上頁）Volcanoes in Human History（Princeton, N.J.: Princeton University Press, 2002）, 138–56; Willie Soon & Steven H. Yaskell, "Year without a Summer", Mercury（May June 2003）: 13–22. 此外，還有一些相關的科學研究，筆者不一一贅舉。國內學者的研究，當數曹樹基 2009 年在《學術界》主持的一組論文。曹樹基：〈坦博拉火山爆發與中國社會歷史—本專題解説〉，《學術界》2009 年 9 月第 5 期，第 37–41 頁；李玉尚：〈黃海鯡的豐歉與 1816 年之後的氣候突變 —— 兼論印尼坦博拉火山爆發的影響〉，《學術界》2009 年 9 月第 5 期，第 42–55 頁；王保寧：〈膠東半島農作物結構變動與 1816 年之後的氣候突變〉，《學術界》2009 年 9 月第 5 期，第 56–70 頁。關於火山爆發與中國的氣候變遷，參見費傑：《歷史時期火山噴發與中國氣候研究》（上海：復旦大學出版社，2019）。有關 2021 年東加火山爆發，筆者也有短文。[新加坡] 楊斌：〈東加火山爆發「奪走」夏天可能性很小，國際救助才是當務之急〉，澎湃新聞，2021 年 1 月 21 日，https://m.thepaper.cn/newsDetail_forward_16373346.

3 Boer & Sanders, *Volcanoes in Human History*, 143.

4 Ibid.

5 Stothers, "The Great Tambora Eruption in 1815 and Its aftermath", 1192.

6 K. R. Briffa, P. D. Jones, F. H. Schweingruber & T. J. Osborn, "Influence of Volcanic Eruptions on Northern Hemisphere Summer Temperature over the Past 600 Years", *Nature*, vol. 393（June 1998）: 452; Stothers, "The Great Tambora Eruption in 1815 and Its aftermath", 1197. 此外，衡量火山爆發規模的還有火山氣溶膠負荷。這兩種體系在科學研究中普遍採用，各有優劣。Briffa, Jones, Schweingruber & Osborn, "Influence of Volcanic Eruptions", 451; and William S. Atwell, "Volcanism and Short-Term Climatic Change in East Asian and World History, c. 1200–1699", *Journal of World History*, vol. 12, no. 1（Spring, 2001）, 30–6.

倍，它採取開放式的計數方式。歷史上最大規模的火山爆發為 8 級，都發生在人類文明出現之前。由此可見坦博拉火山爆發的威力。與其威力相匹配，坦博拉噴發出來的岩漿量也是史上最多，相當於 150 立方千米的岩石和灰塵。[7] 打個比方，就是一個底面積 1 平方千米、高 15 萬米的岩石柱體被噴走了。

規模如此之大，影響自然深遠。坦博拉火山爆發給當地、東南亞乃至世界歷史都打上了深深的烙印。這次爆發不僅直接摧毀了當地的村落，奪走了許多生命，摧毀了附近的幾個小蘇丹國，而且急劇地改變了松巴哇島的生態，也不同程度地影響了鄰近地區。火山爆發引起的海嘯攜帶着高達四五米的巨浪，吞噬了印尼的許多島嶼，天空中的火山灰也飄浮數天之久，甚至飄落到 1,000 千米之外的島嶼。

坦博拉的噴發直接導致很多人喪生，其間接和長遠的後果也同樣致命，甚至影響更為深遠。火山灰掩蓋了松巴哇島的農地，污染了水源，摧毀了植被，糧食作物同樣不能倖免。火山爆發後，不但松巴哇島，連鄰近的其他島嶼乃至巴厘島都先出現了疾病，繼之以饑荒。有人估計火山導致的死亡人數至少達到 11.7 萬人。[8] 更重要的是，此次火山噴發導致了全球性的氣候變化，即史上著名的「無夏之年」(1816 年)。[9] 我們知道，氣候變化

7　關於坦博拉火山噴出的岩漿體量估計，過去差別很大；最近的研究則逐漸縮小了分歧。斯托則斯估計是 150 立方千米的碎岩石和灰塵（相當於 30–75 立方千米的高密度岩體），許多學者傾向於 50 立方千米的高密度岩體。參見 Stothers, "The Great Tambora Eruption in 1815 and Its aftermath", 1194; Haradur Sigurdsson & Steven Carey, "The Eruption of Tambora in 1815: Environmental effects and Eruption Dynamics", in C. R. Harrington ed., *The Year Without a Summer?*, 16 & 27; Boer & Sanders, *Volcanoes in Human History*, 144.

8　Boers, "Mount Tambora in 1815", 50 & 58. 斯托則斯估計直接和間接死於火山爆發的人數超過 8.8 萬人。Stothers, "The Great Tambora Eruption in 1815 and Its aftermath", 1191.

9　雖然火山爆發造成的氣候影響是全球性現象，但湯普森和莫斯利—湯普森指出，特定地區的反應是相當複雜的。G. Thompson Lonnie & Ellen Mosley-Thompson, "Evidence for Changes in Climate and Environment in 1816 as Recorded in Ice Cores from the Quelccaya Ice Cap, Peru, the Dunde Ice Cap, China, and Siple Station, Antarctic", in C. R. Harrington, ed., *The Year Without a Summer?*, 479–92. 比如，中國青海省的敦德冰帽顯示「降溫的趨勢在爆發前就已出現」。因此，坦博拉火山的爆發不過是加強了十九世紀第二個 10 年下半期降溫的趨勢。Lonnie & Mosley-Thompson, "Evidence for Changes", 479.

會導致或激化各種社會矛盾。1815年坦博拉火山爆發所引起的極端天氣，在此後的兩三年內襲擊了全世界的廣大地區，導致了許多社會災難與恐慌。

最近，歷史學家已經注意到世界歷史上的極端氣候，並以此來修訂傳統的政治史、經濟—社會史書寫範式，尤其是某些重大歷史轉折的敘述。麥克·大衛斯就考察了因厄爾尼諾現象導致的三次全球性乾旱，它們分別發生於1876–1879年、1889–1891年和1896–1900年。[10] 他的研究表明，帝國主義不但削弱了傳統的救災方法，而且惡化了世界各地農民的脆弱性。理查·格羅夫則具體研究了1789–1793年厄爾尼諾現象的全球影響，為世界史樹立了一個研究極端天氣的案例。[11] 威廉·艾特威爾專注於人類歷史上另一個重大的氣候現象，那就是火山爆發以及短期氣候變遷。他回顧了關於火山爆發的科學研究歷程，特別是討論了1200–1699年東亞的重大歷史事件與火山爆發的關係。[12] 筆者追隨艾特威爾，綜合火山爆發的相關研究，將1815年坦博拉火山爆發及其後的氣候變遷置於世界歷史，特別是以往被人忽略的中國歷史之中考察。[13]

本章先以坦博拉為例，介紹火山爆發和全球氣候異常（常常被簡化為全球變冷）也就是火山對氣候產生影響的科學原理及其形成機制。隨後，我們將概述並總結中國學者關於坦博拉火山的因素和十九世紀初期中國歷史的相關研究，從而或進一步坐實或修訂中國歷史的有關論述。雖然這些

10 Mike Davis, *Late Victorian Holocausts: El Niño Famines and the Making of the Third World*（London: Verso, 2001）.

11 Richard H. Grove, "The Great El Niño of 1789–93 and its Global Consequences: Reconstructing an Extreme Climate Event in World Environmental History", *The Medieval History Journal*, Vol. 10, Iss. 1&2（2007）: 75–98.

12 William S. Atwell, "Volcanism and Short-Term Climatic Change in East Asian and World History, c. 1200–1699", 29–98.

13 此前也有個別英文研究涉及在中國歷史上的氣候問題。Robert B. Marks, "'It Never Used to Snow': Climatic Variability and Harvest Yields in Late-Imperial South China, 1650–1850", in Mark Elvin and Liu Ts'ui-jung, eds., *Sediments of Time: Environment and Society in Chinese History*（Cambridge: Cambridge University Press, 1998）, 411–46; Li Bozhong, "Changes in Climate, Land, and Human Efforts: The Production of Wet-Field Rice in Jiangnan during the Ming and Qing Dynasties", in Mark Elvin and Liu Ts'ui-jung, eds., *Sediments of Time: Environment and Society in Chinese History*, 447–86.

研究在時間上集中於十九世紀，但它們關注的地理空間大不相同，或江南，或雲南，或膠東半島，乃至黃渤海地區，而且涉及廣泛的主題，如水災、饑荒、經濟蕭條、新大陸作物的播種模式，以及鯡魚的捕撈。而後筆者試圖將氣候這個永恆的因素置於清朝某些特定的轉折時刻中略加討論，並指出此後在中國繼續研究坦博拉（以及火山氣候）的某些方向。筆者最後提出了氣候與清朝衰落的問題。十九世紀初開始的寒冷時段，其間不僅發生了清朝的蕭條與衰落，也迎來了西方列強的堅船利炮。這或許僅僅是時間上的巧合，也或許不僅僅是時間上的巧合。無論答案如何，十九世紀初的寒冷是導致清朝衰落的許多因素疊加並產生綜合作用的一個環節，同時加速了西方帝國主義的崛起。因此，氣候導致的自然災害及其引發或激化的社會矛盾，以及不同的社會應對這些氣候變遷（特別是全球氣候變遷）的方法和模式應當引起我們足夠的關注。

火山氣候的形成

早在 1784 年，美國文學家、科學家、政治家，人類歷史上不可多得的天才本傑明．佛蘭克林就猜測氣候變冷和火山有關。他懷疑，火山爆發噴出火山灰，火山灰在天空飄浮形成雲層，雲層反射太陽光，從而導致地表溫度下降。但這個關於火山爆發和短期氣候變化之間關係的懷疑，直到二十世紀才得到證明。[14] 因本章着眼於坦博拉火山，故分兩步來介紹火山影響氣候的機制。首先，筆者從理論上介紹為什麼一場大規模的火山爆發會

14 艾特威爾對此機制有精彩的科學綜述。Atwell, "Volcanism and Short-Term Climatic Change in East Asian and World History, c. 1200–1699", 30–3. 其中，對火山灰的氣候角色這一關鍵性的研究突破是蘭姆在 1970 年的論文中做出的。H. H. Lamb, "Volcanic Dust in the Atmosphere; with a Chronology and Assessment of Its Meteorological Significance", *Philosophical Transactions of the Royal Society A, Mathematical, Physical and Engineering Sciences*, vol. 266, no. 1178（Jul. 2, 1970）, 425–533. 布拉爾德則提供了一個很好的簡述，方便大眾讀者理解。Fred M. Bullard, *Volcanoes of the Earth*, Second revised edition（Austin: University of Texas Press, 1984）, 511–28.

引發全球趨冷；其次，以1815年的坦博拉火山為例，具體分析為什麼坦博拉會導致1816年及此後兩三年內的全球極端氣候現象。

火山爆發和短期的極端氣候之間的關聯性，已經被科學證實。[15] 一定規模的火山噴發會導致某些天文現象，這些天文現象不僅為歷史上的人們所看到，有的還被記錄下來了。它們在地球表面留下了即時的印記，也留下了可以持續很久的痕跡。有些印痕隨着時間的流逝而逐漸消失；有些印跡雖歷經千萬年，現在依然可以看到。借助現代科技工具和手段，我們也可以清晰地觀測到一些古人無法看到的痕跡，並加以研究。今天的科學家採用了許多有效的方法和儀器來測算某次火山爆發在地區和全球範圍內產生的影響。通過對深海中尚存的火山灰（如果可以獲得的話）、樹木的年輪、兩極地區或者高山冰川中冰核／芯內部的酸降物、相關時代海底生長的珊瑚等樣本的分析，科學家可以估算出火山噴發導致的氣候變遷（主要是氣溫和降水的變化）的規模和程度，從而加以量化。而火山氣候的一個顯著的特點就是氣溫趨冷和降水增多，雖然其他極端氣候現象也在此列。

火山爆發會噴出大量熔岩，熔岩冷卻變成火山灰，細小的火山灰微粒飄浮到上空，形成一層塵幕（即火山灰形成的雲層）。進入平流層後，這層塵幕可以停留飄浮達一兩年，它既可以吸收太陽光，又可以反射到達地球上空的太陽光，從而使得太陽傳遞到地球的能量減少。用科學的話語解釋就是：

> 二氧化硫分子和水蒸氣結合形成了硫酸氣溶膠。盛行風帶着這些氣溶膠環繞地球，形成了一層紗幕，反射了相當數量的太陽光線，阻止了到達地球表面的太陽光帶來的能量。又由於這層紗幕在自然的雲層之上，所以雨水無法將其沖刷出大氣層，因而它們會在平流層停留數年，從而導致全球趨冷。
>
> 一旦氣溶膠的微粒下降到大氣層，它們便又可稱為凝結核，增加了雲層的形成數量。酸性水滴比雲層中的普通水滴

15 Atwell, "Volcanism and Short-Term Climatic Change in East Asian and World History, c. 1200–1699", 29–98.

要小，因而能夠更有效地反射太陽光。這樣，雲層本身反射性就更強，從而讓溫度愈來愈低。[16]

顯然，從理論上講，火山爆發的確會導致全球氣溫下降。不過，火山的地理位置也非常關鍵，因為平流層距離地面的垂直高度隨緯度變化。科學研究表明，氣候對大規模火山爆發的回應確實比過去估計的快得多。北半球的火山爆發在爆發當月就會導致降溫，在爆發後的第三個月內到達最低點，而後在兩年內逐漸恢復。南半球火山噴發的氣候反應比北半球火山噴發要晚幾個月，降溫在爆發後的約八個月才逐漸明顯，第二年達到最低氣溫。

與此同時，大自然中還有其他因素同樣起了作用。威廉・艾特威爾曾經詳細而淺顯地介紹了影響短期氣候變化的三大因素，那就是：火山爆發、厄爾尼諾——南方震盪現象，以及太陽輻射。以下主要討論這三者如何共同塑造了 1816 年的極端天氣。

1816 年在西方以「無夏之年」聞名。[17] 科學家基本同意，坦博拉火山爆發的這一年，北半球的地表溫度下降了數個 0.1°C，而且持續變冷了兩三年之久。[18] 他們估計，1816 年全球平均氣溫下降了約 0.4°C–0.7°C。[19] 對於這

16 Boer & Sanders, *Volcanoes in Human History*, 149. 很多因素會影響火山灰層對太陽光的反射，如火山的緯度、爆發時間、火山灰的組成物、灰塵顆粒的大小，以及它們在平流層的高度。平流層下部（距地面 20–27 千米）形成的灰層最為關鍵，因為地表溫度的下降直接歸因於平流層這一高度的酸性氣溶膠的凝聚。Michael R. Rampino and Stephen Self, "Historic Eruptions of Tambora (1815), Krakatau (1883), and Agung (1963): Their Stratospheric Aerosols, and Climatic Impact", *Quaternary Research,* 18 (1982): 127–43. 讀者或許已經注意到，坦博拉火山第一次噴發的高度為 25 千米，正好處於平流層下層，這或許也是坦博拉導致的氣候變遷如此重大的一個原因。

17 關於 1816 年的極端天氣，威爾森介紹了全球各大地區的氣候情況。C. Wilson, "Workshop on World Climate 1816: A Summary and Discussion of Results", in C. R. Harrington, ed., *The Year without a Summer*, 523–55; 有關極其炎熱乾燥的夏季，參見 Wilson, 1992, 532; T. Mikami, and Y. Tsukamura, "The Climate of Japan in 1816 as Compared with an Extremely Cool Summer Climate in 1783", in C. R. Harrington, ed., *The Year without a Summe?*, 462–75。讀者須知，各地區對火山爆發的氣候反應是不盡相同的。總體來説，1816 年整個亞歐大陸和北美的夏季十分涼爽，但是美國中部地區、東歐和日本的這一年的夏天炎熱乾燥。

18 P. M. Kelly & C. B. Sear, "Climate Impact of Explosive Volcanic Eruptions", *Nature,* vol. 311 (Oct., 1984): 740–3; C. B. Sear, P. M. Kelly, P. D. Jones & C. M. Goodess, "Global Surface Temperature Responses to Major Volcanic Eruptions", *Nature,* vol. 330 (Nov., 1987): 365–7.

19 Stothers, "The Great Tambora Eruption in 1815 and Its aftermath", 1197. 波爾説 1816 年夏天的平均氣溫比正常年份低 1℃～2.5℃，但他沒有提供這個資料的來源。Boers, "Mount Tambora in 1815", 51.

驚人的全球變冷現象，坦博拉火山當然功居首位，但也有其他因素的「貢獻」。早在 1924 年，威利斯・米爾漢姆就根據美國麻塞諸塞州威廉斯敦 1816–1838 年的氣象記錄，令人信服地證實了 1816 年的冷夏。他還睿智地指出，除了坦博拉火山這個關鍵和主要原因，導致降溫的原因還包括太陽活動、海水表面溫度、大氣成分（尤其是二氧化碳的變化）和其他偶然因素。[20]

對於米爾漢姆枚舉的因素，科學家們利用不斷進步的科學儀器和方法，進一步揭示了相應的科學原理或機制。愛德華・斯肯恩和威廉・艾特威爾一方面強調坦博拉火山是降溫的主要成因，另一方面指出了太陽和海水表面溫度這兩個因素的重要性。[21] 太陽黑子極小期和火山爆發一起作用，可以導致地球平均溫度降低 1°F（約 17.2°C）；而海水表面溫度（尤其是因為厄爾尼諾——南方振盪現象）也會有明顯的升降，從而影響地表溫度。[22] 太陽黑子極小期和極大期是太陽活動 11 年周期中的兩個極端時期，太陽黑子極小期為太陽活動最低的時期，其間太陽黑子和閃焰活動最少，甚至好幾天都不會出現；而極大期就可能會出現上百顆太陽黑子。厄爾尼諾—南方振盪現象，又稱聖嬰—南方震盪現象，[23] 是發生在橫跨赤道附近太平洋的一種准周期性氣候輪換，大約每五年發生一次。東太平洋的暖洋階段，即「聖嬰」，伴隨出現西太平洋海面的高氣壓；東太平洋的變冷階段，即「拉尼娜」或曰「反聖嬰」，伴隨出現西太平洋海面的低氣壓。這種現象雖然早為科學家所知曉，但其生成機制仍在研究之中。南方震盪指的是東太平洋赤道區域海面溫度的變動（「聖嬰」時變暖，「反聖嬰」時變冷），從而使許多地區產生極端天氣（如乾旱）。厄爾尼諾現象會導致東太平洋海面溫

20 Willis I. Milham, "The Year 1816–The Causes of Abnormalities".

21 Skeen, "'The Year without a Summer': A Historical View", 62–6; Stommel & Stommel, 1983, 131–8; Atwell, "Volcanism and Short-Term Climatic Change in East Asian and World History, c. 1200–1699", 29–98.

22 艾特威爾解釋過厄爾尼諾現象引發的全球短期內氣候變化。Atwell, "Volcanism and Short-Term Climatic Change in East Asian and World History, c. 1200–1699", 39–41.

23 「聖嬰」（EL Niño）源自西班牙語，意指「小男孩」，指的是聖嬰耶穌，因為南美太平洋的變暖時期通常發生在耶誕節前後。「La Niña」即「聖女」，以表示「反聖嬰」。

度上升 4°C，而與其相反的拉尼娜現象會導致東太平洋海水溫度低於正常情況。

宋威利和史蒂文・亞斯克爾在他們的研究中進一步優化了地—日關係。他們指出，1816 年北半球的極端天氣是一系列自然因素的組合造成的，其中包括 1815 年坦博拉火山災難性的爆發、道爾頓極小期（約 1795–1830 年），或許還包括太陽自擺。[24] 蒙德極小期（約 1645–1715 年）和道爾頓極小期指的是史上「太陽活動極其微弱的兩個時期，分別持續了大約 70 年和 35 年」。[25] 在這兩個時期，太陽黑子的數目遠少於正常時期，這表明日磁活動異常不活躍。因此，地球接收到的太陽光能也比正常時期少。1816 年是太陽黑子 11 年周期的高峰，但太陽黑子數僅為 35 個，遠少於正常高峰時期的 100 多個。[26] 不過，問題在於，太陽活動極小期在多大程度上影響了 1816 年的全球降溫？畢竟和坦博拉相比，太陽活動的因素對全球降溫的作用 —— 至少在 1816 年 —— 是微弱的，兩者不能相提並論。[27]

太陽自擺或許也有其作用。每 178–180 年，太陽受到太陽系內品質較大的行星，特別是木星和土星的引力作用，繞着太陽系品質的中心（質心）運行。[28] 太陽的這種圓周運行，在一些年份如 1632 年、1811 年和太陽活動極小期，與地球上的一些災難如地震、火山噴發、暴雨，以及地表溫度變化重合。當然，其中的關係仍未明晰。[29]

總而言之，在導致 1816 年全球降溫的諸多原因中，1815 年坦博拉火山噴發是主要因素。火山噴出的大量火山灰，尤其是由此形成的氣溶膠，是 1816 年成為「無夏之年」的首要成因。不過，從統計上看，1816 年並非史

24 Soon & Yaskell, "Year without a Summer", 13–22.

25 Ibid., 16.

26 Ibid., 17. 1816 年和 1817 年的記錄表明，當時人們可以用肉眼看到大的太陽黑子，那是厚厚的火山灰層的原因；其他肉眼可見的天文現象還包括燦爛的日落和晚霞。有關機制，參見 Stothers, "The Great Tambora Eruption in 1815 and Its aftermath", 1194–5.

27 Soon & Yaskell, "Year without a Summer", 17.

28 質心為多質點系統的品質中心。

29 Soon & Yaskell, "Year without a Summer", 14 & 20.

上最冷的一年。這一年北半球的平均溫度下降了 0.7°C，這與 1814 年下降的 0.7°C，以及 1812 年下降的 1.0°C 相比並不突出。[30] 實際上，1800–1840 年，地球平均氣溫變化幅度在 0.5°C 左右。[31] 那麼，為什麼 1816 年在人們記憶中如此之冷，以至被稱作「無夏之年」，甚至在新英格蘭地區出現了 1,800 多人凍僵凍死的慘狀呢？

這不得不談到火山氣候的複雜性。坦博拉火山噴發導致的全球氣候變遷遠非「無夏之年」形容的那樣簡單。首先，坦博拉噴發的時間處於十九世紀初的小冰期，這就加強了全球升溫的趨勢。[32] 但是，確切地說，1816 年寒冷的夏天只是一個地區現象；正如米爾漢姆 1924 年所概括的，更準確的表達是「1816 年的極端天氣」。[33] 1988 年，哈靈頓在「無夏之年？ 1816 年的氣候」國際會議上指出：

> 很明顯，1815 年坦博拉火山噴發在平流層形成的大規模的氣溶膠（可能包括阻礙陽光和破壞季風）導致全球一些地區出現了超常的極端不正常的天氣。當然，「無夏之年」只是地區現象。北美西部的北端、東歐和日本氣温正常或偏高，正和北美東部、西歐以及中國的酷寒相反。[34]

因此，平均溫度的偏差固然可以揭示宏觀的氣溫變化和火山噴發在一年乃至更長時期內的威力，但不足以表述不同地區間不同的氣候反應，以及隨之而來的災害。比如說，年平均氣溫下降 0.05°C，在某些年份或者某個時期內看起來相當正常；霜降或寒流導致的短期（幾天到一週）氣溫急劇下降雖然對全年平均溫度影響甚微，但對處於生長季的農作物具有致命的威脅，而這正是 1816 年新英格蘭地區的情況。由於當年溫暖的 2 月、10 月、11 月和 12 月，平均溫度掩蓋了寒冷的夏季。因此，1816 年北美東北

30 Stothers, "The Great Tambora Eruption in 1815 and Its aftermath", 1197.
31 Ibid.
32 Boer & Sanders, *Volcanoes in Human History*, 149.
33 艾特威爾解釋了不同因素造成的各種氣候異常。Atwell, "Volcanism and Short-Term Climatic Change in East Asian and World History, c. 1200–1699", 34.
34 C. R. Harrington, "Introduction", in C. R. Harrington, ed., *The Year without a Summer?*, 7.

部新英格蘭地區的平均溫度只比正常年份低了一丁點兒，[35] 但這年夏天新英格蘭經歷了三次寒流，分別發生在 6 月、7 月和 8 月，這對農作物而言是致命的打擊。米爾漢姆研究指出：「1816 年令人難忘，不是因為當年的平均氣溫特別低，也不是因為每個月的氣溫都偏低，而是因為這一年夏天的三個月以及前後兩個月異常寒冷，尤其是因為本地夏季數月非同尋常的低溫。須知，嚴重霜凍和沒有霜凍在夏季造成的最低氣溫雖然只有幾度之別，但後果截然不同。」[36]

坦博拉、氣候變遷與中國

二十世紀末以來，一些歷史學家開始修正並重新評估了東亞（以江南地區代表中國）和歐洲（以英國代表歐洲）在世界經濟中的地位。一些發現引人注意，仍在熱烈討論之中。其中最重要的顛覆性論點莫過於：「東亞經濟直到十八世紀末仍然保持力量與活力，它們在整個近世一直是互相聯繫的世界經濟體的參與者，直到 1800 年後的某個時刻它們才被歐洲遠遠拋在後面。」[37] 簡而言之，直到十八世紀末年，從經濟上說，中國和英國同樣強勁，如果不是更為強勁的話；而十九世紀初期突然出現了轉捩點。

---

35 Skeen, "'The Year without a Summer': A Historical View", 52. 他承認坦博拉火山是 1816 年降溫的一個因素，甚至是「重要因素」，但他提醒我們注意太陽黑子和海水表面溫度下降等因素。Skeen, "'The Year without a Summer': A Historical View", 62–3. 埃迪指出，1815 年坦博拉火山噴發發生在持續幾十年的寒冷時期，這個寒冷時期恰巧又和 1790–1830 年的太陽活動極小期即道爾頓極小期重合。John A. Eddy, "Before Tambora: The Sun and Climate, 1790–1830", in C. R. Harrington, ed., *The Year without a Summer?*, 11.

36 Milham, "The Year 1816–The Causes of Abnormalities", 656.

37 Patrick Manning, "Asia and Europe in the World Economy: Introduction", AHR Forum, *The American Historical Review*, vol. 107, no. 2（April 2002）: 419. 關於這些「修正主義」的研究，參見 R. Bin Wong, *China Transformed: Historical Change and the Limits of European Experience*（Ithaca, N.Y.: Cornell University Press, 1997）; Andre Gunder Frank, *ReOrient: Global Economy in the Asian Age*（Berkeley, University of California Press, 1998）; Angus Maddison, *Chinese Economic Performance in the Long Run,* Development Centre, Organization for Economic Co-Operation and Development, Paris, 1998; and Kenneth Pomeranz, *The Great Divergence: China, Europe, and the Making of the Modern World Economy*（Princeton, N.J.: Princeton Vniversity Press, 2000）。《美國歷史評論》發表了一組文章討論這個主題。AHR 107.2（April 2002）, 419–80. 最近，奧布利恩回顧了相關的

這一世界歷史研究的觀點無論對錯，十九世紀初的幾十年的確是清朝的關鍵時期。清朝那時面臨的挑戰或許有此前的根源，但這個世界強國在此階段迅速衰落，與其十八世紀的強盛形成鮮明的對比。

在整個十八世紀，清朝穩定邊境，融合了邊疆少數民族，經濟迅猛發展，人口激增，城市化和文化的精密相得益彰，與外界的貿易顯著增長。這個廣被稱頌的「康乾盛世」，在十八世紀和十九世紀交替之際突然中斷。隨着嘉慶皇帝的登基（1796 年），等待他的是叛亂、經濟衰退、自然災害，以及官場腐敗與僵化。這一衰落趨勢持續至道光年間（1821–1850 年）並越發分明，學者稱之為「道光蕭條」。[38] 正是在這一時期，中西交流以暴力為特徵，爆發了第一次鴉片戰爭（1840–1842 年），而隨後的太平天國運動（1851–1864 年）幾乎推翻了清朝的統治。總之，十九世紀的前 60 年（大致為嘉慶、道光和咸豐時期），中國的經濟從繁榮走向衰敗，國家和社會從強盛平穩走向動亂頻發，清朝從世界領先變為蹣跚落後，前後對比異常醒目。

本節試圖通過介紹中國學者對這一時期江南、雲南、膠東半島和黃渤海地區的研究，揭示氣候變化對清朝的深遠影響，尤其是坦博拉噴發和數千里之外的中國社會變遷之間似有似無的關聯。[39] 可以說，十九世紀的中國

文獻，參見 Patrick O'Brien, Review of Ten Years of Debate on the Origins of the Great Divergence（Review no. 1008）, URL: http://www.history.ac.uk/reviews/review/1008, Accessed 21 March 2011. 對這些「修正主義」的研究之批評，參見 Ricardo Duchesne, *The Uniqueness of Western Civilization*（Leiden & Boston: Brill, 2011）, 71–164。

38 關於「道光蕭條」的概念，參見吳承明：《中國的現代化：市場與社會》（生活·讀書·新知三聯書店，2001），第 241 頁。

39 本節主要根據以下學者的研究加以綜述，有關部分不再一一標注。李伯重：〈「道光蕭條」與「癸未大水」—— 經濟衰退、氣候劇變及十九世紀的危機在松江〉，《社會科學》2007 年第 6 期，第 173–178 頁；楊煜達、滿志敏、鄭景雲：〈嘉慶雲南大饑荒（1815–1817）與坦博拉火山噴發〉，《復旦學報》（社會科學版）2005 年第 1 期，第 79–85 頁；〈坦博拉火山爆發與中國社會歷史 —— 本專題解説〉；〈黃海鯡的豐歉與 1816 年之後的氣候突變 —— 兼論印尼坦博拉火山爆發的影響〉；〈膠東半島農作物結構變動與 1816 年之後的氣候突變〉。曹樹基、李玉尚、王保寧的作品是一組直接討論坦博拉火山噴發與中國漁業和農業生產之關係的文章。李伯重還分析了氣候對於明清時代江南水稻生產的作用。李伯重：〈「天」、「地」、「人」的變化與明清江南的水稻生產〉，《中國經濟史研究》1994 年第 4 期，第 103–121 頁。" Changes in Climate, Land, and Human Efforts: The Production of Wet-Field Rice in Jiangnan during the Ming and Qing Dynasties", in Mark Elvin and Liu Ts'ui-jung, eds., *Sediments of Time: Environment and Society in Chinese History*, 447–86.

也聽到了坦博拉火山爆發的聲音。

道光年間的中國面臨許多社會經濟難題，如白銀外流導致的錢荒、農業的停滯和消退、市場萎縮、洪水、饑荒，以及社會的動盪不安。這一時期成為清代經濟的一個關鍵轉捩點，因此學者稱之為「道光蕭條」。李伯重總結說，在此期間，「中國經濟開始由十八世紀的長期經濟成長轉變為十九世紀中期以後的經濟衰退，而這個衰退又是十九世紀中國社會經濟危機的基礎」。[40]

江南地區作為明清的經濟、商貿和文化中心，在「道光蕭條」所包括的這些問題上，一個也沒有倖免，筆者感受可謂最深。但是，究竟是哪些因素導致了繁華江南的衰敗呢？李伯重認為，導致蕭條的原因很複雜，其中氣候變化一直為人所忽視。有研究指出，1823–1834 年的江南氣候產生了劇變且不穩定，有如 1809 年的奇寒和 1814 年的大旱，但是這種劇變的主要標誌是 1823 年的洪水。這次水災波及江南眾多地區，松江則因地形而成為受災最嚴重的地區之一。因此，李伯重以松江為例，分析了經濟衰退、氣候變化和社會危機之間的關係，凸顯了全球氣候變化所引起的農業生產條件的惡化。[41]

李伯重指出，導致松江經濟在 1823 年左右開始衰退的主要原因之一是天災，因為 1823 年以來松江不斷遭遇重大水災。根據地方志的記載，道光三年（1823 年）和道光十三年（1833 年），松江府遭遇前所未有的大水災。道光三年的水災尤其嚴重，大雨從農曆二月開始下，一直下到九月，其間只在六月和八月略有間歇；大雨引起嚴重的水災，導致當年水稻絕收；更糟糕的是，農田被水浸泡數月，土壤流失，土地肥力嚴重受損。以水稻產量為例，松江府華亭、婁縣兩縣的水稻平均畝產量在十八世紀末和十九世紀初一般在三石左右，1823 年水災以後下降至兩石以下。10 年之後的 1833

40 〈「道光蕭條」與「癸未大水」── 經濟衰退、氣候劇變及十九世紀的危機在松江〉，第 173 頁。
41 同上，第 175–176 頁。

年，松江剛剛從1823年的洪水中稍有恢復，便遭遇了另一場水災。這次水患雖然沒有1823年那樣嚴重，但整個夏天霪雨霏霏，水稻和棉花損失慘重。到了道光二十九年（1849年），松江又發生了和1823年同樣規模的大水。26年間的三次水災嚴重衝擊了松江的經濟和社會，可以說是道光蕭條的具象。

李伯重總結說：「大約自十九世紀二十年代初期始，松江出現了嚴重的經濟衰退。這個衰退是全國經濟衰退的一部分，而其直接原因是1823年開始的全球氣候劇變所導致的嚴重水災。」他強調：

> 這個轉折時期也恰巧是「道光蕭條」時期，由此開始了十九世紀的危機。氣候的劇變期和經濟的衰退期在時間上的重合，應當不是巧合。事實上，這個氣候劇變在世界許多地方都引起了嚴重後果。例如在歐洲，從被稱作「無夏之年」的1816年開始，廣泛的農作物歉收使歐洲幾乎每一個國家都出現了「糧食騷亂」，激發了席捲歐洲大陸的革命浪潮。這啟發了我們：在探討十九世紀危機發生的主要原因時，氣候變化絕不是一個可以忽略的因素。[42]

可見，導致松江經濟衰退的原因是氣候變遷導致的水災，而非傳統觀點所認為的西方近代工業的衝擊。以松江經濟的重要成分棉花為例，十九世紀初期西方對中國經濟的影響頗為有限。松江幾次大水發生的十九世紀初期，是全球氣候劇變的時期。大約從1816年起，北半球氣溫劇降，最低時的年平均氣溫比1880–1975年的平均氣溫低了0.6°C，是自十七世紀以來最冷的時期。緊隨1816年氣溫劇降而來的是一個長達15年的氣候波動期，直到1830年以後，氣候才穩定一些。松江所在的江南地區，氣候也經歷了這個波動。

李伯重注意到氣候這個因素，把松江的三次大水置於十九世紀初的「小冰期」這一全球氣候變遷之中，顯示了他廣闊的視野。他雖然沒有直接

---

42 同上，第178頁。

提到 1815 年坦博拉火山的爆發，但明確提到了 1816 年「沒有夏天」這一極端氣候現象，並注意到二者的相關性。實際上，從 1815 年開始，當時的中國就和北半球的其他地區一樣，確實經歷着降溫的趨勢。[43]

十九世紀初期的降溫，不但與松江的水稻和棉花種植以及整個地區的經濟直接相關，也直接影響了太湖流域的雙季稻栽培。[44] 太湖流域以水稻為主要糧食作物。由於地處亞熱帶地區，太湖流域的人們在唐代就開始了雙季稻的栽培，其水稻栽培技術一直領先全國。因此，雙季稻的播種面積直接影響太湖流域的糧食生產。與此相聯繫，長期氣候的變化也約束着太湖流域的雙季稻種植。唐宋時期是十四世紀前相對溫暖的時期，故雙季稻的栽培技術傳播得很快；到了明代，太湖流域雙季稻的記錄更多，最北可達江淮一線。然而，十七世紀到來的小冰期使得太湖流域雙季稻種植區域大面積萎縮；隨後，雍正年間的氣候變暖又推動了雙季稻種植的大發展，但十八世紀中葉以後氣候再次變冷，到了嘉慶年間，也就是十八世紀末、十九世紀初，太湖流域的雙季稻栽培趨於絕跡。到了道光年間，林則徐大力推廣雙季稻，可是由於氣候依然處於寒冷期，其努力未見成效。這樣看來，長期氣候的變遷是太湖流域雙季稻興衰的關鍵因素。在十九世紀上半葉的寒冷期，即使像林則徐這樣的能臣幹吏，亦不足以補天。

十九世紀初小冰期的到來，在時間上正好與幾次大規模的火山爆發重合。尤其是 1812–1817 年的全球變冷，主要原因就在於幾次大規模的火山爆發，包括：1812 年 4 月 30 日西印度群島中聖文森特島蘇弗里耶爾火山的噴發、1814 年 2 月 1 日菲律賓呂宋群島上馬榮火山的噴發，以及 1815 年 4 月坦博拉火山的噴發。[45] 其中，坦博拉引起的火山氣候效應在二十世紀

43 Gordon C. Jacoby & Rosanne D'Arrigo, "Reconstructed Northern Hemisphere Annual Temperature since 1671", *Climatic Change*, Vol. 14（1989）: 39–59.

44 沈小英、陳家其：〈太湖流域的糧食生產與氣候變化〉，《地理科學》1991 年第 3 期，第 206–212 頁。

45 Skeen, "'The Year without a Summer': A Historical View", 60.

得到了中國學者的關注。一些學者明確分析了十九世紀中國（包括道光時期）的農業生產、社會經濟災難、氣候變化與 1815 年坦博拉火山爆發的關聯性。

根據地方史志、政府檔案和私人日記等材料，學者們注意到，中國的「14 個省從 1815 年冬天到 1817 年夏天經歷了異常的寒冷和暴雨」。[46] 以雲南為例，隨着 1815 年 4 月坦博拉火山的噴發，二十世紀之前規模最大、災情最嚴重的饑荒於 1815–1817 年襲擊了這個西南省份，持續三年之久，造成了大量的流民、人口死亡與社會動盪。[47] 如同 1816 年的新英格蘭，低溫和寒流在農作物生長季節突然降臨雲南。不過，當時的中國並沒有美國麻塞諸塞州威廉斯敦所擁有的氣溫測量設備，沒有留下任何現代測量記錄。好在雲南地方志和地方文獻給我們提供了類似的文字描述。1815 年，雲南中部和西部首先出現夏秋低溫現象，這對於生長在高原的稻穀和山區的蕎麥傷害特別大，導致大面積減產；而後雲南在 1816 年夏秋又出現低溫，一些地區甚至有霜雪天氣，「8 月的平均氣溫在昆明可能要比多年平均氣溫低 2.5°C–3°C，某些地方的降溫幅度可能還會超過昆明。」[48] 自 1815 年開始，低溫和饑荒在雲南持續了三年，以 1816 年為高峰，直到 1817 年才結束。楊煜達等認為，雲南地區發生的這次大面積饑荒主要就是坦博拉火山爆發導致的極端氣候造成的，因為「坦博拉火山噴發造成火山雲減弱了到達地球表面的太陽輻射能，太陽活動可能也有一定影響」。[49]

中國學者不僅注意到坦博拉火山噴發及其帶來的火山氣候給中國造成的短期影響，而且將其置於相對長的時段來考察。王保寧研究了氣候變遷

46 Pei-Yuan Zhang, Wei Chung Wang，& Sultan Hameed, "Evidence from Anomalous Cold Weather in China 1815–1817", in C. R. Harrington, ed., *The Year without a Summer?*, 436–47; Huang Jiayou, "Was there a Colder Summer in China in 1816?", in C. R. Harrington, ed., *The Year without a Summer?*, 448–61.

47 《嘉慶雲南大饑荒（1815–1817）與坦博拉火山噴發》，第 79 頁。

48 同上，第 85 頁。

49 同上，第 85 頁。

如何影響了膠東半島十九世紀的農作物栽培結構。1816 年發生的氣候突變持續了約 60 年：1816–1853 年是明初以降四百多年來最寒冷的時期，此時降雨量增多，以澇災為主；自 1854 年起，溫度開始上升，到 1875 年左右上升幅度更大。這個短時期內氣候高—低—高的走向，對膠東半島農作物的栽培結構產生了重大影響。

膠東半島傳統的農作物很多，其中粟（當地稱為「穀子」）是主要的糧食作物，最為重要。在雜糧當中，穇子位列芝麻、麻子、菽穀子這些小雜糧之後，排在最後一位，是一種救荒作物。粟的有效積溫範圍很寬，在 1,600°C–3,000°C，但適合在乾燥的環境中生長，多雨潮濕的環境會導致粟減產，因而農民在多雨潮濕的氣候下會減少或放棄粟的種植。穇子為禾本科一年生草本植物，又名龍爪粟、鴨爪粟、雞爪粟，分為水旱兩種，都比較耐寒耐濕。穇子一般於 5 月初播種，生長期為 86–96 天，所需有效積溫為 1,800°C–2,000°C。因此，它在膠東半島長達半個世紀的寒冷期內獲得了廣泛的種植。咸豐年間，穇子在莒州和沂水種植最多，成為當地百姓口糧的主要構成部分，其重要性今非昔比。隨着寒冷期的結束，到了十九世紀最後二三十年，穇子的種植比重又有所下降，粟的種植比重則恢復大半。王保寧總結說：「康熙至乾隆時期，穀子是膠東半島的主要農作物之一，在農業生產中佔有重要地位。道光時期，由於受到氣候突變的影響，寒濕氣候導致穀子種植規模下降，卻使適合寒濕氣候的穇子成為主要農作物。1884 年，黃渤海氣溫回升，穇子的種植規模開始縮小，而穀子的地位上升，再次成為主要農產品。」[50]

不過，雖然十九世紀末粟的種植隨着氣溫的上升在膠東半島開始恢復，但其地位並沒有恢復到康乾時期，原因不在於氣候，而在於美洲大陸新作物因氣候因素得以在當地大量種植，擠佔了原來粟的種植面積。

50 《膠東半島農作物結構變動與 1816 年之後的氣候突變》，第 60 頁。

番薯、玉米和花生三種美洲作物均屬於喜溫耐旱作物，適合在較溫暖和乾燥的環境中生長。總的說來，乾隆年間，番薯進入膠東半島後，當地的自然環境適合其生長，從而開始了傳播歷程。乾隆中期，隨着明清小冰期的結束，膠東半島的氣溫開始回升，這為番薯的種植提供了條件。不過，番薯剛好是在氣溫由冷轉熱的過渡階段開始推廣的，加之屬於新進作物，其重要性還沒有完全得到人們的認可，所以種植規模很小。到了嘉慶五年（1800年）前後，番薯已經成為窮人的主食。在多山的山東沿海，一年之中，紅薯常常成為窮人近半年的食糧。道光年間，番薯地位下降，作為蔬菜作物與番瓜、蘿蔔和蔓菁等構成農家終年食物的一半。與1800年相比，番薯的地位已由佔窮人半年食量的作物下降到與其他蔬菜一樣，成為佐食之物。光緒年間及至民國初年，番薯種植擴大，逐漸成為普通居民的日常食品。從乾隆末年至嘉慶年間的大量種植，到道光年間種植規模縮小，再到清末和民國初年與五穀並稱，一百年間，番薯在膠東半島經歷了一個充滿波折的種植歷程。

和番薯不同，另兩種新大陸作物玉米和花生在膠東半島呈現了爆發式種植模式。在道光之前乃至道光年間，玉米在膠東半島的記載很少，可見當地人對其比較陌生，種植規模應該很小。從土壤構成看，膠州是適合玉米生長的；可是，玉米是喜光、喜溫作物，生長期一般需要2,700°C的積溫，而十八世紀末到十九世紀中期為寒冷期，當時的溫度和熱量達不到玉米生長所需標準，這可能是制約玉米種植的關鍵因素之一。到了光緒初年，隨着氣溫回升，膠東半島一些地方出現了大規模種植玉米的現象，這一趨勢在民國時期繼續發展，玉米成為主要的糧食作物，這些地方遂形成玉米集中產區。

花生也是喜溫作物，且適合在乾燥的環境中生長，生長期大約需要年積溫3,000°C。花生進入膠東半島的時間比較晚，但是幾乎與玉米同時開始爆發式增長，最終成為半島地區最重要的經濟作物。膠東半島最早記錄種植花生的時間是十九世紀初，可見當地種植花生之晚。道光年間，花生仍然局限在河岸兩側原有荒地（沙地）。到了同治年間，膠東的花生種植量激增，原因有三：一是採用了美國的花生種子；二是溫暖期的到來對花生的種植非常有利；三是膠東半島的青島、煙台和威海三港口以及對外貿易的興起，使得花生成為最大宗的出口商品。總之，直到 1880 年前後，隨着氣溫的上升，花生在膠東半島才開始規模化種植，1900 年後取代大豆成為膠東半島最主要的經濟作物。良種、氣候和外貿三者的疊加作用造就了光緒年間和民國初期花生種植在膠東半島的爆發式擴張，花生成為當地外貿經濟中最重要的一環。

關於這三種新大陸作物在膠東半島的種植歷史，王保寧總結說：

> 1816 年的氣候突變，導致膠東半島的農作物結構發生變化。隨着寒濕氣候的影響加劇，本為救荒作物且耐濕的穇子成為半島地區最主要的農作物，而耐乾旱的傳統作物穀子的種植規模則持續減小。光緒之後，隨着氣溫的逐漸回升，喜高溫、耐乾旱的傳統作物種植面積有所恢復，穇子的種植面積則逐漸回落到 1816 年之前的水準。
>
> 受到明清小冰期的影響，1752 年政府有關番薯的推廣並沒有取得實質性的進展。1783 年之後，番薯種植規模擴大，逐漸成為膠東半島的主要糧食作物。1816 年之後，氣候突變終止了這一進程。在膠東半島，受此影響，番薯、玉米和花生的規模化種植向後推遲了 60 年左右的時間。膠東半島農作物結構的變化很可能與 1815 年印尼坦博拉火山爆發所引起的氣候突變有關。[51]

以膠東半島為例，我們發現，十六世紀末傳入中國的新大陸作物如番薯、玉米、花生等，在中國各個地區的傳播模式並不一致。如果沒有十九世紀初的寒冷期，番薯在道光初年可能就已經成為當地主要糧食作物，而玉米和花生的種植也可以提前四五十年。這些新大陸作物在中國各地，特別是邊緣山地的傳播，一般都受人口壓力這個因素的影響，可是，膠東半

51 《膠東半島農作物結構變動與 1816 年之後的氣候突變》，第 69 頁。

島的例子提醒我們，氣候是約束這些作物在某些地區採用某種種植模式的關鍵因素之一。

以上諸位學者的研究注重的是陸地，那麼海洋呢？李玉尚便以黃海的鯡魚（太平洋鯡）的豐歉來復原 1816 年以來的氣候變遷，頗有新意。[52]

歷史上，鯡魚曾經廣泛分佈於北太平洋，頗受北美印第安人、歐洲人、日本人、朝鮮人，以及中國人的喜愛。海水鹽度和海水表面溫度是決定鯡魚產卵和生長的關鍵因素。尤其要注意的是，海水表面溫度是決定鯡魚捕撈豐歉程度最重要的因素。[53] 一般而言，10°C 以下的海水表面溫度最適合鯡魚。以日本海的捕撈為例，科學研究發現，鯡魚的豐收和海水表面溫度低至接近平均溫度密切相關；反之，海水表面溫度較高則和鯡魚歉收密切相關。[54] 簡單地說，當某海域水溫較高時，則此海域的鯡魚向水溫較低的北部海域移動，則該海域的鯡魚歉收。這大致反映了十九世紀八十年代以後黃渤海鯡魚捕撈歉收的情況。

李玉尚指出，在中國，鯡魚是一種只分佈在黃海、渤海海域的冷溫性中上層魚類，其生物量之豐歉和分佈區域之廣狹可作為海洋上層水溫變化的靈敏指標。有明一代，黃海鯡經歷了一個由盛轉衰（1417–1505 年）再轉盛（1505–1629 年）的過程；受「明清小冰期」的影響，明末清初鯡魚復現旺發，到乾隆中後期，隨着氣溫的回暖，其資源數量開始下降；到了嘉

52 關於鯡魚的繁殖、捕撈與環境的關係，參見 D. R. Lassuy, *Species profiles: life histories and environmental requirements of coastal fishes and invertebrates (Pacific Northwest) Pacific herring*. U.S. Fish Wildl. Serv. Biol. Rep. 82 (11.126). U.S. Army Corps of Engineers, TR-EL-82-4 (1989), 18 pp.

53 A. Zebdi & J. S. Collie, "Effect of Climate on Herring (Clupea pallasi) Population Dynamics in the Northeast Pacific Ocean", in R. J. Beamish, ed., *Climate Changes and Northern Fish Populations* (Ottawa: National Research Council of Canada, 1995), 287.

54 Nagasawa Kazuya, "Long-term Variations in Abundance of Pacific Herring (*Clupea pallasi*) in Hokkaido and Sakhalin Related to Changes in Environmental Conditions", *Progress in Oceanography*, vol. 49, no. 1–4 (1 p. ¼) (2001): 551–64.

慶、道光和光緒年間，黃海鯡的資源數量因為氣候突變又經歷了一次劇烈的變動。根據地方文獻的記載，黃海鯡在嘉慶和道光年間出產甚豐，但到了光緒年間從南往北逐漸消失：光緒初年在河北鄰海的灤河口及其以北的臨榆縣，1884 年在山東半島和遼東半島，最後於 1900 年在朝鮮西海地區逐步消失。李玉尚總結說：「1816–1853 年是明初以來四百多年來最為寒冷的一個時期，在明末清初沒有鯡魚魚群分佈的灤河口地區，道光初年之後竟也出現旺發。嘉道時期不僅寒冷，而且多雨。從 1854 年開始，海水溫度開始上升，1875 年上升更加劇烈，造成光緒初年的特大旱災。也正是在這一時期，海水溫度持續上升，鯡魚分佈區域開始縮小。隨着海水溫度的繼續上升，1884 年黃海鯡魚在中國海區消失。這種海水溫度的總的變化趨勢與南太平洋亞熱帶海區的海水表面溫度大體一致。1816 年開始的這次氣候突變持續了 60 年，其原因很可能是 1815 年坦博拉火山爆發造成的。」[55]

黃渤海鯡魚產量的波動表明，海水表面溫度的升降在這一時期經歷了和大陸類似的模式。[56] 這個先降溫而後升溫的模式也可以從海蜇的豐歉上得到證實。海蜇是狹溫性物種，對海水表面溫度下降非常敏感，因此，海水表面溫度對鯡魚和海蜇的影響正好相反，所以某些種類海蜇的出現與鯡魚呈負相關。在中國北方海域，黃渤海海蜇的漁期以秋汛為主；可是光緒年間黃渤海鯡魚消失時，海蜇的漁期提前到了春季，這說明海水表面溫度變暖了。海水表面溫度的變化所導致的這兩種海洋生物在中國黃渤海地區的豐歉變化，與十九世紀中國氣候變遷基本吻合。1816–1853 年是十四世紀以來最冷的時期；從 1854 年開始，海水升溫；1875 年以後氣候回暖，以至鯡魚在 1884 年後從黃渤海消失，北移至朝鮮西海。中國北方（北太平洋溫帶

---

55 《黃海鯡的豐歉與 1816 年之後的氣候突變 —— 兼論印尼坦博拉火山爆發的影響》，第 53–54 頁。

56 坦博拉火山噴發對海水表面溫度的影響與其對北半球大陸的影響類似。不過，它對洋流在相關海域溫度的影響，目前仍不清楚。

海域）海水表面溫度在這將近百年內的變化模式與南太平洋亞熱帶海域的水溫變化模式也完全相符。[57]

氣候與十九世紀的清朝

綜合上述，中國的歷史學者已經注意到 1815 年坦博拉火山爆發與其他因素共同作用而導致的全球氣候變遷及其影響，他們同樣注意到了十九世紀前六七十年的「小冰期」在中國社會留下的歷史烙印。以上實證性的研究表明，在中國，氣候突變大約發生在 1816 年，到了 1830 年左右，這個寒冷潮濕的時期開始穩定下來，並持續到十九世紀七十年代的光緒年間。[58] 一些學者同意，1815 年印尼的坦博拉火山爆發是 1816 年氣候突變的首要原因，那次火山爆發加速了全球降溫的趨勢，[59] 而小冰期則是這個時期變冷的長期因素。正是由於它對全球變冷施加的實際作用和它代表的火山氣候，坦博拉火山爆發被上述研究視為氣候變遷的標誌性事件。

上述學者的研究中的一個引人注目的特點便是在氣候（和環境）與歷史變遷之間建立聯繫。他們不約而同地觀察到十九世紀氣候變化與中國社會經濟變遷的關係，這個階段不僅僅是清朝由盛而衰的轉捩點，也是中華文明的關鍵時刻。道光蕭條見證了自然災害、經濟頹敗和社會動亂，以及太平天國運動這場導致兩千多萬人死亡的、中國歷史上最大規模的內戰。清朝的內部危機大大加深，而危機的積累恰恰和寒冷氣候的到來及持續時間重合。從十九世紀六十年代起，清朝一步步地應付外來和內生的諸多挑戰，出現了「同治中興」的自強求富；直到 1894 年，甲午戰爭宣告了學習

---

57 Braddock K. Linsley, Gerard M. Wellington，& Daniel P. Schrag, "Decadal Sea Surface Temperature Variability in the Subtropical South Pacific from 1726 to 1997 A.D.", *Science*, vol. 290, no. 5494(10 Nov. 2000) : 1145–8.

58 張丕遠等主編：《中國歷史氣候變化》（濟南：山東科學技術出版社，1996），卷一，第 389 頁。

59 同上，第 388–389 頁。

西方的「洋務運動」的失敗。這個時期出現了社會秩序的恢復，西方科技和某些制度的引入，政治改革的起步，清朝的迴光返照又與小冰期的結束和溫暖期的到來重合。中國社會的變遷和氣候的變遷究竟是偶然的巧合，還是具有一定的相關性，這實在值得琢磨。歷史上的類似案例使人不得不懷疑這並非巧合，最著名的先例莫過於明清交替了。

十七世紀初期和中期，在中國是明清交替的時期，在世界歷史上意義也同樣重大，學者們將其概括為「十七世紀的危機」。它不但與小冰期和蒙德極小期重合，更有意思的是，還集中經歷了大規模火山爆發。[60] 這些火山爆發也參與造就了寒冷的十七世紀。以過去 600 年來最冷的 30 個年份為例，11 個發生於十七世紀，其中的 8 個發生在 1675 年前。[61] 於是十七世紀出現了一系列寒冷的夏天，包括 1601 年、1641–1643 年、1659 年、1666–1669 年、1675 年和 1698–1699 年。[62] 大自然的變化與清朝取代明朝這一重大的政治更替有什麼關聯？更確切地說，氣候變化在後金實現政治集權和軍事化的過程中，如何既是宏觀背景又是直接因素？雖然大家幾乎都認可「氣候與草原遊牧部落或國家的南侵相聯」這一假說，可是，並沒有實證性或者量性研究能加以證明。以明清交替而言，說氣候導致了明朝的衰落和崩潰以至它最終被清朝征服，或許更符合歷史事實。明朝的最後時期，連續的乾旱和饑荒接踵而至，鼠疫也讓 1644 年的北京毫無抵禦能力。在清朝軍隊征服中原之前，明朝已經崩潰，其中氣候的導因不可不察。

與清朝的建立一樣，其衰亡也是值得關注的世界性歷史事件。清朝的衰敗時間和小冰期重合。傳統的馬克思主義史學觀點認為西方帝國主義的入侵是近代中國危機的根本原因，進入二十世紀八十年代，學者們開始反思西方堅船利炮到來之前清朝內部的危機。過度擴張、人口膨脹、階級和

60 十六世紀末出現了三次大規模的火山爆發，而十七世紀約有六至八次，這加快了明清交替之際小冰期的到來。Briffa, Jones, Schweingruber & Osborn, "Influence of Volcanic Eruptions", 453.

61 Briffa, Jones, Schweingruber & Osborn, "Influence of Volcanic Eruptions", 450.

62 Ibid., 453.

族群矛盾乃至理學，都被列為清朝衰敗的內因。到了九十年代，環境和氣候開始進入學者的視野。1872 年，清末「中興名臣」李鴻章在《覆議製造輪船未可裁撤摺》中慨歎：「臣竊惟歐洲諸國，百十年來，由印度而南洋，由南洋而中國，闖入邊界腹地，凡前史所未載，亙古所未通，無不款關而求互市。我皇上如天之度，概與立約通商，以牢籠之，合地球東西南朔九萬里之遙，胥聚於中國，此三千餘年一大變局也。」李鴻章所說的三千餘年一大變局表面上稱頌清朝「立約通商」、「牢籠」萬國，史所未載，亙古未有，實際上不過是指清朝面臨空前嚴峻的國際局勢和挑戰。作為重臣，李鴻章是少數比較清醒地認識到國際形勢波譎雲詭的人之一，但他對清朝生存危機的擔憂，根本沒有考慮到氣候這個因素。

精英沒有看到，但普通老百姓親歷嚴寒和災害，印象深刻，難以磨滅。當時有一句俗語：「嘉慶家當，道光沖光。」短短八個字，把十九世紀初小冰期帶來的低溫、暴雨和洪災給中國社會和普通百姓帶來的衝擊說得一清二楚。如此，水災、氣候（正如李伯重研究松江的文章所揭示的）必須和其他內外因素一起考慮，才能進一步揭示這個重大的歷史變遷。

如果我們關注東亞和西歐在近代的大分流，氣候和環境因素也不能不引起注意。其中的一個關鍵問題就是，十九世紀初的小冰期如何在中國和西歐引發不同的或者類似的效應，尤其是考慮到中國當時正遭受過度壓力的、脆弱的環境體系。換句話說，不同的社會如何採用不同的傳統、制度、機制和資源來應對同一時段的氣候變化，以及隨之產生的災難？這些應對措施又如何影響所謂的大分流的過程，如果它們不是大分流的一個因素的話？我們又該如何在世界歷史的宏觀比較研究中妥當地處理氣候因素？

這些宏大的問題需要在地方層次的實證研究的基礎上解答。以中國而論，必須進一步搜集和坦博拉相關的材料，以勾勒出清朝不同區域對此的氣候回應，進一步揭示此次火山爆發和氣候變遷如何加速並使得生態和社會經濟問題複雜化，從而在此基礎上討論對區域、全中國，乃至全球的意義。首先當然是搜尋浩如煙海的地方志、檔案、日記、文集、通信等文獻材料，從而盡可能多地取得與坦博拉火山噴發相關災害的材料。即使在中國，各個地區對坦博拉引發的氣候變遷之反應也並不一致。因此，必須認真謹慎地考察地區間的差別。有些地區的反應相對敏感、直接，有些地區則緩慢甚至遲鈍。這也就是為什麼在同一個氣候或環境的大背景下，各個地區的相關記載不盡相同，甚至大相徑庭。

其次，在材料搜集相對完備的情況下，需要加強量性的分析，包括對整個中國以及各個區域，比如江南地區的分析。應該充分運用現代科學儀器和科學方法去檢測樹輪、冰核或者花粉沉積，並在此基礎上建立資料庫、設立模型；它們對中國社會的各個方面如農業、工業、經濟等的長期影響也需要一一考察，尤其是流行疾病。以血吸蟲病為例，雖然血吸蟲病漢代就已存在，但其危害之烈直到二十世紀五十年代後才廣為人知。為什麼這樣慘烈的流行病在光緒以前沒有被記錄呢？這是因為血吸蟲病的載體釘螺對氣候變化非常敏感，光緒中葉之後的氣候轉暖造成釘螺滋生環境的改變，從而導致血吸蟲病在各流行區的傳播。因此，二十世紀五十年代中國血吸蟲病的大流行只不過是一百年以來的事情。[63] 當然，除了氣候變暖，還有其他因素。出現洪水或乾旱等自然災害之後，社會的恐慌和反應，包括資訊的傳遞、社會的動員、救災機制、醫療，以及宗教的慰藉等，都值得進一步關注。關於坦博拉火山爆發，一個有趣的插曲就是，在婆羅洲，有人把飄落到地上的火山灰作為治病的藥物。[64] 無論讀者的「腦洞」有多大，都不會想到火山噴發會引起這樣的社會反應。可如此荒誕的事件確實發生了，不能不加以注意。

---

63 《坦博拉火山爆發與中國社會歷史》，第 40 頁。

64 Boers, “Mount Tambora in 1815”, 42. 有些學者把坦博拉火山爆發和 1817 年在孟加拉地區出現並向全世界傳播的第一次霍亂聯繫起來，認為低溫多雨導致了霍亂的產生。Boers, “Mount Tambora in 1815”, 53–5; Henry Stommel & Elizabeth Stommel, “The Year without a Summer”, 184–6; Henry Stommel & Elizabeth Stommel, *Volcano Weather*, 1983, 109–15; Boer & Sanders, *Volcanoes in Human History*, 148–9.

此外，還有非常重要的一點。氣候變化並不受限於任何政權或區域（無論是帝國、民族國家，還是我們現在廣泛使用的東亞、東南亞等地緣政治概念）的地理範圍。暴風雪不會停在中俄的邊境線上，季風或颱風也不會在中越邊界停頓，洋流更不會在中韓邊境轉向。中國春夏兩季的降雨不僅受到太平洋東南季風的影響，也受到印度洋西南季風的影響。

以雲南為例，這個西南邊疆省份受到印度洋季風的影響尤其巨大。因此，雲南短期內氣候的變化和印度洋的關係是直接而密切的，特別是考慮到雲南農作物在整個生長季節中都主要依賴於印度洋季風帶來的降雨。筆者認為，雖然嘉慶年間雲南的大饑荒與火山爆發導致的火山氣候基本吻合：第一年初見火山噴發的影響；第二年達到高潮；第三年影響逐漸消失，氣候恢復正常。可是，雲南對坦博拉噴發的反應也過於迅速了。坦博拉於1815年4月噴發，當年夏天雲南就出現了低溫，隨後很快就發生了饑荒。科學研究表明，氣候對大規模火山爆發的反應確實比過去估計的快得多。[65] 北半球的火山爆發在當月就會導致降溫，氣溫在其後的第三個月內達到最低點，而後在兩年內逐漸恢復。[66] 可是，坦博拉火山位於南半球，氣候反應要晚幾個月，降溫理論上在爆發後的約八個月才逐漸明顯，第二年達到最低溫，第三年才消退。[67] 根據這個科學原理，1815年夏天雲南的低溫不大可能是坦博拉火山噴發的結果，而是十九世紀初小冰期到來的影響，應當也和印度洋季風有關聯。

最後，我們也應當區分人類歷史上的兩種災難。第一種是人為的，即人類活動造成的或人類參與導致的。現代社會的泥石流、洪水和乾旱，往往是人類活動直接或間接導致的，如人口膨脹、墾荒、砍伐森林等。第二種是純粹的自然現象，和人類活動無關，很多時候是不可預測的，如地

65 Kelly & Sear, "Climate Impact of Explosive Volcanic Eruptions", 740–3.
66 Ibid., 741.
67 Ibid., 741–2.

震、火山噴發，以及隕石撞擊等。[68] 這些災難同樣塑造着人類社會。以印尼的多巴火山爆發為例，這次發生在 7 萬多年前、爆發指數為 8 的火山爆發，噴出了 2,400 立方千米的火山物質，釋放的能量達到 10 億噸烈性炸藥的當量，使得全球溫度在數年內下降了 3°C–3.5°C，北半球甚至下降了 10°C–15°C，引發了一次冰期，對地球上的早期人類造成了一次致命打擊。有科學家認為，在人類瀕臨滅絕的危急時刻，有些人的基因反而因低溫刺激發生突變，使得人類得以延續和發展。[69] 目前人類雖然可以防範、減輕甚至避免第一種災難，但對於第二種災難的發生，還是無能為力的。

---

68 當然，現代科技的突飛猛進，使得人類也有能力造成地震等現象，如核子試驗引發的小規模地震。

69 Stanley Ambrose, "Late Pleistocene human population bottlenecks, volcanic winter, and differentiation of modern humans", *Journal of Human Evolution* 34（1998）: 623–51.

結　語

知難而進，蹣跚前行

本書分享的便是我這十幾年所做的一部分研究，其空間覆蓋亞非歐大陸以及太平洋與印度洋，其時間跨越上下五千年，其主題包括海洋史、物質史、貿易史、科技史和藝術史，背後的關鍵字是「流動」。

這些流動，基本上都是跨文化的、跨區域的，因而是跨區域史，或者美其名曰全球史。這就又回到了全球史的定義。所謂全球史，必然要求研究的對象跨越了兩個世界性的區域。這些世界性的區域，也就是我們區域研究的基本單位，大致而言就是大家詬病已久的東亞、東南亞、南亞、中東、北美、拉美、西歐、北非或地中海世界、撒哈拉以南非洲等提法。在談跨區域時，我們需要提醒自己：所謂的區域，不是一個特定的或者不變的概念，而是一個流動的過程。因此，從本質上說，跨區域既在區域形成之前，也在區域形成之後，更在形塑區域的過程之中。多數學者注意到的是區域形成之後的跨區域，特別是兩個區域之間的互動，這是全球史的底線，或者說最低要求。理想而言，全球史希望着眼於兩個以上區域間的流動與互動，甚至真正地理意義上的全球現象。這是全球史的理想與願景，當然也是目前難以達到的境界。

因此，以兩個區域間的互動為依託和取徑的全球史，是切合學界實際與需求的，也是可行的。兩個以上區域間的互動，就大多數而言，超出了歷史學者的訓練與能力，易流於空洞和空泛，難免為人詬病，這也是不爭的事實（當然，我們也需要作為一般教材和通俗讀物的全球史）。在這個意義上，目前我們還沒有全球史學者，絕大多數學者只是對全球史感興趣，做了一些全球史的研究，或者在其研究中採用了全球史的視野。這個判斷，並沒有誇大其詞，而是尖銳地概括了全球史尷尬無力的困境。

有意思的是，在全球史這個概念出現和普及之前，一些學者並沒有全球史的意識，但因其本身研究對象的關係而採用了跨地區的角度，導致他們的研究過程和結果帶有全球史的特徵。他們的努力雖然並不一定是有意識地實踐全球史，但他們的成功引起了人們對這個概念的注意。有一次，克勞斯比談到，他寫完書以後不知何以名之，別人告訴他這就是全球史。這就像網路上的一個提問：「在眼鏡出現之前，眼鏡蛇叫什麼？」另一個例子是對全球資本主義制度的研究，其本身就是全球史的問題，因而專注於這個議題的沃勒斯坦和弗蘭克也成為全球史比較早的實踐者和提倡者。

和許多理論一樣，全球史發軔於歐美學界。二十世紀中期，歐美學界許多有識之士在認識到區域研究的局限之後，發掘了跨區域的主題，採取了跨區域的角度，深刻反思了西方中心論（主要是歐洲中心論）的問題並加以糾正，取得了相當豐富的成果，產生了巨大的影響。二十世紀末，全球史的方法開始傳入中國，得到了許多學者的歡迎和擁抱，但也有少數學者認為全球史依然是西方學術霸權的「陰謀」，是西方中心論的「遺產」，因此要加以警惕。筆者大不以為然。本書的緒論部分已經指出，全球史與其說是一個領域，不如說是一種研究方法。某種研究方法，無論是哪個人發明的、提倡的，他可以用，你可以用，我也可以用。譬如蒸汽機的原理在全世界傳播開來，在許多地方導致了傳統紡織業的凋零，大量紡織工人失業，但我們不能批評這是發明者瓦特的陰謀，也不能斷論這是西歐殖民主義和帝國主義給亞非歐世界設置的陷阱。

以中文學術界而言，目前全球史的情況和幾十年前的歐美學術界很像。一般性的綜述與介紹比較多，原創性的研究非常少，全球史的研究仍然基本處在區域—國別史的框架當中。而最能走向全球史的領域——中外交通史，因其預設立場，也就是中國—外國兩分，某種程度上接受了邊界或疆域的「天然」存在，往往立足於以中國為中心的立場與視野。只有擺脫這種局限，我們才可能走向全球史。

值得驕傲的是，全球史大大拓展了歷史學的傳統領域。過去區域研究長期忽視的海洋史，以跨大西洋貿易為例，超出了區域研究的領域，直接參與了全球史的孕育與誕生。最近幾十年新興的科技醫療史、環境史和藝術史也恰恰符合了全球史的定義——跨區域、跨文化的流動與變遷，因而成為全球史發展的重要因素。傳統的歷史學者往往以文本研究為衣缽，幾乎沒有受過科技史和藝術史的訓練，對這兩者不但無感，而且無力。而科技醫療史、環境史和藝術史都要求從業者接受過相關知識領域（科技與藝術）的培訓，長期以來獨立於歷史學。這些學科不但很容易發展成為全球史，而且豐富了全球史的內容。事實上，全球史的先行者往往產生了對這些領域的興趣，取得了意想不到的成果。這也要求當今全球史的訓練必須吸納這些領域，努力掌握跨學科甚至超學科的意識與工具。

總之，全球史對以國家—民族為取向和期望的學術（以及學者）來說，的確是一種同行、修正與共生，它為歷史研究展現了豐富性與更多的可能性。然而，言者眾，行者寡。在目前的狀況下，筆者認為，以全球史為願景的學者只能迎難而上，知難而進，而其最好的結果也只不過是蹣跚前行。

附錄一

"Bon Voyage"——回憶我的導師柯臨清

2012 年 7 月初的一天，我查收郵件時，發現一封來自陌生電郵地址的信。原來是只見過幾面的師妹第一次給我發郵件，說的卻是壞消息：導師病逝了。

我完全沒有想到。

我頃刻間回想起十幾年來的一幕幕。從 1998 年 3 月在北京的首次見面，到波士頓無數次在她滿是狗毛的車上聊天，到重慶璧山的菜市場，到 2012 年 5 月底在她家最後一次聊天，而後她開車請我到附近的餐館吃飯，悲傷從心底慢慢湧起。

1998 年 3 月，一個大風天，柯臨清因為與伊莎白・柯魯克合作的研究專案，正好到訪北京外國語大學，順便面試我。地點是伊莎白的公寓，說是面試，其實主要是柯臨清在介紹她的研究，講的是中國革命中的社會性別。那時我當然不明白"gender"（性別）是什麼，最後傻乎乎地問，gender 和 sex（性）的區別是什麼？告別時她送了我她的書。後來我就接到了錄取信，當然是帶獎學金的。如果她不來的話，我已經準備去德克薩斯的葡萄園上學了，那個學校 1997 年 11 月就給了全獎。

1998 年 9 月，我到了波士頓，去了柯臨清的家。讓我印象最深的，應當是她的狗麥琪了。它當時才兩歲左右，對我如影隨形，寸步不離，上躥下跳。2010 年再見到的時候，它已經不復當年的活潑，慢吞吞地溜達到我腳邊，嗅了嗅，歡迎故人的到來 —— 我已經有七八年沒見它了。

2012 年 5 月底，我去導師家，到了地鐵站，等導師開車來接我。車到了，麥琪卻不在，我很自然地隨口一問，麥琪留在家了？「麥琪不在了。」導師告訴我，就是 3 月的事。算起來麥琪已 15 歲，相當於人類的百歲了。它走時沒有什麼病痛，十分安詳。麥琪幾乎是和導師的女兒一塊兒長大的，當年她的女兒從威爾斯利學院畢業。

2011 年 11 月（也可能是 12 月），導師夫婦約我到劍橋的木蘭餐廳吃飯，鄭重其事。我頗為詫異，因為他們從來沒有一起請我一個人吃飯。我到的時候，他們已經在裏面等了。席間她還是談到了璧山，希望能夠發掘地方檔案，做一些農村社會的研究。我們商量了一下，覺得要是可能，2012 年 6 月底一起去璧山跑一趟，重溫伊莎白和她幾十年來建立的聯繫，看看能否搜集一批材料回來。另外，伊莎白快 100 歲了，再不去恐怕就去不了了。這一趟，可能也是伊莎白與璧山最後的聯繫和告別了。

一切都沒想到。

在 5 月的那次見面中，她拉拉雜雜說了很多事。先提到了我們不久前一起參加的燕京學社的講座，主講人是復旦大學的張偉然兄。算起來這是她參加的最後一次學術活動了。她提到了一些佛教問題，這些和她的研究是沒有關係的。而後她再次替我規劃了學術藍圖，希望我集中精力，在一兩個領域突破，避免四處撒網。這個話題她這幾年和我說了好幾次，我興趣廣泛，做研究沒有規劃，率性而為，東一榔頭西一棒槌。我點頭應允，心中卻打了一個大折扣。她接着說到她的另一個學生，做的是東南亞研究，希望我幫他介紹介紹新加坡有什麼機會。而後談到了我上學時的一些人和事，讓我感覺她在解釋什麼。這也沒有什麼奇怪的，老朋友坐在一起經常反復回憶當年，人之常情。

再然後，她開車帶我去吃飯。我們到了一家餐館。吃飯時她不斷咳嗽，我終於忍不住提醒她，是否約了醫生。她說明天去看醫生。吃完飯，她送我去地鐵站。車停下後，我解開安全帶，起身，側過身，給了她一個擁抱。她沒有起身，似乎有些詫異於我的舉動，畢竟中國人不擅長用這樣的肢體語言表達，何況坐在車上也不方便。之後我們便彼此告別了。

當天晚上查郵件時，我發現了她給我的郵件“Bon Voyage”（一路平安），其中寫道：“There is always one more paper to be written, or one more conference to go to, but ultimately they are not the important aspects of life. Taking time now to build some strong personal relationships is important.”（總還有一篇論文尚未完成，總還有一次會議需要參加，但這些終究不是人生最重要的方面。現在重要的是花時間建立堅實的個人關係。）

我回了信，還是有點不以為然。

6 月 8 日，我離開波士頓，然後就接到了噩耗。

令我傷心的是，2011 年 12 月時她或許還不知道自己病情有多嚴重，但 2012 年 5 月她應該完全明瞭。我們最後一次見面，她完完全全是在做臨終告別，只是我沒有明白。人之將死，其言也善；鳥之將亡，其鳴也哀。體察出她的良苦用心，我越發為自己的愚鈍而愧疚！

我的導師在學術上和我關係並不密切，雖然她是我的指導委員會主席。從 1998 年到我畢業的 2004 年，我們之間如同許許多多導師和博士生一樣，有過磨合，有過親近，有過互助，有過緊張，但最終還是圓滿。我是她指導的第一個博士生，她也相當以我為榮。

多年來，我很多時候以沒有聽她的教導為榮，覺得走了自己的路；現在我回想起來，要是我多聽她幾句該多好！多年來，我有時候覺得她沒有為我考慮，現在我回想起來，她對我其實非常關心。

Bon Voyage，Chris！

2016 年 11 月 1 日補記

我的導師 Christina Gilmartin 是二十世紀七十年代中美握手後最早到中國的美國大學生之一，在北京待了很多年，她的第一個孩子就是在北京出生的。她和我提過，有一次美國某個交響樂團來北京演出，總理辦公室還派人給她送票。她的研究領域是二十世紀中國的婦女，在美國的中國研究領域，她是中國性別研究的先驅。她的中文名字是柯臨清。

附錄二

天不假年
——回憶我的導師亞當·麥克恩

亞當·麥克恩，我的博士生導師，2017 年 9 月 10 日在紐約不幸逝世，真是天不假年！

我很多年沒有見過他了。上次郵件聯繫可能還是在 2016 年或者 2015 年，當時他在雲南大理教書。最後一次見面是 2012 年 3 月，承他安排，我在美國哥倫比亞大學東亞中心做了個講座。結束後，我們兩人一路步行穿過紐約城，整整兩個小時，來到他居住的公寓。這兩個小時，我們談了很多事情，成為無比珍貴的時刻。

我在他家住了一晚，第二天告別，此後就再也沒見過。大概第二年，傳來他從哥倫比亞大學辭職隱居的消息，他成了學界的傳奇。後來我問他原因，大致就是對學術界的失望。我當學生時，他曾經對我說，最愉快的時刻莫過於坐在圖書館看檔案了。

亞當 1997 年畢業於芝加哥大學，先在費城的一所學校教書，1998 年秋到波士頓，大概 2001 年跳到哥倫比亞大學，順利地評上副教授，拿到終身教職，又過了幾年，順利評上教授。他拿到哥倫比亞大學的職位後告訴我，他曾向哥倫比亞大學提出希望帶我一起去，也就是希望哥倫比亞大學接受我的轉學，但是沒有成功。亞當在學術上非常順利，在華僑華人研究的中心 —— 新加坡聲譽鵲起。十幾年前我對我的學生評價亞當，說他是冉冉上升的明星，孰知他竟然一夜之間拋棄了常春藤名校的職位和榮譽！

亞當主攻華人華僑史和全球移民史，在《亞洲研究雜誌》（*Journal of Asian Studies*）和《美國歷史評論》（*American Historical Review*）這兩本亞洲研究學者夢寐以求的期刊上都發了長篇論文，兩本專著也引人注目，第二本還獲得了世界史學會的年度著作獎。他當年在中國學中文時，老師給他取了個名字「麥開文」，他不以為然，棄之不用。

數年以來，我的三位導師魂歸道山，嗚呼哀哉！[1]

2018 年 11 月 29 日，我從澳門到香港乘機去紐約，參加他的追思會。會議由哥倫比亞大學歷史系的亞當的原同事馬特·科耐利和林郁沁等人籌辦，來者有亞當家人——前妻塞西莉婭，女兒吉娜，母親潔莉，導師艾愷，以及東北大學的前同事派翠克·曼寧，其他多為亞當在哥倫比亞大學的同事、學生，以及紐約的若干學生、朋友，還有上海紐約大學的沈丹森和美國康奈爾大學的埃里克·塔利亞科佐。艾愷即《最後一個儒家》的作者。沈丹森是印度人，曾在北京大學留學，是中印關係史研究的代表人物。埃里克是美國東南亞史領域的代表人物。

埃里克從朋友和友誼的角度講他和亞當的交往，非常令人感動。我在美國時接觸的美國人並不多，但是有幾位給我留下了深刻的印象。以曼寧為例，他彬彬有禮，學生隨時可以向他求助，真的是有教無類，完全符合中國文化中的君子標準。而埃里克回憶他和亞當的交往，嬉笑怒罵中見真情，符合中國文化中「摯友」的定義。後來我跟埃里克講了我的感受。可見，人之常情的確可以超越文化和宗教。「東方主義」固然錯誤，可是一味批評東方主義則是自落陷阱。

亞當在哥倫比亞大學十一二年，負責跨國 / 國際項目，培養、薰陶了不少學生。此次回憶起來，作報告的多為其學生，其中有三位的中東研究

1　以上是亞當逝世後幾天寫的。三位導師除了柯臨清和亞當，還有衛思韓。衛思韓是費正清的學生，長期在美國南加利福尼亞大學任教，早年研究中國史，後擴展到歐洲殖民東南亞的歷程和海洋史等領域，他也是北美倡導世界史的先驅之一。

給我留下的印象最深。

艾愷 12 月 1 日中午談了他對亞當離世的感想，“very very sad”（非常非常悲傷），他的眼角濕潤了，聲音有些哽咽，確實動了感情。亞當多年前就提到他和 Guy 比較談得來（當時我並不知道 Guy 是指艾愷），他和另一位大名鼎鼎的老師則不那麼和諧。

那時我是第一次見艾愷，所以追思會結束後和他（還有埃里克）一起乘車去唐人街吃晚餐，吃飯時又說了很多。席間談到何秉棣，艾愷提到吳晗曾與何秉棣同宿舍，大概在二十世紀五十年代，何秉棣對吳晗評價很高，「文革」後則不再提及；又說，何秉棣是他的老師，他當過何秉棣的助教。

附錄三

斯人已乘黃鶴去——我所知道的《白銀資本》作者貢德·弗蘭克

2005 年 4 月 23 日凌晨 8 時半，貢德·弗蘭克在盧森堡病逝。他和癌症搏鬥長達 12 年，雖然無法戰勝病魔，卻不失勇氣和信心。

弗蘭克是依附理論的主要創始人之一。他的文章、著作超過 1,000 篇 / 部（被譯成 30 種語言），他本人會 7 種語言：英語、法語、西班牙語、德語、葡萄牙語、義大利語，以及荷蘭語（他的一個兒子是哈佛大學的教授，會 12 門語言）。他 1998 年的專著《白銀資本》風靡一時，獲得 1999 年世界歷史協會頭獎。弗蘭克的研究幾乎涉及所有社會科學和人文科學領域，包括經濟學、政治學、歷史、人類學、考古和社會學。二十世紀九十年代左右，他的興趣轉到了世界歷史，一出手就是幾本震撼學界的著作，包括《中亞的中心作用》、《世界體系：500 年還是 5000 年？》以及最轟動的《白銀資本》。

一生在流浪

弗蘭克的學術歷程和個人經歷都極具傳奇色彩。他去過近 30 個國家（1998 年應中國社會科學院邀請訪問中國），但很少在一個地方 / 國家連續居住 5 年以上；他是一位享有盛譽的學者，卻沒有拿到一個終身教職。他是猶太人，出生在德國柏林，4 歲時和父母被迫離開，到了瑞士。1941 年到美國。1957 年他從芝加哥大學畢業，拿到了經濟學博士學位，博士論文主題是研究蘇聯的農業。他在芝加哥大學的好幾個師兄弟後來都拿了諾貝爾經濟學獎，要知道，芝加哥大學的經濟學系是諾貝爾經濟學獎的池塘。進了這個系，拿諾貝爾經濟學獎的概率會高很多倍。博士畢業後，他繼續遊蕩世界。1957–1962 年，弗蘭克在美國中西部幾所大學教書，1962 年去了拉丁美洲，1966–1968 年在加拿大，1968–1973 年在智利大學，1974–1978 年在德國，1978–1983 年在英國，1983–1994 年在荷蘭的阿姆斯特丹大學，1994 年在阿姆斯特丹大學經濟學教職上退休。

此後，弗蘭克回到北美：1996–1998 年在多倫多大學，1999–2000 年在佛羅里達國際大學，2001 年在內布拉斯加大學，2002 年在波士頓東北大學。2004 年，他又去了義大利。他任教的地區和大學繁多，待過的系也數不勝數，包括人類學、經濟學、地理、歷史、國際關係、政治學及社會學。

弗蘭克最傳奇的生涯莫過於拉丁美洲時期。二十世紀六十年代，他開始研究拉美經濟，提出了一個新概念：發展的不發展（The Underdevelopment of Development，黃宗智的近代江南經濟研究就借用了這個概念），他以此提出了依附理論。在他之前，學者和政治家認為，拉美的落後是因為拉美的封建制度，而弗蘭克一針見血地指出，拉美根本沒有封建制度，拉美落後是因為拉美在國際政治經濟體系中處於不利的邊緣地位。依附理論是馬克思主義學派在當代的延續和發展。

弗蘭克是左派知識份子，所以他非常關注社會正義。在拉美期間，他直接參加了拉美的改革和革命。在智利大學教書時，弗蘭克參與了總統阿連德帶有社會主義色彩政治改革的方案策劃。阿連德的改革被皮諾切特的政變中斷，弗蘭克只好帶着全家流浪到歐洲。這是他一生中第二次流浪。第一次是幼年跟着父母從希特勒的德國出逃。

「政治自傳」

我們不妨看看弗蘭克本人略帶俏皮和諷刺的「政治自傳」（Political Autobiography）。[1]

他說：「我 1929 年出生在柏林，1933 年我 4 歲，希特勒在德國上台，我和父母政治避難到了瑞士。40 年後我回到德國，不過，這次我是帶着妻兒從軍事政變的智利流亡出來。自 1933 年以來，我在一個地方總是待不長，一般是一到兩年。」

小時候，他在瑞士待了 8 年，輾轉於瑞士的三個主要語言地區（義大利語區、法語區以及德語區）上學。1941 年他 12 歲，去了美國，直到 1961 年 31 歲時離開美國，重新開始了他的奧德賽行程。他一般在某個地方只待一兩年，偶爾的幾次例外是在美國幾所大學的 4 年時光、在智利的 5 年（1968–1973 年）、在英國的 5 年（1978–1983 年）。1983 年開始，弗蘭克破天荒地在阿姆斯特丹打破了 5 年這個期限，住了 10 年。因此，弗蘭克的大兒子剛滿 20 歲就已經在 10 個不同的國家居住過，有些國家還不止一次。他 37 歲時已經遷移了 43 次。

在搬來移去的過程中，弗蘭克拿到了高中文憑、大學文憑、一個碩士和兩個博士學位（1957 年美國的博士學位和 1978 年法國的博士學位）。對於美國的高等教育，弗蘭克頗有微詞。他說：「雖然我接受了很多美國教育，可是，無論在哪所學校，我都沒學到什麼東西；學到的一點東西，如果說有的話，也沒有什麼用處。我得到的教育，如果說有的話，是來自我輾轉的旅途：少年時代和 20 歲出頭的時候，我旅行的距離已經相當於赤道的兩倍；我的第三個十年彷彿中世紀的遊吟學者在美洲南北和歐洲東西馳騁。在旅行中，我生活，我積極地投入全世界無數國家的社會和政治活動

---

1 https://www.rrojasdatabank.info/agfrank/personal.html.

中去。」這聽起來有點誇張，可是，就弗蘭克這樣一個不拘一格挑戰學術和人生邊界的天才學者而言，似乎也是事實。

弗蘭克一生有1,000多篇文章和著作，可是，基於種種原因，特別是政治原因，沒有一所大學給他終身教職。因此，談起高等教育和學術界，弗蘭克自然充滿了嘲諷。他自我解嘲道：「話說回來，對於我身邊的人，我可不想留下一個錯誤的印象，那就是我只有或者只追求學術——或者更糟糕的是，知識份子的生涯，因為我終生的職業不過就是沒有一個職業。從開始到現在，我的道路就像巨大的迷宮。」他繼續幽默而心酸地說：「其中我可以記錄下許多更加實際的，從而也更加重要和現實的工作。這些工作也未必不互相聯繫，也未必和錯誤地被稱為我的『職業生涯』的東西沒有關係；這些工作常常中斷，或者像現在一樣，以被解僱而告終。」

確實，弗蘭克幹過很多工作，每次都以失敗告終。「我最初的工作和報紙的路線相同，派送《展望報》，同時也在加州聖莫尼卡做園丁。此外，作為一個13歲的男孩，我也幹了一些不符合年齡的工作。我在一家酒店工作，起初是在倉庫，後來在前台賣酒，主要賣啤酒給太平洋沙灘上成千上萬的日光浴者，就在加州1號公路對面，當時叫美國101號公路。還是在這個海灘，我自僱成了沙灘的『梳子』，搜尋酒瓶賣給我的老闆，12盎司（約350毫升）的2美分，32盎司（約950毫升）的5美分。這個工作為我贏得了我的社會保障號碼。我掙的錢要麼不斷地花在買眼鏡上——我的眼鏡不是掉了就是打碎了，要麼寄給我在愛達荷或密西根工作的媽媽。終於，1943年8月，我用掙的錢買了一張火車票乘坐聯合太平洋鐵路公司的火車和媽媽團聚。可惜我們只一起生活了六個月。六個月後，她去了紐約。」這是一個猶太難民少年在戰後的美國獨自掙扎生存的真實故事。

「就這樣，大約在我15歲生日前後，我決定一個人留在安娜堡完成初中和高中課程。我起先在一家雜貨店工作，後來又當招待。再後來，我放學後就成了學校的清潔工，直到被解僱。之後，我還在那座樓裏工作，不過是在樓裏的公共圖書館。同時，週六我去初級中學當清潔工。後來，放學後我在密西根大學工會刷盤子，為一家藝術學校做模特。我的『空閒』時間則獻給了運動，主要是競爭最激烈的長跑，我堅持了高中三年、大學四年，甚至研究生一年。正是在高中，我的長跑隊友們給我起了一個名字 'Gunder'（岡德）。」這個「岡德」是瑞典人，當時世界紀錄的保持者。弗蘭克自我解嘲地說：「和我一樣，在比賽中，他總是和其他選手保持一段距離。唯一的不同是，他領銜其他選手半圈，我則落後半圈（在賽場上拉開半圈距離成了我的習慣，雖然從那以後，我似乎領先其他人大半圈——領先半圈其實比落後半圈更讓我不舒服！）。」弗蘭克的堅持和堅韌令人欽佩。

為了上大學，弗蘭克高中畢業後就在俄亥俄州挨家挨戶地賣雜誌。「門打開後，我總是說，『掙大學學費』。1946 年，我真的做到了這一點，我進了賓夕法尼亞的斯沃斯莫爾學院，1950 年以榮譽學位畢業。在大學及之後的歲月裏，我賣過報紙，當過招待，有時在亞特蘭大，有時在三藩市，有時在密西根，有時在新墨西哥。來來往往的路上，我也挖過土豆，摘過蘋果，採過櫻桃。」

「沒有任何才能」

大學畢業以後，為了謀生，弗蘭克幹過更多的工作。結果總是差不多——被炒魷魚。

「在大學和以後的暑假裏，我幹過各種各樣的活兒，大多數幹到被解僱，總是為一個原因——不服從。比如，我在華盛頓特區的郊區蓋過活動房子；為密西根大學校園西北角到圖書館的路修人行道，先挖溝，再鋪水泥。因此，多年以後，我告訴我的孩子，我為他成為那裏的研究生做過 "concrete"（具體、混凝土）的貢獻。在華盛頓州，我在鋸木廠工作過，當過伐木工，也重新挖過溝，跳甘迪舞——我指的是鋪枕木。在密西根，我為福特的威洛倫工廠造過汽車。在新奧爾良，我在國際收割公司照看 32

個線軸，把一股股線紡織成布。」[2] 在新奧爾良，弗蘭克還在波旁街的法國旅遊區當過招待，在傑克森廣場畫過畫，為老爺爺威士卡打扮成售貨機人偶，遊客則敲打着他的紙殼，要求他端出他根本拿不出的試喝產品。

所有這些嘗試，得到的結論是：「嗚呼！我沒有上述任何工作需要的才能！我在路易斯安那州僱傭委員會接受工作才能的測試，委員會及時地通知了結果：我沒有任何才能，尤其缺乏智力。因此，他們告訴我，我應當試試汽車修理工，可惜，他們也不能為我找到空缺。」這是一個大學者博士畢業後的遭遇。

智利政變後，弗蘭克帶着家人來到德國，因為他依然是德國公民。在德國，他出了很多書，獲得了兩筆研究資助以養活家人，卻因為政治原因無法找到固定工作。「1978 年，黑森州的文化部長（此前是警察局長）應該批准一個大學校長僱用我的申請，他卻私下裏告訴這位校長（校長則私下裏轉告我）：『這個弗蘭克永遠也不可能在這裏的大學教書！』三年前，法蘭克福大學有一個空缺，我是這個職位最終人選名單上排名最靠前的人（這也是當年我搬到法蘭克福的原因），他們卻取消了這個空缺。」而後弗蘭克一家去了英國，又因為英國的種族主義到阿姆斯特丹大學。

「直到 1994 年 65 歲強制退休，我在阿姆斯特丹居住了漫長的 10 年，因為我無法在其他地方找到工作。二十世紀八十年代到九十年代初，我申請過北美公開招聘的 80 個工作，幾乎所有職位都在美國。其中 5 個職位，我都是最後的入選者之一；在這 5 個當中，3 個面試了我；最終，這 80 個工作，沒有一個是我的。」

2　這裏弗蘭克幽默了一下，「水泥」和「具體」的英文單詞都是 “concrete”；威洛倫工廠建於第二次世界大戰期間，曾參與製造 B-17 轟炸機。

我所知道的弗蘭克

我最初見到弗蘭克，是在 1998 年秋。當時，他是波士頓東北大學世界史中心特約研究員。當時中心主辦了他和哈佛經濟學教授蘭德斯的辯論會，這在當時是波士頓也是學術界的一件盛事。我早早就搶了個座位，卻心神不定，因為我歷史學方法論這門課的期中論文被退了回來，急得要命。方法論這門課是每個學生都皺眉搖頭的，我尤為之甚。剛到美國幾個月，我基本上聽不懂教授在說什麼，每週的閱讀當然也完不成。所以，我坐下來後就給前面的美國同學遞紙條，向他借作業瞧瞧。這場辯論會自然很精彩，可惜我啥也沒聽懂。

因為我們當時在讀他的《白銀資本》，世界史中心的主任曼寧就邀請弗蘭克到課上和研究生見面。他很謙遜地進來坐下，而後客氣道，他是來聽聽大家的意見，他指的是對《白銀資本》這本書的。大家一時無語，我因為稍微準備了一下，就問了他一個問題。我先稱讚了他對中亞的重視（當時我還不知道他關於中亞的那本書），而後問的是明代海洋政策的轉變。他回答了什麼我記不清楚了，只記得他說，這是區域史學者的問題。言下之意，他作為世界史 / 全球史學者，不做這個研究。過了二三十分鐘，他就起身走了，因為我們實在也提不出什麼問題。

當時弗蘭克沒有搬到波士頓，所以我們就沒機會見面。

再和他見面是 2002 年。這年 6 月，東北大學世界史中心舉辦了一次學術會議，參加者是已經畢業的博士和還在攻讀學位的研究生，以及有關教授。我當時正好完成了論文的第一章「西南絲綢之路：全球視覺中的雲南」。聽說弗蘭克要來，比較激動，因為我的研究領域周圍人都不了解，我感到很孤獨。於是，我發電子郵件把這一章和我關於封建主義辨析的文章給弗蘭克看了。此後，我們又交換了幾次郵件。總的說來，他對我的論文不滿，認為我向前邁得不夠。他的觀點是：從來沒有什麼封建主義，包括在歐洲。我則支持多數學者的觀點，認為歐洲中世紀是有封建制度的。中國則沒有歐洲那種封建制度；中國的封建是分封建國，主要是在西周。後來見面時，他又提到這個問題，我只是說，對封建主義的認識是我走向世界史的第一步。關於雲南的文章，他給了我一些表揚。我師兄那時也給他看了關於中國和古巴革命比較的文章，他也給予肯定。我們二人談起來，頗受鼓舞，情緒很高。因為我們知道，弗蘭克從來不表揚別人，批評是他的習慣。後來覺得，一是他對於我們的領域不熟悉，二是我們不過是無名小卒。見面的時候，他說，世界史學者可能低估了雲南的地位。

那天的會議，他來了。他的身體很衰弱，拄着拐杖。大家默默地注視他。他的女朋友（後來是他的妻子）陪着他。當時他可能一年內做了三次手術，最後一次手術完成沒多久便來參加這次會議。第一天中午，大家去附近的中餐館就餐。弗蘭克沒去，因為沒胃口。他的女朋友說吃完給他捎一點回去。我吃飯很快，就和她說，我可以把午飯給他先送過去。於是，我提着餐盒回到學校的會議室，發現一個人也沒有。我在走廊裏喊了幾聲，教授休息室裏傳出微弱的回答。我走進去，裏面黑黢黢的，一個身影從沙發上坐起來，是弗蘭克。我說這是你女朋友給你買的飯，遞了過去。弗蘭克接過去，看也不看，放在一邊的茶几上。我隨手打開了燈，他看上去很虛弱，也不吃飯。我就說，那你就休息吧。他說好，沒等我出門，就把燈關了。他真的很虛弱，三次手術把他變成了一個虛弱的巨人。說他是巨人，是因為弗蘭克身高在 1.8 米以上，頗為魁梧，可是步履蹣跚，沒有精氣神。

我於是下樓，在陽光明媚的樓前長椅上坐着。過了好一會兒，曼寧和弗蘭克的女朋友一起說笑着回來了，而後弗蘭克的女朋友上了樓。不久，她和弗蘭克一起下了樓出來。弗蘭克沖着曼寧大發雷霆，說你們學校怎麼回事，還讓警衛來盤問？後來才知道，弗蘭克因為疲勞至極，躺在教授休息室裏，碰巧被一個女學生看見了。學生好心通知了學校的警衛，警衛便上來詢問，估計也就是「你感覺如何，是否需要幫助」之類的話。弗蘭克則因為太累，極其討厭別人打擾他休息，加上對警衛沒有好感，估計很不耐煩地打發了警衛。這下見到曼寧，就提着嗓門發了一通脾氣。曼寧了解弗蘭克的性格，何況他還是病人，所以只是笑笑，一句話也不說。

下午的會議照樣進行。弗蘭克照例絲毫不放過每一個發言者。晚上的飯由中心招待，在一家日本餐館慶祝。我和弗蘭克不在一桌，只注意到他斜躺在榻榻米上，也沒吃什麼東西。雖然他和大家都不熟，身體也不好，但我能感覺到他還是很喜歡和大家在一起的。我們這一桌吃完就先散了。臨走時，我和弗蘭克告別。他說，明天你就照那個講。因為我的發言被安排在第二天上午，弗蘭克要去看醫生，來不了，所以這樣叮囑我。

這就是弗蘭克

我提筆寫這篇文章，似乎有「我的朋友胡適之」的嫌疑，因為我和弗蘭克的交往非常有限，對他不了解。以上對弗蘭克的印象部分是轉述而來，錯誤或不確切之處由我負責；至於我和他個人的接觸，由於時間的原因，難免有記憶不準確的地方。

我對弗蘭克非常感激，因為他確實是首先讚賞我的研究的人之一，或者說，是看到我研究潛力的人。這給了我堅持自我摸索的勇氣。有一次在北京，曼寧給我發郵件說某天他和弗蘭克一起去哈佛參加會議，弗蘭克在會上表揚了我的研究。我看完郵件，心裏樂開了花，那時我的論文勉強才完成了七章中的兩章。後來我和弗蘭克就沒有聯繫過，只是聽說他病情很嚴重。

弗蘭克去世前的一週，我接到了他兒子群發的電子郵件，告知他來日無多。在生命最後的日子裏，他還在不停地工作，直到身體不能支持為止。我馬上回了郵件，表達了自己的敬意。之後不久，便接到了他逝世的消息。

弗蘭克的脾氣很壞。不應該用「壞」這個詞，應該說，脾氣很大，這在學術界是眾所周知的。我師兄曾經描述過這麼一個場景：某次開會，時間沒到，會場三三兩兩地坐了人。弗蘭克在場，走上講台，在黑板上寫了一些東西，然後轉過身，指着在座的一個教授說，某某，你錯了。而後又指着另外一個說，某某，你錯得更離譜！

這就是弗蘭克！

弗蘭克的父親是猶太人，還是左派。弗蘭克幹過各種不同的工作，尤其是底層的體力活兒。這樣的生活經歷使得他很難和那些學院派教授坐到一塊兒去。他的博士論文研究烏克蘭的農業，得出的結論是，蘇聯的農業是一個失敗。他和拉美的革命者關係密切，切・格瓦拉曾建議他擔任古巴的經濟部長。他在墨西哥時，蘇聯的大使拜訪他，送他的禮物是新生兒的尿布。他後來在智利參與阿連德的改革，最後被迫流亡。可以說，他一生追求或者重視的都是社會正義！他對各種歧視也極其敏感，有時敏感得讓人吃驚。可看起來脾氣暴躁的他，居然是女權主義者，或至少是同情者。

弗蘭克的脾氣，就像他說的一樣，不馴服，不服從安排，不服從現有的秩序，不服從現有的制度。小說家高陽曾經說過，世界上的人大致有幾種：一種人有本事沒脾氣，一種人有本事有脾氣，一種人沒本事沒脾氣，一種人沒本事有脾氣。第一種人一般是不存在的，因為那是聖人的品質。弗蘭克應該屬於第二種吧！

後 記

大約自 2007 年始，筆者在新加坡國立大學歷史系開設了研究生的討論課「世界史方法論」，介紹世界史 / 全球史的定義、來龍去脈，以及研究現狀，包括影響巨大的經典著作和最新成果。2007–2017 年，十年當中筆者大約主持了七八次；選課的研究生（包括碩士生和博士生），少則三人，多則七八人，多數是歷史系的學生，偶爾也有中文系過來選課的同學，加起來總數也不過三十幾人。雖然如此，這也是在東南亞乃至東亞最先介紹世界史或全球史的研討課之一。

選修這門課的同學，很多我記不得名字了，其中有鄒坤怡、魏兵兵、曹寅、謝明達、黃彥傑、趙潔敏、張倍瑜、Edgar Liao、Meifeng Mok、Eunshil Hwang、Isaac Tan、Cuau Villamar、Huyen Pham、Alex Giang、Ruel Pagunsan、Sandeep Ray、Charles Burgess、Felicia Toh、Christine Chan、Joshua Sim、Jenny Morris、Kisho Tsuchiya、Vanessa Pek、Faiza Rhman 以及 Hannah Ji。他們來自新加坡、中國、馬來西亞、韓國、美國、墨西哥、英國、菲律賓、巴基斯坦等，一同支持並見證了筆者的成長，包容了筆者的嚴格和不近人情，特此致謝。

本書的第一章曾發表於澳門的《文化雜誌》（2019 年 6 月第 104 期，第 120–137 頁），《東方歷史評論》於 2019 年 8 月 8 日轉載；第二章係從筆者英文稿件“Exodus：Lotus Seals and Lotus Sealings from a Cross-Civilizational Perspective”翻譯而來，原譯者為項述；第三章發表於《全球史評論》第 22 輯（2022 年第 1 期，第 39–65 頁）；第五章發表於《海洋史研究》（2022 年第 1 期）；第六章發表於《海交史研究》（2021 年第 1 期）；第七章曾大致發表於《南國學術》（2024 年第 1 期）；第八章分上下兩部分發表於《社會學家茶座》（2012 年第 1 期第 74–80 頁和第 2 期，第 115–120 頁）；第九章係根據英文原文翻譯修訂而來，英文發表於《世界史雜誌》（2012 年 9 月第 23 卷第 3 期，第 587–607 頁，合作者為上海交通大學曹樹基和李玉尚）。藉此機會感謝諸家期刊，尤其是李憑、朱天舒、王笛、林少陽、錢江、曹樹基、金國平、吳志良、程映虹、劉文明、喬瑜、王雨、陶小路、張鈺霖、項浰、紀贇、張長虹、鄒坤怡、陸海月、張金勇、張冬銳等諸位師友。以上諸文收入本書時，都做了大量修訂增刪。本書初稿完成於 2020 年，其出版因為種種原因拖延至此，反而使得筆者有更多的時間和機會加以修訂和補充。

世界史 / 全球史是有相當難度的，可是，作為人類共同體的一分子，我們既要關注個人、家庭、村莊，也要跨越高山峽谷、沙漠綠洲，以及浩瀚的海洋乃至深邃的星空，以同情之理解和理解之同情去關注異域他者。倘若歷史學有什麼功能的話，或許就是這個吧。

□責任編輯　黃杰華
□裝幀設計　陳佩珍
□排　　版　楊舜君
□印　　務　劉漢舉

哪吒、龍涎香與坦博拉：
全球史的九炷香

作者｜楊　斌

出版｜中華書局（香港）有限公司
香港北角英皇道499號北角工業大廈1樓B室
電話：(852) 2137 2338 傳真：(852) 2713 8202
電子郵件：info@chunghwabook.com.hk
網址：http://www.chunghwabook.com.hk

發行｜香港聯合書刊物流有限公司
香港新界荃灣德士古道220-248號荃灣工業中心16樓
電話：(852) 2150 2100　傳真：(852) 2407 3062
電子郵件：info@suplogistics.com.hk

印刷｜美雅印刷製本有限公司
香港觀塘榮業街6號海濱工業大廈4字樓A室

版次｜2025年5月第1版第1次印刷

規格｜16開（230mm x 170mm）

ISBN｜978-988-8913-12-1

本書繁體版由北京萬古江河文化發展有限公司提供版權